Kaier
Schmid
Hug
Speth

Betriebswirtschaft
für das kaufmännische Berufskolleg
Fremdsprachen

D1669068

Kaier
Schmid
Hug
Speth

Betriebswirtschaft

für das kaufmännische Berufskolleg

Fremdsprachen

Merkur

Verlag Rinteln

Wirtschaftswissenschaftliche Bücherei für Schule und Praxis
Begründet von Handelsschul-Direktor Dipl.-Hdl. Friedrich Hutkap †

Verfasser:

Alfons Kaier, Dipl-.Hdl., Überlingen

Matthias Schmid, Dipl.-Hdl., Sigmaringen

Hartmut Hug, Dipl.-Hdl., Argenbühl

Dr. Hermann Speth, Dipl.-Hdl., Wangen im Allgäu

* * * * *

5. Auflage 2018

© 2003 by MERKUR VERLAG RINTELN

Gesamtherstellung:

MERKUR VERLAG RINTELN Hutkap GmbH & Co. KG, 31735 Rinteln

E-Mail: info@merkur-verlag.de
          lehrer-service@merkur-verlag.de

Internet: www.merkur-verlag.de

ISBN 978-3-8120-**0594-4**

Vorwort

Dieses Schulbuch umfasst alle im **neuen Bildungsplan „Betriebswirtschaft" für das kaufmännische Berufskolleg Fremdsprachen, Schuljahr 1 und 2,** des Landes Baden-Württemberg vom 17.07.2018 **(gültig seit Schuljahr 2018/2019)** geforderten Kompetenzbereiche
und Lerninhalte.

Für Ihre Arbeit mit dem vorgelegten Schulbuch möchten wir auf Folgendes hinweisen:

- Das Buch hat mehrere Zielsetzungen. Es soll Ihnen
  - alle Informationen liefern, die zur Erarbeitung der Lerninhalte notwendig sind;
  - dabei helfen, die im Bildungsplan enthaltenen Lerninhalte in Allein-, Partner- oder
    Teamarbeit zu erarbeiten, Entscheidungen zu treffen, diese zu begründen und über
    die Ergebnisse mündlich oder schriftlich zu berichten;
  - fächerübergreifende Zusammenhänge näher bringen.

- Um dem **Konzept des kompetenzorientierten Unterrichts** gerecht zu werden, bietet
  das Schulbuch berufsbezogene Situationen und Aufgaben in vorgegebenen Unternehmen aus verschiedenen Branchen an, die die Schülerinnen und Schüler – nach der
  Aneignung des entsprechenden Fachwissens – möglichst selbstständig oder in der
  Gruppe bearbeiten sollen. Die Schülerinnen und Schüler können dadurch eine um-
  fassende berufliche, gesellschaftliche und personale Handlungskompetenz erwerben.
  Als Bezugspunkt für die **Lernsituationen,** Beispiele und weitere Aufgabenstellungen
  dienen die Modellunternehmen des vorangestellten **fiktiven Gewerbeparks Ulm** (bran-
  chenübergreifender Ansatz).

- Die Lerninhalte werden zu **klar abgegrenzten Einheiten** zusammengefasst, die sich in
  die Bereiche Lernsituation, Stoffinformation, Zusammenfassungen und Kompetenztrai-
  ning aufgliedern. Viele Merksätze, Beispiele und Schaubilder veranschaulichen die pra-
  xisbezogenen Lerninhalte.

- Die **fakultativen Inhalte,** welche den späteren Einstieg in das zweite
  Jahr einer Wirtschaftsoberschule ermöglichen sollen, sind mit neben-
  stehendem Symbol gekennzeichnet.

- Fachwörter, Fachbegriffe und Fremdwörter werden grundsätzlich im Text oder in Fuß-
  noten erklärt.

- Bei der Behandlung wichtiger Gesetze werden die Paragrafen angegeben, um Ihnen die
  selbstständige Arbeit bei der Lösung von Rechtsfragen zu erleichtern.

- Ein ausführliches Stichwortverzeichnis hilft Ihnen dabei, Begriffe und Erläuterungen
  schnell aufzufinden.

Wir wünschen uns eine gute Zusammenarbeit mit allen Benutzern dieses Buches und sind
Ihnen für jede Art von Anregungen und Verbesserungsvorschlägen dankbar.

Die Verfasser

Inhaltsverzeichnis

Kompetenzbereich 2:   Auftragsbearbeitung und Vertragsgestaltung

9

Kompetenzbereich 3:   Beschaffung und Lagerhaltung

Kompetenzbereich 4: Investitions- und Finanzierungsprozesse

Anhang: Währungsrechnen

Kurzbeschreibung des Industrie- und Gewerbeparks Ulm und seiner Unternehmen

1 Grundkonzept des Industrie- und Gewerbeparks Ulm

Die Stadt Ulm hatte zu Beginn des letzten Jahrzehnts einen Industrie- und Gewerbepark erschlossen. Im Südwesten des Stadtgebietes gelegen, umfasst er rund 90 ha und liegt in unmittelbarer Nähe eines Autobahnanschlusses. Inzwischen sind die verfügbaren Flächen des Industrie- und Gewerbeparks zu etwa 70 % verkauft. Rund 30 Betriebe unterschiedlicher Art haben sich dort angesiedelt und beschäftigen ca. 1 200 Mitarbeiter.

Der Vorteil für die Unternehmen liegt darin, dass sie viele Dienste wie z. B.

- Notfalldienste (Werkfeuerwehr, ärztliche Versorgung),
- soziale Einrichtungen (Kindertagesstätten, Kantine),
- Logistik innerhalb des Parks sowie
- Ver- und Entsorgungseinrichtungen

vom Parkmanagement in Anspruch nehmen können. Büro- und Gewerbeflächen können mit wachsender Unternehmensgröße hinzugemietet werden.

2 Exemplarisches Unternehmensportrait der dort angesiedelten Weber Metallbau GmbH

Firma und Sitz:
Weber Metallbau GmbH
Alfred-Nobel-Straße 8
89079 Ulm

Kontaktdaten:
Telefon: 0731 992-0 (Zentrale)
Fax: 0731 992-1 (Zentrale)
E-Mail: info@weber-metallbau-gmbh.de
Internet: www.weber-metallbau-gmbh.de

Die Weber Metallbau GmbH ist ein größerer, mittelständischer Handwerksbetrieb und hat sich auf die Planung, Fertigung und Montage von Brandschutztüren, auf Fassadenbau aus Stahl und Glas, auf Geländer- und Treppenbau, Wintergärten und diverse Sonderkonstruktionen spezialisiert.

In einem Nebenprogramm produziert sie auch Arbeitstische und Metallzäune. Dazu werden aus Blechstanzteilen Büroscheren und Ablage- bzw. Ordnungssysteme für Regale hergestellt.

Fertigungshalle

Außengelände

Firmengeschichte der Weber Metallbau GmbH

Das Unternehmen selbst hat eine lange Tradition, die bis ins 19. Jahrhundert zurückreicht. Johann Georg Weber übernahm 1952 die ehemalige Huf- und Wagenschmiede und machte daraus einen modernen Metallbaubetrieb. Seit 1987 leitet sein Sohn Hans-Jörg, ausgebildeter Metallbauer der Fachrichtung Konstruktionstechnik und Absolvent eines Studiengangs zum Fenster- und Fassadenbau, das Familienunternehmen und hat es seither konsequent zu einem führenden Stahl- und Metallbaubetrieb in der Region weiterentwickelt.

Im Jahre 2005 erfolgte die Ansiedlung im Industrie- und Gewerbepark Ulm, weil die ursprüngliche Gewerbefläche in der Zentrumsnähe zu klein geworden war. Der in diesem Zusammenhang erforderliche Kapitalbedarf konnte im gleichen Jahr durch die Gründung einer GmbH und die Aufnahme von Herrn Dr. Klaus Junginger als weiteren Gesellschafter teilweise bewältigt werden.

Dr. Junginger hat ein Studium der Betriebswirtschaft absolviert und ergänzt die Geschäftsführung durch seine betriebswirtschaftlichen Kenntnisse.

Produktprogramm der Weber Metallbau GmbH

Brandschutztüren

Fassade aus Stahl und Glas

Geländer- und Treppenbau

Wintergarten

17

2 Speth u.a. - ISBN 978-3-8120-0594-4

Geschäftspartner der Weber Metallbau GmbH

Bankverbindungen

Nr.	Name des Kreditinstituts	BIC	IBAN
1	Sparkasse Ulm	SOLADES1ULM	DE61 6305 0000 0000 6485 54
2	Deutsche Bank Ulm	DEUTDESS630	DE55 6307 0024 0008 7263 39
3	Commerzbank Ulm	COBADEFFXXX	DE58 6304 0053 0003 9936 54

Kunden

Die Auftraggeber kommen aus unterschiedlichen Bereichen. Ihre Ansprüche sind sehr vielfältig. Jeder Auftrag ist individuell und erfordert eine grundlegende Neuplanung und -kalkulation. Die Kostenvorteile durch die Herstellung größerer Stückzahlen eines einheitlichen Produktes können selten genutzt werden. Als Fertigungsorganisation liegt überwiegend Werkbank- und Werkstattfertigung vor.

Bereich	Angebotene Leistungen
Industrie und Gewerbe	Tragwerkskonstruktionen der verschiedensten Art, z.B. für Lagerhallen, Parkgebäude sowie Fassadenverkleidungen, Feuertreppen.
Öffentliche Hand (Kommunen, Landkreise)	Fassaden, Brandschutztüren, Treppen für öffentliche Gebäude wie Kindergärten, Schulen, Sportstätten, Fußgängerbrücken usw.
Private Bauträger	Z.B. Balkone, Unterkonstruktionen für Photovoltaikanlagen, Treppenkonstruktionen für innen und außen, Wintergärten, Gewächshäuser.
Nebenprogramm	Diverse Sonderkonstruktionen, Arbeitstische, Metallzäune.

Lieferer

Die Anzahl der Lieferer ist aufgrund des abgegrenzten Produktprogramms (Problemtreue) der Weber Metallbau GmbH sehr beschränkt. Die wichtigsten Zulieferer kommen aus folgenden Bereichen:

Bereich	Bezogene Leistungen
Metallgroßhandel	Bleche unterschiedlicher Stärke und Materialart, Stahlbänder, Rund- und Vierkantrohre, Stahlträger verschiedener Profile.
Glashandel	Einscheibensicherheitsglas (Schiebetüren, Trennwände, Duschen), Verbundsicherheitsglas (für erhöhten Sicherheitsbedarf, z.B. als Einbruchschutz), Isolierglas für den Fassadenbereich, Glas mit keramischem Siebdruck (ermöglicht hochwertige, repräsentative Raum- und Gebäudegestaltung).
Handel für Werkzeuge, Montage- und Befestigungsmaterial	Beschläge, Schrauben, Werkzeuge, Klebestoffe, Dichtungsmaterial, Schmiermittel, Fette, Reinigungsmaterial usw.

Organigramm der Weber Metallbau GmbH

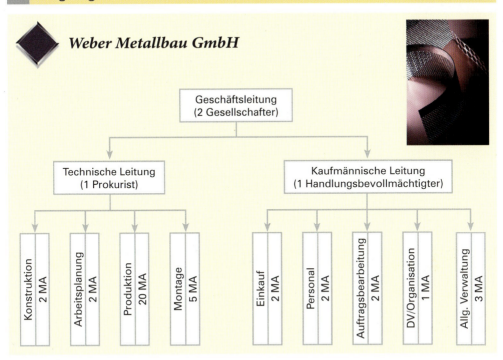

Weber Metallbau GmbH

Geschäftsleitung
(2 Gesellschafter)

Technische Leitung
(1 Prokurist)

Kaufmännische Leitung
(1 Handlungsbevollmächtigter)

Konstruktion 2 MA

Arbeitsplanung 2 MA

Produktion 20 MA

Montage 5 MA

Einkauf 2 MA

Personal 2 MA

Auftragsbearbeitung 2 MA

DV/Organisation 1 MA

Allg. Verwaltung 3 MA

Gesellschaftsvertrag der Weber Metallbau GmbH

§ 1   Firma, Sitz

(1)   Die Firma der Gesellschaft lautet: Weber Metallbau GmbH

(2)   Sitz der Gesellschaft ist: 89079 Ulm, Alfred-Nobel-Str. 8

§ 2   Gegenstand des Unternehmens

(1)   Gegenstand des Unternehmens ist die Fertigung und Montage von Brandschutztüren, Fassadenbau aus Stahl und Glas, Geländer- und Treppenbau, Wintergärten und Gewächshäusern sowie im Nebenprogramm Arbeitstische und Metallzäune.

(2)   Die Gesellschaft darf Zweigniederlassungen errichten, sich an anderen Unternehmen beteiligen sowie andere Unternehmen gründen.

§ 3   Dauer der Gesellschaft

(1)   Die Gesellschaft wird auf unbestimmte Dauer errichtet.

§ 4   Stammkapital, Stammeinlagen

(1)   Das Stammkapital der Gesellschaft beträgt 750 000,00 EUR.

(2)   Auf das Stammkapital übernehmen als ihre Stammeinlagen:
a)   Hans-Jörg Weber: 400 000,00 EUR Nennbetrag
b)   Dr. Klaus Junginger: 350 000,00 EUR Nennbetrag

19

§ 5   Geschäftsführer

(1) Die Gesellschaft hat einen oder mehrere Geschäftsführer.

(2) Die Bestellung und Abberufung von Geschäftsführern sowie deren Befreiung vom Wettbewerbsverbot erfolgt durch Gesellschafterbeschluss.

§ 6   Vertretung der Gesellschaft

(1) Ein alleiniger Geschäftsführer vertritt die Gesellschaft allein.

(2) Sind mehrere Geschäftsführer bestellt, so wird die Gesellschaft durch zwei Geschäftsführer gemeinsam vertreten oder durch einen Geschäftsführer in Gemeinschaft mit einem Prokuristen.

§ 7   Geschäftsführung

(1) Die Führung der Geschäfte der Gesellschaft steht mehreren Geschäftsführern gemeinschaftlich zu, sofern nicht durch Gesellschafterbeschluss etwas anderes bestimmt wird.

(2) Im Verhältnis zur Gesellschaft ist jeder Geschäftsführer verpflichtet, die Geschäftsführungsbeschränkungen einzuhalten, welche durch Gesetz, Gesellschaftsvertrag, Geschäftsführeranstellungsvertrag und Gesellschafterbeschlüsse festgesetzt sind oder werden.

(3) Geschäfte, die über den gewöhnlichen Betrieb der Gesellschaft hinausgehen, bedürfen der vorherigen Zustimmung durch Gesellschafterbeschluss.

§ 8   Gesellschafterbeschlüsse

(1) Jede 50,00 EUR Nennbetrag eines Geschäftsanteils gewähren eine Stimme.

(2) Sämtliche Gesellschafterbeschlüsse sind zu protokollieren.

(3) Das Protokoll ist von den Geschäftsführern zu unterzeichnen.

(4) Die Gesellschafter erhalten Abschriften.

§ 9   Geschäftsjahr und Jahresabschluss

(1) Geschäftsjahr ist das Kalenderjahr.

(2) Der Jahresabschluss ist von den Geschäftsführern in den ersten drei Monaten des Geschäftsjahres für das vergangene Geschäftsjahr aufzustellen.

§ 10   Gesellschafterveränderungen

(1) Das Ausscheiden eines Gesellschafters führt nicht zur Auflösung der Gesellschaft.

(2) Die verbleibenden Gesellschafter haben unverzüglich einen Beschluss zu den Modalitäten der Fortführung zu fassen.

§ 11   Wettbewerbsverbot

(1) Ein Gesellschafter darf ohne vorherigen zustimmenden Gesellschafterbeschluss in dem Geschäftsbereich des Gegenstandes der Gesellschaft keine Geschäfte machen.

(2) Das Verbot umfasst insbesondere auch direkte oder indirekte Beteiligung an Konkurrenzunternehmen oder deren Beratung.

§ 12   Schlussbestimmungen

(1) Bekanntmachungen der Gesellschaft werden im Bundesanzeiger veröffentlicht.

(2) Durch die Unwirksamkeit einzelner Bestimmungen dieses Vertrages wird die Wirksamkeit der übrigen Bestimmungen nicht berührt.

Ulm, den 14. Juli 2005   Den vorstehenden Vertrag beurkundet:

Hans-Jörg Weber   *Dr. Wilfried Beißner*
_____   _____
Unterschrift des Gesellschafters   Unterschrift des Notars

Dr. Klaus Junginger
_____
Unterschrift des Gesellschafters

3 Überblick über weitere im Industrie- und Gewerbepark angesiedelte Unternehmen (Auswahl)

Unternehmen	Unternehmenszweck	Unternehmenstyp
Ulmer Büromöbel AG Industriepark 5 89079 Ulm 	Büromöbel, insbesondere ■ Schreibtische, ■ Bürostühle, ■ Büroschränke.	Industrie
Stefan Osann e. Kfm. Industriepark 25 89079 Ulm 	■ Bürobedarf, ■ Computertechnik, ■ Drucker, ■ Kopiergeräte, ■ Business-Papier, ■ usw.	Handel
MicroTex Technologies GmbH Alfred-Nobel-Straße 42 89079 Ulm 	Hersteller technischer Garne.	Industrie
CLEAN-TEC OHG Alfred-Nobel-Straße 17 89079 Ulm 	Facility Management, insbesondere ■ Gebäude-, Fassaden- und Fensterreinigung, ■ Grünanlagenpflege, ■ Hausmeisterservice.	Dienstleister
Beauty Moments Emmy Reisacher e. Kfr. Neuwerk 10 89079 Ulm 	Kosmetikinstitut für Anti-Aging mit ■ Gesichtsbehandlung, ■ Sauerstofflifting, ■ Körper & Figur, ■ Wellnessmassagen.	Dienstleister

21

Unternehmen	Unternehmenszweck	Unternehmenstyp
Kramer GmbH Neuwerk 21 89079 Ulm	▪ Lagerhaltung, ▪ Transport, ▪ Logistik.	Dienstleister
Anton Thomalla Motorenbau e. Kfm. Alfred-Nobel-Straße 24 89079 Ulm	Herstellung von Motoren zum Betrieb von Blockheizkraftwerken.	Industrie
Stolz & Krug OHG Industriepark 10 89079 Ulm	▪ Reparatur, ▪ An- und Verkauf von Kraftfahrzeugen samt Zubehör.	Handwerk
Sport-Burr KG Sportartikelfabrik Neuwerk 15 89079 Ulm	Herstellung von Winter- und Sommersportgeräten: ▪ Skier, ▪ Snow-Swinger, ▪ Skibobs, ▪ Tennisschläger, ▪ Nordic-Walking-Stöcke.	Industrie
Kaffeerösterei Arabica KG Neuwerk 14 89079 Ulm	Röstfrischer Kaffee: ▪ Filterkaffee, ▪ Crema, ▪ Espresso, ▪ usw.	Handwerk

Hinweis:

Die obigen Unternehmensdaten beschreiben die Ausgangssituation. Im Laufe der einzelnen Kapitel werden die Unternehmensdaten teilweise geändert, z. B. durch Aufnahme eines weiteren Gesellschafters.

1 Verschiedene Unternehmen den Wirtschaftssektoren zuordnen und die Bedeutung des EU-Binnen- und Außenhandels für inländische Unternehmen erkennen

KB 1 **Lernsituation 1: Die Bedeutung des EU-Binnen- und Außenhandels erkennen**

Die Weber Metallbau GmbH ist ein mittelständisches Unternehmen im Industrie- und Gewerbepark Ulm. Sie beschäftigt 41 Mitarbeiter und hat sich auf den Bereich der Bautechnik spezialisiert, insbesondere auf die Herstellung von Brandschutztüren, Fassaden-, Geländer- und Treppenbau.

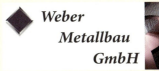

Aufgrund zunehmender Anfragen nach Brandschutztüren und Fassadenverkleidungen aus dem spanisch- und französischsprachigen Ausland möchte sich die Geschäftsleitung zunächst einen allgemeinen Überblick über den Außenhandel Deutschlands verschaffen. Das folgende Schaubild des Statistischen Bundesamtes liegt vor.

Quelle: Statistisches Bundesamt (Destatis) 2018.

KOMPETENZORIENTIERTE ARBEITSAUFTRÄGE:

Arbeiten Sie das folgende Kapitel des Schulbuches durch und verwenden Sie die Aufzeichnungen aus dem Unterricht zur Bearbeitung der Arbeitsaufträge!

1. Beschreiben Sie das vorliegende Schaubild und ermitteln Sie die prozentualen Anteile der einzelnen Kontinente an den deutschen Exporten. Erstellen Sie dazu ein Kreisdiagramm und interpretieren Sie anschließend Ihr Ergebnis!

2. Ermitteln Sie anhand des folgenden Auszugs den Anteil der Exporte Deutschlands innerhalb der Europäischen Union (EU-Binnenhandel) für das Jahr 2017!

Werte nach Ländergruppen und ausgewählten Ländern
Exporte

Ländergruppe Land	2015	2016	2017	2015	2016	2017
	in 1 000 Euro			Veränderung zum Vorjahr in %		
Europa	803 405 251	818 628 581	872 470 042	+ 5,4	+ 1,9	+ 6,6
dav.: EU - Länder	692 492 588	705 548 042	749 696 112	+ 6,8	+ 1,9	+ 6,3
dav.: Eurozone	434 075 115	441 091 933	471 765 159	+ 4,9	+ 1,6	+ 7,0

Quelle: Statistisches Bundesamt (Destatis) 2018.

3. 3.1 Skizzieren bzw. zeichnen Sie eine Weltkarte und stellen Sie in dieser die deutschen Importe im Jahr 2017 dar. Orientieren Sie sich bei Ihrer Darstellung an dem Schaubild auf S. 23 und nutzen Sie die vorliegenden Daten des Statistischen Bundesamtes!

Importe Deutschlands 2017 nach Ländergruppen	
Europa davon EU-Länder	708 Mrd. EUR 591 Mrd. EUR
Afrika	20 Mrd. EUR
Amerika	89 Mrd. EUR
Asien	213 Mrd. EUR
Australien	4 Mrd. EUR
Gesamt	1 034 Mrd. EUR

Werte gerundet; Datenquelle: Statistisches Bundesamt (Destatis) 2018.

3.2 Ermitteln Sie die prozentualen Anteile der einzelnen Kontinente an den deutschen Importen! Erstellen Sie dazu ein Kreisdiagramm und interpretieren Sie Ihre Ergebnisse!

3.3 Stellen Sie die Ergebnisse Ihrer Klasse vor!

1.1 Begriffe Betriebswirtschaftslehre und Unternehmen kennenlernen

(1) Begriff Betriebswirtschaftslehre

Die **Betriebswirtschaftslehre** hat zwei Schwerpunkte. Zum einen möchte sie die **betrieblichen Abläufe im Unternehmen erklären** und **Empfehlungen für unternehmerisches Handeln** entwickeln. Zum anderen untersucht sie die **Beziehungen zwischen dem Unternehmen und anderen Wirtschaftseinheiten** (z.B. private Haushalte, Banken, Staat), denn unternehmerisches Handeln muss sich an den rechtlichen und gesellschaftlichen Vorgaben ausrichten.

(2) Begriff Unternehmen

Unternehmen beziehen in aller Regel eine Reihe von Vorleistungen (Werkstoffe, Maschinen, Strom, Wasser, Erfindungen, Dienstleistungen). Durch den **Einsatz der eigenen Leistung** verändert das Unternehmen die übernommenen Vorleistungen und schafft **neue Sachgüter** (z.B. Lebensmittel, Kleidung, Fahrzeuge) oder **Dienstleistungen** (z.B. Transporte, Beratung durch einen Rechtsanwalt).

> Ein **Unternehmen**[1] ist eine planvoll organisierte Wirtschaftseinheit, in der Sachgüter und Dienstleistungen beschafft, erstellt und verkauft werden.

Die **Grundfunktionen** (Hauptaufgabenbereiche) jedes Unternehmens sind:

- Beschaffung,
- Leistungserstellung,
- Absatz.

Erläuterungen:

Beschaffung. Sind alle Tätigkeiten, die darauf abzielen, die Güter und Dienstleistungen zu erwerben, die notwendig sind, um einen reibungslosen Warenabsatz (beim Handelsunternehmen) bzw. eine reibungslose Produktion (beim Industrieunternehmen) zu garantieren.

Leistungserstellung. Je nach Wirtschaftsbereich hat die Leistungserstellung unterschiedliche Aufgaben. Die Leistungserstellung

- eines **Industriebetriebs** umfasst z.B. die Produktion von Sachgütern.
- eines **Handelsbetriebs** umfasst z.B. die Bereitstellung eines Warensortiments.
- eines **Dienstleistungsbetriebs** umfasst z.B. die Erfüllung der angebotenen Dienstleistungen.

Absatz. Er beinhaltet den Verkauf der Sachgüter und Dienstleistungen und ermöglicht durch den Rückfluss der eingesetzten Geldmittel die Fortsetzung (Finanzierung) der Beschaffung, der Leistungserstellung und des Absatzes.

---

1 Die Begriffe Unternehmen (Unternehmung) und Betrieb werden in diesem Schulbuch gleichbedeutend (synonym) verwendet.

1.2 Unternehmen den Wirtschaftssektoren zuordnen

(1) Wirtschaftssektoren

Unternehmen lassen sich Wirtschaftssektoren zuordnen. Diese können weiter nach Branchen (Wirtschaftszweigen) unterteilt werden.

Wirtschaftssektoren	Erläuterungen	Branchen	Beispielunternehmen
Erzeugung (primärer Sektor)	Diese Unternehmen produzieren Rohstoffe.	▪ Land- und Forstwirtschaft ▪ Fischerei ▪ Bergbau ▪ Erdöl- und Erdgasförderung	▪ RAG Deutsche Steinkohle AG ▪ Agrargenossenschaft Neuzelle e. G. ▪ Schweinezuchtbetrieb Benz
Weiterverarbeitung (sekundärer Sektor)	Diese Unternehmen verarbeiten die Rohstoffe zu Investitions- und Konsumgütern.	▪ Industrie, Handwerk ▪ Baugewerbe ▪ Energieversorgung ▪ Wasserversorgung	▪ Daimler AG ▪ Robert Bosch GmbH ▪ Karl Stocker Bauunternehmen GmbH
Verteilung (tertiärer Sektor)	Diese Unternehmen übernehmen die Verteilung der Güter vom Produzenten bis zum Endverbraucher. Zu diesem Bereich zählen auch die Dienstleistungsunternehmen.	▪ Handel ▪ Gastgewerbe ▪ Verkehr ▪ Banken, Versicherungen ▪ Nachrichtentechnik ▪ Rechtsanwalt	▪ Sparkasse Bodensee ▪ Edeka Handelsgesellschaft Südwest mbH ▪ Gasthof „Zum Adler Leitishofen"

(2) Entwicklung der Beschäftigungsstruktur in den Wirtschaftssektoren

Mit dem **technischen Fortschritt** und der **Steigerung** der **Arbeitsproduktivität** sowie aufgrund der zunehmenden **Globalisierung verändern** sich die **Wirtschaftsstrukturen** in einer Volkswirtschaft. Seit Jahrzehnten sind tiefgreifende Strukturveränderungen in der deutschen Volkswirtschaft zu verzeichnen. Der tertiäre Sektor gewinnt zunehmend an Bedeutung, während der primäre und sekundäre Sektor an Bedeutung verlieren.

Waren im Jahr 1950 in Deutschland 32,5 % der Erwerbstätigen im tertiären Sektor beschäftigt, sind es heute mittlerweile mehr als 70 %. Dienstleistungsunternehmen sind sehr arbeitsintensiv, deshalb sehen viele Experten im tertiären Wirtschaftssektor das größte Jobpotential für die Zukunft. Dagegen ist die Zahl der Erwerbstätigen im primären und sekundären Sektor in den letzten Jahrzehnten deutlich gesunken wie nachfolgende Abbildung zeigt.

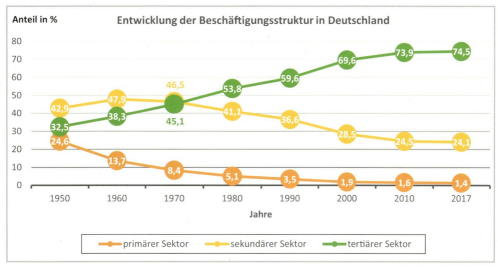

Eigene Darstellung, Datenquelle: www.destatis.de/DE/ZahlenFakten/Indikatoren/LangeReihen/Arbeitsmarkt/lrerw013.html (10.04.2018).

Der Wandel zur Wissensgesellschaft und die zunehmende Internationalisierung der Wirtschaft und Gesellschaft verändern nicht nur die **Wirtschaftssektoren,** sondern auch die **Anforderungen** an die **Erwerbstätigen.** So gewinnen neben Sprach- und Computerkenntnissen die personalen Kompetenzen, wie z.B. persönliche Einstellungen und Arbeitstechniken, zunehmend an Bedeutung. Um die Wettbewerbs- und Innovationsfähigkeit der deutschen Wirtschaft sicherzustellen, müssen die Erwerbstätigen bereit sein, ihre Kompetenzen ständig zu erweitern. Dies unterstreicht die Bedeutung des **„lebenslangen Lernens".**

Die Bedeutung der einzelnen Wirtschaftssektoren hat sich im Zeitablauf verändert. Mittlerweile sind mehr als **70 %** der Erwerbstätigen im **tertiären Sektor** beschäftigt.

1.3 Die Bedeutung des EU-Binnen- und Außenhandels für inländische Unternehmen erkennen

(1) Begriff und Bedeutung des deutschen Außenhandels

> Der **deutsche Außenhandel** umfasst die **Ausfuhr** von Waren von Deutschland in das Ausland **(Export)** und die **Einfuhr** von Waren aus dem Ausland nach Deutschland **(Import)**.

Aufgrund der **weltweiten Globalisierungsprozesse** hat der deutsche Außenhandel in den letzten Jahren deutlich zugenommen (vgl. auch S. 29).

Die **Bedeutung** des **Exports** für die **deutsche Wirtschaft** wird u. a. dadurch deutlich, dass heute annähernd jeder **vierte Arbeitsplatz** in Deutschland vom Export abhängt. Darüber hinaus ist Deutschland als rohstoffarmes Land ebenso auf **Importe** zahlreicher Rohstoffe (z. B. Erdöl, Erdgas, Baumwolle) angewiesen.

Die **Globalisierungsprozesse** haben nicht nur zu einer starken **Ausweitung** des **internationalen Handels** geführt, sondern auch zu einer zunehmenden **Internationalisierung der Produktionsprozesse**. Bei der Herstellung komplexer[1] technischer Produkte spielen globale **Wertschöpfungsketten**[2] eine immer größere Rolle mit der Folge eines starken Anstiegs des grenzüberschreitenden Warenverkehrs. Zusätzlich haben viele deutsche Unternehmen ihre Produktion ins Ausland verlagert und vor Ort Tochtergesellschaften gegründet. Dies hat zur Folge, dass verstärkt Waren innerhalb dieser Unternehmensgruppen von Land zu Land transferiert werden. Dies führt ebenfalls zu einer **Ausweitung des Außenhandels.**

Vorteile des Außenhandels für deutsche Unternehmen

Zusätzliche Absatzmärkte weltweit
und
globale Wettbewerbsfähigkeit.

↓

Steigende Umsätze.

↓

Schaffung und **Sicherung von Arbeitsplätzen** in Deutschland.

(2) Außenhandelsstatistik

Der Umfang des EU-Binnen- und Außenhandels für inländische Unternehmen lässt sich anhand von **Außenhandelsstatistiken** darstellen. Das Statistische Bundesamt erstellt dabei die Außenhandelsstatistik über den Warenverkehr Deutschlands.

> Die **Außenhandelsstatistik** stellt den Umfang des grenzüberschreitenden Warenverkehrs Deutschlands mit dem Ausland dar.

---

1 **Komplex:** vielschichtig, kompliziert.

2 Vgl. dazu auch Kapitel 3.2, S. 44 ff.

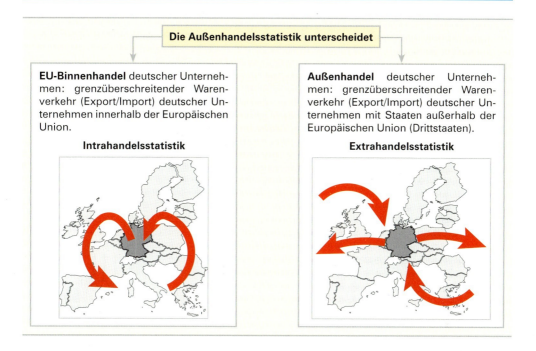

(3) Entwicklung des deutschen Außenhandels

Die **Entwicklung** des deutschen Außenhandels ist seit 1950 von einem **kontinuierlichen Wachstum** geprägt. Vor allem die Entwicklung seit der Jahrtausendwende lässt einen deutlichen Trend nach oben erkennen.

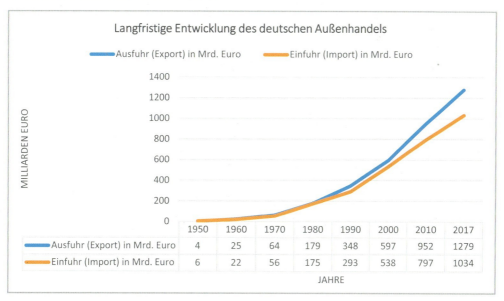

Eigene Darstellung, Datenquelle: Statistisches Bundesamt, 2018.

In **Deutschland** liegen die **Warenausfuhren** seit Jahrzehnten **über** den **Wareneinfuhren**. Im Jahr 2017 lag der Wert der exportierten Waren um 245 Mrd. EUR höher als der Wert der importierten Waren. Dies stellt einen neuen Rekordüberschuss für Deutschland dar.

> In der **Handelsbilanz** einer Volkswirtschaft werden die Ausfuhren (Exporte) und Einfuhren (Importe) von Waren für ein Kalenderjahr gegenübergestellt.
> - Übersteigt der Wert der Exporte den Wert der Importe liegt ein **Handelsbilanzüberschuss** vor.
> - Übersteigt der Wert der Importe den Wert der Exporte liegt ein **Handelsbilanzdefizit** vor.

Durch den hohen Anteil der Ausfuhren (Exporte) und den daraus resultierenden hohen Handelsbilanzüberschuss war Deutschland im Jahr 2017 zum zweiten Mal in Folge „**Exportweltmeister**".

> Als **Exportweltmeister** wird der Staat bezeichnet, der wertmäßig die **höchsten Warenexporte** aller Staaten der Welt vorweisen kann.

(4) Wichtigste Handelspartner Deutschlands

Zu den **wichtigsten Handelspartnern Deutschlands** gehören bei den **Ausfuhren (Exporten)** in erster Linie die angrenzenden Nachbarländer Frankreich und die Niederlande sowie das Vereinigte Königreich (EU-Binnenhandel). Außerhalb Europas zählen die Vereinigten Staaten und die Volksrepublik China zu den wichtigsten Handelspartnern Deutschlands (Außenhandel).

Die Rangfolge der **wichtigsten Handelspartner Deutschlands,** gemessen an den **Einfuhren (Importen),** wurde im Jahr 2017 von der Volksrepublik China angeführt. Es folgten die Niederlande und Frankreich sowie die Vereinigten Staaten und Italien.

Die größten Handelspartner Deutschlands 2017
in Mrd. EUR

Export			Import
Vereinigte Staaten	112	101	China
Frankreich	105	91	Niederlande
China	86	64	Frankreich
Niederlande	86	61	Vereinigte Staaten
Vereinigtes Königreich	84	56	Italien
Italien	66	51	Polen
Österreich	63	46	Tschechische Republik
Polen	60	46	Schweiz
Schweiz	54	41	Österreich
Belgien	44	41	Belgien

Vorläufiges Ergebnis
© Statistisches Bundesamt (Destatis), 2018

(5) Wichtigste Handelsgüter Deutschlands

Die **Ausfuhren (Exporte)** der **fünf größten Warengruppen** haben mit 728 Mrd. EUR einen Anteil von 56 % an den Gesamtausfuhren. Damit konzentriert sich der Großteil der Ausfuhren aus Deutschland auf wenige Gütergruppen. Die wichtigste Gütergruppe stellen für die deutschen Unternehmen Kraftwagen und Kraftwagenteile dar.

Die 5 wichtigsten Handelsgüter Deutschlands
Exporte im Jahr 2017

	Exporte in Mrd. Euro
KRAFTWAGEN UND KRAFTWAGENTEILE	235
MASCHINEN	184
CHEMISCHE ERZEUGNISSE	115
DATENVERARBEITUNGSGERÄTE, ELEKTR. U. OPT. ERZEUGNISSE	111
ELEKTRISCHE AUSRÜSTUNGEN	83

Quelle: Statistisches Bundesamt 2017.

Die **große Bedeutung** des **Außenhandels** wird deutlich, wenn für die ersten drei Gütergruppen des Exports die jeweilige Unternehmensbranche betrachtet wird:

Die **deutsche Automobilindustrie** verkauft **2 von 3 Autos** in das Ausland.

Der **Maschinenbau** erzielt **70 %** des **Umsatzes** außerhalb Deutschlands.

Die **chemische Industrie** erzielt **60 %** des **Umsatzes** außerhalb Deutschlands.

Anders als die Ausfuhren sind die **Einfuhren (Importe)** nach Deutschland nicht so stark auf wenige Gütergruppen konzentriert. Deutlich dominierend sind die Einfuhren von Kraftwagen und Kraftwagenteilen sowie von Datenverarbeitungsgeräten (einschließlich elektronischer und optischer Erzeugnisse). Die fünf bedeutendsten Warengruppen bei der Einfuhr nehmen einen Anteil von über 43 % aller Einfuhren ein.

Die 5 wichtigsten Handelsgüter Deutschlands
Importe im Jahr 2017

Warengruppe	Importe in Mrd. Euro
KRAFTWAGEN UND KRAFTWAGENTEILE	114,6
DATENVERARBEITUNGSGERÄTE, ELEKTR. U. OPT. ERZEUGNISSE	112,7
MASCHINEN	80,5
CHEMISCHE ERZEUGNISSE	78,7
ELEKTRISCHE AUSRÜSTUNGEN	60

■ Importe in Mrd. Euro   0   20   40   60   80   100   120   140

Quelle: Statistisches Bundesamt 2017.

Zusammenfassung

■ Bei den Wirtschaftssektoren unterscheidet man:
  ■ **Primärer Sektor**
  ■ **Sekundärer Sektor**
  ■ **Tertiärer Sektor**

■ Aufgrund des **technischen Fortschritts**, der **Steigerung der Arbeitsproduktivität** und der zunehmenden **Globalisierung** sind die **Wirtschaftssektoren** ständig **Veränderungen unterworfen.**

■ Die mit Abstand **meisten Erwerbstätigen** sind in Deutschland im **tertiären Sektor** beschäftigt. Der tertiäre Sektor gewinnt zunehmend an Bedeutung, während der primäre und sekundäre Sektor an Bedeutung verlieren.

■ Der **deutsche Außenhandel** umfasst die **Ausfuhr** von Waren von Deutschland in das Ausland **(Export)** und die **Einfuhr** von Waren aus dem Ausland nach Deutschland **(Import).**

- Die **Außenhandelsstatistik** stellt den Umfang des grenzüberschreitenden Warenverkehrs Deutschlands mit dem Ausland dar.

- Der **EU-Binnenhandel** deutscher Unternehmen wird durch die **Intrahandelsstatistik** erfasst. Der **Außenhandel** deutscher Unternehmen mit Staaten außerhalb der EU wird durch die **Extrahandelsstatistik** erfasst.

- Der deutsche **Außenhandel** ist durch ein **stetiges Wachstum** geprägt. Die **Handelsbilanz** weist seit Jahren einen **Handelsbilanzüberschuss** aus.

- Für die deutschen Unternehmen hat der **Außenhandel** eine sehr **wichtige Bedeutung**. So hängt fast jeder vierte Arbeitsplatz in Deutschland vom Export ab.

- Die **wichtigsten Handelspartner** Deutschlands sind die **USA, China, Frankreich und die Niederlande.**

- Die **wichtigsten deutschen Handelsgüter** sowohl beim Export als auch beim Import stellen **Kraftwagen** und **Kraftwagenteile** dar.

Kompetenztraining

1 Wirtschaftssektoren zuordnen und die Entwicklung analysieren

Bilden Sie Arbeitsgruppen mit je 6 Schülern/Schülerinnen. Teilen Sie in Ihrer Gruppe die folgenden Bearbeitungsthemen auf:
- Schüler/-in 1 und 2: primärer Wirtschaftssektor
- Schüler/-in 3 und 4: sekundärer Wirtschaftssektor
- Schüler/-in 5 und 6: tertiärer Wirtschaftssektor

Hinweis: Für die Bearbeitung der folgenden Aufgaben wird empfohlen, direkten Kontakt mit den jeweiligen Unternehmen aufzunehmen und gegebenenfalls die Recherche vor Ort bei den Unternehmen vorzunehmen.

Aufgaben:

1. 1.1 Benennen Sie für den Ihnen zugeordneten Wirtschaftssektor zwei Unternehmen Ihrer Region!

   1.2 Erstellen Sie zu einem Unternehmen ein Handout, in welchem Sie die Unternehmensgeschichte, das Produktprogramm sowie die Mitarbeiterzahl darstellen!

   1.3 Recherchieren Sie die Entwicklung der Beschäftigtenzahlen zu dem von Ihnen gewählten Unternehmen im Laufe der letzten Jahre!

   1.4 Erläutern Sie, worauf diese Entwicklung zurückzuführen ist!

2. Stellen Sie Ihren Gruppenmitgliedern das gewählte Unternehmen und Ihre Ergebnisse in einem Kurzreferat vor!

3. Präsentieren Sie Ihr Gruppenergebnis für alle Wirtschaftssektoren vor Ihrer gesamten Klasse und diskutieren Sie über Ihre Gesamtergebnisse!

2 Bedeutung EU-Binnen- und Außenhandel für inländische Unternehmen

1. Erläutern Sie die Bedeutung des EU-Binnen- und Außenhandels für die inländische Unternehmen!

2. In der Außenhandelsstatistik wird zwischen der Intrahandelsstatistik und der Extrahandelsstatistik unterschieden. Erläutern Sie, worin sich diese beiden Statistiken unterscheiden!

3. Beschreiben Sie die Bedeutung des EU-Binnenhandels anhand der folgenden Grafiken! Gehen Sie dabei auch insbesondere auf Deutschland ein!

3.1

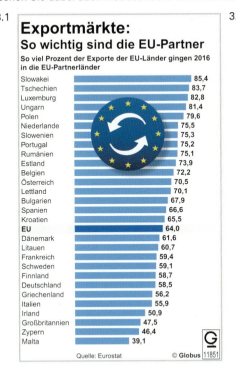

Exportmärkte:
So wichtig sind die EU-Partner

So viel Prozent der Exporte der EU-Länder gingen 2016 in die EU-Partnerländer

Slowakei	85,4
Tschechien	83,7
Luxemburg	82,8
Ungarn	81,4
Polen	79,6
Niederlande	75,5
Slowenien	75,3
Portugal	75,2
Rumänien	75,1
Estland	73,9
Belgien	72,2
Österreich	70,5
Lettland	70,1
Bulgarien	67,9
Spanien	66,6
Kroatien	65,5
EU	**64,0**
Dänemark	61,6
Litauen	60,7
Frankreich	59,4
Schweden	59,1
Finnland	58,7
Deutschland	58,5
Griechenland	56,2
Italien	55,9
Irland	50,9
Großbritannien	47,5
Zypern	46,4
Malta	39,1

Quelle: Eurostat   © Globus 11851

3.2

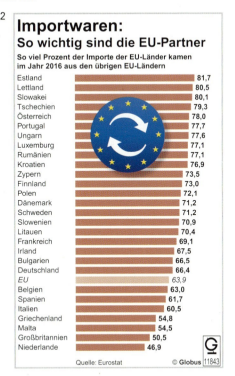

Importwaren:
So wichtig sind die EU-Partner

So viel Prozent der Importe der EU-Länder kamen im Jahr 2016 aus den übrigen EU-Ländern

Estland	81,7
Lettland	80,5
Slowakei	80,1
Tschechien	79,3
Österreich	78,0
Portugal	77,7
Ungarn	77,6
Luxemburg	77,1
Rumänien	77,1
Kroatien	76,9
Zypern	73,5
Finnland	73,0
Polen	72,1
Dänemark	71,2
Schweden	71,2
Slowenien	70,9
Litauen	70,4
Frankreich	69,1
Irland	67,5
Bulgarien	66,5
Deutschland	66,4
EU	*63,9*
Belgien	63,0
Spanien	61,7
Italien	60,5
Griechenland	54,8
Malta	54,5
Großbritannien	50,5
Niederlande	46,9

Quelle: Eurostat   © Globus 11843

3 Exportweltmeister Deutschland

Deutschlands gefährlicher Höhenflug im Welthandel

Autor: Tobias Kaiser, 06. 09. 2016

Die deutschen Unternehmen sind nicht zu bremsen. Dieses Jahr werden sie mit ihren Exporten sogar China überflügeln und 310 Milliarden Dollar Überschuss machen. Es ist ein Weltrekord mit Sprengkraft.

Deutschland ist auf dem besten Weg, Weltmeister zu werden. Doch es ist ein Erfolg, der vielerorts Besorgnis und sogar Frustration auslöst. Die brummenden Geschäfte unserer Exportunternehmen werden dieses Jahr einen Rekord in der Leistungsbilanz[1] nach sich ziehen. Das Münchner Institut für Wirtschaftsforschung (Ifo) erwartet, dass sich der Überschuss im Handel mit dem Rest der Welt auf 310 Milliarden Dollar summieren wird – 25 Milliarden mehr als im vergangenen Jahr.

Das wäre nicht nur ein Spitzenwert für die deutschen Ausfuhrunternehmen, sondern vermutlich auch der größte Überschuss auf dem Globus. Trifft die Prognose zu, würde Deutschland sogar an China vorbeiziehen. Für die chinesische Volkwirtschaft erwartet Ifo-Experte Christian Grimme einen Überschuss von nur noch 260 Milliarden Dollar, 50 Milliarden Dollar unter dem deutschen Wert. Auf Rang drei folgt demnach Japan mit rund 170 Milliarden.

---

1 **Leistungsbilanz:** Sie besteht aus vier Teilbilanzen (u.a. der Handelsbilanz) und erfasst alle Transaktionen von Leistungen mit dem Ausland innerhalb eines Jahres. Der Saldo der Leistungsbilanz gilt dabei als wichtige Kennziffer, um die Entwicklung einer Volkswirtschaft zu beurteilen.

33

Verantwortlich für den hohen Leistungsbilanzüberschuss ist vor allem der Güterhandel mit dem Rest der Welt und die große Differenz zwischen Aus- und Einfuhren. In den ersten Monaten des Jahres hat das Geschäft mit anderen europäischen Ländern kräftig angezogen, während die Nachfrage deutscher Verbraucher und Firmen nach ausländischen Gütern überraschend schwach war.

Während das deutsche Handelsplus kräftig wächst, dürfte Chinas Überschuss in diesem Jahr um etwa 70 Milliarden Dollar zurückgehen, weil die dortigen Unternehmen spürbar weniger ins Ausland verkaufen. Allein im ersten Quartal sanken die Exporte um 35 Milliarden Dollar. Der hiesige Leistungsbilanzüberschuss war lange der größte aller Volkswirtschaften, bis China im vergangenen Jahr an Deutschland vorbeizog.

Der Exporterfolg der deutschen Unternehmen könnte nun allerdings Brüssel auf den Plan rufen, denn die EU-Kommission hält einen langfristigen durchschnittlichen Überschuss von mehr als sechs Prozent für wirtschaftlich schädlich. Trifft die Prognose des Ifo zu, wird der deutsche Überschuss in diesem Jahr bei 8,9 Prozent liegen.

Hierzulande gilt das Exportplus vor allem als Ergebnis hoher Wettbewerbsfähigkeit.

Die Kommission sieht das allerdings anders. Anhaltend hohe Überschüsse hält sie für eine Gefahr für die Stabilität der Euro-Zone. Den Überschüssen der Bundesrepublik stehen Defizite anderer Euro-Länder gegenüber und damit verbunden potenziell auch hohe Schulden. So zumindest sieht es die Kommission.

Internationale Organisationen wie der Internationale Währungsfonds (IWF) teilen die Sorgen der EU-Kommission. Ihrer Einschätzung nach bringt Deutschland mit seinen Überschüssen den gesamten Welthandel durcheinander. Prompt meldete sich auch die Organisation für wirtschaftliche Zusammenarbeit und Entwicklung (OECD) zu Wort. Man sei besorgt wegen der globalen Ungleichgewichte, hieß es in einer Reaktion der Organisation mit Sitz in Paris.

Die Bundesrepublik könne dazu beitragen, die Ungleichgewichte zu reduzieren, etwa durch mehr staatlich finanzierte Investitionen. Auch die EU-Kommission empfiehlt regelmäßig höhere Investitionen, um die Nachfrage in Deutschland zu steigern und so die Importe in die Höhe zu treiben.

Quelle: https://www.welt.de/wirtschaft/article157969742/Deutschlands-gefaehrlicher-Hoehenflug-im-Welthandel.html; 23.10.2017.

Aufgaben:

1. Lesen Sie den Artikel von Tobias Kaiser und untersuchen Sie, welche Gründe für den hohen Leistungsbilanzüberschuss Deutschlands genannt werden!

2. Benennen Sie die Gründe, weshalb der Exporterfolg Deutschlands von der EU, dem IWF und der OECD kritisch gesehen wird!

3. Erläutern Sie, welche Maßnahme vorgeschlagen wird, um die „Ungleichgewichte zu reduzieren"!

4. Überlegen Sie sich eine weitere Maßnahme, um die Nachfrage in Deutschland zu erhöhen!

2 Funktionsbereiche eines Unternehmens sowie deren Zusammenhänge skizzieren

Lernsituation 2: Funktionsbereiche skizzieren

Bei der Weber Metallbau GmbH in Ulm, die sich auf den Bereich der Bautechnik spezialisiert hat, sind 41 Mitarbeiter beschäftigt. Aufgrund der hohen fachlichen Anforderungen wird von der Weber Metallbau GmbH ein aufwendiges Bewerbungsverfahren durchgeführt.

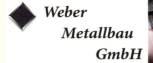

KOMPETENZORIENTIERTE ARBEITSAUFTRÄGE:

Arbeiten Sie das folgende Kapitel des Schulbuches durch, verwenden Sie die Aufzeichnungen aus dem Unterricht und führen Sie eine Internetrecherche zur Bearbeitung der Arbeitsaufträge durch!

Mit dem Leiter der Personalabteilung, Jupp Weiss, werden die Funktionsbereiche eines Unternehmens besprochen.

1. Sie erhalten die Aufgabe, eine Recherche zu den Aufgaben der Personalwirtschaft durchzuführen. Gliedern Sie anschließend die Aufgaben der Personalwirtschaft in Planungs-, Steuerungs-, und Controllingprozesse und beschreiben Sie diese!

2. Erstellen Sie für die Weber Metallbau GmbH ein Schaubild, in welchem Sie die betrieblichen Grundfunktionsbereiche und Unterstützungsfunktionsbereiche einzeichnen!

2.1 Überblick über die Funktionsbereiche (Aufgabenbereiche) eines Unternehmens am Beispiel des Industriebetriebs

Betriebswirtschaftlich kann ein Industriebetrieb in **Grundfunktionsbereiche** (Grundaufgabenbereiche) und in **Unterstützungsfunktionsbereiche** (Unterstützungsaufgabenbereiche) unterteilt werden.

(1) Grundfunktionsbereiche

Als Grundfunktionsbereiche bezeichnet man die Aufgabenbereiche, die für einen Industriebetrieb charakteristisch (unverzichtbar) sind.[1]

---

1 Ausführliche Darstellung der Grundfunktionsbereiche siehe S. 38 ff.

Materialwirtschaft	Produktionswirtschaft	Absatzwirtschaft
Um fertigen (produzieren) zu können, braucht der Industriebetrieb vor allem Materialien[1] und Maschinen. Den Grundfunktionsbereich, der die Materialien beschafft, verwaltet und an die Produktionswirtschaft weiterleitet, bezeichnet man als **Materialwirtschaft**.	Charakteristisch für einen Industriebetrieb ist, Erzeugnisse zu fertigen. Den Grundfunktionsbereich, der die Fertigung zu organisieren hat, bezeichnet man als **Produktionswirtschaft**.	Produktions- und Materialwirtschaft sind nicht Selbstzweck. Erzeugnisse müssen abgesetzt, d.h. verkauft werden. Die dritte Grundfunktion des Industriebetriebs ist somit die **Absatzwirtschaft**.

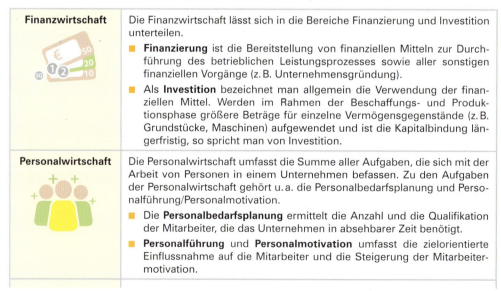

(2) Unterstützungsfunktionsbereiche

Die Unterstützungsfunktionsbereiche erbringen Leistungen, die die Bewältigung der Grundfunktionen teilweise erst ermöglichen oder aber erleichtern bzw. optimieren und somit das ganze Unternehmen betreffen.

Zu den wichtigsten Unterstützungsfunktionsbereichen gehören insbesondere:

Finanzwirtschaft	Die Finanzwirtschaft lässt sich in die Bereiche Finanzierung und Investition unterteilen. ■ **Finanzierung** ist die Bereitstellung von finanziellen Mitteln zur Durchführung des betrieblichen Leistungsprozesses sowie aller sonstigen finanziellen Vorgänge (z.B. Unternehmensgründung). ■ Als **Investition** bezeichnet man allgemein die Verwendung der finanziellen Mittel. Werden im Rahmen der Beschaffungs- und Produktionsphase größere Beträge für einzelne Vermögensgegenstände (z.B. Grundstücke, Maschinen) aufgewendet und ist die Kapitalbindung längerfristig, so spricht man von Investition.
Personalwirtschaft	Die Personalwirtschaft umfasst die Summe aller Aufgaben, die sich mit der Arbeit von Personen in einem Unternehmen befassen. Zu den Aufgaben der Personalwirtschaft gehört u.a. die Personalbedarfsplanung und Personalführung/Personalmotivation. ■ Die **Personalbedarfsplanung** ermittelt die Anzahl und die Qualifikation der Mitarbeiter, die das Unternehmen in absehbarer Zeit benötigt. ■ **Personalführung** und **Personalmotivation** umfasst die zielorientierte Einflussnahme auf die Mitarbeiter und die Steigerung der Mitarbeitermotivation.

---

1 Bei **Materialien** handelt es sich um **Werkstoffe** (Roh-, Hilfs- und Betriebsstoffe) sowie **Vorprodukte**.

Rechnungswesen	Das Rechnungswesen erfasst die betrieblichen Prozesse eines Unternehmens und stellt die Ergebnisse der Geschäftsleitung zur Auswertung zur Verfügung. Nach dem Informationsempfänger unterscheidet man zwischen internem Rechnungswesen und externem Rechnungswesen.
	■ Das **interne Rechnungswesen** umfasst die Kosten- und Leistungsrechnung, die Betriebsstatistik und die Planungsrechnung. Interne Informationsempfänger sind z.B. Geschäftsführer, Abteilungsleiter, Mitarbeiter und Betriebsrat.
	■ Das **externe Rechnungswesen** umfasst die Buchführung und die Jahresabschlussrechnung. Externe Informationsempfänger sind z.B. Gesellschafter, Steuerbehörden, Banken und Gerichte.
Controlling	■ **Generelle Aufgabe des Controllings** ist es, die Geschäftsleitung bei der Steuerung des Unternehmens durch Beschaffung und Aufbereitung von Informationen, durch Koordinieren, Analysieren und Kontrollieren zu unterstützen, um die Unternehmensziele optimal erreichen zu können.
	■ Die **speziellen Aufgaben des Controllings** betreffen insbesondere die Planungs- und Kontrollrechnung, das Rechnungswesen als Dokumentationsrechnung, die Erstellung ergebnisorientierter Informationen sowie Organisationsfragen.

Die Unterstützungsfunktionsbereiche haben eine **Querschnittsfunktion,** was besagt, dass die einzelnen Unterstützungsfunktionsbereiche jeweils **allen Grundfunktionsbereichen** zuarbeiten. So regelt beispielsweise die Personalwirtschaft im Einvernehmen mit der Geschäftsleitung jeweils alle Personalentscheidungen, also sowohl in der Absatz- wie in der Produktions- oder Materialwirtschaft.

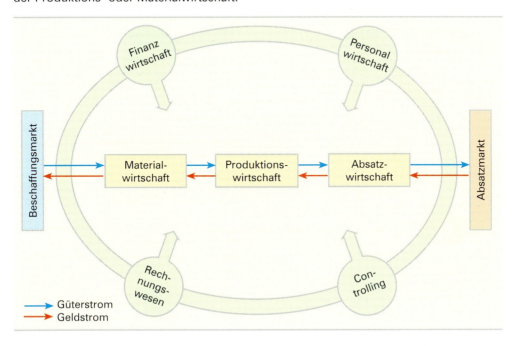

Die Gestaltung und Lenkung aller Grund- und Unterstützungsfunktionsbereiche obliegt grundsätzlich der Geschäftsführung. Je nach Unternehmensart und -größe sind die einzelnen Grund- bzw. Unterstützungsfunktionsbereiche institutionalisiert (z. B. zu Bereichen oder Abteilungen) und werden von Führungskräften[1] (Managern) geleitet. Bei den Führungskräften (Managern) handelt es sich um Personen, die mit verschiedenen Aufgaben, Kompetenzen[2] und Verantwortlichkeiten ausgestattet sind und auf unterschiedlichen hierarchischen[3] Stufen angesiedelt sind. An der Spitze sind dies die Eigentümerunternehmer oder die Geschäftsführer bzw. Vorstandsmitglieder. Die Führungskräfte der Haupt- bzw. Unterstützungsfunktionsbereiche haben, je nach hierarchischer Stellung z. B. die Bezeichnungen Bereichs- bzw. Werksdirektoren, Abteilungsleiter bzw. Meister, Gruppenführer bzw. Vorarbeiter.

2.2 Grundlegendes zu den Grundfunktionsbereichen

(1) Materialwirtschaft

- Die **Materialwirtschaft** ist zuständig für die Beschaffung, die Lagerung und den Transport der Materialien, die im Produktionsprozess be- und weiterverarbeitet werden.

- Das Material muss in der **erforderlichen Menge** und **Qualität** zur **rechten Zeit**, am **richtigen Ort** und zu **optimalen Kosten** bereitgestellt werden.

Die Materialwirtschaft lässt sich in einen Planungs-, Steuerungs- und Controllingprozess gliedern.[4]

Prozessarten	Aufgaben	Beispiele
Planungsprozess	■ Beschaffungsmarkt erforschen ■ Beschaffungsplanung vornehmen	Informationen über Lieferer einholen, Informationsquellen ermitteln ... Materialbedarf planen, Zeitplanung erstellen, notwendige Lagervorräte ermitteln, Kriterien für die Materialauswahl festlegen ...
Steuerungsprozess	■ Liefererauswahl treffen ■ Beschaffungsprozess abwickeln	Bewertung der Lieferer vornehmen, Entscheidung für einen oder mehrere Lieferer treffen ... Angebote einholen, Angebotsvergleiche durchführen, Bestellungen vornehmen, Kaufverträge abschließen, Wareneingänge prüfen, gegebenenfalls Leistungsstörungen regeln ...

---

1 Für das Wort **Führung** wird häufig auch die englisch-amerikanische Bezeichnung **Management** benutzt. Der Begriff Management wird als Tätigkeit im Sinne des Managens oder als Bezeichnung für eine Institution (z. B. Bereich, Abteilung) verwendet.

2 **Kompetenz** (lat.): Zuständigkeit, Befugnis.

3 **Hierarchie** (griech.): strenge Rangordnung.

4 Detailliert wird im Kompetenzbereich 3 (S. 227 ff.) auf die Beschaffungsprozesse eingegangen.

Prozessarten	Aufgaben	Beispiele
Controllingprozess	Überwachung der Materialwirtschaft, gegebenenfalls Vorschläge zur Optimierung der Materialwirtschaft unterbreiten	Beschaffungsvorgänge überprüfen, Lagerkosten und Lagerrisiken prüfen, Materialfluss im Unternehmen kontrollieren und gegebenenfalls korrigieren, Erstellen eines Logistikkonzepts für die Auslieferung der Erzeugnisse …

(2) Produktionswirtschaft

Die Prozesse der Produktionswirtschaft schließen sich an jene der Materialwirtschaft an und werden angestoßen, wenn entweder

- ein Kundenauftrag aus den vorhandenen Fertigerzeugnissen nicht bedient werden kann, weil es sich um eine reine Auftragsfertigung handelt oder die Vorräte an Fertigerzeugnissen nicht ausreichend sind, oder

- weil aufgrund des Absatzplanes von einem Standarderzeugnis der Vorrat an verkaufsfähigen Einheiten ergänzt werden muss. In diesem Fall spricht man von einem Betriebsauftrag.

> Zweck der **Produktionswirtschaft** ist es, durch den Einsatz von Arbeitskräften, Anlagen, Material, Energie und Dienstleistungen sowie Informationen und technischen Verfahren Produkte zu schaffen.

Die **Aufgaben der Produktionswirtschaft** lassen sich wie die der Materialwirtschaft in einen Planungs-, Steuerungs- und Controllingprozess aufgliedern.

Prozessarten	Aufgaben	Beispiele
Planungsprozess	▪ Produkte planen und Produktprogramm erstellen	Neue Produkte entwickeln, Probeprodukte erstellen und testen, Produktdokumente (z. B. Konstruktionszeichnungen) abfassen, Produktprogramm planen …
	▪ Neue Produkte schützen	Patente, Gütezeichen, Marken usw. für die neuen Produkte beantragen …
	▪ Fertigungsverfahren planen	Festlegen, mit welchen Fertigungsverfahren (z. B. Einzelfertigung, Serienfertigung, Fließbandfertigung) produziert wird …
Steuerungsprozess	▪ Konkrete Planung des Produktionsprozesses	Festlegung des Materialeinsatzes, der Losgrößen, der Fertigungszeiten, des Kapazitätsbelegungsplans …
	▪ Durchführung der Produktion	Produktion veranlassen, Auftrag überwachen, Fertigungsdokumente erstellen …
Controllingprozess	Überwachung der Produktionswirtschaft, gegebenenfalls entwickeln neuer Planungs- und Steuerungsmaßnahmen	Kostenentwicklung überprüfen, Qualitätsmanagement vornehmen, Qualität der betrieblichen Prozesse überprüfen und gegebenenfalls Vorschläge für neue Prozessabläufe entwickeln …

(3) Absatzwirtschaft

Die **Absatzwirtschaft** hat **zwei Zielsetzungen:**

■ Zum einen muss sie versuchen, möglichst viele Informationen über den Markt, die Kundenwünsche und die Wettbewerbssituation zu gewinnen, um sicherzustellen, dass das Unternehmen markt- und kundengerechte Produkte herstellt.

■ Zum anderen hat sie Strategien zu entwickeln, die eine optimale Vermarktung der hergestellten Sachgüter und Dienstleistungen gewährleisten.

Auch die **Aufgaben der Absatzwirtschaft** lassen sich in einen Planungs-, Steuerungs- und Controllingprozess aufgliedern.

Prozessarten	Aufgaben	Beispiele
Planungsprozess	▦ Marktforschung	Markt analysieren, Markt beobachten, Marktprognosen erstellen …
	▦ Produktpolitik	Kundengerechte Produkte fördern, veraltete Produkte eliminieren, Garantieleistungen festlegen, Kundendienst planen …
	▦ Kontrahierungspolitik	Preisstrategien entwickeln, Lieferungs- und Zahlungsbedingungen festlegen …
	▦ Kommunikationspolitik	Werbung, Verkaufsförderung, Public Relationsmaßnahmen planen …
	▦ Distributionspolitik	Absatzwege festlegen, Absatzlogistik entwerfen …
Steuerungsprozess	▦ Akquirieren[1] und Abwickeln von Kundenaufträgen	Anfragen beantworten, Angebote erstellen, Kaufverträge abschließen, Ausgangsrechnungen erstellen, Zahlungen überwachen …
	▦ Vertragsstörungen bearbeiten	Abnahmeverweigerung durch den Kunden überprüfen, nicht rechtzeitige Zahlungen durch den Kunden mahnen, Rechtsansprüche sichern und durchsetzen …
Controllingprozess	▦ Überwachung und Beaufsichtigung der Absatzwirtschaft	Überprüfung, ob das erreicht wurde, was man sich im Rahmen der Planung vorgenommen hat …
	▦ Planungs- und Steuerungsmaßnahmen entwickeln	Überprüfen, ob der gewählte Weg tauglich oder untauglich ist und ob die Ziele richtig gesetzt wurden. Gegebenenfalls neue Wege aufzeigen bzw. andere Ziele setzen …

---

1 **Akquirieren:** erwerben, anschaffen.

Zusammenfassung

Betriebswirtschaftlich kann der Industriebetrieb in zwei Bereiche untergliedert werden:

■ **Grundfunktionsbereich** (Materialwirtschaft, Produktionswirtschaft, Absatzwirtschaft)

■ **Unterstützungsfunktionsbereich** (Finanzwirtschaft, Personalwirtschaft, Rechnungswesen, Controlling).

Kompetenztraining

4 Funktionsbereiche eines Unternehmens

Ordnen Sie die folgenden Tätigkeiten den betrieblichen Grundfunktionsbereichen der Weber Metallbau GmbH zu und tragen Sie diese in das Schaubild (vgl. Lernsituation 2, Aufgabe 2, S. 35) ein!

1. Die Weber Metallbau GmbH benötigt für einen Kundenauftrag von einem Lieferer Isolierglas für den Fassadenbereich.

2. Das Unternehmen plant für das Produkt „Wintergarten" die Schaltung von Werbeanzeigen in regionalen Zeitungen.

3. Für einen Kundenauftrag wird die Fertigung von 20 Brandschutztüren veranlasst.

4. Für den Transport der fertig erstellten 20 Brandschutztüren wird eine Spedition beauftragt.

5. Ein Kunde reklamiert eine fehlerhafte Brandschutztür.

6. Die Weber Metallbau GmbH erhält einen Großauftrag im Fassadenbau. Hierfür werden Bleche benötigt. Um den preisgünstigsten Lieferer zu ermitteln, führt das Unternehmen einen Angebotsvergleich durch.

7. Im kommenden Jahr möchte die Weber Metallbau GmbH ein um 20 % leichteres Modell bei den Brandschutztüren auf den Markt bringen. Die ersten Probemodelle der neuen Brandschutztür wurden bereits erfolgreich getestet.

3 Wertschöpfungskette eines Produktes von der Rohstoffgewinnung bis zum Endverbraucher erläutern

KB 1	Lernsituation 3: Die Wertschöpfungskette eines Produktes darstellen und erläutern

Die Kaffeerösterei Arabica KG möchte für ihre Außendienstmitarbeiter ein neues einheitliches „Unternehmensoutfit" beschaffen. Neben Hemden mit dem Logo der Kaffeerösterei Arabica sollen die Mitarbeiter Jeanshosen in der Farbe  Dunkelblau erhalten. Da das Unternehmen bei seinen Produkten verstärkt auf Nachhaltigkeit achtet, möchten sich die Geschäftsführer ein Bild über die Entstehung bzw. die Wertschöpfungskette einer Jeanshose machen. Dafür bittet Sie die Geschäftsführung um eine Präsentation in der nächsten Geschäftsführungssitzung.

KOMPETENZORIENTIERTE ARBEITSAUFTRÄGE:

Arbeiten Sie das folgende Kapitel des Schulbuches durch. Bilden Sie **Arbeitsgruppen** und verwenden Sie die Aufzeichnungen aus dem Unterricht zur Bearbeitung der Arbeitsaufträge!

1. Zeichnen Sie auf einem Plakat eine Weltkarte. Tragen Sie den Weg einer Jeans in die Weltkarte ein (Wertschöpfungskette). Nutzen Sie dafür den Informationstext **(Anlage 1)**. Nummerieren Sie die einzelnen Stationen der Wertschöpfungskette auf dem Plakat und beschreiben Sie diese stichwortartig!

2. Stellen Sie auf einem Handout die negativen Faktoren bei der Herstellung einer Jeans zusammen! Nutzen Sie dazu die **Anlage 2, S. 43**)!

   Tipp: Schauen Sie sich zur Vertiefung den Film „Der Preis der Blue-Jeans" an. Dieser ist u. a. auf Youtube zu sehen. Link: https://www.youtube.com/watch?v=nNQnVjlmaMQ (11. 04. 2018).

3. Präsentieren Sie das von Ihrer Gruppe erstellte Plakat und Handout vor Ihrer Klasse!

   Anlage 1

Die Weltreise einer Jeans

Bis eine Jeans in den deutschen Geschäften ankommt, hat sie einen Weg von ca. 60 000 Kilometern zurückgelegt und bis zu 8 000 Liter Wasser verbraucht. Der Baumwollanbau erfolgt u. a. in großen Plantagen in Kasachstan. Hier werden zahlreiche Düngemittel und Pestizide eingesetzt, um Schädlingen entgegenzuwirken und die Ernte zu vergrößern. Diese werden zumeist aus den USA bezogen. Die Baumwolle wird von Hand oder mit Maschinen geerntet, anschließend verpackt und in die Türkei verschickt. Dort wird in großen Spinnereien die Baumwolle zu Garn gesponnen und nach Taiwan verschickt, wo aus dem Baumwollgarn in Webereien der Jeansstoff hergestellt wird. Der Jeansstoff muss nun gefärbt werden. Dafür wird der Stoff nach China geflogen und mit der chemischen Indigofarbe Blau gefärbt. Die Farbe wird u.a. in Polen produziert und für die Färbung nach China transportiert. Der fertige Jeansstoff wird nach Bulgarien zum Veredeln geflogen, d.h. er wird so bearbeitet, dass er weich und knitterarm ist. Hierbei werden chemische Bleich- und Waschmittel eingesetzt. In Bangladesch oder einem anderen Billiglohn-

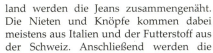

land werden die Jeans zusammengenäht. Die Nieten und Knöpfe kommen dabei meistens aus Italien und der Futterstoff aus der Schweiz. Anschließend werden die Jeans nach Frankreich geflogen. Hier erhält die Jeans den letzten Schliff, indem sie den „Stone washed" Effekt durch Waschen mit Bimsstein aus Griechenland bekommen. In Deutschland erhält die Jeans das Firmen-Label und den Aufdruck „Made in Germany". Von hier aus gelangen die Jeans in den Einzelhandel und somit zum Konsumenten. Nach der Nutzung durch den Konsumenten werden die Jeans in Ostafrika entsorgt oder dort der Altkleidersammlung zugeführt.

Quelle: In Anlehnung an http://www.schule-bw.de/faecher-und-schularten/gesellschaftswissenschaftliche-und-philosophische-faecher/gemeinschaftskunde/materialien-und-medien/globalisierung/weltreise-einer-jeans (11.04.2018).

Anlage 2

Blue-Jeans ist nicht grün
Die Produktion schädigt Umwelt und Gesundheit

Die Herstellung von Jeans verbraucht viel Energie und Wasser. Damit die Hosen den richtigen Look bekommen, werden sie oft gebleicht oder mit dem Sandstrahler bearbeitet.

Beim Färben und Bleichen der Hosen kommt viel Chemie zum Einsatz. In China, wo viele Jeans produziert werden, fließen die Abwässer meist nur grob geklärt mit all ihren Giften in die Flüsse.

Laut Greenpeace kommen bei der Produktion von Kleidung bestimmte Tenside, die Nonylphenolethoxylate, zum Einsatz. Sie gelangen beim Waschen auch in deutsche

Gewässer. „Beim Tragen auf der Haut macht das aber keine Probleme", sagt Greenpeace-Mitarbeiterin Christiane Huxdorff.

Das Sandstrahlen schädigt die Lungen der Arbeiter. Der feine Staub kann schon nach wenigen Jahren eine Silikose (Staublunge) verursachen, viele Arbeiter in chinesischen und türkischen Textilfabriken sterben daran.

Nicht nur billige Kleidungsstücke werden unter solch schlechten Bedingungen hergestellt. Christiane Huxdorff von Greenpeace stellt klar: „Der Rückschluss ‚höhere Qualität gleich höherer Preis gleich weniger Chemikalieneinsatz' geht nicht auf." (...)

Quelle: http://www.3sat.de/page/?source=/nano/umwelt/166691/index.html (27.10.2017).

Bei einer Jeans, die für 50,00 EUR verkauft wird, erhalten prozentual:

- 1 % (50 Cent) Arbeiterin
- 50 % Einzelhandel, Verwaltung und Mehrwertsteuer
- 25 % Markenname, Verwaltung und Werbung
- 13 % Material und Gewinn der Fabrik im Billiglohnland
- 11 % Transport, Steuern, Import

Quelle: http://www.leipzig-handelt-fair.de/preise-und-kosten (11.04.2018).

3.1 Begriff Wertschöpfungskette

Die Wertschöpfungskette eines Produktes beginnt beim Anbau eines Rohstoffes (z. B. Landwirtschaft) oder Abbau eines Rohstoffes (Bergbau) und reicht über die Weiterverarbeitung und Produktionsstufen bei Zulieferern oder dem Unternehmen selbst sowie über den Handel und Zwischenhandel bis hin zur Nutzungsphase bei Geschäftskunden oder privaten Verbrauchern.

Der Begriff Wertschöpfungskette beinhaltet darüber hinaus die Wiederverwendung und/ oder Entsorgung abgenutzter Produkte, weil diese wiederum Rohstoffe für andere Produkte im selben Unternehmen oder in anderen Unternehmen darstellen. Die Wertschöpfungskette umfasst folglich sämtliche Aspekte des Lebenszyklus eines Produktes.

Die **Wertschöpfungskette** beschreibt den **gesamten Weg** eines Produktes vom **Erzeuger** der Rohstoffe über den Verarbeiter und den Vermarkter bis zum **Konsumenten** und der abschließenden **Entsorgung** oder Wiederverwertung des Produktes.

3.2 Globale und regionale Wertschöpfungsketten

Bei der Betrachtung von Wertschöpfungsketten lassen sich u. a. **globale Wertschöpfungsketten** und **regionale Wertschöpfungsketten** unterschieden.

(1) Globale Wertschöpfungskette

In einer globalen Wertschöpfungskette wird der überwiegende Teil der Stufen bzw. Tätigkeiten in **verschiedenen Ländern weltweit** erbracht. Der größte Teil der Wertschöpfung verbleibt in den jeweiligen Ländern (z. B. Jeans, Mobiltelefone).

Beispiel: Globale Wertschöpfungskette am Beispiel von Smartphones[1]

Pro Sekunde werden weltweit 36 Smartphones produziert. Von der Rohstoffgewinnung bis zur Entsorgung durchläuft ein Smartphone mehrere Länder innerhalb der Wertschöpfungskette. Ein Smartphone besteht aus bis zu 60 verschiedenen Stoffen, der größte Teil davon sind Metalle. Die führenden Hersteller von Mobiltelefonen wie Samsung oder Apple konzentrieren sich überwiegend auf die Entwicklung und das Marketing ihrer Produkte. Die eigentliche Herstellung der Mobiltelefone wird größtenteils an Lieferanten abgegeben.

Auf den folgenden Seiten wird die Wertschöpfungskette eines Mobiltelefons und die damit verbundene „Reise um die Welt" anschaulich dargestellt:

---

1 Für das dargestellte Beispiel wurden folgende Quellen verwendet: Südwind e.V.: Die Wertschöpfungskette von Mobiltelefonen; www.pcglobal.org/rohstoffe; www2.weed-online.org. (31.10.2017).

Die globale Wertschöpfungskette von Smartphones		
Stufen	**Merkmale/Länder**	**Problemfelder**
1. Rohstoffe/ Rohstoffabbau	▪ Abbau von Erzen/Erdöl ▪ Rohstoffhandel ▪ Weiterverarbeitung zu Metallen/Kunststoffen **Länder:** Chile (Kupfer), Kongo (Coltan), Südafrika (Gold), Bolivien (Lithium), Indonesien (Zinn)	▪ Kinderarbeit ▪ Lebensbedrohliche Arbeit in ungesicherten Minen ▪ Finanzierung von Bürgerkriegen ▪ Gewaltsame Vertreibung der einheimischen Urbevölkerung ▪ Vergiftete Böden und Grundwasser
2. Produktion	▪ Produktion der Einzelteile ▪ Endmontage ▪ Programmierung **Länder:** China, Taiwan, Indien, Philippinen	▪ Lange Arbeitszeiten (84 Stunden pro Woche, täglich 12-Stunden-Schichten) ▪ Viele Überstunden ▪ Extremer Zeitdruck in der Produktion mit wenig Pausen ▪ Erschöpfungszustände bei den Arbeitnehmern ▪ Keine Gewerkschaften, die die Arbeitnehmerinteressen vertreten ▪ Niedrige Löhne unter dem Existenzminimum ▪ Hohes Unfallrisiko ▪ Ungeschützter Kontakt mit giftigen Chemikalien
3. Vertrieb/ Handel und Nutzung	▪ Markenfirma übernimmt Vertrieb über internationale Standorte ▪ Auslieferung an Händler ▪ Verkauf an Endkunden (lokal oder online) **Länder (z. B.):** Deutschland, Irland, England, Skandinavien	▪ Durchschnittliche Lebensdauer eines Smartphones: 18 Monate ▪ Weltweit besitzt jeder Fünfte ein Smartphone, in Deutschland jeder Zweite ▪ Viele Mobilfunkanbieter versprechen bei Vertragsabschluss alle 12–24 Monate ein neues Smartphonemodell. Dann beginnt der gesamte Produktionsprozess von vorne.
4. Entsorgung	▪ Entsorgung beim lokalen Händler oder auf einer lokalen Mülldeponie ▪ Ca. 23 % des Elektroschrotts wird illegal ins Ausland transportiert ▪ Nur ca. 1 % der Smartphones werden fachgerecht recycelt **Länder:** Deutschland, Ghana, Nigeria, China, Indien	▪ Unsachgemäßes Recycling (Entstehung giftiger Dämpfe) ▪ Gesundheitsgefährdende Verschrottung (krebserregend, organschädigend etc.) ▪ Verschmutzung von Trinkwasser und Böden ▪ Der weltweite Elektroschrott ist der am schnellsten wachsende Müllberg

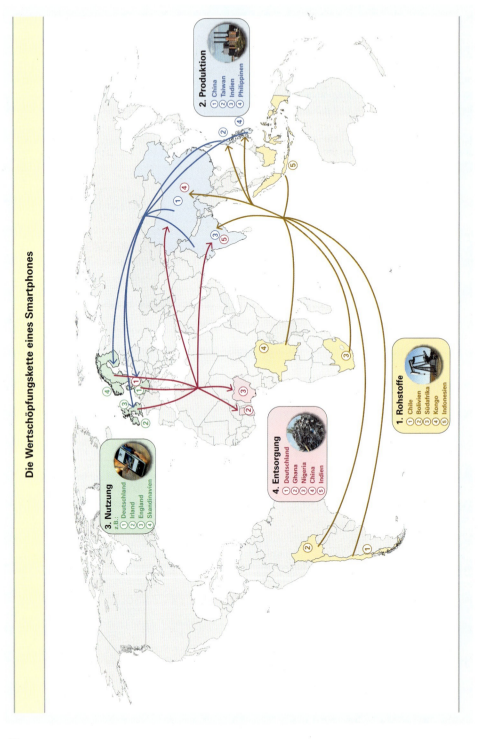

Die Wertschöpfungskette eines Smartphones

2. Produktion
1. China
2. Taiwan
3. Indien
4. Philippinen

1. Rohstoffe
1. Chile
2. Bolivien
3. Südafrika
4. Kongo
5. Indonesien

4. Entsorgung
1. Deutschland
2. Ghana
3. Nigeria
4. China
5. Indien

3. Nutzung
z.B.:
1. Deutschland
2. Irland
3. England
4. Skandinavien

(2) Regionale Wertschöpfungskette

In einer **regionalen Wertschöpfungskette** wird der überwiegende Teil der Stufen bzw. Tätigkeiten in der Region erbracht. Der größte Teil der Wertschöpfung verbleibt in der Region (z. B. regionale Backwaren, regionale Getränke).

Beispiel: Regionale Wertschöpfungskette am Beispiel der Erzeugergemeinschaft Albkorn[1]

Auf der **Schwäbischen Alb** haben 23 Bauern, eine Mühle, 10 Bäckereien und eine Brauerei eine **regionale Wertschöpfungskette** und Regionalmarke für Mehl und Backwaren realisiert. Vom **Acker** bis zur **Mühle** und zu den **Bäckereien** sind Getreide und Mehl **höchstens 50 Kilometer** unterwegs.

Stufe 1: Getreideanbau

Auf der Reutlinger, Münsinger und Ehinger Alb bauen 23 Vertragslandwirte auf 300 Hektar Weizen, Roggen, Dinkel und Braugerste an.

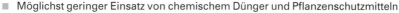

Dabei beachten die Landwirte die folgenden Richtlinien:

- Möglichst geringer Einsatz von chemischem Dünger und Pflanzenschutzmitteln
- Keine Gentechnik im Saatgut
- Blütenstreifen am Ackerrand und Gehölzpflege fördern den Naturschutz
- Festgelegte Fruchtfolge zur Schonung der Böden

Stufe 2: Verarbeitung (Mühle)

In der Getreidemühle Luz in Buttenhausen im Lautertal wird das Getreide der Vertragslandwirte getrocknet, gereinigt und weiterverarbeitet. Weizen, Roggen und Dinkel werden vermahlen, die Braugerste für die Brauerei aufbereitet.

Stufe 3: Verarbeitung und Vertrieb

Die 10 **Bäckereien** der Region verwenden für die Herstellung der Brot- und Backwaren ausschließlich das Albkornmehl.

Stufe 3: Verarbeitung und Vertrieb

Die Berg **Brauerei** in Ehingen braut ausschließlich mit der Albkorn-Braugerste ihre Biersorten.

Stufe 4: Verbraucher

Der Verbraucher unterstützt durch den Kauf bei den Albkorn-Partnern die regionale Wirtschaftsstruktur.

---

1 Quelle: www.albkorn.de (01.11.2017).

Zusammenfassung

- Die **Wertschöpfungskette** beschreibt den **gesamten Weg** eines Produktes vom **Anbau und Abbau** der Rohstoffe über die **Weiterverarbeitung** und **Produktion** bei Zulieferern oder dem Unternehmen sowie über den Handel bis zur **Nutzungsphase** beim Konsumenten und der abschließenden **Entsorgung** oder **Wiederverwertung** des Produktes.

- Es wird zwischen **globalen Wertschöpfungsketten** und **regionalen Wertschöpfungsketten** unterschieden.

- In Bezug auf **Nachhaltigkeitsaspekte** ist insbesondere die globale Wertschöpfungskette kritisch zu betrachten.

Kompetenztraining

5 Wertschöpfungskette von Getränkekartons erläutern

Erläutern Sie anhand des Schaubildes die Wertschöpfungskette von Getränkekartons in Deutschland!

Quelle: obs/Fachverband Kartonverpackung für flüssige Nahrungsmittel e. V.

6 Problemfelder innerhalb der Wertschöpfungskette von Smartphones erkennen und Lösungswege aufzeigen

Nach wie vor gibt es innerhalb der Wertschöpfungskette von Mobiltelefonen zahlreiche Problemfelder.

Aufgaben:

1. Lesen Sie nachfolgenden Text über das weltweit größte Fertigungsunternehmen für Elektronik. Benennen Sie die dargestellten Missstände bei der Produktion des Unternehmens FOXCONN!

Foxconn

Das Unternehmen Foxconn, dessen offizieller Name Hon Hai Precision Industry lautet, hat seinen Sitz in Taiwan und wurde im Jahr 1974 gegründet. Inzwischen beschäftigt das Unternehmen rund 1,3 Mio. Menschen, den größten Teil davon in China.

In chinesischen Produktionsstätten von Foxconn gab es Anfang 2011 eine ganze Serie von Selbstmorden. In einer für Apple verfassten Untersuchung wurde Mitte des Jahres 2012 festgestellt, dass die Arbeitszeiten oft weit über die in China gesetzlich erlaubten 40 Wochenstunden und 36 Überstunden pro Monat hinausgingen: Die Beschäftigten arbeiteten im Schnitt 56 Stunden die Woche, teilweise sogar 61 Stunden, und der gesetzlich vorgeschriebene freie Tag pro Woche wurde den Beschäftigten bei dringenden Aufträgen oft nicht zugestanden. Darüber hinaus wurden Gesundheitsgefährdungen der Beschäftigten festgestellt und viele Sicherheitsbestimmungen nicht eingehalten. Zudem häuften sich Berichte über unmenschliche Behandlung durch Vorgesetzte und äußerst schlechte Unterbringung von Wanderarbeitern/-innen in Massenunterkünften.

Seit dem Jahr 2010 wird der Konzern umgebaut. 2013 und 2014 gab es aber erneut Vorwürfe, die Arbeitszeiten seien weiterhin zu lang und es gäbe Verstöße gegen interne Konzernrichtlinien.

Kritiker/-innen räumen jedoch ein, dass die Zustände in anderen chinesischen Unternehmen teilweise noch schlechter sind. Zudem wird oft darauf hingewiesen, dass Foxconn mit sehr niedrigen Gewinnmargen arbeitet und so vermutlich der hohe Druck auf das Unternehmen entsteht, der dann an die Beschäftigten weitergeleitet wird.

Quelle: Südwind e. V.: Die Wertschöpfungskette von Mobiltelefonen.

2. Das Unternehmen FAIRPHONE mit Sitz in Amsterdam hat eine Bewegung für fair produzierte Elektrogeräte ins Leben gerufen. Dabei verfolgt das Unternehmen u. a. das folgende Ziel:

„(. . .) Dabei verfolgen wir unser Ziel, die Wertschöpfungskette in den Bereichen Bergbau, Design, Produktion und Produktlebenszyklus positiv zu beeinflussen und den Markt für Produkte zu öffnen, bei deren Herstellung ethische Werte an erster Stelle stehen.(. . .)"

Quelle: https://www.fairphone.com/de/uber/uber-uns/ (02. 11. 2017).

Gehen Sie auf die Internetseite www.fairphone.com/de/unsere-ziele/. Zeigen Sie mithilfe der dort dargestellten Informationen auf, inwiefern das Unternehmen FAIRPHONE in der Wertschöpfungskette von Smartphones Verbesserungen anstrebt!

7 Projekt „Handy-Aktion Baden-Württemberg"

Informieren Sie sich auf der Internetseite www.handy-aktion.de über die Handy-Aktion Baden-Württemberg.

Aufgaben:

1. Organisieren Sie in Ihrer Schule eine Sammelaktion für gebrauchte Handys!

2. Nehmen Sie Kontakt mit dem Deutschen Institut für Ärztliche Mission (Difäm) in Tübingen auf und organisieren Sie eine Veranstaltung für die weitere Themenvertiefung (www.handy-aktion.de/mitmachen/veranstaltung-organisieren/)!

49

4 Auf der Grundlage des Begriffs Nachhaltigkeit, Konzepte der Unternehmensführung entwerfen, Unternehmensziele anhand von Unternehmensleitbildern ableiten und den Shareholder- und Stakeholder-Ansatz unterscheiden

KB 1   **Lernsituation 4: Unternehmensleitbild entwerfen**

Die Ulmer Büromöbel AG hatte in den letzten Jahren mit deutlichen Absatzproblemen zu kämpfen. Nicht nur, dass die Absatzmärkte ihre Sättigungsgrenze erreicht hatten. Das Unternehmen sah sich plötzlich  in ernsthafter Konkurrenz mit asiatischen Billiganbietern, die den Markt mit Massengütern zu konkurrenzlos günstigen Preisen überschwemmten. Auch im Verhalten der Kunden kam es zu einem Wandel: Die traditionelle Kundschaft für die gehobenen Produktsegmente informierte sich ausgiebig im Internet und verlangte gleichzeitig flexible Lösungen mit hoher Qualität zum günstigen Preis.

Die Unternehmensleitung erkannte, dass das Unternehmen nur dann erfolgreich am Markt überleben würde, wenn das eigene Angebot in möglichst vielen Schlüsselbereichen den Wettbewerbern überlegen ist, z. B. in Bezug auf:

- Produktqualität
- Servicequalität
- Sortimentsvielfalt
- Innovationskraft
- Preiswürdigkeit
- Mitarbeiterzufriedenheit
- Image
- Marktstärke

Die Unternehmensleitung entschied sich, den neuen Herausforderungen nicht mit schnelllebigen Werbeaktionen zu begegnen, sondern sie in ganz grundsätzlicher Weise anzupacken. Die Mitarbeiter der mittleren und oberen Führungsebene wurden zu einer „Zukunftskonferenz" eingeladen. Deren Ziel ist es, das Grobkonzept für ein modernes Unternehmensleitbild und Zielsystem zu entwickeln.

KOMPETENZORIENTIERTE ARBEITSAUFTRÄGE:

1. Recherchieren Sie zunächst im Internet, welche Unternehmen in Ihrer Region oder über Ihre Region hinaus in der jüngeren Vergangenheit mit ähnlichen Absatzproblemen wie die Ulmer Büromöbel AG zu kämpfen hatten!

   Stellen Sie anschließend die konkreten Probleme dieser Unternehmen zusammen und erläutern Sie, mittels welcher Maßnahmen die Unternehmen versucht haben, ihre Schwierigkeiten zu meistern. Bereiten Sie eine entsprechende Präsentation Ihrer Rechercheergebnisse vor!

2. Arbeiten Sie das folgende Kapitel des Schulbuches durch und verwenden Sie die Aufzeichnungen aus dem Unterricht zur Bearbeitung der Arbeitsaufträge!

   Erstellen Sie (in Partner- oder Kleingruppenarbeit) eine Übersicht von möglichen Gruppen (Stakeholdern), die Ansprüche an ein Unternehmen erheben!

   Entwickeln Sie anschließend eine Übersicht zu diesen möglichen Anspruchsgruppen, indem Sie für die jeweilige Gruppe sowohl deren konkrete Ansprüche an ein

Unternehmen formulieren als auch die Beiträge bzw. Leistungen dieser Gruppen gegenüber dem Unternehmen auflisten!

3. Sie sind Teilnehmer an der „Zukunftskonferenz" der Ulmer Büromöbel AG. Auf der Basis der von Ihnen gefundenen Ansprüche der Stakeholder formulieren Sie einen Grobentwurf für das Unternehmensleitbild der Ulmer Büromöbel AG!

4.1 Zieldimensionen der Nachhaltigkeit

Nachhaltigkeit als unternehmerische Zielsetzung ging hervor aus der ökologischen Diskussion, hat aber einen erheblich umfassenderen Anspruch. Nachhaltigkeit umfasst folgende vier Dimensionen:

Zieldimensionen der Nachhaltigkeit

ökologische Nachhaltigkeit

Diese befasst sich mit einem verantwortungsbewussten Umgang mit den benötigten Ressourcen, d.h. sparsamen Verbrauch von Energie und Rohstoffen, geringe Belastung der Umwelt durch die erforderlichen Transporte und Minimierung von Umwelt belastenden Emissionen.

wirtschaftliche Nachhaltigkeit

Sie zielt darauf ab, dass das Unternehmen auf Dauer eine wettbewerbsfähige Wertschöpfung erzielt und somit langfristig am Markt bestehen bleibt.

soziale Nachhaltigkeit

Humane Arbeitsbedingungen, gerechtes Einkommen und Förderung der Bildung sind Faktoren, die zur dauerhaften Stabilität einer gesellschaftlichen Infrastruktur[1] beitragen.

politische Nachhaltigkeit

Sie zielt darauf ab, dass sich die zentralen politischen Entscheidungskriterien an den Zielen der ökologischen, wirtschaftlichen und sozialen Nachhaltigkeit orientieren. Schwerpunktbereiche der nationalen und internationalen politischen Nachhaltigkeitsstrategie können dabei politische Fragestellungen (z.B. politische Stabilität, Demokratie, Bürgerbeteiligung, Menschenrechte), Klimaschutz, nachhaltige Mobilität, Digitalisierung und Integration sein.

In der öffentlichen Wahrnehmung wird Nachhaltigkeit in der Regel mit der ökologischen Nachhaltigkeit gleichgesetzt und damit auf die Umweltebene reduziert.

---

[1] **Infrastruktur:** notwendiger wirtschaftlicher und organisatorischer Unterbau einer hoch entwickelten Wirtschaft (z.B. Verkehrsnetz, Arbeitskräfte, …).

4.2 Unternehmensleitbilder auswerten und daraus Unternehmensziele ableiten

4.2.1 Unternehmensphilosophie und Unternehmensleitbild

(1) Unternehmensphilosophie

Die Grundlage für ein Unternehmensleitbild bildet die Unternehmensphilosophie. Grundelemente einer Unternehmensphilosophie[1] sind die Grundwerte und Überzeugungen, die Verhaltensregeln, Standards und Symbole[2] des Unternehmens.

Grundelemente	Erläuterungen	Beispiele
Grundwerte und Überzeugungen (Wozu gibt es uns?)	Sie fragen nach dem **„Warum"** des unternehmerischen Handelns und geben dem Unternehmen Orientierung.	„Mit unseren Produkten wollen wir stets Pioniere sein – dem Markt weit voraus. Wir glauben, dass es besser ist, der Öffentlichkeit neue Produkte vorzuführen, als sie zu fragen, was für Produkte sie gerne hätte."
Verhaltensregeln (Was wollen wir erreichen?)	Sie sollen dafür sorgen, dass alle Beteiligten des Unternehmens sich entsprechend den Grundwerten und Überzeugungen verhalten.	„Wir liefern nur Erzeugnisse mit maximaler Qualität aus und gehen hierfür keine Kompromisse ein."
Standards und Symbole (Welches sind unverwechselbare Elemente unseres Handelns?)	Es handelt sich um unternehmenstypische Erkennungszeichen bezüglich **Verhalten, Kommunikation** und **Erscheinungsbild.**	**Verhalten:** Es wird eine kundenorientierte Produktberatung durchgeführt. **Kommunikation:** Die Produkte werden ausschließlich über das eigene Filialnetz verkauft und ausgeliefert. **Erscheinungsbild:** Es wird ein einheitliches Firmenlogo verwendet.

(2) Unternehmensleitbild

In aller Regel formuliert die Unternehmensleitung die im Unternehmen bestehende Unternehmensphilosophie und hält sie in einem **Unternehmensleitbild** fest.

Beispiel: Unternehmensleitbild der Sportartikelfabrik Sport-Burr KG

Steigerung der Unternehmenswerte
Wir möchten unsere Position als führender Sportartikelhersteller langfristig ausbauen und setzen dabei auf profitables Wachstum und nachhaltige Wertsteigerung.

Wir treiben INNOVATIONEN voran – und gestalten die Zukunft

Aus Ideen und Erfindungen entwickeln wir erfolgreiche Sportprodukte. Kreativität und Erfahrung sichern uns eine Spitzenstellung.

---

1 **Philosophie:** griechisch „Weisheitsliebe".

2 **Symbol:** Kennzeichen.

Dies erreichen wir auch dadurch, dass wir vertrauensvolle und langfristige Geschäftsbeziehungen mit zuverlässigen, innovativen Lieferanten pflegen.

Unsere Kunden

Die Zufriedenheit unserer Kunden steht im Mittelpunkt unserer Zielsetzungen. Wir pflegen langfristige, europaweite Kundenbeziehungen und erreichen mit hervorragenden Produkten sowie einem umfassenden Netz von Beratung und Dienstleistungen optimale Kundennähe.

Unsere Mitarbeiter

Die Basis unserer Unternehmung bilden unsere motivierten und verantwortungsbewussten Mitarbeiter. Die Kompetenz unserer Mitarbeiter fördern wir durch kontinuierliche Weiterbildung und sichern damit langfristig Arbeitsplätze.

Unsere Prozesse

Unsere Geschäftsprozesse werden laufend überprüft und nach technischen und wirtschaftlichen Maßstäben optimiert. Sämtliche Geschäftsprozesse werden durch schonenden Einsatz von Ressourcen umweltverträglich gestaltet.

Unterstützung

Wir unterstützen soziale und Umweltschutzprojekte und gehen Partnerschaften mit Unternehmen und Organisationen ein, deren Produkte und Dienstleistungen zu einer nachhaltigen Entwicklung beitragen.

Dialog mit unseren Stakeholdern[1]

Wir legen Wert darauf, mit allen Stakeholdern in einer Atmosphäre des gegenseitigen Vertrauens und Respekts zu kommunizieren, und informieren sie regelmäßig über die Fortschritte unseres Unternehmens im Hinblick auf Sozialverträglichkeit und Umweltschutz.

4.2.2 Unternehmensziele unter Berücksichtigung der vier Zieldimensionen der Nachhaltigkeit aus dem Unternehmensleitbild ableiten

(1) Begriff Unternehmensziele

Die Unternehmensziele leiten sich aus dem Unternehmensleitbild ab. Sie geben der Unternehmensleitung, den Bereichsleitern, den Abteilungsleitern und den Mitarbeitern eine Orientierung für die Steuerung und Kontrolle der betrieblichen Prozesse. Damit diese Orientierung zweifelsfrei möglich ist, sind die Unternehmensziele **eindeutig zu formulieren** und **verbindlich festzulegen**.

Unternehmensziele beschreiben einen zukünftigen, erstrebenswerten Zustand des Unternehmens, den der zuständige Entscheidungsträger anzustreben hat.

(2) Gliederung der Unternehmensziele nach dem angestrebten Erfolg des Unternehmens

Die Ziele der Unternehmen nach dem angestrebten Erfolg sind dreifacher Art: Zum einen möchten die Unternehmen einen Erfolg erzielen **(ökonomische Ziele),** zum anderen tragen die Unternehmen Verantwortung gegenüber ihren Mitarbeitern **(soziale Ziele)** und gegenüber der Umwelt **(ökologische Ziele).**

---

1 Nach dem **Stakeholder-Ansatz** hat die Unternehmensleitung alle, die einen Beitrag zum Unternehmen leisten (z. B. Kapitalgeber, Lieferanten, Kunden, Management) am Unternehmenshandeln und am Unternehmenserfolg teilhaben zu lassen (siehe auch S. 62 ff.).

Betrachtet man das Unternehmen unter dem Gesichtspunkt des angestrebten Erfolgs, so ist festzuhalten: Das Unternehmen ist ein

- ökonomisches,
- ökologisches und
- sozial (viele Interessengruppen befriedigendes)

verantwortlich handelndes System.

Alle Unternehmensziele sind so zu formulieren, dass mit all denen, mit denen das Unternehmen in Kontakt tritt (z. B. Lieferanten, Kunden) fair umgegangen wird. Außerdem hat das Unternehmen bei der Formulierung der Unternehmensziele darauf zu achten, dass künftige Generationen überall eine lebenswerte Umwelt vorfinden und ihre Bedürfnisse befriedigen können **(Gesichtspunkt der Nachhaltigkeit)**.

Nachhaltigkeit bedeutet für die Unternehmen, dass bei jeder Entscheidung ökologische, ökonomische und soziale Ziele gleichermaßen berücksichtigt werden müssen.

Zu beachten ist, dass auch **politische Entscheidungen** (z. B. Gesetze, Verordnungen) Einfluss auf die Gesichtspunkte der Nachhaltigkeit und somit auf die Unternehmensziele nehmen können.

■ Ökonomische (wirtschaftliche) Ziele

Die ökonomischen Ziele von privaten und öffentlichen Unternehmen sind vielfältig. Im Folgenden werden beispielhaft wichtige ökonomische Zielsetzungen stichwortartig vorgestellt.

Langfristige Gewinnmaximierung	Maximaler Gewinn heißt, die größtmögliche Differenz zwischen Umsatzerlösen und Kosten anzustreben.
	Gleichzusetzen mit der Gewinnerzielung ist die **Steigerung des Eigenkapitalwertes** des Unternehmens. Im Mittelpunkt dieser Zielsetzung steht die **Interessenlage des Eigenkapitalgebers**. Begründet wird diese Zielsetzung mit dem Hinweis, dass die Eigenkapitalgeber das volle Verlustübernahmerisiko tragen, da die Fremdkapitalgeber in der Regel ihre Forderungen absichern **(Shareholder-Konzept)**.[1]
Umsatzmaximierung	Umsatzsteigerungen werden durch die Stärkung der eigenen Wettbewerbsposition und Verdrängung der Konkurrenten vom Markt erreicht.
Streben nach Marktmacht	Insbesondere etablierte[2] Unternehmen schützen sich durch den Aufbau hoher Markteintrittsbarrieren vor neuen Anbietern, z.B. durch aggressive Preispolitik. Ein Existenzgründer muss entweder eine völlig neue Geschäftsidee haben, gleich „groß" ins Geschäft einsteigen oder einen Kostennachteil hinnehmen.

---

1 Vgl. hierzu S. 63.

2 **Etablieren:** festsetzen, einen sicheren Platz gewinnen.

Sicherung der Liquidität (Zahlungsfähigkeit)	Die Preispolitik soll die jederzeitige Zahlungsfähigkeit des Unternehmens erhalten.
Streben nach einem hohen Qualitätsstandard	Der Erreichung dieses Zieles dienen Ausgaben für Forschung und Entwicklung sowie ein umfangreiches Qualitätsmanagement.
Kundenzufriedenheit	Kundenorientierung und die damit verbundene Kundenzufriedenheit wird u. a. durch intensive Marktforschung erreicht. Das Halten auch ertragsschwacher Produkte im Produktprogramm erhöht außerdem die Kundentreue.
Mitarbeiterzufriedenheit	Die Mitarbeiterzufriedenheit soll insbesondere durch Förderung und Weiterbildung der Mitarbeiter, durch Übergabe von Verantwortung sowie durch Maßnahmen zur Arbeitsplatzsicherung erreicht werden.

■ Ökologische[1] Ziele

Alle menschlichen Handlungen beeinflussen das Ökosystem und somit auch wirtschaftliche Aktivitäten. Wirtschaft und Umwelt sind zwei Seiten einer Medaille. In der Vergangenheit sind sie lange zu Unrecht als Gegensätze gedacht worden. Ökologie und Ökonomie gehören jedoch zusammen. Eine gesunde Umwelt und der schonende Umgang mit den natürlichen Ressourcen sind Voraussetzung für eine langfristig stabile wirtschaftliche und soziale Entwicklung. Neben dem Staat tragen auch die Unternehmen Verantwortung für eine nachhaltige, umweltgerechte Entwicklung. Das dokumentieren die Unternehmen z. B. durch ihr Engagement für Klimaschutz. Nachhaltiges Wirtschaften wird zunehmend zum strategischen Unternehmensziel.

Im Folgenden werden beispielhaft wichtige ökologische Zielsetzungen stichwortartig vorgestellt.

1. Eine **nachhaltige Abfallwirtschaft** beinhaltet die Schonung der natürlichen Ressourcen und damit auch eine Verminderung von Emissionen.[2] Dabei gilt folgende Reihenfolge:

1. Abfallvermeidung	Durch die Vermeidung von Abfällen trägt das Unternehmen wirksam zum Schutz der Umwelt bei. Abfälle können z. B. im Produktionsverfahren oder durch eine abfallarme Produktgestaltung vermieden werden. Ohne Abfälle entstehen z. B. keine umweltschädlichen Belastungen der Lebewesen und deren Umwelt durch Schadstoffemissionen.
2. Recycling	Eine wirksame umweltorientierte Recyclingpolitik der Unternehmen zielt darauf ab, nicht vermeidbare Abfälle zu verwerten und recycelbare Produkte herzustellen.
3. Entsorgung	Unvermeidbare Produktionsabfälle, die nicht verwertet werden können, sollen durch das Unternehmen umweltgerecht entsorgt werden.

---

1 Die **Ökologie** ist die Wissenschaft von den Wechselwirkungen zwischen den Lebewesen untereinander und ihren Beziehungen zur übrigen Umwelt.

2 **Emission** (emittere [lat.]) bedeutet so viel wie Aussendung, Freilassung, Ausströmen z. B. von luft- und wasserverunreinigenden Stoffen (z. B. Chemikalien, Stäube usw.). Die auf die Umwelt (z. B. Menschen, Tiere, Pflanzen) einwirkenden (eindringenden) oder dort bereits vorhandenen Schadstoffkonzentrationen werden **Immissionen** genannt.

2. Eine **nachhaltige Reduzierung von CO$_2$-Emissionen** im Produktionsprozess und in der Beschaffung sowie die Senkung der Lärmbelästigung stellen wichtige ökologische Ziele für die Unternehmen dar.

Verminderung von Produktionsemissionen	Mit dem Einsatz modernster Technologien im Produktionsprozess wird der Schadstoffausstoß vermindert.
Nutzung erneuerbarer Energien	Die Nutzung erneuerbarer Energiequellen (Wind, Sonne, Wasser, Biomasse) vermindern den CO$_2$-Ausstoß der Unternehmen entscheidend.
Einsatz umweltfreundlicher Transportmittel	Im Bereich der Beschaffung wird auf eine ökologisch orientierte Zulieferung geachtet und es werden umweltfreundliche Transportmittel eingesetzt.
Reduzierung von Lärmbelastungen	Der Einsatz von z. B. lärmarmen Maschinen und bautechnischer Lärmschutz an Gebäuden führen zur Reduzierung der Lärmbelastung.

■ Soziale Ziele

Neben wirtschaftlichen und ökologischen Zielen verfolgen die Unternehmen auch soziale Ziele. Von sozialen Zielen wird dann gesprochen, wenn ein Unternehmen zum einen die Arbeitsplatzerhaltung in den Mittelpunkt seiner Unternehmenspolitik stellt und zum anderen seinen Mitarbeitern freiwillige Sozialleistungen gewährt. Durch die Zahlung von freiwilligen Sozialleistungen möchte das Unternehmen insbesondere das Folgende erreichen:

- **Wirtschaftliche Besserstellung der Arbeitnehmer** (z. B. Urlaubsgeld, Wohnungshilfe, Zuschüsse zur Werkskantine, Jubiläumsgeschenke).
- **Ausgleich familiärer Belastungsunterschiede** (z. B. Familienzulage, Geburts- und Heiratsbeihilfen).
- **Altersabsicherung und Absicherung gegen Risiken des Lebens** (z. B. Pensionszahlungen, Krankheitsbeihilfen, Beihilfe zur Rehabilitation).
- **Förderung geistiger und sportlicher Interessen** (z. B. Werksbücherei, Kurse zur Weiterbildung, Sportanlagen).

Die Verfolgung sozialer Ziele wird den Arbeitgebern aber auch gesetzlich vorgeschrieben, insbesondere durch das **Arbeitsschutzrecht.**[1] Ziel des Arbeitsschutzrechts ist, die Gesundheit der Mitarbeiter bei ihrer Arbeit zu schützen, die betriebliche Unfallgefahr möglichst zu vermeiden und die Arbeitgeber zu einer menschengerechten Gestaltung der Arbeitsplätze und Arbeitsabläufe zu veranlassen. Als Beispiel für Vorschriften des Arbeitsschutzrechts soll der wesentliche Inhalt des **Arbeitsschutzgesetzes** dargestellt werden.

Mit den sozialen Zielen verfolgen die Betriebe in aller Regel auch wirtschaftliche Ziele. Die am häufigsten anzutreffenden **wirtschaftlichen Motive,** die ein Unternehmen mit der Gewährung freiwilliger betrieblicher Sozialleistungen verfolgt, sind

- Steigerung der Leistung der Arbeit,
- Bindung der Arbeitnehmer an das Unternehmen,
- Sicherung von Einflussmöglichkeiten auf die Arbeitnehmer,
- Steuerersparnisse bzw. Steuerverschiebungen.

---

1 Zum **Arbeitsschutzrecht** zählen insbesondere das Arbeitszeitgesetz [ArbZG], Mutterschutzgesetz [MuSchG], Jugendarbeitsschutzgesetz [JArbSchG], Arbeitsschutzgesetz [ArbSchG], Arbeitssicherheitsgesetz [ArbSichG], Produktsicherheitsgesetz [ProdSG] und die Sozialgesetzbücher [SGB I bis XI].

Beispiel: Arbeitsschutzgesetz

Wirkungskreis	Wesentlicher Inhalt
Alle Arbeitgeber, alle Beschäftigten, z. B. Arbeitnehmer und alle Auszubildenden [§ 2 II, III ArbSchG], soweit diese nicht nach § 1 ArbSchG ausgeschlossen sind.	▪ Arbeitgeber sind verpflichtet, die zur Sicherheit und Gesundheit der Beschäftigten bei der Arbeit erforderlichen Maßnahmen des Arbeitsschutzes zu treffen und hierzu z. B. für eine geeignete Organisation zu sorgen und die erforderlichen Mittel bereitzustellen [§ 3 ArbSchG]. Arbeitgeber müssen z. B. die Arbeit so gestalten, dass die Gefährdung für Leben und Gesundheit möglichst vermieden und die verbleibende Gefährdung möglichst gering gehalten wird. ▪ Gefahren sind an ihren Quellen zu bekämpfen. Arbeitsschutzmaßnahmen müssen den Stand der Technik, Arbeitsmedizin und Hygiene und spezielle Gefahren besonders schutzbedürftiger Beschäftigungsgruppen berücksichtigen. Hierzu sind den Beschäftigten geeignete Anweisungen zu erteilen.

■ **Politische (gesellschaftliche Ziele)**

Mit den politischen Zielen sollen die Unternehmen die gesellschaftliche Weiterentwicklung unterstützen. Aktuell werden die Integration von Migranten und die Digitalisierung als besonders vordringlich betrachtet.

(3) Beispiel für die Formulierung von Unternehmenszielen

Unternehmensziele werden auf der Grundlage des Unternehmensleitbildes entwickelt. Sie haben die Aufgabe, der Unternehmensleitung und allen Mitarbeitern konkrete Orientierung zur Bewältigung ihrer betrieblichen Aufgaben zu geben.

Beispiel: Unternehmensziele der Sportartikelfabrik Sport-Burr KG, abgeleitet aus dem Unternehmensleitbild von S. 52 f.

■ Wir streben hohe Kundenzufriedenheit und langfristige Kundenbeziehungen an. Wir liefern pünktlich.

■ Wir entwickeln unsere Produkte kundenorientiert und gefährden niemals die Sicherheit unserer Kunden.

■ Wir übernehmen bei der Gewinnerzielung soziale und ökologische Verantwortung gegenüber den im Unternehmen tätigen Menschen, den Kapitalgebern und Kunden.

■ Wir streben die langfristige Sicherung und finanzielle Unabhängigkeit unseres Unternehmens an.

■ Wir erreichen unsere Erfolge durch kompetente Mitarbeiter, deren Qualifikation wir intensiv fördern.

■ Der Führungsstil ist von dem Ziel einer hohen Arbeitsmotivation, Arbeitszufriedenheit und Arbeitsqualität geprägt.

■ Wir berücksichtigen bei unseren Planungen und Investitionsentscheidungen systematisch ökologische Anforderungen des Umwelt- und Klimaschutzes.

■ Wir sehen uns als gute Bürger, die sich für das soziale und kulturelle Leben insbesondere in der Region Ulm engagieren. Wir fördern daher ausgewählte Projekte und Initiativen.

4.2.3 SMART-Regel zur Formulierung von Unternehmenszielen anwenden

Die Zielformel **SMART** fasst komplett und einprägsam zusammen, welche Eigenschaften Unternehmensziele haben sollen. Jeder Buchstabe steht für eine bestimmte Eigenschaft.

	Kriterien	Erläuterungen	Kontrollfragen
S	spezifisch, simpel	Das Ziel soll genau beschrieben, einfach formuliert und für alle nachvollziehbar sein.	▪ Was genau soll erreicht werden? ▪ Welche Eigenschaften werden angestrebt? ▪ Wo soll das Ziel erreicht werden? ▪ Wer ist beteiligt?
M	messbar	Festgelegte Kennzahlen müssen es erlauben, dass die Erreichung des Ziels gemessen werden kann.	▪ Woran kann die Zielerreichung gemessen werden? ▪ Wann weiß das Unternehmen, dass das Ziel erreicht wurde?
A	akzeptiert	Das formulierte Ziel muss übereinstimmen mit den Wertvorstellungen des Unternehmensleitbildes.	Wird das Ziel von den Beteiligten akzeptiert?
R	realistisch	Das Ziel darf nicht utopisch und damit demotivierend sein. Vielmehr benötigen die Mitarbeiter das Gefühl, dass das Ziel erreichbar ist.	Ist das gewünschte Ziel im Rahmen des Projekts erreichbar?
T	terminiert	Der Zeithorizont, in welchem das Ziel zu erreichen ist, muss festgelegt sein.	▪ Bis wann soll das Ziel erreicht werden? ▪ In welchem Zeitrahmen soll das Ziel erreicht werden?

Beispiel: Zielformulierung nach SMART bei der Sport-Burr KG

Ausgangssituation:

Die Geschäftsführung der Sportartikelfabrik Sport-Burr KG beschließt, auf der Grundlage der verschiedenen Teilbereiche des Unternehmensleitbildes (vgl. S. 52 f.) gemeinsam mit dem Betriebsrat die entsprechenden Unternehmensziele abzuleiten. Für die Rubrik „Steigerung der Unternehmenswerte" soll das jährliche Umsatzwachstum bei 3 % liegen. Eine Analyse des Marktforschungsinstituts M+K bescheinigt, dass das Marktpotenzial dafür vorhanden ist.

Aufgabe:

Formulieren Sie das Unternehmensziel zur Rubrik **„Steigerung der Unternehmenswerte"** des Unternehmensleitbildes nach der SMART-Zielformel!

Lösung:

	Kontrollfragen	Antworten
S	■ Was genau soll erreicht werden? ■ Wo soll das Ziel erreicht werden?	*„Profitables Wachstum und nachhaltige Wertsteigerung des Unternehmens."* *„In Deutschland und im europäischen Ausland."*
M	Woran kann die Zielerreichung gemessen werden?	*„Steigende Umsätze von 3 % jährlich bei mindestens durchschnittlicher Umsatzrentabilität[1] und steigendes Reinvermögen."*
A	Wird das Ziel von den Beteiligten akzeptiert?	*„Die Geschäftsführung beschließt das Ziel gemeinsam mit den Arbeitnehmervertretern, die darin auch eine Sicherung ihrer Arbeitsplätze sehen."*
R	Ist das gewünschte Ziel erreichbar?	*„Das Marktforschungsinstitut M+K bescheinigt das Marktpotenzial."*
T	In welchem Zeitrahmen soll das Ziel erreicht werden?	*„Jährliches Umsatzwachstum von 3 %."*

Daraus lässt sich das Unternehmensziel für die Sport-Burr KG folgendermaßen formulieren:

4.3 Komplementäre, konkurrierende und indifferente Zielbeziehungen erkennen und bewerten

Unternehmen formulieren Ziele, die miteinander in Beziehung stehen können. Folgende drei Arten von Zielbeziehungen lassen sich unterscheiden.

- **Zielkonflikt:** Die Verfolgung eines Ziels beeinträchtigt oder verhindert die Erreichung eines anderen Ziels **(konkurrierende Ziele).**
- **Zielharmonie:** Die Förderung eines Ziels begünstigt zugleich die Förderung eines oder mehrerer anderer Ziele **(komplementäre Ziele).**
- **Zielindifferenz:** Die Realisierung eines Ziels hat keinen Einfluss auf die Erreichung eines anderen Ziels. Die Ziele beeinflussen sich gegenseitig nicht **(indifferente Ziele).**

---

1 **Umsatzrentabilität** $= \dfrac{\text{Gewinn} \cdot 100}{\text{Umsatzerlöse}}$

(1) Zielharmonie zwischen ökologischen und ökonomischen Unternehmenszielen

Bisherige Untersuchungen zeigen weitgehend übereinstimmend, dass zumindest in den größeren von Umweltproblemen besonders betroffenen Unternehmen (Branchen) zwischen den **ökologischen** und **ökonomischen Unternehmenszielen** grundsätzlich eine sich gegenseitig ergänzende, fördernde Zielbeziehung **(Zielharmonie)** besteht.

Dies ist deshalb der Fall, weil gerade der Umweltschutz vielfältige Innovationsmöglichkeiten (z. B. Entwicklung und Anwendung umweltschonender Rohstoffe, Entwicklung einer Technologie für erneuerbare Energie) bietet.

In dem Ausmaß, in dem es den Unternehmen gelingt, ihre Umweltschutzziele zu verwirklichen, erhöht sich z. B. auch deren Umsatz, ihr Umsatzanteil am gesamten Markt, ihre Marktmacht, ihr langfristiger Gewinn und das Produkt- und Firmenimage in der Öffentlichkeit. Dadurch werden die Unternehmensexistenz und die Arbeitsplätze gesichert, neue Arbeitsplätze geschaffen sowie die Wettbewerbsfähigkeit verbessert.

(2) Zielkonflikte/Zielharmonie zwischen ökonomischen und sozialen Unternehmenszielen

Häufig bestehen dagegen **Zielkonflikte** zwischen den **ökonomischen** und den **sozialen Zielen**. Strebt ein Unternehmen z. B. zugleich Arbeitsplatzsicherung und Kostensenkung an, kann ein Zielkonflikt vorliegen, weil durch den Einsatz von Kosten sparenden Maschinen Arbeitskräfte „freigesetzt", d. h. entlassen werden müssen.

Ein Beispiel für **Zielharmonie** zwischen ökonomischen und sozialen Zielen ist das konjunkturelle Kurzarbeitergeld (Kug).[1] Angesichts einer globalen Rezession und sinkender Absatzzahlen bestünde die übliche Reaktion der Anpassung im Abbau von Arbeitsplätzen. Viele Unternehmen verzichten jedoch darauf und wählen dagegen das Instrument der Kurzarbeit. Dies bindet die Arbeitskräfte an das Unternehmen und erspart diesem beim beginnenden Aufschwung die Suche nach den knappen Fachkräften.

(3) Zielindifferenz zwischen ökologischen und ökonomischen Unternehmenszielen

Verfolgt ein Unternehmen das ökologische Ziel, den CO_2-Ausstoß durch den Einbau von Filteranlagen zu minimieren, so hat dies keinen Einfluss auf das ökonomische Ziel, die Qualität der Produkte zu erhöhen. Beide Ziele beeinflussen sich gegenseitig nicht.

4.4 Im Rahmen der Unternehmensführung Themenbereiche der Unternehmensverantwortung erfassen und Bezüge zur Nachhaltigkeitsberichterstattung herstellen

(1) Corporate Responsibility

Neben der Unternehmensphilosophie, den Unternehmensleitbildern und den Unternehmenszielen spielt die unternehmerische Verantwortung, die auch als **Corporate Responsibility** bezeichnet wird, eine zunehmend entscheidende Rolle für die Unternehmen.

---

1 **Konjunkturelles Kurzarbeitergeld (Kug)** wird gewährt, wenn in Betrieben oder Betriebsabteilungen die regelmäßige betriebsübliche wöchentliche Arbeitszeit infolge wirtschaftlicher Ursachen oder eines unabwendbaren Ereignisses vorübergehend verkürzt wird.

- Die **Unternehmensverantwortung** wird mit dem Schlüsselbegriff **Corporate Responsibility (CR)** beschrieben. Hierbei geht es um die Auswirkungen, die die Unternehmenstätigkeit auf die Gesellschaft und Umwelt hat.
- Corporate Responsibility beschreibt den Grad des Verantwortungsbewusstseins eines Unternehmens.

Corporate Responsibility lässt sich aus dem Leitbild der nachhaltigen Entwicklung ableiten. Dieses Leitbild zielt darauf ab, wirtschaftliche Leistungsfähigkeit, soziale Verantwortung und die Regenerationsfähigkeit der Erde miteinander in Einklang zu bringen. Für die Unternehmen ergeben sich in einer nachhaltigen Wirtschaftsweise zahlreiche neue Chancen für Innovation und Wettbewerbsfähigkeit. Auch das verstärkte Interesse der Nachfrager an sozial verantwortlicher und umweltschonender Herstellung und Verarbeitung von Produkten unterstreicht die Bedeutung für die Unternehmen.

Corporate Responsibility umschließt die folgenden **Themenbereiche:**

Themenbereiche der Corporate Responsibility	Erläuterungen	Beispiele
Corporate Social Responsibility (CSR)	CSR umfasst das Kerngeschäft des Unternehmens. Dieses soll umweltverträglich, ethisch und sozial verantwortlich und zugleich ökonomisch erfolgreich betrieben werden.	■ Sparsamer Einsatz von natürlichen Ressourcen. ■ Schutz von Klima und Umwelt. ■ Faire Geschäftspraktiken. ■ Mitarbeiterorientierte Personalpolitik.
Corporate Citizenship (CC)	CC umfasst das bürgerliche oder gesellschaftliche Engagement des Unternehmens. Dies ist nur ein kleiner Teilbereich unternehmerischer Verantwortung und ist meistens nicht mit dem Kerngeschäft verbunden.	■ Spenden für wohltätige Zwecke. ■ Sponsoring eines Sportvereins. ■ Bekämpfung von Armut. ■ Förderung von Kunst und Kultur. ■ Stiftungsaktivitäten.
Corporate Governance (CG)	CG umfasst Grundsätze verantwortungsvoller Unternehmensleitung und -überwachung.	Zielgerichtete Zusammenarbeit der Unternehmensleitung und -überwachung.

(2) Nachhaltigkeitsberichterstattung

Zu nachhaltigem Wirtschaften und unternehmerischer Verantwortung (Corporate Social Responsibility) gehört die **Offenlegung** derjenigen **Informationen,** die für die Stakeholder[1] eines Unternehmens wichtig sind.

Informationen über ökologische und soziale Themen der Unternehmensführung werden von Unternehmen u. a. in **Nachhaltigkeitsberichten** veröffentlicht.

In den vergangenen Jahren konnten die Unternehmen in der Europäischen Union selbst entscheiden, ob sie bestimmte Informationen über ökologische und soziale Aspekte ihrer Tätigkeit veröffentlichen. Allerdings legten weniger als 10 % der größten Unternehmen in der EU einen Nachhaltigkeitsbericht im Rahmen der Jahresabschlussveröffentlichung vor.

---

1 Vgl. Fußnote S. 63.

Seit dem Jahr 2017 müssen Unternehmen des öffentlichen Interesses in Europa, d. h. Betriebe mit mehr als 500 Mitarbeitern, börsennotierte und international tätige Unternehmen, Nachhaltigkeitsberichte[1] erstellen und diese veröffentlichen. Dies betrifft ca. 6 000 Unternehmen in Europa und davon ca. 450 Unternehmen in der Bundesrepublik Deutschland.

Einen Rahmen für die Berichterstattung des Nachhaltigkeitsengagements der Unternehmen bietet der **„Deutsche Nachhaltigkeitskodex (DNK)"**.[2] Der DNK beschreibt dabei Mindestanforderungen der Inhalte eines Nachhaltigkeitsberichtes und erfüllt die Standards der von der EU vorgegebenen Berichtspflicht.

> Der **Deutsche Nachhaltigkeitskodex (DNK)** ermöglicht Unternehmen, ihr Nachhaltigkeitsengagement transparent, vergleichbar und damit auch anschaulich für Investoren und Konsumenten darzulegen.

Beispiel: Auszug aus dem Nachhaltigkeitsbericht der Sportartikelfabrik Sport-Burr KG

- **Beteiligung von Anspruchsgruppen**
  Gemäß unserem Leitbild wird den unterschiedlichen Interessen der Stakeholder der Sport-Burr KG durch eine aktive Kommunikation Rechnung getragen.

- **Inanspruchnahme von natürlichen Ressourcen**
  Unsere Farben bei Skiern und Tennisschlägern sind wasserbasiert. Unsere Kleber sind nahezu lösungsmittelfrei.

- **Ressourcenmanagement**
  Wir haben unseren Energieverbrauch seit dem Jahr 2010 um 25 % gesenkt und in unserem Produktionsprozess werden seit 2015 ausschließlich erneuerbare Energien eingesetzt.

- **Klimarelevante Emission**
  Die Sport-Burr KG hat sich zum Ziel gesetzt, den Ausstoß von CO_2 gegenüber 2018 bis zum Jahr 2022 um 15 % zu reduzieren.

- **Arbeitnehmerrechte**
  Als sozial verantwortlich handelndes Unternehmen engagiert sich die Sport-Burr KG für den Schutz der Menschenrechte. Bei uns stehen nationale Standards hinsichtlich der Arbeitnehmerrechte im Vordergrund.
  Das Verhältnis zwischen Geschäftsführung und dem Betriebsrat ist als partnerschaftlich zu bezeichnen.

- **Chancengerechtigkeit**
  Betriebliche Sozialleistungen erhalten Voll- und Teilzeikräfte gleichermaßen. Wir bieten für alle Mitarbeiter Zulagen im Bereich Altersvorsorge.

- **Gemeinwesen**
  Wir unterstützen regionale Projekte in den Bereichen Bildung, Sport, Kultur und Soziales.

4.5 Shareholder-und Stakeholder-Ansatz unterscheiden und dabei Zielkonflikte zwischen den Ansprüchen verschiedener Interessengruppen sichtbar machen

(1) Problemstellung

> Bei der **Festlegung von Unternehmenszielen** sind folgende Fragen zu klären:
> - Welche Ziele soll das Unternehmen verfolgen?

---

1 Die Richtlinie des Europäischen Parlamentes und Rates bezeichnet die Nachhaltigkeitsberichte als „Nichtfinanzielle Erklärung". Diese soll in den Lagebericht der Unternehmen mit aufgenommen werden.

2 Zu Einzelheiten siehe http://www.deutscher-nachhaltigkeitskodex.de/de/dnk/der-nachhaltigkeitskodex.html; 16. 04. 2018.

- Welche Person oder Personengruppe hat das Recht (die Macht), die Unternehmensziele festzulegen und unternehmerische Entscheidungen zu treffen?
- Wem steht der Unternehmenserfolg zu?

Auf alle drei Fragen geben das **Shareholder**[1]**-Konzept** und das **Stakeholder**[2]**-Konzept** unterschiedliche Antworten.

(2) Shareholder-Konzept

Nach dem Shareholder-Konzept hat die Unternehmensleitung die Aufgabe, die unternehmerischen Entscheidungen so zu treffen, dass der (Markt-)**Wert des Eigenkapitals (Shareholder-Value)** erhöht wird. Durch eine langfristige Gewinnmaximierung soll die Einkommens- und Vermögensposition der Eigenkapitalgeber verbessert werden.

Das **Shareholder-Konzept** ist durch **drei Kriterien** gekennzeichnet:

- Ziel der Unternehmensleitung muss es sein, für die **Eigenkapitalgeber** eine **langfristige Gewinnmaximierung** zu erreichen.
- Die **unternehmerische Entscheidungsgewalt** liegt bei den **Eigenkapitalgebern** bzw. bei den von ihnen eingesetzten Führungskräften (z. B. Vorstand, Geschäftsführer).
- Der **Unternehmenserfolg (Gewinn oder Verlust)** steht in vollem Umfang den **Eigenkapitalgebern** zu.

Die einseitige Ausrichtung des Shareholder-Konzepts auf die Interessen der Eigenkapitalgeber wird häufig abgelehnt, weil die Interessen anderer Anspruchsgruppen vernachlässigt werden.

Beim **Shareholder-Konzept** sind vorrangig die Unternehmensziele zu verfolgen, die den Marktwert des Eigenkapitalanteils erhöhen.

(3) Stakeholder-Konzept

■ Übersicht über die Stakeholder (Anspruchsgruppen)

Nach Auffassung der Vertreter des Stakeholder-Konzepts haben alle Personen oder Personengruppen, die von den Entscheidungen des Unternehmens betroffen sind, Ansprüche an das Unternehmen. Eine Begründung für die Ansprüche leiten die Vertreter des Stakeholder-Konzepts von der Tatsache ab, dass die Anspruchsgruppen einen **Beitrag zum Unternehmen** leisten.

---

1 **Shareholder** (engl.): Aktionär (von share: Aktie und holder: Inhaber).

2 **Stakeholder** (engl.): Anspruchsberechtigter, Interessenbewahrer.

■ **Beitrag der Anspruchsgruppen zum Unternehmen**

In der nachfolgenden Tabelle sind die Anspruchsgruppen, der Anspruch gegenüber der Unternehmung und der Beitrag zur Unternehmung aufgelistet.

Anspruchsgruppen	Ansprüche gegenüber der Unternehmung	Beiträge zur Unternehmung
Eigenkapitalgeber (Eigentümer, Anteilseigner)	Langfristige Gewinnmaximierung, Steigerung des Eigenkapitalwertes, Unternehmenswachstum, Unternehmenssicherung	■ Eigenkapital ■ Übernahme des Risikos
Fremdkapitalgeber	Zeitlich und betragsmäßig festgelegte Tilgung und Verzinsung des eingesetzten Kapitals	Fremdkapital
Mitarbeiter	Leistungsgerechte Entlohnung, motivierende Arbeitsbedingungen, Arbeitsplatzsicherheit, betriebliche Sozialleistungen, Mitbestimmung, Beteiligung am Unternehmenserfolg	Ausführende Arbeit
Management	Gehalt, Macht, Einfluss, Prestige	Leitende Arbeit
Kunden	Preisgünstige und qualitative Güter	Abnahme hochwertiger Güter
Lieferanten	Zuverlässige Bezahlung, langfristige Lieferbeziehungen	Lieferung hochwertiger Güter
Staat/ Öffentlichkeit	Steuerzahlungen, Einhaltung der Rechtsvorschriften, schonender Umgang mit der Umwelt	■ Infrastruktur, ■ Rechtsordnung, ■ Umweltgüter

Quelle, in Anlehnung an Wöhe, Günter; Döring, Ulrich: Einführung in die Allgemeine Betriebswirtschaft, 24. Aufl., München 2010, S. 51.

■ Beim **Stakeholder-Ansatz** sind vorrangig die Unternehmensziele zu verfolgen, die Ansprüche und **Interessen der Stakeholder** zu erfassen, zu ordnen und bestmöglich zu erfüllen.

■ Das **Stakeholder-Konzept** erweitert den Shareholder-Ansatz, indem neben einer rein **finanziellen Zielperspektive** auch eine **soziale** und **ökologische Verantwortung** verlangt wird.

Dass sich das Stakeholder-Konzept aufgrund der stark auseinanderstrebenden Interessen der Anspruchsgruppen in der Realität durchsetzen kann, ist kaum zu erwarten. Derzeit überwiegt in der Unternehmenspraxis eindeutig das Shareholder-Konzept.

■ **Interessenkonflikte zwischen Stakeholdern**

Aufgrund der stark auseinanderstrebenden Interessen zwischen den einzelnen Stakeholdern kommt es zu Interessenkonflikten. Deutlich wird dies, wenn die Hauptziele von drei ausgewählten Stakeholdern betrachtet werden.

Stakeholder (Anspruchsgruppen)	Ziele/Interessen
Eigenkapitalgeber	**Ökonomische Ziele** Wirtschaftliche Leistungsfähigkeit
Mitarbeiter	**Soziale Ziele** Soziale Gerechtigkeit/demokratische Politikgestaltung
Staat/Öffentlichkeit	**Ökologische Ziele** Ökologische Nachhaltigkeit

Zwischen den ökonomischen, sozialen und ökologischen Zielen der Stakeholder bestehen grundsätzlich Zielkonflikte. Anhand der folgenden Szenarien des Unternehmens sollen diese beispielhaft verdeutlicht werden.[1]

Beispiel: Wirtschaftliche Leistungsfähigkeit im Konflikt mit sozialer Gerechtigkeit

- Die **Mitarbeiter** eines sich im scharfen Wettbewerb befindenden Unternehmens verfolgen das Ziel einer möglichst hohen Entlohnung. Aufgrund des Produktionsprozesses hätte eine höhere Entlohnung keinen Einfluss auf die Produktqualität. Eine höhere Entlohnung erhöht die Stückkosten des Unternehmens und somit den Preis der Produkte. Solange die Nachfrager ihre Kaufentscheidung nur von Produktqualität und Produktpreis, nicht aber von „Sozialleistungen" des Anbieters abhängig machen, wird das Unternehmen Marktanteile verlieren.

Das Interesse der **Eigenkapitalgeber** an einer langfristigen Gewinnmaximierung wird nicht nur verfehlt, sondern es besteht auch die Gefahr, dass die Existenz des Unternehmens gefährdet ist und somit auch die Arbeitsplatzsicherheit.

- Die **Mitarbeiter** eines sich im scharfen Wettbewerb befindenden Unternehmens sind an einer uneingeschränkten Arbeitsplatzgarantie interessiert. Die **Eigenkapitalgeber** müssen jedoch flexibel auf die wirtschaftliche Lage reagieren können und sind daher unter Umständen gezwungen, Arbeitsstellen abzubauen.

Beispiel: Ökologische Nachhaltigkeit im Konflikt mit wirtschaftlicher Leistungsfähigkeit

Angenommen, dass in der Getränkeindustrie das Einwegsystem für die Hersteller und Händler kostengünstiger, das Mehrwegsystem dagegen umweltverträglicher ist und es kein Zwangspfand für Einwegflaschen gibt. Geht man zusätzlich davon aus, dass die Nachfrager Umweltschutz wünschen, aber nur in einem begrenzten Rahmen bereit sind, für Umweltschutz einen höheren Preis für Mehrweggetränkeflaschen zu bezahlen, so wird deutlich, dass ein ökologisch orientierter Getränkehersteller mit dem Mehrwegsystem auf einem wettbewerbsintensiven Getränkemarkt lediglich geringe Marktanteile erzielen wird. Die Interessen der **Öffentlichkeit** bzw. des **Staates** nach ökologischer Nachhaltigkeit werden zwar erfüllt, jedoch werden die ökonomischen Interessen der **Eigenkapitalgeber** verfehlt.

Für die Unternehmen ist es wichtig, Interessenkonflikte zwischen den Stakeholdern nach Möglichkeit zu vermeiden. Hierzu ist der Dialog zwischen den Stakeholdern und die Entwicklung von Vereinbarkeitsstrategien zwischen ökonomischen, sozialen und ökologischen Zielen entscheidend. Je stärker sich die Idee der **Nachhaltigkeit** in der Gesellschaft verfestigt, desto besser können die Interessengegensätze aufgelöst werden.

---

1 Quelle, in Anlehnung an Wöhe, Günther; Döring, Ulrich: Einführung in die Allgemeine Betriebswirtschaft, 22. Auflage, München 2010, S. 51 f.

5 Speth u. a. - ISBN 978-3-8120-0594-4

Zusammenfassung

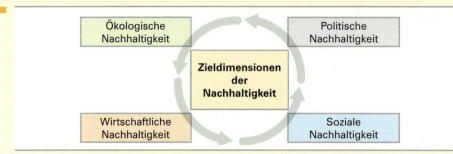

- Unter der **Unternehmensphilosophie** versteht man ein System gemeinsamer Grundwerte und Überzeugungen, Verhaltensregeln, Standards und Symbole.

- Das **Unternehmensleitbild** formuliert die grundlegenden Zwecke, Zielrichtungen, Gestaltungsprinzipien und Verhaltensnormen der Unternehmung.

- **Ziele** sind Maßstäbe – angestrebte Ereignisse oder Zustände –, an denen unternehmerisches Handeln gemessen werden kann.

Ökonomische Ziele (Beispiele)	Ökologische Ziele (Beispiele)	Soziale Ziele (Beispiele)
■ Absicht der Gewinnerzielung ■ Steigerung des Umsatzes ■ Sicherung der ständigen Zahlungsbereitschaft ■ Risikostreuung durch breites Produktprogramm ■ Verdrängung von Konkurrenten ■ Streben nach Marktmacht ■ Streben nach hohem Qualitätsstandard	■ Abfallvermeidung ■ Benutzung umweltfreundlicher Werkstoffe ■ Produktion recycelbarer Produkte ■ Verminderung von Produktionsemissionen ■ Reduzierung von Lärmbelastungen ■ Nutzung erneuerbarer Energien	■ Gerechte Entlohnung ■ Gleich hohe Entgelte von Mann und Frau bei gleicher Arbeit ■ Arbeitsplatzsicherung ■ Ergonomische Arbeitsplatzgestaltung ■ Altersabsicherung und Betriebsrente ■ Aufgreifen von Anregungen der Mitarbeiter ■ Mitbestimmung

- Unter mehreren als wünschenswert erkannten Zielen kann ein **Zielkonflikt** (Konkurrenzbeziehung), eine **Zielharmonie** oder eine **Zielindifferenz** bestehen.

- **Zielkonflikte** ergeben sich z. B. aus den verschiedenen **Anspruchsgruppen** eines Unternehmens und deren Interessen.

- Die Ziele können auf eine **Anspruchsgruppe** oder auf **verschiedene Anspruchsgruppen** ausgerichtet sein.

- Die **Unternehmensverantwortung** wird auch als **Corporate Responsibility** bezeichnet. Diese zeigt die Auswirkungen unternehmerischen Handelns auf Gesellschaft und Umwelt.

- **Nachhaltigkeitsberichte** geben Informationen über ökologische und soziale Themen der Unternehmensführung.

- Beim **Shareholder-Ansatz** sind vorrangig die Unternehmensziele zu verfolgen, die den Marktwert des Eigenkapitalanteils erhöhen.

- Das **Stakeholder-Konzept** erweitert den Shareholder-Ansatz, indem neben einer rein finanziellen Zielperspektive auch eine soziale und ökologische Verantwortung verlangt wird, die eine gesellschaftliche Akzeptanz einschließt.

Kompetenztraining

8 Unternehmensleitbilder und Arten von Unternehmenszielen

Die MicroTex Technologies GmbH, Hersteller technischer Garne, Alfred-Nobel-Str. 42, 89079 Ulm, hat folgendes Unternehmensleitbild formuliert (Auszüge):

1. Was wir sind

Wir sind ein mittelständisches Traditionsunternehmen, das seit 1860 besteht. In der Produktion von Baumwollgarnen, Viskosegarnen, Acrylgarnen und Chenille-Zwirn besitzen wir Weltruf. Es ist unsere Absicht, diesen Ruf im Interesse unserer Kunden und Mitarbeiter weiter auszubauen.

Für die Herstellung unserer Garne haben wir hohes handwerkliches Know-how. Dieses handwerkliche Können werden wir auch in Zukunft durch weitere industrielle Fertigungsprozesse ergänzen, um den Ausbau unserer Marktstellung zu festigen.

2. Was wir wollen

In der Zukunft können wir nur erfolgreich sein, wenn wir unser Wissen und unsere Erfahrungen ständig verbessern.

Wir wollen mit unseren Produkten (unseren Erzeugnissen und Dienstleistungen) ein führender Markenhersteller sein.

Wir bauen unsere Marktstellung auf traditionellen Märkten aus. Auf neue Märkte gehen wir nur, wenn dies mit unserer Unternehmensphilosophie übereinstimmt.

3. Unsere Kundenphilosophie

Unser Unternehmen lebt von den Aufträgen unserer Kunden. Wir sind uns bewusst, dass unsere Angebote erst dann zu lohnenden Aufträgen werden, wenn wir die Bedürfnisse der Kunden besser befriedigen als unsere Mitbewerber.

Die Bedürfnisse unserer Zielgruppen zu ergründen und Maßnahmen zu ihrer Befriedigung zu ergreifen ist deshalb eine unserer Hauptaufgaben.

Unser Streben nach absolut fehlerfreier Qualität soll Kundenreklamationen überflüssig machen. Mögliche Mängelrügen unserer Kunden wollen wir großzügig und kulant behandeln.

4. Unternehmenswachstum

Wir wollen schneller wachsen als die Mitbewerber. Eine Ausweitung der Produktpalette soll nur erfolgen, wenn Exklusivität und höchste Qualität gegeben sind.

Kooperationen[1] gehen wir ein, wenn nachstehende Faktoren zutreffen:

- *Es können Lösungen angeboten werden, mit denen die Bedürfnisse der Kunden noch besser befriedigt werden können.*
- *Es eröffnen sich neue Wachstumsmöglichkeiten.*
- *Es ergeben sich kostengünstigere Produktions- und Vertriebsstrukturen.*
- *Es bietet sich der Zugang zu neuem Know-how.*
- *Die finanzielle Basis unseres Unternehmens kann verbreitert werden.*

5. Personalpolitik

Unsere Personalpolitik beruht auf der Überzeugung, dass ein Unternehmen nur so gut wie seine Mitarbeiter ist. Sind diese engagiert, flexibel, sachkundig und erfolgreich, dann ist auch das ganze Unternehmen leistungsfähig und erfolgreich.

Unsere Mitarbeiter haben am Erfolg des Unternehmens teil. Ihr Arbeitsplatz soll aufgrund ihrer Leistungen sicher sein. Der Arbeitsplatz ist ansprechend zu gestalten und er darf keine Gefährdung für die Arbeitskraft darstellen. Die individuellen Leistungen sind anzuerkennen.

Für uns gelten folgende Führungsgrundsätze:

- *Alle Mitarbeiter haben die gleichen Entwicklungs- und Beförderungschancen.*
- *Durch Aus- und Weiterbildung wollen wir die Qualifikation unserer Mitarbeiter erhöhen.*
- *Wir stellen laufend Überlegungen an, wie die Arbeitsbedingungen einschließlich des Betriebsklimas verbessert werden können.*
- *In unserem Unternehmen praktizieren wir einen kooperativen Führungsstil.[2]*
- *Die Besetzung neuer Stellen wollen wir vorzugsweise aus den eigenen Reihen, d.h. betriebsintern vornehmen.*

6. Gesellschaftliche Verantwortung

Der Nutzen unseres Angebots besteht darin, dass wir unseren Kunden ihre Arbeit erleichtern und sicherer machen.

Wir betrachten uns als Teil der Gemeinde, in der wir produzieren und mit der wir uns eng verbunden fühlen.

Als Bürger ihrer Gemeinde können und sollen unsere Mitarbeiter z. B. in Vereinen, Kirchen, Parteien, Schulen, städtischen und karitativen Einrichtungen mitwirken.

Gegenüber unseren Kunden, Lieferern, Kreditgebern und Mitbewerbern verhalten wir uns fair. Unsere Zulieferer müssen eine Chance haben, ihrerseits Gewinne zu erzielen.

7. Verantwortung gegenüber der natürlichen Umwelt

Produktionsbedingte Belastungen der Umwelt mit Lärm, Abgasen und Abwasser müssen durch entsprechende Maßnahmen auf dem niedrigstmöglichen Niveau gehalten werden.

---

1 **Kooperation** ist jede Zusammenarbeit zwischen Unternehmen. Diese kann auf der einen Seite in sehr lockerer Form geschehen, auf der anderen Seite bis hin zum Aufkauf eines Unternehmens durch ein anderes führen.

2 Ein **kooperativer Führungsstil** liegt vor, wenn ein steter Informationsaustausch (Kommunikationsprozess) zwischen den vorgesetzten Personen und ihren Mitarbeiterinnen und Mitarbeitern stattfindet.

Wir streben einen integrierten[1] Umweltschutz an, d. h., der Umweltschutz umfasst alle Vor- und Folgestufen des gesamten Produktionsprozesses – von der Beschaffung, der Lagerung, der Herstellung, dem Verkauf, der Distribution[2] bis zur Entsorgung der Abfälle.

Alle wiederverwertbaren Abfälle vom Papier in den Büros bis hin zum Schrott in den Werkstätten werden gesondert gesammelt und in eigene oder fremde Produktionsprozesse zurückgeführt (Recycling).

Jedes Belegschaftsmitglied ist sich bewusst, dass der Umweltschutz bereits vor dem Beginn des Produktionsprozesses beginnt und während des gesamten Produktionsprozesses zu beachten ist.

Wir wollen durch Vermeidungsstrategien mögliche Nachsorgestrategien überflüssig machen.

8. Verpflichtung gegenüber unseren Gesellschaftern

Unser oberstes Ziel ist die Erhaltung und Weiterentwicklung unseres Unternehmens, um die Arbeitsplätze zu sichern und das eingesetzte Kapital zu erhalten und zu mehren. Dieses Ziel kann nur erreicht werden, wenn das Unternehmen einen ausreichenden Gewinn erwirtschaftet.

Der Gewinn muss so groß sein, dass die zur Erreichung der Unternehmensziele erforderlichen Ersatz- und Erneuerungsinvestitionen durchgeführt werden können und das Eigenkapital eine angemessene Verzinsung erhält.

Wir streben eine Vermehrung des Eigenkapitals an, um den Kreditbedarf und damit die Zins- und Tilgungsleistungen zu senken.

Als mittelständisches Unternehmen wollen wir keine Risiken eingehen, die die Existenz des Unternehmens gefährden können.

Aufgaben:

1. Arbeiten Sie heraus, welche Unternehmensziele (z. B. ökonomische, ökologische, soziale Ziele) sich aus den zitierten Unternehmensleitsätzen ableiten lassen! Nennen Sie in Ihrer Antwort die Punkte, auf die sie sich beziehen!

2. Vergleichen Sie das Unternehmensleitbild der MicroTex Technologies GmbH mit dem der Sportartikelfabrik Sport-Burr KG!

9 SMART – Zielformulierung

Eine von der Sport-Burr KG in Auftrag gegebene Kundenbefragung kommt zu dem Ergebnis, dass 80 % der Neukunden mit dem Service des Unternehmens zufrieden sind. In Bezug auf das Leitbild möchte die Geschäftsführung bis zum Jahr 2022 die Zufriedenheit der Neukunden auf 90 % erhöhen. Dadurch soll eine stärkere Kundenbindung verbunden mit zusätzlichen Folgeaufträgen erreicht werden. Dies soll durch den weiteren Ausbau von Beratung und Dienstleistungen sowie durch stärkere Kundennähe erreicht werden.

Die Geschäftsführung formuliert das Unternehmensziel wie folgt: *„Wir müssen schnellstens die Kundenzufriedenheit von Neukunden steigern."*

Aufgabe:

Präzisieren Sie das Unternehmensziel mit den gegebenen Informationen und der Zielformel SMART!

---

1 **Integrieren** (lat.): einbeziehen, einbauen, in ein übergeordnetes Ganzes aufnehmen.

2 **Distribution** (lat.): Verteilung. In der Betriebswirtschaftslehre ist unter Distribution die Verteilung der Güter, d. h. die Art und Weise zu verstehen, wie die Verteilung der Güter nach ihrer Fertig- oder Bereitstellung zum Abnehmer vorgenommen wird.

10 Zuordnung von Unternehmenszielen und Zielbeziehungen

1. Entscheiden Sie, welche(s) der nachgenannten Ziele zu den ökonomischen Zielen, den ökologischen Zielen, den sozialen Zielen gehören (gehört)!

1.1 Gewinnziel,

1.2 Streben nach Macht und/oder Prestige,

1.3 Gewinnung politischen Einflusses,

1.4 Umsatzsteigerung,

1.5 Erhöhung des Marktanteils,

1.6 Unternehmenswachstum,

1.7 Verminderung der Umweltbelastungen,

1.8 Arbeitsplatzsicherung,

1.9 Streben nach Unabhängigkeit,

1.10 Versorgung der Bevölkerung mit lebensnotwendigen Erzeugnissen oder Dienstleistungen,

1.11 Verpflichtung gegenüber Familientradition,

1.12 Kostendeckung,

1.13 Kostensenkung.

2. Nennen Sie ein Beispiel für eine Zielkombination, bei der ein Zielkonflikt besteht!

3. Nennen Sie ein Beispiel für eine Zielkombination, bei der Zielharmonie besteht!

4. **Erkundungsauftrag:** Erkunden Sie (in Gruppen) auf einer Mülldeponie, was unter einem gewöhnlichen Müll bzw. einem Sondermüll zu verstehen ist. Fragen Sie im Rahmen dieser Erkundung auch danach, welche recycelbaren Güter („Wertstoffe") gesammelt werden. Verfassen Sie über diese Erkundung einen kurzen Bericht und tragen Sie diesen im Klassenverband vor!

11 Zielbeziehungen zwischen den Unternehmenszielen

1. Zwischen dem Umweltschutzziel und den ökonomischen und sozialen Zielen ergeben sich teils konkurrierende, teils komplementäre und teils indifferente Beziehungen.

Aufgaben:

Stellen Sie dar, welcher Zielkonflikt, welche Zielharmonie bzw. welche Zielindifferenz zwischen dem Umweltschutzziel und den nachstehend genannten Zielen besteht! Begründen Sie Ihre Antworten!

1.1 Langfristige Gewinnmaximierung,

1.2 Sicherung und Vermehrung der Arbeitsplätze,

1.3 Verbesserung des Unternehmensimages,

1.4 Senkung der Mitarbeiterfluktuation.[1]

2. Frank Mahle hat vor Kurzem die Werkzeugfabrik seines Vaters übernommen. Er beabsichtigt, einige Änderungen vorzunehmen. Insbesondere will Frank Mahle neben dem Unternehmensziel „Betriebserhaltung" auch das Ziel „Umweltbewusstsein" verstärkt verfolgen.

Aufgaben:

2.1 Erläutern Sie die genannten Unternehmensziele!

2.2 Nennen Sie außerdem zwei weitere Unternehmensziele!

12 Themenbereiche der Unternehmensverantwortung

1. Erläutern Sie die Begriffe Corporate Responsibility, Corporate Social Responsibility, Corporate Citizenship und Corporate Governance!

2. Ordnen Sie die nachfolgenden unternehmerischen Tätigkeiten den Begriffen CSR, CC oder CG zu und begründen Sie Ihre Entscheidung!

2.1 Für die Büromitarbeiter führt die Ulmer Büromöbel AG flexible Arbeitszeiten ein.

2.2 Der faire und verantwortungsvolle Umgang sowohl miteinander im Unternehmen als auch mit Kunden und Geschäftspartnern sowie die Achtung von Rechten und Gesetzen sind wesentliche Prinzipien der Ulmer Büromöbel AG.

---

1 Unter **Mitarbeiterfluktuation** wird der Abgang oder die Abgangsrate von Arbeitnehmern verstanden. Im weiteren Sinne kann auch die Austauschrate oder der Wechsel von Personal gemeint sein.

2.3 Aufgrund hoher Energiekosten werden bei der Ulmer Büromöbel AG neue energie-effiziente Produktionsanlagen angeschafft. Diese senken den Energiebedarf um 25 %.

2.4 Die Ulmer Büromöbel AG spendet 10 000,00 EUR an einen Kindergarten im Stadtteil Böfingen.

3. **Erkundungsauftrag:** Suchen Sie (in Gruppen) drei regionale Unternehmen und verglei-chen Sie die Unternehmensleitbilder nach den Kriterien ökonomische, ökologische und soziale Unternehmensziele. Überprüfen Sie, inwieweit sich die von Ihnen gewählten Unternehmen auf die Corporate Responsibility beziehen und ob sie Nachhaltigkeitsberichte veröffentlichen. Erstellen Sie zu Ihrer Recherche einen Bericht und tragen Sie diesen im Klassenverband vor!

13 Analyse eines Nachhaltigkeitsberichts, Zieldimensionen der Nachhaltigkeit

Die Ulmer Büromöbel AG hat im Jahr 2012 im Rahmen der Corporate Social Responsibility (CSR) einen 10-Jahres-Plan mit Nachhaltigkeitszielen definiert. In der Nachhaltigkeitsbericht-erstattung veröffentlicht das Unternehmen jährlich den aktuellen Stand der Zielerreichung. Für das Jahr 2018 liegt folgender Auszug aus dem Nachhaltigkeitsbericht vor:

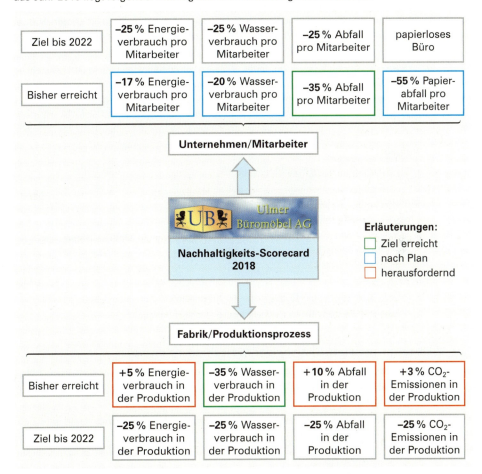

Aufgaben:

Die Unternehmensleitung der Ulmer Büromöbel AG soll über den Stand der Zielerreichung informiert werden.

1. Analysieren Sie die Nachhaltigkeits-Scorecard der Ulmer Büromöbel AG und erstellen Sie einen Bericht über den Stand der Zielerreichung für die Unternehmensleitung!

2. Unterbreiten Sie der Unternehmensleitung Maßnahmenvorschläge für die Ziele, die sich im „herausfordernden Bereich" befinden!

3. Erläutern Sie die Zieldimensionen der Nachhaltigkeit!

14 Shareholder- und Stakeholder-Konzept

1. Erläutern Sie die Grundzüge des Shareholder-Konzepts!

2. 2.1 Nennen Sie die Stakeholder einer Personengesellschaft!

   2.2 Beschreiben Sie, welchen wichtigen Anspruch ein Stakeholder abgesehen von den finanziellen Ansprüchen hat!

   2.3 Erläutern Sie, inwiefern Stakeholder das Unternehmen beeinflussen können!

3. Zitat eines Verfechters des Shareholder-Values, dem liberalen Ökonomen Milton Friedman:

> „Die einzige soziale Verantwortung der Unternehmung ist es, im Rahmen geltender Gesetze Gewinne zu erzielen. Jedes weitere Verfolgen sozialer Ziele ist Diebstahl an den Aktionären.
>
> Die Geschäftsleitungen sind nicht gewählte Volksvertreter und haben deshalb auch kein soziales Mandat. Sie dürften sich deshalb auch nicht anmaßen, das Geld des Aktionärs im Namen der sozialen Verantwortung nach nicht-ökonomischen Kriterien auszugeben."

Aufgabe:

Nehmen Sie zu Kernaussagen des Textes Stellung!

4. Erläutern Sie die nebenstehende Abbildung!

5. 5.1 Erklären Sie, warum die Eigenkapitalgeber großer Unternehmen gezwungen sind, einen Ordnungsrahmen für die Unternehmensführung zu schaffen!

   5.2 Erläutern Sie die wesentliche Zielsetzung der Corporate Governance!

15 Zielbeziehungen und Shareholder-/Stakeholder-Konzept

Wir greifen auf das Unternehmensleitbild der Sportartikelfabrik Sport-Burr KG (siehe S. 52 f.) zurück.

Aufgaben:

1. Beschreiben Sie anhand des Unternehmensleitbilds einen Zielkonflikt und eine Zielharmonie!

2. Das im Unternehmensleitbild genannte Stakeholder-Konzept stellt eine Erweiterung des Shareholder-Konzepts dar.

   Nehmen Sie Stellung zu dieser Aussage!

5 Standortfaktoren bestimmen und eine Standortbestimmung mithilfe der Nutzwertanalyse durchführen

KB 1   Lernsituation 5:   Standortsituationen beurteilen

Lesen Sie zunächst die beiden folgenden Artikel:

MAN[1]

Im Sommer 2000 erfuhren die Penzberger, dass die komplette Kabelbaumfertigung aus Oberbayern ins südpolnische MAN-Werk Starachowice abwandern soll. Gut 370 Mitarbeiter, zwei Drittel davon Frauen, werden damit in Penzberg überflüssig. 15,00 EUR in der Stunde verdienen die meist angelernten Kräfte in Bayern, die Kollegen in Polen aber geben sich mit nur 3,00 EUR zufrieden. Die Konsequenz lag für MAN auf der Hand.

BMW[1]

Auch BMW hätte in Osteuropa weit geringere Löhne zahlen müssen. Zwar liegt der Anteil der Personalkosten (...) bei der Autoproduktion in Deutschland im Schnitt bei 18 Prozent der Gesamtkosten und ist damit deutlich niedriger als etwa bei der arbeitsintensiven Kabelbaumfertigung (...). Aber er ist immer noch weit höher als an möglichen osteuropäischen Standorten. (...)

Im Frühjahr 2001 hat BMW (...) beschlossen, sein Angebot nach unten auszuweiten und künftig auch die untere Mittelklasse mit einem 1er BMW zu bedienen. Dafür brauchte der Konzern ein zusätzliches Werk, und zwar möglichst schnell. Von 250 Standortvorschlägen aus dem In- und Ausland bleiben nach genauerer Prüfung fünf Städte übrig: Schwerin, Leipzig, Augsburg, das französische Arras und Kolin in Tschechien. BMW hat sich für Leipzig entschieden.

KOMPETENZORIENTIERTE ARBEITSAUFTRÄGE:

1. Suchen Sie Gründe, warum MAN die Produktion nach Polen verlegt hat und BMW in Deutschland produziert!

2. Beurteilen Sie anhand der zwei nachfolgenden Statistiken (siehe Anlagen), inwiefern der Standort Deutschland gut aufgestellt ist!

3. Stellen Sie einen Bezug zwischen dem statistischen Datenmaterial (Arbeitsauftrag 2) und den Standortentscheidungen von MAN und BMW (Arbeitsauftrag 1) her!

4. Erläutern Sie anhand von drei selbst gewählten Beispielen, inwiefern der Gegenstand eines Unternehmens Einfluss auf die Bedeutung einzelner Standortfaktoren hat! Gehen Sie dabei insbesondere auf im jeweiligen Beispiel besonders wichtige Standortfaktoren ein!

---

1   Quelle: DIE ZEIT, zitiert nach: http://www.economics.phil.uni-erlangen.de/lehre/bwl-archiv/lehrbuch/kap5/standortw/standortw.pdf; 03.01.2016.

Anlagen:

Die wichtigsten Standortfaktoren aus Investorensicht

„Welche Standortfaktoren sind im Hinblick auf Investitionsentscheidungen Ihres Unternehmens besonders wichtig?"

38
Stabilität und Transparenz des politischen, rechtlichen und ordnungspolitischen Umfelds

34
Attraktivität des Binnenmarktes

33
Personal-/ Arbeitskosten

32
Qualifikationsniveau der Arbeitskräfte

28
Potenzielle Produktivitätszuwächse

20
Infrastruktur: Transport und Logistik

16
Soziales Klima

16
Umfeld für Forschung, Entwicklung und Innovation

Infrastruktur: Telekommunikation	15	Unternehmensbesteuerung	10
Flexibilität des Arbeitsrechts	10	Gewerbliche Schutz- und Urheberrechte	6

Angaben in Prozent; bis zu zwei Nennungen möglich; Grundgesamtheit: n = 202

Quelle: Standort Deutschland 2015, hrsg. von Ernst & Young GmbH 2015.

Quelle: Standort Deutschland 2017, hrsg. von Ernst & Young GmbH 2017.

5.1 Erläuterung der Standortfaktoren

(1) Begriffe Standort und Standortfaktoren

Die Standortwahl gehört zu den Entscheidungen mit sehr langfristigen Auswirkungen auf das Wohlergehen des Unternehmens. Eine Fehlentscheidung bei der Standortwahl kann später oft nur mit erheblichen Kosten korrigiert werden. Im schlimmsten Fall kann sie das Unternehmen sogar in seiner Existenz bedrohen. Eine Standortanalyse ist daher vor dieser strategischen Entscheidung dringend geboten.

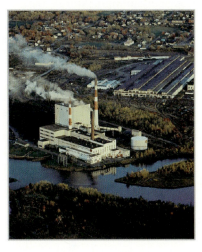

- Der **Standort** ist die **örtliche Lage** eines **Betriebs.**
- **Standortfaktoren** sind alle standortspezifischen Faktoren (Gesichtspunkte), die den Erfolg des Unternehmens beeinflussen.

Im Zuge der Entwicklung moderner Fertigungs-, Transport- und Kommunikationstechniken hat die Globalisierung dazu geführt, dass international ausgerichtete Unternehmen ihre Standorte zunehmend grenzübergreifend planen. Der weltweite Warenhandel wächst und immer mehr deutsche Industrieunternehmen planen, im Ausland in bestehende oder neue Standorte zu investieren.

Gründe für die **internationale Standortwahl** und damit verbundene Auslandsinvestitionen sind z. B.:

- Kostensenkung durch die Verlagerung arbeitsintensiver bzw. energieintensiver Produktionsprozesse in sogenannte Niedriglohnländer.
- Erschließung neuer Absatzmärkte (Markterschließungsmotive).
- Direkter Marktzugang und höhere Flexibilität durch Vertrieb und Kundendienst direkt vor Ort.
- Umgehung von Einfuhrbeschränkungen und Zöllen sowie geringere Umweltschutzauflagen.
- Ausnutzung von Subventionen und Steuerersparnissen im Ausland.
- Teilhabe an Innovationen und Know-how in branchenspezifisch wissensstarken Regionen.
- Bessere Verfügbarkeit von qualifiziertem Personal (branchenabhängig).
- Klimatische Bedingungen (branchenabhängig).

(2) Arten von Standortfaktoren

Im Folgenden werden die Standortfaktoren unterteilt in solche, die direkt gemessen werden können **(quantitative bzw. harte Standortfaktoren)** und in solche, die subjektiv geschätzt werden müssen **(qualitative bzw. weiche Standortfaktoren).**

■ Quantitative (harte) Standortfaktoren

Das sind Standortfaktoren, deren Beitrag zum Unternehmenserfolg direkt gemessen werden kann. Wichtige quantitative Standortfaktoren sind:

Standortfaktoren	Beispiele
Produktionskosten	■ Grundstückskosten ■ Kosten für die Errichtung der Gebäude ■ Höhe der Personalkosten ■ Standortabhängige Finanzierungskosten ■ …
Abgaben Subventionen	■ Steuern, z. B. Höhe der Grund- und Gewerbesteuer der Gemeinde ■ Umweltabgaben ■ Regionale Förderungsmaßnahmen der öffentlichen Hand ■ …
Auflagen	■ Gewerbeeinschränkungen ■ Umweltschutzauflagen ■ Dauer von Genehmigungsverfahren ■ …
Absatzkosten Absatzpotenzial	■ Transportkosten der Produkte vom Standort zum Absatzmarkt ■ Regionales Marktvolumen ■ …

■ Qualitative (weiche) Standortfaktoren

Das sind Standortfaktoren, deren Beitrag zum Unternehmenserfolg **nicht direkt gemessen** werden kann. Qualitative Standortfaktoren müssen von den Planungs- und Entscheidungsträgern subjektiv geschätzt werden. Wichtige qualitative Standortfaktoren sind:

Standortfaktoren	Beispiele
Produktionsumfeld	■ Grundstück (Lage, Form, Bodenbeschaffenheit, Bebauungsvorschriften, Ausdehnungsmöglichkeiten) ■ Verkehrsanbindung (Personen- und Güterverkehrsnetz, Speditionsunternehmen, Nähe eines Binnen- oder Seehafens) ■ Arbeitskräftebeschaffung (Bevölkerungsstruktur und -ausbildung, Konkurrenz auf dem Arbeitsmarkt, Arbeitskräftereserven) ■ …
Absatzbereich	■ Kaufkraft der Bewohner, Region ist bekannt für die Branche (z. B. Nürnberger Lebkuchen), Stärke der regionalen Konkurrenz ■ …
Infrastruktur	■ Wohnraum, Technologie- bzw. Handelszentren, Bildungs- und Kultureinrichtungen, Universität ■ Landschaftliche Lage, Umgebung ■ …

5.2 Durchführung einer Standortbestimmung mithilfe der Nutzwertanalyse

Für die Wahl des Standorts sind immer mehrere Standortfaktoren von Bedeutung. Sie fallen unterschiedlich ins Gewicht und stehen häufig im Widerstreit miteinander (z. B. günstige Verkehrswege, hohes Lohnniveau).

Ein Instrument, um eine Standortwahl unter Berücksichtigung mehrerer Kriterien durchzuführen, ist die **Nutzwertanalyse.**[1] Dabei werden den Auswahlkriterien zunächst Gewichtungen zugeordnet (Spalte 2), die für alle Standorte gleichermaßen gelten. Danach werden die ausgewählten Standortfaktoren einzeln dahingehend analysiert, inwieweit sie die Auswahlkriterien erfüllen. Hierfür werden Punkte vergeben, z. B. 5: hohe Zielerfüllung, 0: keine Zielerfüllung (z. B. Spalte 3). Durch Multiplikation der Gewichtungen mit den einzelnen Punkten erhält man je Standortfaktor die gewichteten Punkte (z. B. Spalte 4). Ausgewählt wird jener Standort, dessen Summe der gewichteten Punkte maximal ist.

Die Verwendung der Nutzwertanalyse hat den Vorteil, dass neben rein **quantifizierbaren Standortfaktoren** (z. B. Lohnkosten) auch die Einbeziehung von **qualitativen Standortfaktoren** (z. B. Infrastruktur) möglich ist.

Beispiel:

Die Weber Metallbau GmbH in Ulm möchte ein Zweigwerk bauen. Es stehen folgende Standorte zur Wahl: Mannheim, Passau und Jucu in Rumänien. Als entscheidende Standortfaktoren sind ausgewählt: Grundstückskosten, Lohn- und Energiekosten, Steuern und Subventionen, Umweltschutzauflagen, Transportkosten, Arbeitskräftebeschaffung, Infrastruktur. Eine Beurteilung ergab jeweils die in den Spalten 3, 5 und 7 dargestellten Punkte.

Entscheidungsbewertungstabelle:

Ausgewählte Standortfaktoren	Gewich-tung	Mannheim		Passau		Jucu (Rumänien)	
		Punkte	Gewichtete Punkte	Punkte	Gewichtete Punkte	Punkte	Gewichtete Punkte
(1)	(2)	(3)	$(4) = (2) \cdot (3)$	(5)	$(6) = (2) \cdot (5)$	(7)	$(8) = (2) \cdot (7)$
Grundstückskosten	0,1	4	0,4	3	0,3	5	0,5
Lohn- und Energiekosten	0,2	3	0,6	3	0,6	5	1,0
Steuern und Subventionen	0,1	4	0,4	3	0,3	5	0,5
Umweltschutzauflagen	0,2	4	0,8	4	0,8	5	1,0
Transportkosten	0,1	5	0,5	4	0,4	1	0,1
Arbeitskräftebeschaffung	0,2	5	1,0	3	0,6	2	0,4
Infrastruktur	0,1	3	0,3	3	0,3	2	0,2
Summe der Punkte	**1,0**		**4,0**		**3,3**		**3,7**

Erläuterung:

Die zeilenweise Multiplikation der Gewichtungen mit den Punkten für die einzelnen Kriterien ergibt jeweils die gewichteten Punkte. Deren Summe beträgt beim Standort Mannheim 4,0. Die Standorte Passau und Jucu erhielten jeweils 3,3 bzw. 3,7 Punkte. Somit fällt die Entscheidung zugunsten des Standortes Mannheim.

Obwohl die Nutzwertanalyse in der Vorgehensweise sehr systematisch ist und in der Praxis gute Dienste leistet, sind mit ihr insbesondere folgende **Nachteile** verbunden:

---

1 Synonym werden die Begriffe Scoringmodell bzw. Punktebewertungsmodell verwendet. (**Scoring-Modell:** Modell zur Bewertung von Handlungsalternativen).

- Die Merkmale der qualitativen Standortfaktoren lassen sich nicht bei jedem Standort auf der Gewichtungsskala genau abbilden.
- Die Gewichtung der Standortfaktoren ist subjektiv und damit nicht nachprüfbar.
- Quantitative Größen wie Erlöse und Kosten werden nicht genügend berücksichtigt.

Zusammenfassung

- Unter einem **Standort** versteht man die **örtliche Lage** eines **Betriebs**.
- Bei der **Standortwahl** sind in der Regel **mehrere Standortfaktoren** von Bedeutung.
- Standortfaktoren, deren Beitrag zum Unternehmenserfolg **direkt gemessen** werden kann, nennt man **quantitative (harte) Standortfaktoren**.
- Standortfaktoren, deren Beitrag **nicht direkt gemessen** werden kann, nennt man **qualitative (weiche) Standortfaktoren**.
- Die **Nutzwertanalyse** ist ein Instrument, um eine Standortwahl unter Berücksichtigung mehrerer Kriterien begründet durchzuführen.

Kompetenztraining

16 Standortfaktoren analysieren und Standortattraktivität untersuchen

Deutschland unter den Top-3-Standorten weltweit[1]

Das erneute ausgezeichnete Abschneiden Westeuropas ist vor allem auf die weiter verbesserte Standortattraktivität des größten westeuropäischen Landes, Deutschland, zurückzuführen. Mit einem Anteil von 20 % wird Deutschland als der mit Abstand führende Standort Europas wahrgenommen. Vor Deutschland können sich nur China (37 %) und die Vereinigten Staaten (33 %) behaupten. Im Jahr 2017 liegt die Attraktivität Deutschlands auf dem zweithöchsten Stand der vergangenen 13 Jahre.

Deutlich verbessern konnte sich in den vergangenen Jahren Polen, das inzwischen gemeinsam mit Indien den vierten Platz der attraktivsten Standortländer einnimmt. Lag die Attraktivität Großbritanniens im Jahr 2005 noch bei 13 %, so ist der Wert bis zum Jahr 2017 auf lediglich 7 % gesunken. Hinter Deutschland reihen sich neben Polen die restlichen BRIC-Staaten[2] ein, wobei Russland wieder leicht auf 12 % zulegen konnten, während Brasilien auf 7 % abstürzte.

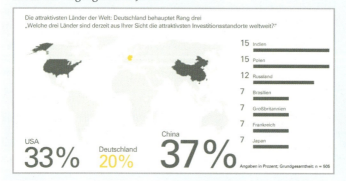

Die attraktivsten Länder der Welt: Deutschland behauptet Rang drei
„Welche drei Länder sind derzeit aus Ihrer Sicht die attraktivsten Investitionsstandorte weltweit?"

15	Indien
15	Polen
12	Russland
7	Brasilien
7	Großbritannien
7	Frankreich
7	Japan

USA **33**% Deutschland **20**% China **37**%

Angaben in Prozent; Grundgesamtheit: n = 505

Befragung von 505 Vorständen und Geschäftsführern internationaler Unternehmen. Angaben in **Prozent (Jahr 2017)**.

---

1 Quelle: Standort Deutschland 2017, hrsg. von Ernst & Young GmbH, 2017, S. 16 f.

2 Die **BRIC-Staaten** sind eine Vereinigung aufstrebender Volkswirtschaften. Die Abkürzung steht für die vier Anfangsbuchstaben der Staaten Brasilien, Russland, Indien und China. Seit dem Jahr 2011 ist auch der Staat Südafrika Teil der Vereinigung. Die Abkürzung wurde deshalb auf BRICS erweitert.

Aufgaben:

1. Begründen Sie mithilfe der quantitativen und qualitativen Standortfaktoren die Attraktivität der Bundesrepublik Deutschland als Investitionsstandort.

2. Recherchieren Sie nach Gründen, weshalb die Standortattraktivität Brasiliens und Großbritanniens in den letzten Jahren gesunken ist!

3. **Erkundungsauftrag:** Erkunden Sie (in Gruppen) bei den an Ihrem Ort ansässigen Unternehmen, auf welche Gründe ihre Standortentscheidungen im Wesentlichen zurückzuführen sind, und erfragen Sie die Probleme, die mit dem gegenwärtigen jeweiligen Standort verbunden sind. Verfassen Sie über diese Erkundung einen kurzen Bericht und tragen Sie diesen im Klassenverband vor!

   Alternativ:

   Unternehmergespräch in der Schule: Organisieren Sie im Klassenverband ein Unternehmergespräch an Ihrer Schule. Laden Sie eine Unternehmerin oder einen Unternehmer Ihrer Region ein und führen Sie ein Gespräch über die Standortattraktivität Ihrer Region.

17 Globalisierung und internationale Produktionsstandorte

Die nächste Welle der Globalisierung

Autoren: Olaf Storbek, Dirk Heilmann 10. 12. 2011 11:49 Uhr

Paradigmenwechsel: Die Jagd nach dem billigsten Produktionsstandort geht derzeit zu Ende. Unternehmen von morgen bauen reißfeste Lieferketten und suchen Talente auf der ganzen Welt.

Der Mann, der den Begriff der Globalisierung in die Umgangssprache einführte, hat in vielen Dingen Recht behalten. „Die Bedürfnisse und Sehnsüchte der Welt sind unwiderruflich homogenisiert[1] worden", schrieb der deutschstämmige Professor Theodore Levitt 1983 in einem epochemachenden Aufsatz in der Zeitschrift „Harvard Business Review". Darin sagte er „den Aufstieg globaler Märkte für standardisierte Konsumprodukte in einem bisher unvorstellbaren Ausmaß" voraus. Die dadurch mögliche Massenproduktion werde die Preise drücken und globale Konzerne entstehen lassen.

Was Levitt damals noch nicht einmal ahnen konnte, waren spätere Großereignisse wie das Ende des Ostblocks oder die Öffnung der Milliardenmärkte China und Indien. Diese ergänzten die Globalisierung der Produktwelt um die Globalisierung der Arbeitswelt, die noch viel größere Kostensenkungen ermöglichte als Levitt erwartet hatte. Ein aktuelles Symbol für beide Facetten Globalisierung ist das iPhone: Zum einen stellt es das universell begehrte Konsumprodukt der vergangenen Jahre dar, zum anderen das Vorbild für die optimale Ausnutzung weltumspannender Wertschöpfungsketten. Erdacht und gestaltet von Apple-Ingenieuren im kalifornischen Cupertino, zusammengebaut in den Fabriken des Auftragsfertigers Foxconn in der chinesischen Provinz Shenzhen mit Teilen aus aller Welt, hat es seinen Siegeszug um die Welt angetreten und Apple enorme Gewinne verschafft.

Wie perfekt die Maschinerie läuft, zeigen die Ökonomen Yuqing Xing und Neal Detert in einer faszinierenden Fallstudie. Von den Speicherbausteinen über den Touchscreen bis hin zur Kamera werden sämtliche Einzelteile des iPhones in anderen Ländern produziert und nach China zur Endmontage verschifft. Wichtigster Zulieferer ist Toshiba, der japanische Konzern liefert Teile im Wert von 60 Dollar. Infineon steuert Komponenten für 29 Dollar bei, Samsung aus Korea für 23 Dollar und US-Firmen nur Teile für elf Dollar. Bei Foxconn wird all das nur noch zusammengesetzt. Die chinesische Wertschöpfung beläuft sich gerade einmal auf 3,6 Prozent der gesamten Herstellungskosten: 6,50 von 179 Dollar.

Bei einem Kaufpreis von 499 Dollar bleiben hingegen 320 Dollar bei Apple hängen – was einer rekordverdächtigen Gewinnmarge von 64 Prozent entspricht. Die Berechnung zeigt eindrucksvoll, welche Profite ein Konzern einstreichen kann, der die Spielregeln der globalen Wirtschaft perfekt beherrscht.

---

1 **Homogenisieren:** gleichmachen.

Es ist eine Welt, in der die Etiketten wie „Made in Germany" nicht mehr viel aussagen – der Wertschöpfungsanteil des Herkunftslandes wird immer kleiner. Es ist vielmehr die Leistung der Ingenieure und Designer, die heute einem globalen Produkt seine Einzigartigkeit gibt. Da sich die Konzerne aus dem globalen Talentpool bedienen, um die besten Techniker und kreativsten Köpfe zu finden, sind auch die Schöpfer der Güter längst multinationale Teams. Dass das iPhone ein amerikanisches Smartphone ist oder der BMW ein deutsches Auto, spielt sich heute vor allem im Kopf des Kunden ab. In Wahrheit regiert Levitts standardisiertes Weltprodukt – wo nötig angepasst an lokale Konsumgewohn-heiten. In den vergangenen zwei Jahrzehnten war die Weltwirtschaft davon geprägt, dass sich ein Land nach dem anderen öffnete und sich den Unternehmen so eine immer größere Auswahl an Standorten für Fabriken und Call-Center bot. Die Firmen schickten ihre Einkäufer um die Welt, um die Lieferketten zu optimieren.

Dieser Prozess stößt aber allmählich an seine Grenzen. Selbst in China, mit seinem doch scheinbar unerschöpflichen Reservoir an billigen Arbeitskräften, steigen sprunghaft die Löhne. Und das ist durchaus im Sinne der Regierung: China will nicht die verlängerte Werkbank der alten Industriestaaten bleiben, sondern selbst Hochtechnologie anbieten.

Quelle: http://www.handelsblatt.com/unternehmen/management/manager-die-naechste-welle-der-globalisierung/5913130.html; 16.04.2018.

Aufgaben:

1. Stellen Sie die globalisierte Produktion eines iPhones grafisch dar!

2. Erklären Sie die Differenz der im Text genannten Kosten zu den gesamten Herstellkosten von 179 USD!

3. Nehmen Sie Stellung zu den Chancen und Risiken der globalisierten iPhone-Produktion!

4. Begründen Sie, weshalb das Etikett „Made in Germany" häufig nicht mehr viel aussagt!

5. Analysieren Sie mithilfe der folgenden Grafik, in welchen Regionen deutsche Unternehmen in bestehende oder neue Standorte im Jahr 2018 investierten!

   Gehen Sie dabei auch auf die Motive Kostenersparnis, Markterschließung und Vertrieb/Kundendienst ein!

In welchen Regionen investieren die Industrieunternehmen und mit welchem Funktionsschwerpunkt? Mehrfachnennungen möglich; in Prozent

Quelle: DIHK-Umfrage – Auslandsinvestitionen in der Industrie 2018.

---

1 Zur **Eurozone** gehören alle Mitgliedstaaten der Europäischen Union, die den Euro als offizielle Währung eingeführt haben. Das sind also Belgien, Deutschland, Estland, Finnland, Frankreich, Griechenland, Irland, Italien, Lettland, Litauen, Luxemburg, Malta, Niederlande, Österreich, Portugal, Slowakei, Slowenien, Spanien und Zypern.

18 Standortbestimmung mithilfe der Nutzwertanalyse

1. Beschreiben Sie die Zielsetzung der Nutzwertanalyse an einem selbst gewählten Beispiel!

2. Nennen Sie die Schritte, die zur Durchführung einer Nutzwertanalyse erforderlich sind!

3. Erläutern Sie an einem selbst gewählten Beispiel die Bedeutung der Standortwahl für die Entwicklung eines Betriebs!

4. Interpretieren Sie auf Grundlage der Entscheidungsbewertungstabelle der Weber Metallbau GmbH (S. 77) das Ergebnis der ausgewählten Standortfaktoren für den Standort Jucu in Rumänien.

5. Die Sport-Burr KG plant den Bau eines Zweigwerkes.[1] Folgende Mindestanforderungen werden an den Standort gestellt:
   - Mindestgröße des Grundstücks 5 000 m^2.
   - Die nächste Autobahnauffahrt darf höchstens 10 km vom Grundstück entfernt liegen.
   - Auf dem Arbeitsmarkt dürfen höchstens drei bedeutende andere Unternehmen in Konkurrenz stehen.
   - Die Miete für angemessenen Wohnraum der Belegschaft darf 7,50 EUR nicht übersteigen.

   Untersucht werden vier Standorte. Für die Standorte liegen folgende Daten vor:

Standortfaktoren / Standort	I Grundstücksgröße m^2	II Autobahnentfernung km	III Konkurrenzfirmen Arbeitsmarkt	IV Miete/ Wohnraum EUR/m^2
I	7 000	1	1	7,50
II	10 000	8	1	7,00
III	5 000	3	3	6,10
IV	8 000	12	2	6,80

   Die Sport-Burr KG legt folgende, bereits gewichtete Standortfaktoren zugrunde:

	Gewichtung
1. Grundstück	0,4
2. Verkehrslage des Grundstücks	0,2
3. Arbeitsbeschaffung	0,3
4. Infrastruktur	0,1

   Aufgaben:

   5.1 Legen Sie aufgrund der Angaben die Bedeutung der einzelnen Standortfaktoren auf einer Skala von Null (Mindestanforderung nicht erfüllt!) bis zehn Punkten fest. Begründen Sie Ihre Entscheidung!

   5.2 Treffen Sie eine begründete Entscheidung, welchen Standort die Sport-Burr KG bestimmen soll!

---

1 Quelle: Hansmann, Karl-Werner: Industrielles Management, 8. Auflage, Oldenburg Verlag München 2006, S. 110f.

6 Speth u.a. - ISBN 978-3-8120-0594-4

6 Kaufmannseigenschaften unterscheiden, gesetzliche Vorgaben der Firmierung anwenden und notwendige Voraussetzungen zur Eintragung der Unternehmung in das Handelsregister erklären

KB 1 Lernsituation 6: Kaufmann, Firma und Handelsregister erläutern

Sebastian, Malte und Nils absolvieren eine Ausbildung zum Industriekaufmann in einem Unternehmen der Biotechnologie- bzw. Lebensmittelindustrie und sind seit über einem Jahr Schüler an einer Berufsschule in Konstanz. An einem Freitag in der ersten Pause stehen alle drei auf dem Schulhof zusammen und unterhalten sich über ihren Mitschüler Jonas Bauer, von dem sie soeben über ihren Klassenlehrer erfahren haben, dass dieser seine Ausbildung mit sofortiger Wirkung abgebrochen hat und somit künftig nicht mehr zum Unterricht erscheinen wird.

Während sich Nils lauthals darüber aufregt, wie jemand seine Ausbildung zum Industriekaufmann bei einem der größten Lebensmittelhersteller in Baden-Württemberg einfach abbrechen kann, holt Malte sein Tablet-PC hervor und zeigt seinen beiden Mitschülern den neuesten Facebook-Post von Jonas. Zu sehen ist ein Selfie ihres ehemaligen Mitschülers mit nach oben gestrecktem Daumen vor einem Biomarkt. Überschrieben ist das Bild mit dem Slogan „Kaufmann statt Kaufmannsgehilfe – so sieht Karriere aus!"

Unterhalb des Selfies schreibt Jonas dann, dass er sich nach langen Gesprächen mit seinen Eltern dazu entschlossen hat, in den Biomarkt seines Vaters einzusteigen und den Betrieb zum Jahresende komplett zu übernehmen, da sich sein Vater aus gesundheitlichen Gründen aus dem Unternehmen zurückziehen möchte. Alles Weitere könne man dann auch nächstes Jahr im Handelsregister unter der Firma „Bauers Biomarkt e. K." nachlesen.

„Nun seht euch unseren Jonas an, unseren ‚Möchtegern-Kaufmann'!"

Nachdem sich die drei Mitschüler das Posting genauer angesehen haben, kommt es zu einer heftigen Diskussion. Sebastian ist der Meinung, dass Jonas schon immer ein Angeber gewesen sei und es mit einer abgebrochenen Ausbildung zu nichts bringen werde, schon gar nicht zu einem Kaufmann. Nils fügt hinzu, dass er nicht versteht, wieso Jonas sich über seine ehemaligen Mitschüler lustig macht. Schließlich werden sie ja mal mit der abgeschlossenen Ausbildung Kaufmann sein, wohingegen Jonas doch wohl eher nur der „Gehilfe seines Vaters" bleibt. Lediglich Malte kommt ins Nachdenken und fragt die anderen, ob an dem Facebook-Post von Jonas nicht doch etwas Wahres dran sein könnte ...

KOMPETENZORIENTIERTE ARBEITSAUFTRÄGE:

1. Erklären Sie, was man unter einem „Kaufmannsgehilfen" versteht. Recherchieren Sie zur Beantwortung der Frage im Internet!

2. Arbeiten Sie die folgenden Kapitel des Schulbuches durch und verwenden Sie die Aufzeichnungen aus dem Unterricht zur Bearbeitung der Arbeitsaufträge!
   Erläutern Sie, was man unter dem Begriff „Kaufmann" versteht. Gehen Sie auch darauf ein, ob man hierzu über eine abgeschlossene kaufmännische Ausbildung verfügen muss!

3. In dem Facebook-Post verwendet Jonas die Begriffe „Firma" und „Handelsregister". Erläutern Sie kurz diese beiden Begriffe!

6.1 Kaufmannseigenschaften unterscheiden

(1) Geltungsbereich des Handelsrechts

Für die wirtschaftliche Tätigkeit eines Kaufmanns gilt zunächst das Handelsgesetzbuch [HGB]. Das bürgerliche Gesetzbuch [BGB] gilt nur subsidiär.[1] Das bedeutet, dass das BGB nur dann Anwendung findet, wenn es für den Sachverhalt im Handelsgesetzbuch keine Sondervorschriften gibt.

Das **Handelsgesetzbuch** enthält Sonderbestimmungen für Kaufleute.

(2) Begriff Kaufmann

Kaufmann im Sinne des HGB ist, wer ein Handelsgewerbe betreibt [§ 1 I HGB].

Ein Handelsgewerbe ist jeder Gewerbebetrieb,[2] wenn er nach Art oder Umfang einen in **kaufmännischer Weise eingerichteten Geschäftsbetrieb** erfordert. Merkmale eines kaufmännisch eingerichteten Geschäftsbetriebs sind z. B.

- doppelte Buchführung,
- Erreichen eines bestimmten Umsatzes,
- mehrere Beschäftigte,
- Produktvielfalt (Sach- und/oder Dienstleistungen),
- Gewinnziel und
- Zahl der Betriebsstätten.

Gewerbetreibende, deren Unternehmen **keinen** nach Art oder Umfang eines in **kaufmännischer Weise eingerichteten Geschäftsbetrieb** erforderlich macht, sind **keine Kaufleute.**

Hierzu gehören vor allem alle **Kleinbetriebe** (z. B. kleine Einzelunternehmen).

Freiberufler (z. B. Rechtsanwälte, Ärzte mit einer eigenen Praxis, Architekten) sind sogenannte **Nichtkaufleute.**

---

1 **Subsidiär:** unterstützend.
2 Ein **Gewerbebetrieb** liegt vor, wenn die Tätigkeit selbstständig und auf Dauer angelegt ist, planmäßig betrieben wird, auf dem Markt nach außen in Erscheinung tritt, nicht gesetzes- oder sittenwidrig ist und in der Regel eine Gewinnerzielungsabsicht beinhaltet.

(3) Formen des Kaufmanns

■ **Istkaufmann**

> Gewerbetreibende, deren Unternehmen nach Art oder Umfang eine **kaufmännische Einrichtung** erforderlich macht, sind **in jedem Fall Kaufmann,** gleichgültig, ob sie bereits im Handelsregister eingetragen sind oder nicht. Man spricht deswegen auch von **Istkaufmann** [§ 1 HGB].

Der Istkaufmann ist verpflichtet, sich mit seiner Firma und mit sonstigen wichtigen Merkmalen seines Handelsgewerbes (z.B. Niederlassungsort, Zweck des Unternehmens, Gesellschafter) in das Handelsregister eintragen zu lassen. Die Eintragung erklärt dann nur noch nach außen, dass es sich um ein kaufmännisches Unternehmen handelt. Die Eintragung wirkt nur noch **deklaratorisch,**[1] was besagt, dass die Rechtswirkung schon vor der Eintragung in das Handelsregister eingetreten ist.

Beispiel:

Start-up-Unternehmer Carsten Holm hat im Industrie- und Gewerbepark Ulm einen Funsporting Shop erfolgreich gegründet. Innerhalb von nur 5 Jahren hat sich sein Fachgeschäft zu einer regional bekannten Urlauber- und Sportadresse entwickelt. Das Kerngeschäft ist der Handel mit Spezialausrüstungen für Fun- und Extremsportarten über die Vertriebsschienen Onlinehandel und Ladengeschäft. Weiterhin bietet er Trainingsstunden an und organisiert Sportevents.

Carsten Holm hat mit Privatkunden, Sportvereinen und Reisegruppen zu tun. Sein Werbekonzept ist auf diese Zielgruppen abgestimmt. Eine Bürokraft ist ständig mit organisatorischen und buchhalterischen Aufgaben beschäftigt. In Hochsaisonzeiten hat Carsten Holm für seine umfangreichen Aktivitäten bis zu 7 Mitarbeiter als Kundenbetreuer und Lagerlogistiker eingestellt. Inzwischen erzielt der Funsporting Shop einen Jahresumsatz von nahezu 1 Mio. EUR.

Die Darstellung des Unternehmens zeigt, dass der Gewerbebetrieb von Carsten Holm in seiner komplexen Art und den umfangreichen Geschäftsvorfällen eine kaufmännische Betriebsweise erfordert. Auch der Umsatz ist so groß, dass eine kaufmännische Buchführung unerlässlich ist. Nach der Definition des HGB ist Carsten Holm inzwischen Kaufmann.

■ **Kannkaufmann**

> ■ Ein **Kleinbetrieb** ist **kein Kaufmann** und unterliegt daher nicht den **Vorschriften des HGB.**
>
> ■ Ein Kleingewerbetreibender **kann** sich aber in das **Handelsregister eintragen lassen.** Mit der Eintragung ist er Kaufmann.
>
> ■ Ein Kleingewerbetreibender ist daher **Kannkaufmann.**

Auch die Inhaber land- und forstwirtschaftlicher Betriebe und/oder ihrer Nebenbetriebe haben die Möglichkeit, sich ins Handelsregister eintragen zu lassen. Voraussetzung ist, dass diese Betriebe einen nach Art und Umfang in kaufmännischer Weise eingerichteten Geschäftsbetrieb erfordern [§§ 2, 3 II HGB].

Bei einem Kannkaufmann wirkt die Handelsregistereintragung **konstitutiv.**[2] Dies bedeutet, dass die Kaufmannseigenschaft erst mit der Handelsregistereintragung erworben wird.

---

1 **Deklaratorisch** (lat.): erklärend, rechtserklärend. Deklaration (lat.): Erklärung, die etwas Grundlegendes enthält.
2 **Konstitutiv** (lat.): rechtsbegründend, rechtschaffend. Konstitution (lat.): Verfassung, Rechtsbestimmung.

■ Kaufmann kraft Rechtsform

Kaufmann kraft Rechtsform (**Formkaufmann**) sind die juristischen Personen[1] des Handelsrechts ohne Rücksicht auf die Art der betriebenen Geschäfte und die Betriebsgröße.

Wichtige Beispiele für einen Kaufmann kraft Rechtsform sind die Gesellschaft mit beschränkter Haftung (GmbH) sowie die Aktiengesellschaft (AG), die mit der Eintragung in das Handelsregister Kaufmann

Quelle: Daimler AG Stuttgart

werden. Bei einem Formkaufmann wirkt die Handelsregistereintragung **konstitutiv**, d. h., die Rechtswirkung tritt erst mit der Eintragung in das Handelsregister ein.

6.2 Gesetzliche Vorgaben der Firmierung anwenden

(1) Begriff Firma

Die **Firma** ist der im Handelsregister eingetragene Name, unter dem ein Kaufmann sein Handelsgewerbe betreibt und seine Unterschrift abgibt [§ 17 I HGB]. Der Kaufmann kann unter seiner Firma klagen und verklagt werden [§ 17 II HGB].

Das Recht an einer bestimmten Firma ist gesetzlich geschützt. Das Gesetz schützt den Inhaber einer Firma beispielsweise davor, dass ein anderer Kaufmann am selben Ort eine nicht deutlich abweichende Firma annimmt [§ 30 HGB]. Bei unrechtmäßiger Firmenführung durch ein anderes Unternehmen kann der Geschädigte die Unterlassung des Gebrauchs der Firma und unter bestimmten Voraussetzungen auch Schadensersatz verlangen [§ 37 II HGB].

Eintragungsfähig ist – unabhängig von der Rechtsform des Unternehmens – jede Firma, die folgende Bedingungen erfüllt:

- Sie muss sich deutlich von **anderen Firmen unterscheiden** [§ 18 I HGB].
- Die **Geschäftsverhältnisse** müssen ersichtlich sein [§ 19 I HGB].
- Die **Haftungsverhältnisse** müssen offengelegt werden [§ 19 II HGB].
- Die Firma darf **nicht irreführend** sein (Irreführungsverbot nach § 18 II HGB).

Eine Firma ist von der Eintragung ins Handelsregister ausgeschlossen, wenn sie eine dieser Bedingungen nicht erfüllt.

---

1 **Juristische (rechtliche) Personen** sind „künstliche" Personen, denen der Staat die Eigenschaft von Personen kraft Gesetzes verliehen hat. Sie sind damit rechtsfähig, d. h. Träger von Rechten und Pflichten. (Siehe auch S. 117.)

(2) Firmenarten

Die einzutragenden Unternehmen können zwischen folgenden Firmenarten wählen:

Firmenarten	Kennzeichen	Beispiele aus dem Industrie- und Gewerbepark Ulm
Personenfirmen	Die Firmenbezeichnung enthält einen oder mehrere Personennamen.	Stefan Osann e. Kfm.
Sachfirmen	Die Firmenbezeichnung ist dem Zweck des Unternehmens entnommen.	Ulmer Büromöbel AG
Fantasiefirmen	Die Firmenbezeichnung ist ein erdachter Name.	CLEAN-TEC OHG
Gemischte Firmen	Die Firmenbezeichnung enthält sowohl einen oder mehrere Personennamen, einen dem Gegenstand (Zweck) des Unternehmens entnommenen Begriff und/oder einen Fantasienamen.	Weber Metallbau GmbH

(3) Rechtsformzusätze

Zwingend vorgeschrieben sind die folgenden **Rechtsformzusätze**:

- Die Firma der **Einzelunternehmung** muss die Bezeichnung „eingetragener Kaufmann" bzw. „eingetragene Kauffrau" enthalten. Allgemein verständliche Abkürzungen dieser Bezeichnungen sind zulässig (z. B. e. K., e. Kfm., e. Kfr.) [§ 19 I, Nr. 1 HGB].

- Die Firma der **Personengesellschaften** muss die Bezeichnung „offene Handelsgesellschaft" bzw. „Kommanditgesellschaft" aufweisen. Allgemein verständliche Abkürzungen dieser Bezeichnungen wie z. B. OHG bzw. KG sind zulässig [§ 19 I, Nr. 2 und 3 HGB].

- Die Firma der **Aktiengesellschaften** muss die Bezeichnung „Aktiengesellschaft" [§ 4 AktG], die Firma der **Gesellschaften mit beschränkter Haftung** muss die Bezeichnung „Gesellschaft mit beschränkter Haftung" enthalten [§ 4 GmbHG]. Eine allgemein verständliche Abkürzung dieser Bezeichnung ist zulässig (z. B. AG bzw. GmbH).

Freiwillige Firmenzusätze haben die Aufgabe, den Informationsgehalt einer Firma zu verstärken.

> **Beispiel:**
>
> Die Inhaberin einer Schuhfabrik firmiert wie folgt: „Inge Kern GmbH – Fabrik für den modernen Schuh".

(4) Firmengrundsätze

Firmenwahrheit und -klarheit	Die Firma darf nicht über Art und/oder Umfang des Geschäfts täuschen.
Firmenöffentlichkeit	Jeder Kaufmann ist verpflichtet, seine Firma und den Ort seiner Handelsniederlassung und deren spätere Änderungen zur Eintragung in das zuständige Handelsregister anzumelden. Damit wird erreicht, dass die Öffentlichkeit (also Kunden, Lieferanten, Banken, Behörden usw.) erfährt, unter welcher Firma Geschäftsvorgänge abgewickelt werden.

Firmen-ausschließlichkeit	Jede neue Firma muss sich von anderen an demselben Ort oder in derselben Gemeinde bereits bestehenden und in das Handelsregister eingetragenen Firmen deutlich unterscheiden. Bei gleichen Familiennamen der Inhaber muss ein Firmenzusatz eine eindeutige Unterscheidung ermöglichen.
Firmen-beständigkeit	Die bisherige Firma kann beibehalten werden, wenn sich der Name des Inhabers ändert (z. B. bei Heirat), das Unternehmen durch einen neuen Inhaber fortgeführt wird (z. B. bei Verkauf oder Erbschaft) oder bei Eintritt eines zusätzlichen Mitinhabers (Gesellschafters). Voraussetzung für die Weiterführung der Firma ist die ausdrückliche Einwilligung des bisherigen Inhabers oder dessen Erben. Ein Zusatz, der auf das Nachfolgeverhältnis hinweist, ist möglich.

(5) Haftung bei Übernahme

Wird ein Handelsgeschäft übernommen, dann hängt die Haftung des Erwerbers davon ab, ob die Firma beibehalten wird oder nicht.

■ **Fall 1: Firma wird beibehalten.**

Hier **haftet der Erwerber für alle Geschäftsverbindlichkeiten des früheren Inhabers** [§ 25 I HGB]. Eine abweichende Regelung ist Dritten gegenüber nur wirksam, wenn sie

- in das Handelsregister eingetragen und bekannt gemacht wurde oder
- von dem Erwerber bzw. dem Veräußerer dem Dritten mitgeteilt wurde [§ 25 II HGB].

■ **Fall 2: Firma wird nicht fortgeführt.**

Hier **haftet der Erwerber** für die früheren Geschäftsverbindlichkeiten grundsätzlich nur, wenn ein **besonderer Verpflichtungsgrund** vorliegt, insbesondere wenn die Übernahme der Verbindlichkeiten vom Erwerber in handelsüblicher Weise (z. B. durch Rundschreiben) bekannt gemacht wurde [§ 25 III HGB].

6.3 Notwendige Voraussetzungen zur Eintragung in das Handelsregister

(1) Begriff Handelsregister

Das **Handelsregister** ist ein amtliches, öffentliches, elektronisch geführtes Verzeichnis aller Kaufleute eines Amtsgerichtsbezirks. Für die Führung des Handelsregisters sind die Amtsgerichte[1] zuständig [§ 8 HGB; § 376 I FamFG].

- Für die **Anmeldungen zur Eintragung** ist eine **öffentliche Beglaubigung**[2] (z. B. durch einen Notar) erforderlich.
- Die für die Anmeldung erforderlichen **Unterlagen** sind **elektronisch einzureichen.**

---

1 Für die Führung des Handelsregisters in Baden-Württemberg sind vier Amtsgerichte (Registergerichte) zuständig: Freiburg, Mannheim, Stuttgart und Ulm. Anträge zur Handelsregistereintragung sind bei dem Registergericht einzureichen, in dessen Bezirk die Eintragung anfällt.

2 **Beglaubigung:** Vom Notar wird die **Echtheit der eigenhändigen Unterschrift** des Erklärenden beglaubigt.

(2) Aufgabe und Bedeutung des Handelsregisters

Die Aufgabe des Handelsregisters besteht darin, der **Öffentlichkeit** die Rechtsverhältnisse der eingetragenen kaufmännischen Gewerbebetriebe offenzulegen. Das Handelsregister ist frei zugänglich, d. h., jeder Interessierte kann ohne Angabe von Gründen in das Register Einsicht nehmen. Das Handelsregister gibt z. B. Auskunft über

- die Firma,
- die Rechtsform,
- den Gegenstand des Unternehmens,
- den (oder die) Geschäftsinhaber,
- die Haftungsverhältnisse,
- den Ort des Geschäftssitzes,
- die inländische Geschäftsanschrift der Handelsniederlassung,
- die Vertretungsbefugnisse der Vertretungsorgane des Unternehmens und
- den Tag der Handelsregistereintragung.

Die Handelsregistereintragungen werden **elektronisch bekannt gemacht.** Auskünfte über die Eintragungen (z. B. Registerblätter, Gesellschafterlisten und Satzungen) können über das gemeinsame Justizportal aller Bundesländer (www.justiz.de) online eingesehen werden.[1] Zudem kann jeder auf elektronischem Wege (kostenpflichtig) Abschriften und Registerausdrucke erhalten.[2]

Das Handelsregister genießt **öffentlichen Glauben.** Zum Schutz des Vertrauens Dritter auf die bekannt gemachten Handelsregistereintragungen gilt die **Vermutung der Richtigkeit** der Handelsregistereintragungen.

(3) Abteilungen des Handelsregisters

Das Handelsregister besteht aus zwei Abteilungen:

Abteilung A	Abteilung B
Hier werden u. a. eingetragen: - Einzelkaufleute, - offene Handelsgesellschaft (OHG), - Kommanditgesellschaft (KG).	Hier werden u. a. eingetragen: - Gesellschaft mit beschränkter Haftung (GmbH), - Aktiengesellschaft (AG).

(4) Löschung

Die Löschung der Eintragung erfolgt dadurch, dass die Eintragung rot unterstrichen wird. Auf diese Weise können alle früheren Eintragungen zurückverfolgt werden.

---

1 Die Einsichtnahme „vor Ort" ist grundsätzlich bei jedem Amtsgericht über ein Terminal möglich.

2 Außerdem besteht ein Unternehmensregister, das als bündelndes Portal über die Informationen des Handelsregisters hinaus alle wirtschaftlich relevanten Daten über Unternehmen zugänglich macht (www.unternehmensregister.de).

Zusammenfassung

Arten der Kaufleute		
Istkaufmann	**Kannkaufmann**	**Kaufmann kraft Rechtsform (Formkaufmann)**
Alle Gewerbebetriebe, die einen in kaufmännischer Weise eingerichteten Geschäftsbetrieb benötigen	1. Kleinbetriebe 2. Land- und forstwirtschaftliche Betriebe, die nach Art und Umfang eine kaufmännische Einrichtung benötigen	Juristische Personen des Handelsrechts
Die Eintragung ins Handelsregister ist Pflicht	Die Eintragung ins Handelsregister ist freiwillig	Die Eintragung ins Handelsregister ist Pflicht
Eintragung wirkt deklaratorisch	Eintragung wirkt konstitutiv	

- Die **Firma** eines Kaufmanns ist sein im Handelsregister eingetragener Name, unter dem er seine Geschäfte betreibt und seine Unterschrift abgibt.

- Man unterscheidet **Personen-, Sach-, Fantasie-** und **gemischte Firmen.**

- Das **Handelsregister** ist ein amtliches, elektronisch geführtes Verzeichnis aller Kaufleute eines Amtsgerichtsbezirks (Registerbezirks).

- Das Handelsgericht genießt **öffentlichen Glauben.**

Kompetenztraining

19 Vorgaben der Firmierung, rechtliche Wirkung der Handelsregistereintragung, Kaufmannseigenschaften

1. Lena Stehlin übernimmt für verschiedene Verlage Setzarbeiten. Sie hat zwei Teilzeitangestellte beschäftigt. Ihr Gewerbebetrieb erfordert keinen nach Art oder Umfang in kaufmännischer Weise eingerichteten Geschäftsbetrieb. Dennoch möchte sich Lena Stehlin ins Handelsregister eintragen lassen. Sie sollen Lena Stehlin im Rahmen der Handelsregistereintragung beraten.

Aufgaben:

1.1 Unterbreiten Sie drei Vorschläge für einen Firmennamen!

1.2 Erläutern Sie, was unter dem Begriff Firma zu verstehen ist!

1.3 Lena Stehlin möchte wie folgt firmieren:

Die Texterfassung e. K.

Beurteilen Sie, ob diese Firma zulässig ist!

1.4 Auf Ihren Rat hin meldet Lena Stehlin beim Amtsgericht folgende Firma an:

Die Texterfassung
Inh. Lena Stehlin e. K.

Die Eintragung erfolgt am 24. Mai 20..

Zeigen Sie auf, welche rechtliche Wirkung die Handelsregistereintragung für Lena Stehlin hat!

1.5 Begründen Sie, ob es sinnvoll wäre, in den ersten beiden, noch umsatzschwachen Geschäftsjahren auf eine Handelsregistereintragung zu verzichten!

2. Der Installateurmeister Ernst Kopf hat vor Jahren einen kleinen Reparaturbetrieb gegründet, der sich gut entwickelte. Heute beschäftigt er fünf Gesellen und zwei Angestellte. Sein Betrieb ist kaufmännisch voll durchorganisiert. Im Handelsregister ist Ernst Kopf nicht eingetragen.

Aufgaben:

2.1 Beurteilen Sie, ob Ernst Kopf Kaufmann ist!

2.2 Der Steuerberater Alexander Klug macht Ernst Kopf darauf aufmerksam, dass er seinen Gewerbebetrieb ins Handelsregister eintragen lassen muss.

Unterbreiten Sie einen Vorschlag, wie die Firma lauten könnte!

2.3 Ernst Kopf lässt sich am 15. Februar 20.. unter der Firma „Ernst Kopf e. K. – Installateurfachbetrieb" ins Handelsregister eintragen.

Erläutern Sie, welche rechtliche Wirkung die Handelsregistereintragung hat!

3. Entscheiden Sie folgenden Rechtsfall:

Der Angestellte Fritz Kugel erwirbt die Lebensmittelfabrik Karl Klein e. K. Die neue Firma lautet „Fritz Kugel e. Kfm., Lebensmittelfabrik". Mit dem ehemaligen Inhaber Karl Klein vereinbart Fritz Kugel, dass dieser die restlichen Verbindlichkeiten an die Lieferer persönlich zu begleichen habe. Karl Klein zahlt nicht. Bei Fälligkeit der Verbindlichkeiten verlangen die Gläubiger die Begleichung der Verbindlichkeiten von Fritz Kugel.

Aufgabe:

Begründen Sie, ob Fritz Kugel zahlen muss!

4. Die Wirkung von Handelsregistereintragungen kann deklaratorisch oder konstitutiv sein.

Aufgaben:

4.1 Erklären Sie, was jeweils hierunter zu verstehen ist!

4.2 Ermitteln Sie, bei welchem Kaufmann die Handelsregistereintragung deklaratorisch, bei welchem sie konstitutiv ist!

7 Verschiedene Rechtsformen voneinander abgrenzen

7.1 Rechtsformen im Überblick

(1) Begriff Rechtsformen

> Die **Rechtsform** stellt die Rechtsverfassung eines Unternehmens dar. Sie regelt die Rechtsbeziehungen innerhalb des Unternehmens und zwischen dem Unternehmen und Dritten.

(2) Einzelunternehmen

Der Begriff **Unternehmer** kommt von „etwas unternehmen". Unternehmer ist also, wer es selbst „unternimmt", Geschäfte in eigenem Namen und auf eigene Rechnung mit vollem Risiko zu tätigen. Unternehmer dieser (ursprünglichen) Art bezeichnet man daher als **Einzelunternehmer.**

(3) Gesellschaftsunternehmen

■ Bei den **Personengesellschaften** schließen sich mindestens zwei Unternehmer zusammen, die alle (bei der offenen Handelsgesellschaft) oder wenigstens teilweise (bei der Kommanditgesellschaft) die vorgenannten Unternehmerfunktionen wahrnehmen **(Eigentümerunternehmer).**

■ Die Möglichkeiten der Personengesellschaften reichen in vielen kapitalintensiven Wirtschaftszweigen nicht aus (z. B. Automobilhersteller, Stahlwerke, Werften, Eisenbahnen, Raffinerien, Energieversorger). Es werden **Kapitalgesellschaften** wie z. B. die Aktiengesellschaften oder die Gesellschaften mit beschränkter Haftung gegründet.

Die **Eigenkapitalaufbringung** erfolgt durch viele „kleine" oder auch „große" **Kapitalanleger** (z. B. durch die GmbH-Gesellschafter bzw. Aktionäre), wobei das Risiko auf den Wert der Kapitaleinlage beschränkt wird. Die Leitung der Kapitalgesellschaften obliegt angestellten Geschäftsführern (z. B. bei der GmbH) oder Direktoren (z. B. Vorstandsmitgliedern der AG), die selbst nicht am Unternehmen beteiligt sein müssen. Die Leiter der Kapitalgesellschaften werden als **Managerunternehmer** bezeichnet.

Als „besondere" Rechtsformen der Unternehmen entstanden im vorigen Jahrhundert die **Genossenschaften** und die **Versicherungsvereine auf Gegenseitigkeit,** bei denen die Mitglieder zugleich Eigenkapitalgeber sind. Die Leitung obliegt – wie bei den Kapitalgesellschaften auch – angestellten Vorständen.

91

Zusammenfassung

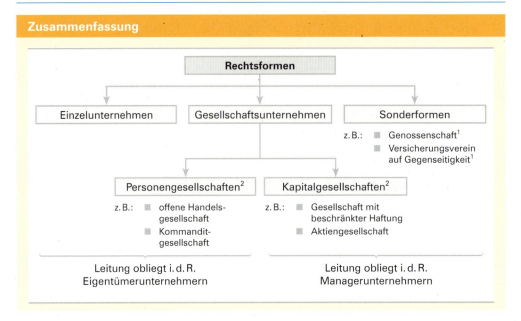

7.2 Gründung eines Einzelunternehmens nachvollziehen

(1) Begriff Einzelunternehmer

Einzelunternehmer ist, wer es selbst „unternimmt", Geschäfte in **eigenem Namen** und auf **eigene Rechnung** mit **vollem Risiko** zu tätigen und hierzu sein **eigenes Geld- und Sachkapital** einsetzt.

(2) Firma

Die Firma des Einzelunternehmers richtet sich i. d. R. nach dem Vor- und Zunamen des Einzelunternehmers. Sie muss die Bezeichnung „eingetragener Kaufmann" bzw. „eingetragene Kauffrau" oder eine allgemein verständliche Abkürzung dieser Bezeichnung enthalten [§ 19 I, Nr. 1 HGB].

> **Beispiel:**
>
> Beauty Moments Emmy Reisacher e. Kfr.

(3) Weitere Voraussetzungen für die Unternehmensgründung und -führung

Wer erfolgreich ein Einzelunternehmen gründen und führen will, der muss nicht nur die persönlichen und wirtschaftlichen Voraussetzungen beachten, sondern weitere typische Merkmale des Einzelunternehmens berücksichtigen.

---

1 Der Bildungsplan sieht die Bearbeitung dieser Sonderformen nicht vor.

2 Aufgrund des Bildungsplans beschränken wir uns bei den dargestellten Rechtsformen auf einen Vergleich hinsichtlich Haftung, Kapitalaufbringung, Geschäftsführung und Vertretung.

Die folgende Tabelle informiert über die bei der Unternehmensgründung und -führung zu beachtenden Unternehmensmerkmale.

Personenzahl	Der Einzelunternehmer ist **alleiniger Inhaber** des Unternehmens.
Geschäftsführung	Die Geschäftsführung, d. h. die Leitung des Unternehmens obliegt dem Einzelunternehmer allein. Er trifft alle Anordnungen in seinem Betrieb (im **Innenverhältnis**) allein, ohne andere anhören zu müssen.
Vertretung	Das Recht auf Vertretung des Unternehmens gegenüber Dritten (im **Außenverhältnis**) hat der Einzelunternehmer. Er schließt für das Unternehmen alle erforderlichen Rechtsgeschäfte mit Dritten ab (z. B. Kaufverträge, Mietverträge, Kreditverträge).
Haftungs-verhältnisse	Der Einzelunternehmer haftet für alle Verbindlichkeiten des Unternehmens mit seinem Geschäfts- und sonstigen Privatvermögen **unbeschränkt** und **unmittelbar.**
Eigenkapital-aufbringung	Das Eigenkapital stellt der Einzelunternehmer zur Verfügung. Über die **Höhe des aufzubringenden Eigenkapitals** gibt es **keine gesetzliche Vorschrift.**
Gewinn- und Verlustverteilung	Der Einzelunternehmer hat das Recht auf den gesamten **Gewinn**. Andererseits hat er den **Verlust** ebenfalls allein zu tragen.
Kreditwürdigkeit	■ Die **persönliche Kreditwürdigkeit** hängt vor allem von der **persönlichen Zuverlässigkeit, Ehrlichkeit** sowie den menschlichen und beruflichen **Erfahrungen, Kenntnissen, Fähigkeiten** sowie von der **Leistungsfähigkeit** und **-willigkeit** des Einzelunternehmers ab. ■ Aufgrund der meistens beschränkten Finanzierungskraft durch erzielte Gewinne und des relativ niedrigen, den Gläubigern haftenden Vermögens ist die **materielle Kreditwürdigkeit** dagegen nicht sehr hoch.
Form der Grün-dung	Für die Gründung des Einzelunternehmens bestehen **keine gesetzlichen Formvorschriften**. Erfordert ein Unternehmen eine kaufmännische Einrichtung, ist eine Eintragung ins Handelsregister erforderlich. Werden in das Einzelunternehmen **Grundstücke** eingebracht, ist die **Schriftform** mit **notarieller Beurkundung**[1] erforderlich [§ 311 b I, S. 1 BGB].

(4) Anmeldung des Unternehmens

Der Gründer **muss** sein neu zu gründendes Unternehmen vor allem bei folgenden öffentlichen Stellen anmelden:

■ Amtsgericht

Eine Anmeldung beim zuständigen **Registergericht** zur **Eintragung** in das **Handelsregister** ist erforderlich, sofern ein **Handelsgewerbe** vorliegt.

---

1 Bei der **Beurkundung** werden die Willenserklärungen der Beteiligten von einem Notar in eine Urkunde aufgenommen. Der Notar beurkundet dabei die **Unterschrift** und den **Inhalt der Erklärung**.

■ Gemeindebehörde

Eine Anmeldung ist auch erforderlich bei der für den betreffenden Ort zuständigen Behörde, z. B. beim **Gewerbeamt** der Gemeinde [§ 14 GewO]. Die Anmeldung erfolgt mithilfe eines Formulars. Gefordert werden

- ■ persönliche Daten,
- ■ private und betriebliche Adresse,
- ■ Beginn und Art der Tätigkeit,
- ■ voraussichtliche Zahl der Mitarbeiter.

Der Vordruck wird vom zuständigen Beamten abgestempelt, unterschrieben und an den Antragsteller zurückgegeben. Er ist der sogenannte **Gewerbeschein**: der Beleg für die offizielle Anmeldung des Gewerbes. Die Bearbeitungsgebühr für den Gewerbeschein ist von Gemeinde zu Gemeinde unterschiedlich.

Die Gewerbeanmeldung (Fachausdruck: Gewerbeanzeige) verfolgt den Zweck, dem Gewerbeamt jederzeit über Zahl und Art der ansässigen Gewerbebetriebe Kenntnis zu geben. Dadurch soll eine wirksame Überwachung der Gewerbebetriebe gewährleistet werden.

Mit der Gewerbeanzeige werden auch die sonstigen Meldeverpflichtungen erfüllt. Die nachfolgend genannten Stellen erhalten je eine Ausfertigung von der Gewerbeanzeige:

- ■ das **Finanzamt,** um die Abführung der Steuern zu gewährleisten;
- ■ die **Berufsgenossenschaft** als Träger der gesetzlich vorgeschriebenen Unfallversicherung;
- ■ die **Industrie- und Handelskammer** bzw. die **Handwerkskammer** als berufsständische Vertretung;
- ■ das **Gewerbeaufsichtsamt** als Aufsichtsbehörde für Anlagen, die einer besonderen Überwachung bedürfen (z. B. Dampfkesselanlagen, Aufzugsanlagen, Getränkeschankanlagen).

Die Gewerbeanzeige ist nicht immer ausreichend. Für bestimmte Gewerbezweige ist eine behördliche Genehmigung erforderlich (z. B. für Spielhallen, Makler, Bauträger, Gaststätten, Reisegewerbe).

■ Sozialversicherungsträger

Werden Arbeitnehmer beschäftigt, so ist eine Anmeldung bei den Sozialversicherungsträgern (gesetzliche Krankenkassen, gesetzliche Pflegekassen, Deutsche Rentenversicherung [gesetzliche Rentenversicherung], Bundesagentur für Arbeit [gesetzliche Arbeitsförderung] und z. B. Berufsgenossenschaften [gesetzliche Unfallversicherung]) erforderlich, um Versicherungsschutz zu erhalten.

(5) Auflösung des Unternehmens

Die Auflösung des Einzelunternehmens liegt allein im Entscheidungsbereich des Einzelunternehmers, es sei denn, das Unternehmen wird wegen Zahlungsunfähigkeit im Rahmen eines Insolvenzverfahrens[1] aufgelöst. Auch die Umwandlung in eine andere Rechtsform (z. B. in eine OHG) führt zur Auflösung des Einzelunternehmens.

---

1 **Insolvenz:** Zahlungsunfähigkeit.

(6) Vor- und Nachteile des Einzelunternehmens

Vorteile (Gründungsmotive)	Nachteile
■ Keine Abstimmung der Entscheidungen mit anderen (Ausnahme: Mitbestimmung der Arbeitnehmer). ■ Schnelle Entscheidungsmöglichkeiten. ■ Rasche Anpassung an veränderte wirtschaftliche Verhältnisse (z. B. Aufnahme neuer Produkte). ■ Klarheit und Eindeutigkeit der Unternehmensführung. ■ Großes Eigeninteresse des Inhabers an der Arbeit, da ihm der Gewinn allein zusteht (Gewinn als Leistungsanreiz).	■ Bei falschen Entscheidungen trägt der Inhaber das Risiko allein. ■ Der Erfolg des Unternehmens hängt untrennbar an der Person des Inhabers, seinen fachlichen Fähigkeiten, seinem Charakter und seiner Gesundheit. ■ Gefahr, dass durch aufwendige Lebenshaltung des Inhabers die Existenz des Unternehmens aufs Spiel gesetzt wird. ■ In der Regel geringe Eigenkapitalkraft und beschränkte Kreditbeschaffungsmöglichkeiten. ■ Großes Haftungsrisiko.

(7) Bedeutung

Gesamtwirtschaftlich gesehen nimmt das Einzelunternehmen eine wichtige Stellung ein. Wir finden es in allen Wirtschaftsbereichen. In der Landwirtschaft, im Einzelhandel und im Handwerk stellen Einzelunternehmen die vorherrschende Unternehmensform dar. In der Industrie sind dagegen die Gesellschaftsunternehmen die wichtigsten Unternehmensformen.

Zusammenfassung

■ Bei den **Einzelunternehmen** werden alle wichtigen Unternehmerfunktionen und Risiken vom Einzelunternehmer wahrgenommen, dem der Gewinn allein zusteht und der auch entstehende Verluste allein zu tragen hat.

■ Wichtige **wirtschaftliche Voraussetzungen** sind, dass bei der Gründung und für die laufende Geschäftstätigkeit des Unternehmens (z. B. für den Einkauf, die Lagerhaltung, die Leistungserstellung und den Verkauf) ausreichend Finanzmittel vorhanden sind und das Unternehmen seine Leistungen auch langfristig mit Gewinn verkaufen kann.

■ Das **Haftungsrisiko** ist aufgrund der unbeschränkten und unmittelbaren alleinigen Haftung des Einzelunternehmers für die Geschäftsverbindlichkeiten hoch.

■ Die **Kreditwürdigkeit** des Einzelunternehmens hängt vor allem von der persönlichen Zuverlässigkeit sowie von den beruflichen Fähigkeiten und Kenntnissen des Einzelunternehmers ab **(persönliche Kreditwürdigkeit).**

■ Einzelunternehmen verfügen grundsätzlich nur über ein **relativ niedriges Eigenkapital.** Aufgrund des niedrigen, den Gläubigern haftenden Eigenkapitals besteht für die Einzelunternehmen eine beschränkte Kreditbeschaffungsmöglichkeit **(materielle Kreditwürdigkeit).**

■ Einzelunternehmen müssen vom Gründer z. B. beim Amtsgericht zur Handelsregistereintragung, beim Gewerbeamt und (wenn Arbeitnehmer beschäftigt werden) bei den verschiedenen Sozialversicherungsträgern (z. B. bei der Krankenkasse, Bundesagentur für Arbeit und Berufsgenossenschaft) **angemeldet** werden.

Kompetenztraining

20 Gründung und Vor- und Nachteile des Einzelunternehmens

1. Jonas Augustin, Angestellter eines Softwareunternehmens, möchte sich als Software-entwickler selbstständig machen und hierzu ein Einzelunternehmen innerhalb des Industrie- und Gewerbeparks in Ulm gründen.

Aufgaben:

1.1 Nennen Sie drei Gründe, die Jonas Augustin zur Wahl dieser Rechtsform veranlasst haben könnten!

1.2 Entscheiden Sie, in welcher Abteilung des Handelsregisters die Firma „Jonas Augustin e. Kfm., Softwareentwicklung" eingetragen wird!

1.3 Ermitteln Sie, bei welchen öffentlichen Stellen Jonas Augustin sein neu gegründetes Einzelunternehmen anmelden muss! Geben Sie jeweils den Grund für die Anmeldepflicht an!

2. Nennen und beurteilen Sie je drei Vor- und Nachteile des Einzelunternehmens

2.1 aus der Sicht der Arbeitnehmer,

2.2 aus der Sicht des Einzelunternehmers!

7.3 Merkmale von Personengesellschaften (OHG, KG) abgrenzen

KB 1 Lernsituation 7: Personengesellschaft gründen

Stefan Osann e. Kfm. betreibt im Industrie- und Gewerbepark Ulm einen Handel mit Bürobedarf, Computertechnik, Kopiergeräten usw.

Das Unternehmen hat sich in den letzten Jahren sehr erfolgreich entwickelt. Insbesondere der Bereich der Computertechnik hat einen rasanten Aufschwung genommen. Immer mehr – insbesondere kleine – Unternehmen wünschen sich allerdings eine Lösung „aus einer Hand", das heißt, sie wollen nicht nur die Hardware kaufen, sondern komplette Systemlösungen mit lokalem Netzwerk, Internetanbindung, Virenschutz, Datensicherung und laufender Wartung.

Herr Osann ist inzwischen Mitte 50 und diesen Herausforderungen nicht mehr gewachsen. In Horst Wiedenmann, ausgebildeter IT-Systemelektroniker, hat er einen Partner gefunden, der bereit wäre, mit ihm zusammen eine Gesellschaft zu gründen. Aus seinem Privatvermögen könnte Herr Wiedenmann 150 000,00 EUR in die Gesellschaft einbringen. Herr Osann brächte das bereits bestehende Grundstück mit dem Betriebsgebäude, den Fahrzeugen und den kompletten Einrichtungen im Wert von 450 000,00 EUR in das Unternehmen ein.

Sowohl Herr Osann als auch Herr Wiedenmann sind nicht allzu fit in den Vorschriften des Gesellschaftsrechts. Sie sind Mitarbeiter von Stefan Osann e. Kfm., haben vor Kurzem eine kaufmännische Ausbildung abgeschlossen und sind daher mit den Vorschriften des Handelsgesetzbuches vertraut.

Herr Osann und Herr Wiedenmann möchten eine Personengesellschaft gründen. Aber ob es eine offene Handelsgesellschaft (OHG) oder eine Kommanditgesellschaft (KG) werden soll, das wissen sie noch nicht so recht. Herr Osann bittet Sie um Unterstützung.

KOMPETENZORIENTIERTE ARBEITSAUFTRÄGE:

Arbeiten Sie die folgenden Kapitel des Schulbuches durch und verwenden Sie die Aufzeichnungen aus dem Unterricht zur Bearbeitung der Arbeitsaufträge!

1. Die beiden künftigen Gesellschafter bitten um eine klar strukturierte Gegenüberstellung der beiden Gesellschaftsformen OHG und KG. Dabei sollen Sie folgende Vergleichsmerkmale berücksichtigen:

   - Kapitalaufbringung
   - Firma
   - Geschäftsführung
   - Vertretung
   - Haftungsrisiko der Gesellschafter

2. Abschließend erwarten sie von Ihnen eine Abwägung von Pro- und Contra-Argumenten zu den beiden Unternehmensformen und einen Vorschlag zur Entscheidung!

7.3.1 Offene Handelsgesellschaft (OHG)

7.3.1.1 Begriff und Firma der OHG

(1) Begriff OHG

- Die **offene Handelsgesellschaft (OHG)** ist eine **Gesellschaft** mit mindestens zwei Personen, deren Zweck auf den Betrieb eines **Handelsgewerbes** unter **gemeinschaftlicher Firma** gerichtet ist und bei der die **Haftung der Gesellschafter unbeschränkt ist** [§ 105 I HGB].
- Die offene Handelsgesellschaft ist eine **Personengesellschaft**.

(2) Firma

Die Firma, unter der die OHG ihre Rechtsgeschäfte abschließt (z. B. Kauf-, Miet-, Arbeitsverträge), muss die Bezeichnung „offene Handelsgesellschaft" oder eine allgemein verständliche Abkürzung dieser Bezeichnung enthalten [§ 19 I, Nr. 2 HGB].

Beispiele:

Karl Wagner OHG; Wagner & Wunsch – offene Handelsgesellschaft; Wunsch OHG, Kraftfahrzeughandel und -reparaturen; Heilbronner Kraftfahrzeughandel und -reparaturen OHG.

97

7 Speth u.a. - ISBN 978-3-8120-0594-4

7.3.1.2 Eigenkapitalaufbringung, Geschäftsführung, Vertretung und Haftung

(1) Eigenkapitalaufbringung

Die Eigenkapitalaufbringung erfolgt durch die OHG-Gesellschafter. Die geleisteten Kapitaleinlagen bilden als gemeinschaftliches Vermögen der Gesellschaft ein Sondervermögen [§ 718 I BGB] und stehen den Gesellschaftern zur **gesamten Hand** zu [§ 719 BGB]. Das persönliche Eigentum der Gesellschafter an ihren Einlagen erlischt. Die Einlagen der Gesellschafter werden **gemeinschaftliches Vermögen (Gesamthandsvermögen)** aller Gesellschafter. Ein einzelner Gesellschafter kann damit nicht mehr über seinen Kapitalanteil verfügen.

Grundstücke werden im Grundbuch auf die OHG eingetragen. Alle Gesellschafter können nur noch gemeinsam über den einzelnen Gegenstand verfügen.

(2) Geschäftsführung und Vertretung

Zur **Geschäftsführung,** d.h. zur Leitung der OHG im **Innenverhältnis,** ist jeder Gesellschafter berechtigt und verpflichtet **(Einzelgeschäftsführungsrecht).** Dies gilt für **gewöhnliche Geschäfte.** Widerspricht ein Gesellschafter einer Geschäftsführungsmaßnahme eines Mitgesellschafters, so muss diese unterbleiben. Bei einem gewöhnlichen Geschäft steht jedem Gesellschafter ein **Vetorecht** zu.

Bei **außergewöhnlichen Geschäften** (z.B. bei Grundstückskauf, Aufnahme eines Großkredits, Aufnahme eines neuen Gesellschafters) müssen **alle Gesellschafter zustimmen (Gesamtgeschäftsführungsrecht).**

Zur **Vertretung** der OHG gegenüber Dritten, d.h. im **Außenverhältnis,** ist jeder Gesellschafter **ohne Einschränkungen** berechtigt **(Einzelvertretungsrecht).**

(3) Haftung

Die Haftung betrifft das **Außenverhältnis.** Die OHG-Gesellschafter haften gegenüber Dritten

unbeschränkt	Die OHG-Gesellschafter haften mit ihrem Geschäftsvermögen **und** mit ihrem Privatvermögen.

unmittelbar	Die Gläubiger (z. B. die Lieferanten) können die Forderungen nicht nur der OHG gegenüber, sondern zugleich unmittelbar (direkt) gegenüber **jedem OHG-Gesellschafter** geltend machen. Dies bedeutet, dass jeder einzelne Gesellschafter durch die Gesellschaftsgläubiger verklagt werden kann. Der Gesellschafter kann nicht verlangen, dass der Gläubiger zuerst gegen die OHG klagt. Eine „Einrede der Vorausklage" steht dem Gesellschafter nicht zu.
gesamt-schuldnerisch („solidarisch")	Jeder Gesellschafter haftet **persönlich** (allein) für die gesamten Schulden der Gesellschaft [§ 128 I HGB], nicht jedoch für die privaten Schulden der übrigen Gesellschafter.

Tritt ein Gesellschafter in eine bereits bestehende OHG **ein,** haftet er auch für die vor seinem Eintritt bestehenden Verbindlichkeiten der OHG. **Tritt** ein Gesellschafter **aus,** haftet er noch fünf Jahre für die Verbindlichkeiten der OHG, die zum Zeitpunkt seines Ausscheidens bestanden [§ 160 I, S. 1 HGB].

(4) Vor- und Nachteile der OHG

Vorteile (Gründungsmotive)	Nachteile
■ Ausnutzung unterschiedlicher Kenntnisse und Fähigkeiten der Gesellschafter verbessert die Geschäftsführung.	■ Persönliche Meinungsverschiedenheiten zwischen den Gesellschaftern können den Bestand des Unternehmens gefährden.
■ Umwandlung eines Einzelunternehmens in eine OHG vergrößert die Eigenkapitalbasis des Unternehmens.	■ Dem Wachstum des Unternehmens sind häufig finanzielle Grenzen gesetzt, weil das Eigenkapital der Gesellschafter zur Finanzierung großer Investitionen nicht ausreicht.
■ Bei guten privaten Vermögensverhältnissen ist die Kreditwürdigkeit der OHG größer als die des Einzelunternehmens.	■ Fremdkapital kann nur in begrenztem Maße aufgenommen werden.
■ Da das Eigenkapital und die Unternehmensführung in einer Hand sind, ist das Interesse der Gesellschafter an der Geschäftsführung groß.	■ Durch aufwendige Lebenshaltung der Gesellschafter kann die Existenz des Unternehmens aufs Spiel gesetzt werden, da Kontrollorgane fehlen.
■ Verteilung des Unternehmerrisikos.	■ Unbeschränkte, direkte, gesamtschuldnerische Haftung der Gesellschafter.

Zusammenfassung

■ Die **OHG** ist u. a. durch folgende **Merkmale** charakterisiert: (1) Zusammenschluss von mindestens zwei Personen; (2) Handelsgewerbe; (3) gemeinschaftliche Firma; (4) unbeschränkte, unmittelbare und gesamtschuldnerische Haftung aller Gesellschafter.

■ Die **Firma** muss die Bezeichnung „offene Handelsgesellschaft" oder eine allgemein verständliche Abkürzung dieser Bezeichnung enthalten.

■ Das Eigenkapital wird von den OHG-Gesellschaftern aufgebracht. Die Summe der geleisteten Kapitaleinlagen bildet als **gemeinschaftliches Vermögen** der Gesellschaft ein Sondervermögen und steht den Gesellschaftern zur gesamten Hand zu **(Gesamthandsvermögen).**

■ Die OHG-Gesellschafter **haften unbeschränkt, unmittelbar** und **gesamtschuldnerisch** (solidarisch).

Kompetenztraining

21 Merkmale der OHG

Der Stolz & Krug OHG geht es sehr gut. Es ist daher notwendig, das bisherige Betriebsgelände um einen Parkplatz für Gebrauchtwagen zu erweitern. Sebastian Strobel ist Eigentümer des Nachbargrundstücks. Dieses hat einen Wert von 310 000,00 EUR. Herr Strobel hat eine kaufmännische Ausbildung und ist nur dann bereit, das Grundstück an die Stolz & Krug OHG zu verkaufen, wenn er als gleichberechtigter Partner mitarbeiten und volle Verantwortung mitübernehmen kann. Stolz und Krug beschließen, Sebastian Strobel als weiteren Gesellschafter in die OHG aufzunehmen.

Ihre Aufgabe ist es, die drei Gesellschafter im Zusammenhang mit der Gründung und einiger Geschäftsvorfälle rechtlich zu beraten.

Aufgaben:

1. Prüfen Sie, ob die bisherige Firma „Stolz & Krug OHG" fortgeführt werden kann!

2. Am 20. November 20.. wendet sich die Langinger KG, Lieferer für Autozubehör, mit einer Forderung über 9 700,00 EUR direkt an Sebastian Strobel. Dieser lehnt die Zahlung ab.

   Beurteilen Sie seine folgenden Argumente und begründen Sie Ihre Antwort:

   2.1 Die Langinger KG soll sich bitte direkt an die OHG wenden.

   2.2 Die Verbindlichkeit sei von Stolz eingegangen worden, also müsse im Zweifel dieser bezahlen.

   2.3 Die Verbindlichkeit stamme noch vom Juli, demnach aus einem Zeitraum, in welchem er noch nicht Gesellschafter der OHG gewesen sei.

3. Die Tochter von Sebastian Strobel heiratet. Er möchte daher das von ihm eingebrachte unbebaute Grundstück wieder zum Verkehrswert aus dem Vermögen der OHG entnehmen, damit seine Tochter darauf ein Einfamilienhaus bauen kann. Prüfen Sie, ob er gegen den Willen seiner Mitgesellschafter das Grundstück zurückerhalten kann!

22 Gründung und Haftung einer OHG

Die Herren Meier, Schmidt und Kunz betreiben gemeinsam eine Möbelfabrik als OHG.

Aufgaben:

1. Nennen Sie zwei Gründe, die die Gesellschafter veranlasst haben könnten, die Gesellschaftsform der OHG zu wählen!

2. Nennen Sie vier Beispiele, wie die Firma lauten könnte!

3. Meier und Schmidt kaufen am 24. November 20.. gegen den Willen von Kunz ein zusätzliches Lagergebäude.

   3.1 Klären Sie, ob die OHG an diesen Vertrag rechtlich gebunden ist!

   3.2 Der Verkäufer des Lagergebäudes verlangt am 25. November 20.. von Kunz die Bezahlung der gesamten Kaufsumme. Dieser lehnt entschieden ab. Er glaubt, ausreichende Gründe zu haben. Erstens war er gegen diesen Kauf. Zweitens müsse sich der Gläubiger doch erst einmal an die OHG wenden und, wenn diese nicht zahle, an die Gesellschafter, die den Kaufvertrag unterzeichnet haben. Drittens sehe er gar nicht ein, dass er alles zahlen solle. Wenn überhaupt, so zahle er höchstens den ihn betreffenden Anteil an der Kaufsumme, nämlich ein Drittel. Nehmen Sie zu diesen Aussagen Stellung!

   3.3 Am 30. Juni des folgenden Jahres scheidet Kunz wegen bestehender Differenzen aus der Gesellschaft aus. Am 30. September des folgenden Jahres wendet sich der Verkäufer des Lagergebäudes erneut an ihn und fordert ihn auf, den noch offenen Restbetrag von 12 000,00 EUR zu bezahlen. Prüfen Sie die Rechtslage!

7.3.2 Kommanditgesellschaft (KG)

7.3.2.1 Begriff und Firma

(1) Begriff KG

- Die **Kommanditgesellschaft (KG)** ist eine Gesellschaft mit mindestens zwei Personen, die ein **Handelsgewerbe** unter **gemeinschaftlicher Firma** betreibt, wobei mindestens ein Gesellschafter **unbeschränkt haftet (Komplementär)** und mindestens ein Gesellschafter **beschränkt haftet (Kommanditist).**[1]

- Die Kommanditgesellschaft ist eine **Personengesellschaft.**

(2) Firma

Die Firma der KG muss die Bezeichnung „Kommanditgesellschaft" oder eine allgemein verständliche Abkürzung dieser Bezeichnung (z. B. KG) enthalten [§ 19 I, Nr. 3 HGB].

Beispiele:

Müller und Moser sind Vollhafter (Komplementäre), Krause ist Teilhafter (Kommanditist). Mögliche Firmen sind z. B.: Müller & Moser KG; Müller Kommanditgesellschaft; Ulmer Import KG; Ulmer Import-Export KG.

7.3.2.2 Eigenkapitalaufbringung, Geschäftsführung, Vertretung und Haftung

(1) Eigenkapitalaufbringung

Komplementär und Kommanditist sind verpflichtet, die im Gesellschaftsvertrag übernommene Kapitaleinlage **(Pflichteinlage)** bereitzustellen.

(2) Geschäftsführung und Vertretung

Die **Geschäftsführung** der Gesellschaft liegt allein beim Komplementär, d. h., die Kommanditisten sind von der Führung der Geschäfte ausgeschlossen. Die Kommanditisten haben nur ein Kontroll- und Widerspruchsrecht.

- **Kontrollrecht.** Die Kommanditisten haben kein ständiges Kontrollrecht. Sie können jedoch Abschriften des Jahresabschlusses (Jahresbilanz mit Gewinn- und Verlustrechnung) verlangen und deren Richtigkeit unter Einsicht in die Geschäftsbücher und sonstiger Geschäftspapiere überprüfen [§ 166 I, II HGB].

- **Widerspruchsrecht.** Die Kommanditisten können Handlungen der Komplementäre widersprechen, wenn diese über den gewöhnlichen Betrieb des Handelsgewerbes der KG hinausgehen (z. B. Grundstückskäufe und -verkäufe, Änderung des Betriebszwecks, Aufnahme eines neuen Gesellschafters).

Die **Vertretung** der Gesellschaft obliegt allein dem Komplementär.

---

1 Die KG muss mindestens einen Komplementär aufweisen. Tritt der einzige (letzte) Komplementär aus der KG aus, so führt dies zur Auflösung der KG. Führen die Kommanditisten die Gesellschaft ohne (neuen) Komplementär fort, dann wird die KG grundsätzlich zu einer OHG, d. h., die Kommanditisten haften unbeschränkt.

(3) Haftung

Komplementär	Er haftet wie ein OHG-Gesellschafter **unbeschränkt, unmittelbar** und **gesamtschuldnerisch** (solidarisch). Eine vertragliche Vereinbarung zwischen den Komplementären, durch die die Haftung beschränkt wird (z. B. auf den übernommenen Kapitalanteil), ist im **Außenverhältnis ungültig.**
Kommanditist	Soweit die Kommanditisten ihre vertraglich bestimmte und im Handelsregister **eingetragene Einlage geleistet** haben, haften sie mit ihrer Einlage nur mittelbar **(Risikohaftung)**[1] [§ 171 I, S. 1, 2. HS. HGB].
	Soweit ein Kommanditist seine **Einlage** nach Eintragung **noch nicht geleistet** hat, haftet er den Gesellschaftsgläubigern **persönlich in Höhe der ausstehenden Einlage** [§ 171 I, S. 1, 1. HS. HGB].

Bei **Eintritt** in die KG haftet der Kommanditist bis zur Höhe der eingetragenen Haftsumme auch für bereits bestehende Verbindlichkeiten. Bei **Austritt** des Kommanditisten haftet er noch fünf Jahre für die Verbindlichkeiten, die zum Zeitpunkt seines Ausscheidens bestanden.

(4) Bedeutung der KG

Die Rechtsform der Kommanditgesellschaft ermöglicht den **Kommanditisten,** sich an einem Unternehmen durch Kapitaleinlagen zu beteiligen und die Haftung (das Risiko ihres Verlusts) auf diese Einlagen zu beschränken, ohne zur Geschäftsführung und Vertretung verpflichtet zu sein.

Für **Komplementäre** bietet die Rechtsform der KG die Möglichkeit, das Gesellschaftskapital sowie die Kreditbasis durch Aufnahme von Kommanditisten zu erweitern, ohne in der Geschäftsführung und Vertretungsbefugnis beschränkt zu werden.

Vorteile und **Nachteile der Unternehmensform KG** sind z. B.:

Vorteile	Nachteile
■ Ausnutzung unterschiedlicher Kenntnisse und Fähigkeiten der Komplementäre verbessert die Geschäftsführung.	■ Unbeschränkte, direkte, gesamtschuldnerische Haftung der Komplementäre.
■ Für Kommanditisten besteht kein gesetzliches Wettbewerbsverbot sich auch an anderer Stelle unternehmerisch zu betätigen.	■ Persönliche Meinungsverschiedenheiten zwischen den Gesellschaftern können den Bestand des Unternehmens gefährden.
■ Verteilung des Unternehmerrisikos.	■ Dem Wachstum des Unternehmens sind häufig finanzielle Grenzen gesetzt, weil das Eigenkapital der Gesellschafter zur Finanzierung großer Investitionen nicht ausreicht.

---

1 Nach der Eintragung der Kapitaleinlage ins Handelsregister haftet der Kommanditist nicht mehr für die Verbindlichkeiten der Gesellschaft. Das einzige Risiko, das der Kommanditist eingeht, ist, dass er den Wert seiner Kapitaleinlage teilweise oder ganz verliert.

Zusammenfassung

Merkmale der KG

- Zusammenschluss von mind. 2 Personen
- Handelsgesellschaft
- Gemeinschaftliche Firma
- Komplementär hat Geschäftsführungs- und Vertretungsrecht
- Kommanditist hat Kontroll- und Widerspruchsrecht
- Mind. 1 Vollhafter — Komplementär — Siehe Bestellung OHG-Gesellschafter
- Mind. 1 Teilhafter — Kommanditist — Ab Leistung der Einlage nur beschränkte, mittelbare Haftung

Kompetenztraining

23 Merkmale einer KG

1. Der bisherige Einzelunternehmer Fritz Irmler e. Kfm. möchte sich aus Altersgründen aus der Unternehmensführung zurückziehen. Zusammen mit seinen beiden Söhnen Lars und Hendrik gründet er eine KG. Kapitalmäßig möchte Fritz Irmler noch im Unternehmen verbleiben.

   Aufgaben:

   1.1 Erklären Sie, welche Gründe Fritz Irmler dazu bewogen haben könnten, eine KG zu gründen!

   1.2 Erklären Sie anhand der angeführten Personen, wie man die Gesellschafter bei dieser Rechtsform bezeichnet und beschreiben Sie kurz deren Aufgaben!

   1.3 Bilden Sie ein Beispiel dafür, wie die Firma der KG lauten könnte!

   1.4 Um die Liquidität der KG zu stärken, wollen die Söhne Lars und Hendrik ein Betriebsgrundstück verkaufen. Der Vater Fritz widerspricht dem Geschäft. Erläutern Sie die Rechtslage!

2. Häufig wird eine OHG in eine KG umgewandelt, wenn ein OHG-Gesellschafter stirbt. Nennen Sie hierfür Gründe!

3. Kommanditgesellschaften sind oft „Familiengesellschaften", d. h., die Gesellschafter sind miteinander verwandt. Begründen Sie diese Tatsache!

4. Unterscheiden Sie die OHG von der KG im Hinblick auf das Gesellschafterrisiko (Haftung)!

5. Soweit der Kommanditist seine vertraglich bestimmte und im Handelsregister eingetragene Einlage geleistet hat, haftet er mit seiner Einlage nur mittelbar.

   Aufgabe:

   Erläutern Sie diesen Sachverhalt!

6. Der Kommanditist Franz Wägele ist am 15. Januar 20.. in die Fritz Hutter KG eingetreten. Seine Pflichteinlage beträgt 500 000,00 EUR. Am 20. Februar zahlt er 300 000,00 EUR auf das Geschäftsbankkonto ein. Den Restbetrag will er am 30. Mai überweisen. Am 20. Mai wird Franz Wägele vom Finanzamt aufgefordert, die für die KG fällige Umsatzsteuerschuld in Höhe von 210 000,00 EUR zu überweisen.

Aufgabe:

Begründen Sie, ob Franz Wägele die fällige Umsatzsteuerschuld bezahlen muss!

7.4 Merkmale von Kapitalgesellschaften (GmbH, AG) abgrenzen

KB 1   **Lernsituation 8: Kapitalgesellschaft gründen**

Häufig, insbesondere an Tagen der offenen Tür, wird das Parkmanagement des Industrie- und Gewerbeparks Ulm von den dort angesiedelten oder interessierten Unternehmen um eine Beratung gebeten hinsichtlich der Wahl einer optimalen Unternehmensform.

Eine Nachbetrachtung vom letzten Tag der offenen Tür ergab, dass es zumeist die gleichen Standardfragen sind, über welche das Park-

management Auskunft geben muss. Die Beantwortung dieser Standardfragen raubt viel kostbare Zeit, sodass wenig Raum bleibt für eine wünschenswerte und vertiefende individuelle Beratung.

Im Rahmen dieser Nachbetrachtung macht Herr Steffens, Leiter der Unternehmensakquisition,[1] folgenden Vorschlag: Er möchte, dass ein Informationsblatt zur Verfügung gestellt wird, das einen kompakten Überblick gibt über die Gesellschaft mit beschränkter Haftung (GmbH) und die Aktiengesellschaft (AG) als typische Beispiele einer Kapitalgesellschaft. Diese beiden Unternehmensformen sollten anhand folgender **Merkmale** einander gegenübergestellt werden:

- Firma
- Kapitalaufbringung
- Rechtsfähigkeit
- Haftung

- Organe
- Geschäftsführung
- Vertretung

---

1 **Unternehmensakquisition,** hier: Gewinnung von Unternehmen zur Ansiedlung im Industrie- und Gewerbepark.

Insbesondere die Komplexität der Aktiengesellschaft als Unternehmensform sorgt für viel Unsicherheit und kritische Fragen. Die Interessenten wollen wissen, worin eigentlich die Vor- und die Nachteile großer Aktiengesellschaften liegen.

KOMPETENZORIENTIERTE ARBEITSAUFTRÄGE:

Arbeiten Sie die folgenden Kapitel des Schulbuches durch und verwenden Sie die Aufzeichnungen aus dem Unterricht zur Bearbeitung der Arbeitsaufträge!

1. Stellen Sie die Unternehmensform der GmbH und der AG einander gegenüber und gehen Sie dabei auf die oben genannten Merkmale ein!

2. Arbeiten Sie die grundsätzlichen Unterschiede zwischen Personen- und Kapitalgesellschaften heraus!

3. Stellen Sie den Beratern des Parkmanagements ein Argumentationspapier zusammen, welches auf die Vor- und Nachteile großer Aktiengesellschaften aus der Sicht

   3.1 der Kapitalgeber,

   3.2 der Beschäftigten innerhalb der AG oder

   3.3 der Verbraucher

   eingeht.

7.4.1 Gesellschaft mit beschränkter Haftung (GmbH)

7.4.1.1 Begriff und Firma

(1) Begriff GmbH

- Die **Gesellschaft mit beschränkter Haftung (GmbH)** ist eine **Handelsgesellschaft** mit **eigener Rechtspersönlichkeit (juristische Person[1])**.

- Die Gesellschafter sind mit einem oder mehreren Geschäftsanteilen an der Gesellschaft beteiligt, **ohne persönlich** für die Verbindlichkeiten der Gesellschaft **zu haften** [§ 13 I, II GmbHG].

- Die GmbH ist eine **Kapitalgesellschaft**.

Die **GmbH** hat **selbstständige Rechte und Pflichten**. Mithilfe ihrer Organe ist es möglich, Rechtsgeschäfte abzuschließen. Sie kann z. B. Eigentum an Grundstücken erwerben und vor Gericht klagen und verklagt werden. Die GmbH ist Gläubiger und Schuldner, nicht etwa die GmbH-Gesellschafter. Die **GmbH-Gesellschafter** statten die GmbH lediglich mit **Eigenkapital** aus, indem sie sich mit Geschäftsanteilen am Stammkapital der GmbH beteiligen.

1 Vgl. S. 117.

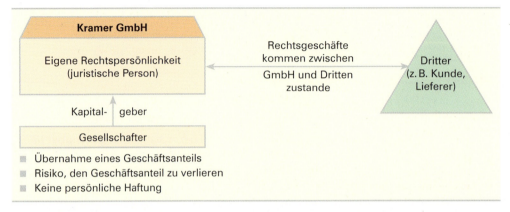

- Übernahme eines Geschäftsanteils
- Risiko, den Geschäftsanteil zu verlieren
- Keine persönliche Haftung

Die GmbH ist eine rechtliche Konstruktion, durch die unternehmerisches Kapital in einer juristischen Person verselbstständigt und die Haftung auf das Gesellschaftsvermögen begrenzt wird. Dies eröffnet Eigenkapitalgebern (Gesellschaftern) die Möglichkeit, ihr Risiko auf das eingesetzte Kapital zu begrenzen sowie ihre persönliche Haftung zu vermeiden. Es kommt zu einer rechtlichen **Trennung von Unternehmens- und Privatvermögen**.

(2) Firma

Die Firma der GmbH muss die Bezeichnung **„Gesellschaft mit beschränkter Haftung"** oder eine allgemein verständliche Abkürzung dieser Bezeichnung (z.B. GmbH) enthalten [§ 4 GmbHG].

Beispiele:

Albrecht Büller GmbH, Kramer GmbH; Weber Metallbau GmbH.

7.4.1.2 Eigenkapitalaufbringung, Haftung und Organe der GmbH

(1) Eigenkapitalaufbringung

Geschäftsanteil	Ein Geschäftsanteil ist der Anteil am Stammkapital der GmbH. Er ist mit einem Nennbetrag versehen. Die **Nennbeträge** der einzelnen Geschäftsanteile können unterschiedlich hoch sein, müssen jedoch auf **volle Euro** lauten. Jeder Gesellschafter beteiligt sich im Rahmen der Gründung der GmbH mit einem oder mehreren Geschäftsanteilen. Geschäftsanteile können jederzeit – ohne dass eine Genehmigung der übrigen Gesellschafter eingeholt werden muss – veräußert werden.
Stammeinlagen	Der Betrag, der auf einen Geschäftsanteil zu leisten ist, wird als Stammeinlage bezeichnet. Die Höhe der zu **leistenden Einlage** richtet sich nach dem bei der Gründung der Gesellschaft im Gesellschaftsvertrag festgesetzten Nennbetrag des Geschäftsanteils.
Stammkapital	Dies ist der in der Satzung festgelegte **Gesamtbetrag aller Geschäftsanteile**. Das Stammkapital muss mindestens 25 000,00 EUR betragen [§ 5 I GmbHG]. Von diesem Stammkapital müssen mindestens 12 500,00 EUR bzw. $\frac{1}{4}$ aller Geschäftsanteile eingezahlt werden.

Existenzgründer mit wenig Eigenkapital können eine **Unternehmergesellschaft (UG)** mit einem geringeren Stammkapital als 25 000,00 EUR gründen. Das Stammkapital kann somit zwischen 1,00 EUR und 24 999,00 EUR liegen. Die Gewinne der UG dürfen solange nicht voll ausgeschüttet werden, bis das Mindestkapital von 25 000,00 EUR erreicht ist. Wenn das Mindestkapital von 25 000,00 EUR erreicht ist, kann die Unternehmergesellschaft in eine „gewöhnliche" GmbH umgewandelt werden.

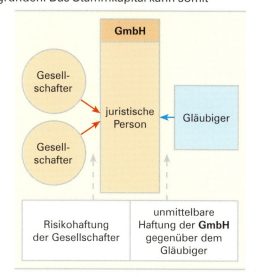

(2) Haftung

Die **Gesellschafter** der GmbH **haften nicht** für die Verbindlichkeiten der Gesellschaft. Als juristische Person haftet die GmbH selbst [§ 13 I, II GmbHG]. Das einzige Risiko, das der GmbH-Gesellschafter eingeht, ist, dass er den Wert seines Geschäftsanteils teilweise oder ganz verliert **(Risikohaftung).**

(3) Organe der GmbH

Die Leitung und Kontrolle der Geschäftsführung übernehmen die dafür vorgesehenen Organe.

Geschäftsführer	Gesellschafterversammlung	Aufsichtsrat
■ Er leitet die GmbH (Geschäftsführungsrecht).[1] ■ Er muss bei der Geschäftsführung die Weisungen der Gesellschafter unmittelbar befolgen. ■ Geschäftsführer können auch die Gesellschafter sein. ■ Er vertritt die GmbH nach außen (Vertretungsbefugnis).[1]	■ Hier nehmen die Gesellschafter ihre Rechte (z. B. Gewinnverwendung) wahr. ■ Jeder Euro des Geschäftsanteils ist eine Stimme. ■ Beschlussfassungen mit der Mehrheit der abgegebenen Stimmen. ■ Satzungsänderungen benötigen eine $^3/_4$-Mehrheit der abgegebenen Stimmen.	■ Bei mehr als 500 Arbeitnehmern muss ein Aufsichtsrat gewählt werden. ■ Überwacht die Geschäftsführung. ■ Besteht aus Arbeitgebern und Arbeitnehmern.

7.4.1.3 Unternehmergesellschaft als Sonderform der GmbH

Höhe des Kapitals	Die Unternehmergesellschaft (UG, „Mini-GmbH")[2] kann mit **einem geringeren Stammkapital** als dem Mindeststammkapital von 25 000,00 EUR gegründet werden [§ 5a I GmbHG]. Das Stammkapital kann somit zwischen 1,00 EUR und 24 999,00 EUR liegen. **Sacheinlagen sind ausgeschlossen** [§ 5a II GmbHG].

---

1 Hat die GmbH mehrere Geschäftsführer, müssen bei wichtigen Entscheidungen jeweils alle Geschäftsführer zustimmen **(Gesamtgeschäftsführungsbefugnis, Gesamtvertretungsvollmacht).**

2 Die Unternehmergesellschaft ist **keine eigene Rechtsform,** sondern lediglich eine besondere Variante der GmbH.

Firma	Die Unternehmergesellschaft muss in der Firma den Rechtsformzusatz **„Unternehmergesellschaft (haftungsbeschränkt)"** oder **„UG (haftungsbeschränkt)"** führen.
Anmeldung zum Handelsregister	Die Anmeldung einer Unternehmergesellschaft zur Handelsregistereintragung kann erst erfolgen, wenn das Stammkapital in voller Höhe eingezahlt ist.
Gewinn-ausschüttung	Die Unternehmergesellschaft darf ihre **Gewinne** – sofern sie welche erzielt – **zu höchstens** $^3/_4$ an die Gesellschafter **ausschütten**. Sie muss **ein Viertel** des um einen Verlustvortrag aus dem Vorjahr geminderten Jahresüberschusses **ansparen, bis sie das Mindestkapital** von 25 000,00 EUR erreicht hat. Der angesparte Betrag ist in eine gesetzliche Rücklage einzustellen.
	Die Rücklage darf nur verwandt werden zur **Erhöhung des Stammkapitals,** zum **Ausgleich eines Jahresfehlbetrags,** soweit er nicht durch einen Gewinnvortrag aus dem Vorjahr gedeckt ist, oder zum **Ausgleich eines Verlustvortrags aus dem Vorjahr,** soweit er nicht durch einen Jahresüberschuss gedeckt ist [§ 5 a, III GmbHG].
Umwandlung in eine GmbH	Wenn das Mindestkapital von 25 000,00 EUR erreicht ist, kann die Unternehmergesellschaft in eine „gewöhnliche" GmbH umgewandelt werden.
	Die UG ist als „Einbahnstraße" konzipiert. Das bedeutet, dass die UG nur im Rahmen einer **Erstgründung** errichtet werden kann und daher insbesondere eine Zurückführung der GmbH in eine UG nicht möglich ist.

7.4.1.4 Bedeutung der GmbH

Die Gesellschaft mit beschränkter Haftung ist vor allem bei Familienunternehmen und bei Unternehmen mittlerer Größe anzutreffen, weil für die

- Gründung ein sehr niedriges Anfangskapital (Eigenkapital) vorgeschrieben ist,
- die Haftung der Gesellschafter begrenzt ist,
- ein enges Verhältnis zwischen Gesellschaftern und Geschäftsführern besteht (die Gesellschafter häufig selbst Geschäftsführer sind) und
- die Gründung verhältnismäßig unkompliziert und kostengünstig ist.

Häufig gründen Großunternehmen Gesellschaften mit beschränkter Haftung, die Teilfunktionen übernehmen (z. B. Forschung und Entwicklung, Erschließung neuer Rohstoffquellen, Wahrnehmung des Vertriebs). Daneben eignet sich die Rechtsform der GmbH auch zur Ausgliederung bestimmter kommunaler Aufgaben (z. B. können kommunale Wasserwerke, Versorgungsunternehmen, Krankenhäuser, Müllverbrennungsanlagen in Rechtsform der GmbH betrieben werden).

Zusammenfassung

■ Die **GmbH** ist durch folgende **Merkmale** charakterisiert: (1) juristische Person; (2) Handelsgesellschaft; (3) Gesellschafter sind mit Geschäftsanteilen am Stammkapital beteiligt; (4) keine persönliche Haftung der Gesellschafter.

■ Das **Stammkapital** beträgt mindestens 25 000,00 EUR. Es ergibt sich aus der **Summe aller Geschäftsanteile.**

■ Die **haftungsbeschränkte Unternehmergesellschaft** – eine Sonderform der GmbH – kann auch mit einem geringeren Stammkapital als dem Mindeststammkapital von 25 000,00 EUR gegründet werden.

■ Jeder Gesellschafter übernimmt eine bestimmte Zahl an **Geschäftsanteilen.** Jeder Geschäftsanteil ist wiederum mit einem **Nennbetrag** versehen. Der Nennbetrag jedes Geschäftsanteils muss auf volle Euro lauten. Die Summe der Nennbeträge aller Geschäftsanteile muss mit dem Stammkapital übereinstimmen.

■ Die **Firma der GmbH** muss die Bezeichnung „Gesellschaft mit beschränkter Haftung" oder eine allgemein verständliche Abkürzung dieser Bezeichnung enthalten.

■ Die **haftungsbeschränkte Unternehmergesellschaft** muss in der Firma den Rechtsformzusatz „Unternehmergesellschaft (haftungsbeschränkt)" oder „UG (haftungsbeschränkt)" führen.

■ Als juristische Person des Handelsrechts **haftet die GmbH** in Höhe des Stammkapitals selbst. Die Gesellschafter der GmbH haften nur indirekt, d. h., sie riskieren den Wert ihres Geschäftsanteils teilweise oder ganz zu verlieren **(Risikohaftung).**

■ **Organe der GmbH**

   ■ **Gesellschafterversammlung:**   beschließendes Organ

   ■ **Geschäftsführer:**   ausführendes Organ

   ■ **Aufsichtsrat:**   kontrollierendes Organ

■ Die **Vertretung** der GmbH nach außen erfolgt durch den (die) Geschäftsführer.

■ Die **Geschäftsführung** erfolgt durch die Geschäftsführer oder durch die Gesellschafter der GmbH.

Kompetenztraining

24 Merkmale einer GmbH

1. Die Heinz Kern OHG betreibt eine Großhandlung für Medizintechnik. Sie soll in eine GmbH umgewandelt werden. Gleichzeitig soll der bisherige Verkaufsleiter Alexander Dick als Gesellschafter in die neue GmbH aufgenommen werden.

   Aufgaben:

   1.1 Beschreiben Sie, wodurch sich die Personengesellschaft von der Kapitalgesellschaft unterscheidet!

   1.2 Nennen Sie zwei Gründe, die für die Wahl der Gesellschaftsform GmbH sprechen!

   1.3 Bilden Sie zwei Beispiele, wie die Firma der neuen GmbH lauten könnte!

   1.4 Stellen Sie dar, wie die Haftungsverhältnisse bei der GmbH und der OHG geregelt sind!

2. Unterscheiden Sie zwischen Stammkapital, Geschäftsanteil und Stammeinlage!

3. Nehmen Sie den Gesetzestext zuhilfe und beschreiben Sie, wie die Mindesteinzahlung der Gesellschafter im GmbHG geregelt ist!

4. Bernd Roßdeutscher, Diplom-Ingenieur, und Hans-Joachim Gommeringer, Industriekaufmann, sind Gesellschafter der Klimatechnik Roßdeutscher OHG, die Messinstrumente und automatische Regler für Klimaanlagen produziert und vertreibt.

   Bernd Roßdeutscher muss zu Beginn des Jahres 20.. seine Berufstätigkeit wegen Krankheit aufgeben. Da Hans-Joachim Gommeringer inzwischen das Seniorenalter erreicht hat, beschließen die Gesellschafter, die Klimatechnik Roßdeutscher OHG zum 31.03.20.. in eine GmbH umzuwandeln.

   Aufgaben:

   4.1 Bernd Roßdeutscher und Hans-Joachim Gommeringer behaupten, die Umwandlung bringe Vorteile hinsichtlich ihrer Haftung und Geschäftsführungspflicht.

   Erläutern Sie diese Aussage!

   4.2 Die Gesellschafter beabsichtigen die bisherige Firmenbezeichnung beizubehalten.

   Prüfen Sie dieses Vorhaben aus juristischer und wirtschaftlicher Sicht!

7.4.2 Aktiengesellschaft (AG)

7.4.2.1 Begriff und Firma

(1) Begriff AG

■ Die **Aktiengesellschaft** ist eine **Handelsgesellschaft mit eigener Rechtspersönlichkeit (juristische Person),** deren Gesellschafter (Aktionäre) **mit Einlagen an dem in Aktien** zerlegten **Grundkapital** beteiligt sind, **ohne persönlich für die Verbindlichkeiten** der Gesellschaft zu **haften.**

■ Die Aktiengesellschaft ist eine **Kapitalgesellschaft.**

Die Aktiengesellschaft ist die geeignete Unternehmungsform zur Sammlung kleinerer Kapitalien. Dazu gibt die AG Aktien aus. Die **Aktionäre** statten mit dem Kauf der Aktien die AG mit Eigenkapital aus. Sie beteiligen sich mit ihrer **Einlage (Aktie)** am Grundkapital der AG. Die Beteiligung an einer AG wird von einem Großteil der Aktionäre als eine (zeitweilige) Kapitalanlage angesehen, mit der Aussicht, einen Anteil am Gewinn der AG zu erhalten bzw. einen Kursgewinn zu erzielen. Kauf und Verkauf der Aktien erfolgen in der Regel über die Börse.

(2) Firma

Die Firma der AG muss die Bezeichnung Aktiengesellschaft oder eine allgemein verständliche Abkürzung dieser Bezeichnung (z. B. AG) enthalten [§ 4 AktG].

Beispiele:
Ulmer Büromöbel AG; Jenaer Spiegelglas Aktiengesellschaft; Volkswagenwerk Aktiengesellschaft; Mitter & Töchter AG; Spielwarenfabrik Spiwa AG.

7.4.2.2 Eigenkapitalaufbringung, Haftung und Organe der AG

(1) Eigenkapitalaufbringung

Gesetzlich ist ein Mindestnennbetrag des Grundkapitals von 50 000,00 EUR vorgeschrieben. Das Grundkapital wird in Aktien verbrieft. Eine **Aktie** ist eine Urkunde über die Beteiligung an einer AG.

Zu unterscheiden sind zwei Formen von Aktien:[1]

Nennbetrags-aktien	Sie müssen auf einen bestimmten Nennbetrag in Euro lauten. Dieser ist auf den Aktien aufgedruckt. Der **Mindestnennbetrag** einer Aktie beträgt **einen Euro**. Höhere Aktiennennbeträge müssen auf volle Euro lauten [§ 8 II AktG]. Die Summe der Nennwerte aller ausgegebenen Aktien ergibt das Grundkapital.
Stückaktien	Stückaktien **(nennwertlose Aktien)** repräsentieren einen anteiligen Betrag am Grundkapital. Der Anteil steht auf der Aktie aufgedruckt, z. B. 1 Aktie der X-AG. Der Anteilswert **(fiktiver[2] Nennwert)** wird berechnet: $$\text{Anteilswert} = \frac{\text{Grundkapital}}{\text{Anzahl der Aktien}}$$ **Beispiel:** Hat eine Aktiengesellschaft ein Grundkapital von 10 Mio. EUR und gibt sie 2 Mio. Stückaktien aus, so ist jede Stückaktie mit einem zweimillionstel Teil am Grundkapital der AG beteiligt. Der auf die einzelne Aktie entfallende Betrag des Grundkapitals darf **einen** Euro nicht unterschreiten [§ 8 III AktG]. Eine Ausgabe mit einem höheren Betrag ist zulässig [§ 9 II AktG].

(2) Haftung

Wer Aktien bei einer Gründung übernimmt oder über die Wertpapierbörse kauft, haftet nicht für die Verbindlichkeiten der Gesellschaft. Als juristische Person haftet lediglich die Aktiengesellschaft selbst. Das einzige Risiko, das der Aktionär eingeht, ist, dass er einen Kursverlust erleidet oder dass er im Extremfall den Wert der gesamten Aktien verliert. Das Letztere ist der Fall, wenn die Aktiengesellschaft z. B. wegen Überschuldung aufgelöst wird, also kein Eigenkapital mehr übrig bleibt. Man sagt daher, dass die Aktionäre lediglich eine **Risikohaftung** übernehmen.

---

1 Aufgrund des Bildungsplans wird auf die Darstellung weiterer Aktienformen verzichtet.

2 **Fiktiv:** angenommen.

(3) Organe der AG

Die Leitung und Kontrolle der Geschäftsführung übernehmen die dafür vorgesehenen Organe.

Vorstand	Hauptversammlung	Aufsichtsrat
■ Vorstand einer AG sind in der Regel angestellte Fachleute (Manager). ■ Übernimmt die Geschäftsführung nach innen und die Vertretung nach außen.[1] ■ Unterrichtet regelmäßig den Aufsichtsrat über die Geschäftslage. ■ Beruft die ordentliche Hauptversammlung ein.	■ Beschließt über Grundfragen der AG. ■ Beschließt über die Verwendung des Gewinns. ■ Wählt den Aufsichtsrat. ■ Entlastet den Aufsichtsrat.[2]	■ Bestellung des Vorstands. ■ Einberufung einer außerordentlichen Hauptversammlung, wenn das Wohl der AG dies erfordert. ■ Prüft den Jahresabschluss.

7.4.2.3 Bedeutung der Aktiengesellschaft

Ermöglicht die Bildung von Großunternehmen	■ Durch die Aufteilung des Grundkapitals in viele kleine Kapitalanteile sind die Aktiengesellschaften in der Lage, große Kapitalbeträge anzusammeln und zu investieren. ■ Die starke Marktstellung der großen Kapitalgesellschaften ermöglicht diesen, hohe soziale Leistungen für ihre Belegschaftsmitglieder zu erbringen (z. B. übertarifliche Löhne, zusätzliche Altersvorsorge, Ferienheime usw.). ■ Die großen Unternehmen sind aufgrund ihrer Kapitalkraft in der Lage, kostspielige Forschungsvorhaben zu finanzieren und durchzuführen (z. B. Auffinden neuer Rohstoffquellen, Entwicklung neuer Technologien). Sie sind daher wesentliche Träger der weiteren Produktivitätsentwicklung.
Kompetente Unternehmensführung	■ Die Führung der Aktiengesellschaft kann besonders geeigneten und tüchtigen Fachkräften übertragen werden. Durch die Verteilung der Verantwortung auf mehrere Personen wird die Notwendigkeit einer guten Unternehmensführung besser sichergestellt. ■ Die Trennung von Eigenkapital und Management (Geschäftsleitung) birgt die Gefahr in sich, dass einzelne Personen ohne jeden Anteil am Eigenkapital des verwalteten und vertretenen Unternehmens ihre unbestreitbar große wirtschaftliche und politische Macht missbrauchen. Es ist daher kein Zufall, dass die Mitbestimmung gerade bei den Aktiengesellschaften am weitesten vorangetrieben wurde.

---

1 Besteht der Vorstand aus mehreren Mitgliedern, müssen bei wichtigen Entscheidungen jeweils alle Vorstandsmitglieder zustimmen (**Gesamtgeschäftsführungsbefugnis bzw. Gesamtvertretungsmacht**).

2 **Entlastung:** nachträgliche Billigung der Tätigkeit des Vorstands und des Aufsichtsrats.

Beeinflusst die Gesamtwirtschaft	■ Ein Vorteil der Aktiengesellschaft ist die beschränkte, mittelbare Haftung der Aktionäre. Damit kann auch ein wirtschafts- und sozialpolitisches Ziel der sozialen Marktwirtschaft, nämlich eine größere Unternehmensbeteiligung der Arbeitnehmer, verfolgt werden.
	■ Die Gefahr für eine marktwirtschaftlich orientierte Wirtschaftsordnung besteht allerdings darin, dass die Möglichkeit, jederzeit Aktien anderer Unternehmen aufkaufen zu können, die Konzentration (z. B. die Machtzusammenballung durch Konzernbildung) erleichtert.

Zusammenfassung

■ Die **AG** ist vor allem durch folgende **Merkmale** charakterisiert: (1) juristische Person; (2) Handelsgesellschaft; (3) Aktionäre sind mit Einlagen am Grundkapital beteiligt; (4) keine persönliche Haftung der Aktionäre.

■ Die **Firma** der AG muss die Bezeichnung „Aktiengesellschaft" oder eine allgemein verständliche Abkürzung dieser Bezeichnung enthalten.

■ **Aktien** sind **Teilhaberpapiere.** Sie verbriefen ein nominelles Anteilsrecht am Grundkapital und ein reales Anteilsrecht am Eigenkapital der Aktiengesellschaft. Aktien gewähren dem Inhaber – neben der Beteiligung am Reinvermögen der Gesellschaft – einen Anspruch auf Beteiligung am Gewinn (Dividende), ein Bezugsrecht, ein Stimmrecht und das Recht auf einen Anteil am Liquidationserlös.

■ **Organe der AG**
  ■ **Hauptversammlung:**   beschließendes Organ
  ■ **Vorstand:**   ausführendes Organ
  ■ **Aufsichtsrat:**   kontrollierendes Organ

■ **Geschäftsführung** und **Vertretung** erfolgt durch den Vorstand.

■ Der Aktionär übernimmt lediglich eine **Risikohaftung.**

Kompetenztraining

25 Merkmale der AG

1. Die Franz Schneider OHG liefert seit Langem Tuche an die Kleiderfabrik Schorndorf AG, deren Vorstand Herr Dipl.-Kfm. Moder ist. In letzter Zeit erfolgen die Zahlungen der Schorndorf AG nur schleppend, die Bezahlung einiger Rechnungen steht trotz mehrmaliger Mahnungen aus. Die Franz Schneider OHG will daher Herrn Moder auf Zahlung verklagen.

   Nehmen Sie im Zusammenhang mit diesem Fall zu folgenden Fragen Stellung:

   Aufgaben:

   1.1 Begründen Sie, ob die Franz Schneider OHG den Vorstand auf Zahlung verklagen kann!

   1.2 Begründen Sie, ob es sinnvoller wäre, die Aktionäre zu verklagen!

   1.3 Erläutern Sie, wer haftet, falls Vorstand und/oder Aktionäre nicht haften!

2. Nennen Sie Gründe, auf die es zurückzuführen ist, dass die meisten großen Unternehmen die Rechtsform der Aktiengesellschaft (AG) aufweisen!

8 Speth u.a. - ISBN 978-3-8120-0594-4

3. Aktiengesellschaften können sich durch Ausgabe von Aktien Finanzmittel beschaffen.

   Aufgaben:

   3.1 Erklären Sie die Begriffe Nennwert und Kurs!

   3.2 Nennen Sie die Hauptaufgabe, die die Aktie hat!

   3.3 Begründen Sie, warum eine Aktie mit einem Nennwert von 5,00 EUR auf 98,00 EUR steigen kann!

4. Nennen Sie die Aufgaben, die das Handelsregister hat und wo es geführt wird! Nennen Sie die Rechtswirkung, die die erfolgte Handelsregistereintragung für die AG hat!

5. Vergleichen Sie die Haftung der Gründer vor dem Entstehen einer AG mit der Haftung eines OHG-Gesellschafters!

6. Nennen Sie Vorteile, die die GmbH gegenüber den Personengesellschaften besitzt!

7. Nennen Sie Vorteile, die die GmbH gegenüber der AG besitzt!

   Vergleichen Sie hierbei die Eigenkapitalaufbringung bei der GmbH und AG!

8. Beschreiben Sie die Haftung eines Gesellschafters einer OHG und AG!

9. Durch die Eintragung der Aktiengesellschaft in das Handelsregister wird sie Kaufmann kraft Rechtsform. Erläutern Sie, was hierunter zu verstehen ist!

10. Im Zusammenhang mit der Idee der Umwandlung der KG in eine AG diskutieren die bisherigen Gesellschafter miteinander.

    Aufgaben:

    10.1 Nennen Sie Gründe, die für die geplante Umwandlung in die Rechtsform der AG sprechen!

    10.2 Erläutern Sie den Unterschied zwischen einer KG und einer Aktiengesellschaft hinsichtlich
    - Firmierung und
    - Haftung!

    10.3 Die Kommanditistin Anne Kraft hat Bedenken gegen die Umwandlung der KG in eine AG.

    Beurteilen Sie, ob sie die geplante Umwandlung verhindern kann!

11. Ein Vorteil der AG besteht darin, dass das Aktienkapital seitens der Gesellschafter unkündbar ist.

    Erläutern Sie diese Aussage!

12. Erläutern Sie, warum es für eine AG leichter ist als für Personengesellschaften und Gesellschaften mit beschränkter Haftung, größere Kapitalbeträge aufzubringen!

Kompetenzbereich 2: Auftragsbearbeitung und Vertragsgestaltung

1 Grundlegende rechtliche Inhalte und Methoden des Vertragswesens erarbeiten und anwenden

Beachte:

Ziel der folgenden Kapitel ist es, Sie zu befähigen, einen Kundenauftrag rechtssicher bearbeiten zu können. Rechtssicherheit soll so verstanden werden, dass Sie sich über die Rechtsfolgen eines bestimmten Verhaltens (innerhalb der Auftragsbearbeitung) bewusst sind. Daher ist es von Bedeutung, eine klare Vorstellung zu haben von den fundamentalen Rechtsbegriffen in diesem Handlungsumfeld.

1.1 Den Gesamtzusammenhang der Auftragsbearbeitung und Vertragsgestaltung erfassen

In der folgenden Abbildung lässt sich von der orange hervorgehobenen Prozesskette des Verkaufs eine Verbindung zu den betriebswirtschaftlichen Inhalten herstellen:

Rahmenbedingungen und Teilprozesse	Rechtliche und betriebswirtschaftliche Inhalte
Rechtliche Rahmenbedingungen	■ Rechts- und Geschäftsfähigkeit ■ Rechtsgeschäfte ■ Besitz und Eigentum
Anfragen der Kunden bearbeiten	■ Anfrage ■ Angebot
Auftrag der Kunden ausführen	■ Auftragseingang (Bestellung) ■ Auftragsbestätigung ■ Auftragsdurchführung
Zahlung abwickeln	■ Buchen der Ausgangsrechnung ■ Zahlungseingang ■ Buchen des Zahlungseingangs
Umgang mit Vertragsstörungen	■ Mangelhafte Lieferung ■ Lieferungsverzug ■ Zahlungsverzug ■ Sicherung und Durchsetzung von Ansprüchen

Die rechtlichen Rahmenbedingungen stellen zwar keine Teilprozesse des Verkaufs dar, sie liefern jedoch die rechtlichen und ordnungspolitischen Rahmenbedingungen, die die Voraussetzung dafür sind, dass der Verkaufsprozess für beide Vertragspartner verlässlich durchgeführt werden kann.

1.2 Die Rechtsgrundlagen bewusst machen

KB 2   **Lernsituation 1: Geschäftsfähigkeit beurteilen**

Die beiden Brüder Philipp (5 Jahre) und Linus (9 Jahre) kaufen sich von ihrem Taschengeld Süßigkeiten. Als die Eltern davon erfahren, verlangen sie das Geld vom Kaufmann zurück. Dieser ist hierzu jedoch nicht bereit.

KOMPETENZORIENTIERTE ARBEITSAUFTRÄGE:

Arbeiten Sie zunächst das folgende Kapitel des Schulbuches durch und verwenden Sie die Aufzeichnungen aus dem Unterricht zur Bearbeitung der Arbeitsaufträge!

1. Stellen Sie die Regelungen zur Geschäftsfähigkeit mithilfe eines Zeitstrahls dar!
2. Prüfen Sie, ob der Kaufmann das Geld zurückgeben muss!

1.2.1 Rechts- und Geschäftsfähigkeit

1.2.1.1 Rechtsfähigkeit

(1) Begriff Rechtsfähigkeit

Rechtsfähigkeit ist die Fähigkeit von Personen, Träger von Rechten und Pflichten sein zu können.

Rechtsfähig sind natürliche Personen (Menschen) und juristische Personen. Man nennt die **Personen** auch **Rechtssubjekte.**[1]

(2) Natürliche Personen

Natürliche Personen sind **alle Menschen**. Der Gesetzgeber verleiht ihnen **Rechtsfähigkeit**.

Beispiele:

- Das Recht des Erben, ein Erbe antreten zu dürfen.
- Das Recht des Käufers, Eigentum zu erwerben.
- Die Pflicht, Steuern zahlen zu müssen. (Das Baby, das ein Grundstück erbt, ist Steuerschuldner, z. B. in Bezug auf die Grundsteuer.)

Die **Rechtsfähigkeit des Menschen** (der **natürlichen Personen**) **beginnt** mit der Vollendung der Geburt [§ 1 BGB] und **endet** mit dem Tod. **Jeder Mensch** ist rechtsfähig.

---

1 Die „Gegenstände" des Rechtsverkehrs (z. B. Abschluss und Erfüllung von Verträgen) bezeichnet man als **Rechtsobjekte**. Hierzu gehören die **Sachen** als körperliche Gegenstände [§ 90 BGB] und die Rechte (z. B. Miet- und Pachtrechte, Patent- und Lizenzrechte).

(3) Juristische Personen[1]

Juristische Personen sind „künstliche" Personen, denen der Staat die Eigenschaft von Personen kraft Gesetzes verliehen hat. Sie sind damit rechtsfähig, d.h. Träger von Rechten und Pflichten. Juristische Personen sind

- **privatrechtliche Personenvereinigungen**, z.B. eingetragene Vereine, Gesellschaft mit beschränkter Haftung (GmbH),
- **Vermögensmassen**, z.B. Stiftungen,
- **Körperschaften des öffentlichen Rechts**, z.B. Ärzte- und Rechtsanwaltskammern, Gemeinden, Handwerkskammern, öffentlich-rechtliche Hochschulen und
- **Anstalten des öffentlichen Rechts**, z.B. öffentliche Rundfunkanstalten.[2]

1.2.1.2 Geschäftsfähigkeit

(1) Begriff Geschäftsfähigkeit

> **Geschäftsfähigkeit** ist die Fähigkeit von Personen, Willenserklärungen rechtswirksam abgeben, entgegennehmen (empfangen) und widerrufen zu können.

Zum Schutz Minderjähriger hat der Gesetzgeber die folgenden Vorschriften erlassen.

(2) Gesetzliche Regelungen zur Geschäftsfähigkeit

■ **Geschäftsunfähigkeit**

Kinder vor Vollendung des siebten Lebensjahres sind **geschäftsunfähig** [§ 104 Nr. 1 BGB]. Den Kindern sind Menschen, die sich in einem dauernden Zustand krankhafter Störung der Geistestätigkeit befinden, gleichgestellt [§ 104 Nr. 2 BGB].

Rechtsfolge:

Kinder und Geschäftsunfähige können keine rechtswirksamen Willenserklärungen abgeben. Verträge mit Kindern und Geschäftsunfähigen sind **immer nichtig**, d.h. von vornherein ungültig.

Da Geschäftsunfähige keine Rechtsgeschäfte abschließen können, brauchen sie einen **Vertreter**, der für sie handeln kann. Bei Kindern sind dies in der Regel kraft Gesetzes die Eltern. Man bezeichnet die Eltern daher auch als **„gesetzliche Vertreter"**.

■ **Beschränkte Geschäftsfähigkeit**

Minderjährige, die zwar das siebte Lebensjahr, aber noch nicht das achtzehnte Lebensjahr vollendet haben, sind **beschränkt geschäftsfähig** [§ 106 BGB].

Rechtsgeschäfte mit einem beschränkt Geschäftsfähigen bedürfen der Zustimmung des gesetzlichen Vertreters. Diese Zustimmung kann **im Voraus** erteilt werden. Sie heißt dann

---

1 **Juristisch**: rechtlich.

2 Bei den **Körperschaften** stehen die Mitglieder im Vordergrund, z.B. die Mitglieder einer gesetzlichen Krankenkasse. Bei den **Anstalten** steht das Sachvermögen im Vordergrund, wie dies z.B. bei den Rundfunkanstalten der Fall ist. Die Nutzer von Anstalten haben im Gegensatz zu den Mitgliedern der Körperschaften keine Mitwirkungsrechte.

Einwilligung [§§ 107; 183, S. 1 BGB]. Sie kann aber auch **nachträglich** gegeben werden. Die nachträglich erfolgte Zustimmung heißt **Genehmigung** [§§ 108, 184 I BGB].

Rechtsgeschäfte mit einem beschränkt Geschäftsfähigen bedürfen der **vorherigen Einwilligung** des gesetzlichen Vertreters. Sie können aber auch durch eine **nachträgliche Genehmigung** des gesetzlichen Vertreters rechtswirksam werden.

Rechtsfolge:	Beispiel:
Solange die Genehmigung des gesetzlichen Vertreters fehlt, ist ein durch den beschränkt Geschäftsfähigen abgeschlossenes **Rechtsgeschäft schwebend unwirksam.** Dies bedeutet, dass z.B. ein Vertrag (noch) nicht gültig, wohl aber genehmigungsfähig ist. Wird die **Genehmigung verweigert**, ist der **Vertrag von Anfang an ungültig.** Wird sie erteilt, ist der Vertrag **von Anfang an wirksam** [§§ 108 I, 184 I BGB].	Die 17-jährige Schülerin Sabine kauft sich ein Smartphone mit 2-jähriger Vertragsbindung, ohne dass sie die Eltern vorher gefragt hat. Genehmigen die Eltern nachträglich den Kauf, ist der Kauf rechtswirksam.  Verweigern sie die Genehmigung, kommt kein Kaufvertrag zustande.

Keiner Zustimmung bedürfen folgende Rechtsgeschäfte:

Bringt nur rechtlichen Vorteil	Verträge, die dem beschränkt Geschäftsfähigen lediglich einen **rechtlichen Vorteil** bringen [§ 107 BGB];
Erfüllung mit frei zur Verfügung stehendem Mittel	Verträge, bei denen die vertragsmäßigen Leistungen (z.B. Kaufpreiszahlung) mit Mitteln erfüllt werden, die der beschränkt geschäftsfähigen Person vom gesetzlichen Vertreter (z.B. Eltern) oder von Dritten (z.B. Großeltern, Patenonkel) zur freien Verfügung überlassen wurden (**Taschengeldparagraf** [§ 110 BGB]);
Im Rahmen eines Arbeits- und Dienstverhältnisses	Rechtsgeschäfte, die die Eingehung, Erfüllung (Verpflichtungen) oder Aufhebung eines **Arbeits- oder Dienstverhältnisses** betreffen, wenn der gesetzliche Vertreter des Minderjährigen diesen zur Eingehung eines Dienst- oder Arbeitsverhältnisses ermächtigt hat [§ 113 I S. 1 BGB];[1]
Im Rahmen eines selbstständigen Erwerbsgeschäftes	Rechtsgeschäfte, die der Betrieb eines **selbstständigen Erwerbsgeschäfts** (z.B. Handelsgeschäfts) mit sich bringt, wenn der gesetzliche Vertreter den beschränkt geschäftsfähigen Minderjährigen mit der erforderlichen Genehmigung des Familiengerichts zum selbstständigen Betrieb eines Erwerbsgeschäfts ermächtigt hat [§ 112 I S. 1 BGB].

■ Unbeschränkte Geschäftsfähigkeit

Personen, die das achtzehnte Lebensjahr vollendet haben, sind **unbeschränkt geschäftsfähig** [§ 2 BGB]. Ausnahmen bestehen nur für Menschen, die sich in einem dauernden Zustand krankhafter Störung der Geistestätigkeit befinden.

---

1 Die gesetzliche Regelung gilt nicht für Berufsausbildungsverträge nach dem Berufsbildungsgesetz.

Rechtsfolge:

Die unbeschränkte Geschäftsfähigkeit bedeutet, dass von dem Erklärenden (der natürlichen Person) jedes Rechtsgeschäft, soweit dies gesetzlich erlaubt ist, **rechtsgültig** abgeschlossen werden kann. Eine Zustimmung gesetzlicher Vertreter und/oder die Genehmigung eines Familiengerichts ist nicht (mehr) erforderlich.

Zusammenfassung

- **Rechtsfähigkeit** bedeutet, Rechte und Pflichten haben zu können.

- **Unbeschränkte Geschäftsfähigkeit** bedeutet, Rechtsgeschäfte ohne Zustimmung des gesetzlichen Vertreters abschließen, ändern und auflösen zu können.

- **Beschränkte Geschäftsfähigkeit** bedeutet, dass Rechtsgeschäfte eines beschränkt Geschäftsfähigen grundsätzlich der Zustimmung des gesetzlichen Vertreters bedürfen.
  Ausgenommen sind folgende Rechtsgeschäfte:

Rechtsgeschäft bringt lediglich einen rechtlichen Vorteil.	Die eingesetzten Mittel sind zur freien Verfügung überlassen worden.	Rechtsgeschäfte im Rahmen des genehmigten Arbeits- und Dienstverhältnisses.	Rechtsgeschäfte im Rahmen des genehmigten selbstständigen Erwerbsgeschäfts.

- **Geschäftsunfähigkeit** heißt, dass die Willenserklärungen geschäftsunfähiger Personen rechtlich unerheblich sind. Geschäftsunfähige können z. B. keine Rechtsgeschäfte abschließen und auflösen.

Kompetenztraining

26 Rechts- und Geschäftsfähigkeit

1. Unterscheiden Sie die Begriffe Rechtsfähigkeit und Geschäftsfähigkeit!

2. Erklären Sie, welche Rechtsgeschäfte eine beschränkt geschäftsfähige Person ohne Einwilligung des gesetzlichen Vertreters abschließen darf! Bilden Sie hierzu jeweils ein Beispiel!

3. Begründen Sie, warum das BGB bei den Stufen (Arten) der Geschäftsfähigkeit feste Altersgrenzen zugrunde legt! Nennen Sie die Altersgrenzen!

4. Erklären Sie, welche Rechtsfolgen eintreten, wenn geschäftsunfähige, beschränkt geschäftsfähige oder voll geschäftsfähige Personen Willenserklärungen abgeben!

5. Lösen Sie folgende Rechtsfälle! Prüfen Sie jeweils die Rechtslage und begründen Sie Ihre Lösungen ausführlich mit den gesetzlichen Vorschriften (§§) des BGB:

   Aufgaben:

   5.1 Ein Kranker, der sich in einem Zustand dauernder Störung der Geistestätigkeit befindet, erhält von seinem Bruder ein Mietshaus geschenkt. Erklären Sie, ob der kranke Eigentümer des Hauses wegen der Mieteinkünfte steuerpflichtig werden kann!

   5.2 Das Finanzamt verlangt von einem vier Jahre alten Kind die Bezahlung rückständiger Steuern. Prüfen Sie, ob dies rechtlich möglich ist!

6. Der 17-jährige Schüler Fabian entnimmt seiner Sparbüchse 400,00 EUR und kauft sich davon ein Tablet, welches er auch gleich mitnimmt.

Aufgaben:

Klären Sie die Rechtslage, wenn

6.1 keine Einwilligung der Eltern vorliegt,

6.2 eine Einwilligung der Eltern vorliegt,

6.3 die Eltern den Kauf nachträglich genehmigen,

6.4 die Eltern nach Aufforderung durch den Verkäufer

    6.4.1 die Genehmigung verweigern,

    6.4.2 schweigen,

    6.4.3 erst nach drei Wochen den Kauf genehmigen und das Tablet inzwischen (ohne dass dies die Eltern wissen konnten) stark beschädigt ist!

7. Die achtjährige Mona erhält von ihrer Großmutter einen sehr wertvollen Ring geschenkt.

Aufgabe:

Prüfen Sie, ob Mona den Ring ohne Zustimmung ihrer Eltern annehmen (behalten) kann und ob Mona auch ohne Zustimmung der Eltern Eigentümerin des Rings wird!

8. Der 17-jährige Auszubildende Karl wohnt und arbeitet mit Zustimmung seiner Eltern in Stuttgart, während seine Eltern in Mannheim zu Hause sind.

Aufgaben:

8.1 Am Monatsende ist die Miete zu zahlen. Prüfen Sie, ob Karl aus rechtlicher Sicht mit seiner Ausbildungsvergütung sein Zimmer bezahlen darf!

8.2 Karl möchte sich von seiner Vergütung eine Stereoanlage kaufen. Klären Sie die Rechtslage!

8.3 Prüfen Sie, ob Karl, falls er 750,00 EUR gewinnt, eine Stereoanlage kaufen kann!

8.4 Klären Sie die Rechtslage, wie im Fall 8.1 zu entscheiden ist, wenn Karl von zu Hause fortgelaufen ist und seit mehreren Monaten ohne Wissen der Eltern unter falschem Namen in Tübingen arbeitet!

1.3 Die Willenserklärung als wesentlichen Bestandteil eines Rechtsgeschäfts erkennen

KB 2   **Lernsituation 2: Wirksamkeit einer Willenserklärung prüfen**

Georg Merk will zur Feier seines 20. Geburtstags eine Kiste Radler einkaufen. Er geht deshalb in einen Getränkemarkt, entnimmt eine Kiste Radler und erklärt dem Verkäufer: „Ich kaufe diese Kiste." Im Geschäft trifft Georg seinen Freund Hannes und lädt ihn zur Geburtstagsfeier ein; der nimmt die Einladung sofort freudig an. Hannes dachte nicht daran, dass er sich am gleichen Abend unbedingt das Fußballländerspiel „Deutschland – England" ansehen wollte, das im Fernsehen übertragen wird.

Weil Hannes doch lieber das Fußballspiel ansieht und deshalb nicht kommt, ist Georg sehr böse und verlangt von seinem Freund, ihm die nicht getrunkenen zwei Flaschen Radler abzukaufen. Er sei ja durch die Annahme seiner Einladung eine Verpflichtung eingegangen und die hätte er einhalten müssen.

KOMPETENZORIENTIERTE ARBEITSAUFTRÄGE:

Arbeiten Sie das folgende Kapitel des Schulbuches durch und verwenden Sie die Aufzeichnungen aus dem Unterricht zur Bearbeitung der Arbeitsaufträge!

1. Klären Sie mithilfe des Schulbuches oder Internets, welche Voraussetzungen für eine wirksame Willenserklärung gegeben sein müssen!
2. Erläutern Sie, welche Rechtswirkung Georg mit dem Satz *„Ich kaufe diese Kiste"* erreichen möchte!
3. Hannes weigert sich, die zwei Flaschen abzukaufen, mit dem Hinweis, er sei hierzu nicht verpflichtet. Begründen Sie Ihre Entscheidung, ob Hannes oder Georg Recht hat!

1.3.1   Rechtsgeschäfte

1.3.1.1   Willenserklärung als wesentlicher Bestandteil eines Rechtsgeschäfts

Wir schließen tagtäglich Verträge ab, ohne uns dessen bewusst zu sein. Wenn wir beim Bäcker Brot kaufen, liegt ein Kaufvertrag vor. Mieten wir ein Zimmer oder eine Wohnung, haben wir einen Mietvertrag abgeschlossen. Leihen wir unserem Freund ein paar Euro, handelt es sich um einen Gelddarlehensvertrag. In jedem dieser Fälle handelt es sich um ein Rechtsgeschäft.

(1)   Willenserklärungen und Rechtsgeschäfte

Wenn wir Rechtsgeschäfte abschließen wollen (z. B. einen Kauf tätigen möchten), müssen wir unseren Willen äußern (erklären). Dies geschieht durch **Willenserklärungen.**

- **Rechtsgeschäfte** kommen durch **Willenserklärungen** zustande.
- **Willenserklärungen** sind Äußerungen (Handlungen) einer Person (oder mehrerer Personen), die mit der Absicht vorgenommen werden, eine **rechtliche Wirkung** herbeizuführen.

(2)   Bestandteile und Formen der Willenserklärung

Die Willenserklärung besteht aus dem **Willen,** der den Erklärenden zu einer Willensäußerung veranlasst, und der tatsächlichen **Erklärung.**

- **Willenselemente** sind der Handlungswille und der Geschäftswille.

Handlungswille	Die Erklärung muss **gewollt** sein. Keine Willenserklärung liegt z. B. vor, wenn eine Erklärung unter Zwang oder unter Drogeneinfluss abgegeben wird.
Geschäftswille	Der Erklärende muss eine **rechtsverbindliche Wirkung** beabsichtigen. Eine ausgesprochene Einladung ins Theater ist z. B. keine Willenserklärung.

- Der Handlungs- und Geschäftswille allein genügt nicht, wenn dieser nicht erklärt wird. Die **Erklärung** des Willens kann abgegeben werden durch:

Unmittelbare Handlungen	Unmittelbare oder ausdrückliche Willenserklärungen (mündlich, fernmündlich, schriftlich, per Fax, E-Mail).
Mittelbare (schlüssige) Handlungen	Konkludente[1] Willenserklärungen (z.B. Einsteigen in die Straßenbahn, Münzeinwurf in einen Automaten, Kopfnicken auf ein Angebot).
Ausnahmsweise Schweigen	Grundsatz: Schweigen gilt als Ablehnung [§§ 108 II, S. 2; 177 II, S. 2 BGB]. Schweigen gilt z.B. als Zustimmung, wenn dies vertraglich vereinbart war.

1.3.1.2 Form der Rechtsgeschäfte

(1) Formfreiheit und Formzwang

- **Formfreiheit**

Formfreiheit bedeutet, dass die Rechtsgeschäfte in jeder möglichen Form abgeschlossen werden können. Im Rahmen unserer geltenden Rechtsordnung besteht für die **weitaus** meisten Rechtsgeschäfte der Grundsatz der Formfreiheit. Die meisten Rechtsgeschäfte können somit mit beliebigen Mitteln, z.B. durch **Worte** (mündlich, fernmündlich, per E-Mail, mittels Fax), durch **schlüssige Handlungen** (Kopfnicken, Handheben, Einsteigen in ein Taxi usw.) und in bestimmten Fällen sogar durch **Schweigen** abgeschlossen werden.

- **Formzwang**

Für einige Rechtsgeschäfte hat das Gesetz (z.B. BGB) bestimmte Formen vorgeschrieben **(gesetzliche Formen)**. Daneben können auch die Vertragspartner bestimmte Formen vereinbaren **(vertragliche Formen)**. Dieser sogenannte Formzwang dient vor allem der **Beweissicherung** (Rechtssicherheit) und dem **Schutz vor voreiligen Verpflichtungen** (z.B. des Schenkers und des Bürgen[2]).

(2) Gesetzliche Formen[3]

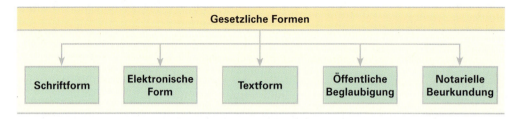

---

1 **Konkludent** (lat.): was eine bestimmte Schlussfolgerung zulässt.

2 Zur Bürgschaft vgl. Kompetenzbereich 4, Kapitel 3.4.2.2, S. 341.

3 Die jeweils strengere („höhere") Form kann die weniger strenge („niedere") Form generell ersetzen, ohne dass hierauf in einem Gesetz besonders hingewiesen werden muss. Wird z.B. die Textform gefordert, dann kann diese durch eine elektronische Form oder (erst recht) auch durch die gesetzliche Schriftform ersetzt werden. Rechtsgeschäfte, die nicht in der gesetzlich vorgeschriebenen Form erfolgen, sind grundsätzlich ungültig. Dies gilt im Zweifel auch für die Nichteinhaltung vertraglich vereinbarter Formen [§ 125 BGB].

■ Schriftform

Die Schriftform verlangt, dass die Erklärung niedergeschrieben und vom Erklärenden **eigenhändig** durch **Namensunterschrift** unterzeichnet wird [§ 126 I BGB]. Bei **mehrseitigen** Rechtsgeschäften (z. B. Verträgen) muss die Vertragsurkunde grundsätzlich von **allen** Vertragsparteien unterschrieben sein [§ 126 II BGB].

> **Beispiele:**
>
> Bürgschaftsversprechen bei Nichtkaufleuten [§ 766 BGB], Beendigung von Arbeitsverhältnissen durch Kündigung [§ 623 BGB].

■ Elektronische Form

Die gesetzliche Schriftform kann grundsätzlich (soweit im Gesetz nichts Abweichendes bestimmt ist) durch die **elektronische Form** ersetzt werden [§ 126 III BGB]. Zur Rechtswirksamkeit muss der Aussteller der Erklärung seinen Namen hinzufügen und das elektronische Dokument mit einer qualifizierten elektronischen Signatur nach dem Signaturgesetz versehen [§ 126 a BGB].

■ Textform

Unter Textform versteht man die Fixierung einer Erklärung in **lesbar zu machenden Schriftzeichen.** Diesen Anforderungen genügt die elektronische Speicherung. Doch das bloße Lesbarmachen reicht nicht aus. Vielmehr muss eine „dauerhafte Wiedergabe" in Schriftzeichen **bei dem Empfänger** möglich sein. Zur dauerhaften Wiedergabe von Schriftzeichen geeignet sind z. B. eine Website im Internet oder eine E-Mail.

Die Textform verlangt, dass

- die Erklärung in einer **Urkunde** abgegeben,
- die **Person des Erklärenden** genannt und
- der Abschluss der Erklärung durch eine Nachbildung der **Namensunterschrift (Faksimile)** oder anders erkennbar gemacht wird [§ 126 BGB].

Geeignet ist die Textform für Erklärungen, bei denen die Informations- und Dokumentationsfunktion im Vordergrund steht und bei denen die Rechtsfolgen einer Erklärung nicht erheblich oder leicht rückgängig zu machen sind.

> **Beispiele:**
>
> Im BGB ist die Textform z. B. in folgenden Fällen vorgeschrieben: Wenn ein Verbraucher von seinem Widerrufsrecht Gebrauch macht und für Garantieerklärungen beim Verbrauchsgüterkauf.

■ Öffentliche Beglaubigung

Die öffentliche Beglaubigung ist eine Schriftform, bei der die **Echtheit der eigenhändigen Unterschrift** des Erklärenden von einem hierzu **befugten Notar** beglaubigt wird [§ 129 I BGB]. Der Notar beglaubigt **nur die Echtheit der Unterschrift,** nicht jedoch den Inhalt der Urkunde.

> **Beispiele:**
>
> Beglaubigungen sind häufig erforderlich, wenn Erklärungen gegenüber Behörden abgegeben werden müssen. Hierzu gehört z. B. die Anmeldung zum Handelsregister, zum Güterrechtsregister oder zum Vereinsregister.

■ **Notarielle Beurkundung**

Die notarielle Beurkundung erfordert ein Protokoll, in welchem der Notar die vor ihm abgegebenen Erklärungen beurkundet [§ 128 BGB]. Die Willenserklärungen werden also in einer öffentlichen Urkunde aufgenommen. Der **Notar** beurkundet damit die **Unterschrift** und den **Inhalt** der Erklärungen.

> **Beispiele:**
>
> Die notarielle Beurkundung ist für Grundstückskaufverträge, für Schenkungsversprechen, für Erbverzichtsverträge und für Erbverträge gesetzlich vorgeschrieben.

1.3.1.3 Arten von Rechtsgeschäften

(1) Einseitige Rechtsgeschäfte

> Rechtsgeschäfte, die nur **eine Willenserklärung** benötigen, bezeichnet man als **einseitige Rechtsgeschäfte.**

Rechtsgeschäfte	Erläuterungen	Beispiele
Empfangsbedürftige Willenserklärungen (Rechtsgeschäfte)	Bei **empfangsbedürftigen Willenserklärungen (empfangsbedürftigen Rechtsgeschäften)** ist die Willenserklärung erst rechtswirksam, wenn sie demjenigen zugegangen ist, für den sie bestimmt ist.	Eine **Kündigung** ist erst dann rechtswirksam, wenn sie dem Erklärungsempfänger rechtzeitig zugegangen ist.
Nicht empfangsbedürftige Willenserklärungen (Rechtsgeschäfte)	Bei **nicht empfangsbedürftigen Willenserklärungen (nicht empfangsbedürftigen Rechtsgeschäften)** ist die Willenserklärung rechtswirksam, sobald sie **abgegeben worden ist.**	Ein **Testament** ist bereits mit der Niederschrift rechtswirksam und nicht erst dann, wenn der Erbe das Testament empfangen oder gelesen hat.

Beim **Zugang** der empfangsbedürftigen Willenserklärung ist zu unterscheiden, ob sie unter Anwesenden oder unter Abwesenden abgegeben wird.

Unter Anwesenden	Abgegebene Willenserklärungen sind mit ihrer **Abgabe rechtswirksam.**
Unter Abwesenden	Die Willenserklärung ist dann zugegangen, wenn der Empfänger normalerweise von ihr **Kenntnis nehmen kann** (z. B. die Kündigung liegt im Briefkasten des Mitarbeiters zu Hause. Ob er sie liest, ist seine Sache).

> **Beachte:**
>
> Solange eine Willenserklärung **noch nicht rechtswirksam** geworden ist, kann sie **widerrufen** werden. Es reicht, wenn der Widerruf dem Empfänger spätestens gleichzeitig mit der Erklärung zugeht [§ 130 I, S. 2 BGB].

(2) Zweiseitige Rechtsgeschäfte (Verträge)

- Rechtsgeschäfte, die zu ihrer Gültigkeit **mindestens zwei sich inhaltlich deckende Willenserklärungen benötigen,** sind **mehrseitige (zweiseitige) Rechtsgeschäfte.** Sie bezeichnet man als **Verträge.**
- Alle Verträge haben gemeinsam, dass sie durch **Antrag (1. Willenserklärung)** und **Annahme (2. Willenserklärung)** zustande kommen.

Je nachdem, ob sich aus den abgeschlossenen Verträgen nur für einen oder für beide Vertragspartner Leistungsverpflichtungen ergeben, unterscheidet man folgende Vertragsarten:

Rechtsgeschäfte	Erläuterungen	Beispiele
Einseitig verpflichtende Verträge	Sie liegen vor, wenn nur einem Vertragspartner eine Verpflichtung zur Leistung auferlegt ist.	Ein einseitig verpflichtender Vertrag ist der Schenkungsvertrag. Der Schenker verpflichtet sich, dem Beschenkten das Geschenk zu übergeben und zu übereignen, während der Beschenkte keine Gegenleistung zu erbringen hat.
Mehrseitig verpflichtende Verträge	Es handelt sich um Rechtsgeschäfte, bei denen jeder Vertragsteil zu einer Gegenleistung als Entgelt für die Leistung des anderen Vertragsteils verpflichtet ist. Die weitaus meisten Rechtsgeschäfte sind zweiseitig verpflichtende Verträge.	<ul><li>Kaufvertrag,</li><li>Mietvertrag,</li><li>Pachtvertrag,</li><li>Darlehensvertrag,</li><li>Berufsausbildungsvertrag und</li><li>Reisevertrag.</li></ul>

Zusammenfassung

- **Rechtsgeschäfte** kommen durch Willenserklärungen zustande.
- **Willenserklärungen** sind Äußerungen (Handlungen) einer Person (oder mehrerer Personen), die mit der Absicht abgegeben werden, eine **rechtliche Wirkung** herbeizuführen.
- Willenserklärungen können **nicht empfangsbedürftig** oder **empfangsbedürftig** sein.
- Die meisten Willenserklärungen sind **empfangsbedürftig,** d.h., sie sind an bestimmte Personen zu richten. Sie werden rechtswirksam, wenn sie der Erklärungsempfänger rechtzeitig erhalten hat.
- Die Willenserklärung ist **rechtswirksam:**
  - bei **Abwesenden:** wenn sich die Willenserklärung im Zugriffsbereich des Empfängers befindet.
  - bei **Anwesenden:** mit der Abgabe der Willenserklärung.

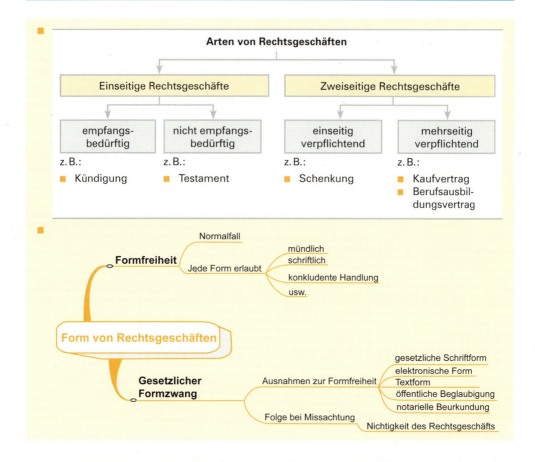

Kompetenztraining

27 Arten von Rechtsgeschäften

1. Erklären Sie den Begriff „Rechtsgeschäft"!

2. Erläutern Sie, warum eine Willenserklärung zugleich ein Rechtsgeschäft sein kann und sich in anderen Fällen die Begriffe Willenserklärung und Rechtsgeschäft nicht decken!

3. 3.1 Erklären Sie den Unterschied zwischen einseitig verpflichtenden und zweiseitig verpflichtenden Verträgen!

   3.2 Nennen Sie einen einseitig und drei zweiseitig verpflichtende Verträge!

4. Prüfen Sie mithilfe des Gesetzestextes, inwieweit es rechtlich von Bedeutung ist, ob eine empfangsbedürftige Willenserklärung unter Anwesenden oder unter Abwesenden abgegeben wurde!

5. Prüfen Sie, ob ein- oder zweiseitige Rechtsgeschäfte vorliegen und wie die Willenserklärungen abgegeben wurden:

   5.1 Der Hauseigentümer schließt mit Ihren Eltern einen Vertrag über die Benutzung von Wohnräumen ab.

   5.2 Thomas Müller steigt in München in die U-Bahn ein.

5.3 Renate Kaiser bestellt bei amazon.de die DVD „Avatar – Aufbruch nach Pandora".

5.4 Der Angestellte Max Lehmann kündigt seinen Arbeitsvertrag.

5.5 Herr Thein verliert seinen wertvollen Ring und lässt öffentlich bekanntgeben, dass er dem ehrlichen Finder 150,00 EUR Finderlohn zahlt (man nennt dies „Auslobung"; siehe § 657 BGB!).

5.6 Ein Unternehmen nimmt eine ohne Auftrag gelieferte Maschine in Betrieb.

28 Rechtsform der Rechtsgeschäfte

1. Begründen Sie, warum in der Bundesrepublik Deutschland für die weitaus meisten Rechtsgeschäfte der Grundsatz der Formfreiheit gilt!

2. Begründen Sie, warum gesetzliche Formvorschriften bisweilen notwendig sind!

3. Erklären Sie, welchen Zweck die Vertragsparteien verfolgen, wenn diese für die abzuschließenden Rechtsgeschäfte eine bestimmte Form vereinbaren!

4. Erklären Sie den Unterschied zwischen der öffentlichen Beglaubigung und der notariellen Beurkundung!

5. Erläutern Sie, welche Bedeutung der „Textform" zukommt! Geben Sie zwei Beispiele an, bei denen die Textform gesetzlich vorgesehen ist!

6. Erklären Sie, welchen Zweck das BGB verfolgt, wenn es bestimmt, dass Rechtsgeschäfte, die nicht in der vorgeschriebenen gesetzlichen Form erfolgt sind, grundsätzlich ungültig sind!

1.3.2 Nichtigkeit und Anfechtbarkeit von Rechtsgeschäften

KB 2	**Lernsituation 3: Rechtliche Grundlagen zu Nichtigkeit und Anfechtbarkeit erarbeiten und beurteilen**

Auf Anfrage eines Kunden wurde diesem ein Angebot gemacht. Seine einige Tage später erteilte Bestellung wich jedoch in einigen Einzelheiten vom Angebot ab. Wiederholt kam es vor, dass diese Unterschiede nicht  entdeckt wurden. Der Auftrag wurde widerspruchslos angenommen, aber zu den Angaben des Angebotes durchgeführt. Die böse Überraschung kam dann nach der Auslieferung.

KOMPETENZORIENTIERTE ARBEITSAUFTRÄGE:

Arbeiten Sie zunächst die folgenden Kapitel des Schulbuches durch und verwenden Sie die Aufzeichnungen aus dem Unterricht zur Bearbeitung der Arbeitsaufträge!

1. Erstellen Sie eine Mindmap zur Nichtigkeit und Anfechtbarkeit von Rechtsgeschäften!

2. Prüfen Sie, ob eine Anfechtung des Kaufvertrags möglich wäre!

3. Begründen Sie, durch welche Maßnahme innerhalb des Prozesses die eingangs beschriebene Schwachstelle bei der Ulmer Büromöbel AG in Zukunft vermieden werden kann!

1.3.2.1 Nichtigkeit von Rechtsgeschäften

Rechtsgeschäfte, die nach dem **Gesetz ungültig** sind, gelten als **von Anfang an nichtig** (ungültig).

Die Rechtsordnung verweigert Rechtsgeschäften, die nach dem Gesetz ungültig sind, jede Rechtsfolge. Sie möchte damit von derartigen Rechtsgeschäften abschrecken. Die Vertragspartner sollen von vornherein wissen, dass sie die Erfüllung nichtiger Rechtsgeschäfte gerichtlich nicht erzwingen können.

z. B. **Verkäufer**   Rechts-   geschäft   z. B. **Käufer** (6-jähriges Kind)

Es kommt kein Vertrag zustande

Die folgenden **Mängel** führen dazu, dass Verträge von Anfang an nichtig sind:

Arten der Mängel	Erläuterungen
Mangel in der Geschäftsfähigkeit	■ Rechtsgeschäfte mit Geschäftsunfähigen [§ 105 I BGB]; ■ Rechtsgeschäfte mit **beschränkt Geschäftsfähigen,** sofern die **Zustimmung vom gesetzlichen Vertreter verweigert wird,** die Ausnahmeregelung des § 110 BGB (Taschengeldparagraf) nicht vorliegt und das Rechtsgeschäft dem beschränkt Geschäftsfähigen nicht ausschließlich rechtliche Vorteile bringt [§ 107 BGB].
Mangel im rechtsgeschäftlichen Willen	■ Zum Schein abgegebene Willenserklärungen („**Scheingeschäfte**"), die ein anderes Rechtsgeschäft verdecken sollen [§ 117 BGB], z. B. Grundstückskaufvertrag über 230 000,00 EUR, wobei mündlich ein Kaufpreis von 280 000,00 EUR vereinbart wird, um Grunderwerbsteuer zu sparen;[1] ■ offensichtlich nicht ernst gemeinte Willenserklärungen („**Scherzgeschäfte**") [§ 118 BGB], z. B. das Angebot eines Witzbolds, seine Fahrkarte zum Mond für 5 000,00 EUR verkaufen zu wollen; ■ Rechtsgeschäfte, die im **Zustand der Bewusstlosigkeit** oder **vorübergehender Störung der Geistestätigkeit** abgeschlossen werden [§ 105 II BGB], (z. B. ein Betrunkener verkauft sein Auto).

---

1 Das Scheingeschäft (Kaufvertrag über 230 000,00 EUR) ist nichtig. Das gewollte Geschäft wäre gültig, wenn die Formerfordernisse gewahrt worden wären. Da in diesem Beispiel aber nur eine mündliche Absprache vorliegt, ist das gewollte Geschäft wegen Formmangels ebenfalls nichtig. Der Mangel wird aber durch eine nachfolgende Übereignung durch Einigung (Auflassung) und Grundbucheintragung [§§ 873 I; 925 BGB] des Grundstücks geheilt, sodass der Käufer 280 000,00 EUR zu zahlen hat [§ 311 b I, S. 2 BGB].

Arten der Mängel	Erläuterungen
Mangel im Inhalt des Rechtsgeschäfts	■ Rechtsgeschäfte, die ihrem **Inhalt nach gegen ein gesetzliches Verbot verstoßen** [§ 134 BGB], z. B. Rauschgift- und Waffengeschäfte.
	■ Rechtsgeschäfte, die ihrem **Inhalt nach gegen die guten Sitten verstoßen** [§ 138 I BGB], insbesondere Wuchergeschäfte. Ein Wuchergeschäft liegt vor, wenn die Zwangslage (z. B. Notlage), die Unerfahrenheit, ein mangelndes Urteilsvermögen oder eine erhebliche Willensschwäche (z. B. der Leichtsinn) eines anderen vorsätzlich ausgenutzt wird **(subjektiver Tatbestand)** und ein auffälliges Missverhältnis zwischen der Leistung und Gegenleistung besteht **(objektiver Tatbestand)** [§ 138 II BGB].
Mangel in der Form	Rechtsgeschäfte, die gegen die **gesetzlichen Formvorschriften verstoßen** (z. B. ein mündlich abgeschlossener **Verbraucherdarlehensvertrag**), sind grundsätzlich nichtig [§§ 125, S. 1; 492 BGB].

1.3.2.2 Anfechtbarkeit von Rechtsgeschäften

- **Anfechtbare Rechtsgeschäfte** sind **bis zu der erklärten Anfechtung** voll **rechtswirksam** (gültig). **Nach einer rechtswirksamen Anfechtung** wird das Rechtsgeschäft jedoch **von Anfang an nichtig (ungültig)** [§ 142 I BGB].
- Anfechtungsgründe sind:
  - **Irrtum,**
  - **arglistige Täuschung** und
  - **widerrechtliche Drohung.**

129

9 Speth u.a. - ISBN 978-3-8120-0594-4

(1) Anfechtung wegen Irrtums

Eine Anfechtung wegen Irrtums ist nur bei folgenden gesetzlich geregelten Fällen möglich [§§ 119, 120 BGB]:

Formen des Irrtums	Beispiele
Irrtum in der Erklärungshandlung Hier verspricht oder verschreibt sich der Erklärende.	Der Verkäufer eines Autos will dieses für 12 000,00 EUR anbieten, schreibt in seinem Angebot jedoch nur 10 000,00 EUR.
Irrtum über den Erklärungsinhalt Der Erklärende hat sich über den Inhalt seiner Willenserklärung geirrt.	Herr Segmüller besucht in Köln die Messe „Inter Karneval". Beim Besuch einer Gaststätte liest er auf der Speisekarte „halver Hahn". Erfreut bestellt er in Erwartung eines halben Hähnchens.[1]
Irrtum bei der Übermittlung einer Willenserklärung	Ein Vertreter übermittelt ein Angebot falsch. Statt des richtigen Angebotspreises von 500,00 EUR enthält das Fax nur einen Preis von 50,00 EUR, weil sich die Sekretärin des Vertreters vertippt hat.
Irrtum über verkehrswesentliche Eigenschaften einer Person oder einer Sache	Eine Bank stellt einen Kassierer ein, über den sie nachträglich erfährt, dass dieser bereits Unterschlagungen bei seinem früheren Arbeitgeber begangen hat.

In den genannten Fällen muss die Anfechtung unverzüglich[2] nach Entdeckung des Anfechtungsgrunds erfolgen [§ 121 I, S. 1 BGB]. Der Anfechtende (der Irrende) ist höchstens zum Ersatz des Schadens verpflichtet, den der andere dadurch erlitten hat, dass er auf die Gültigkeit der Erklärung vertraute **(Vertrauensschaden)** [§ 122 I BGB].[3]

Beachte:

Nicht anfechtbar sind:

Rechtsgeschäfte, die aufgrund eines rechtsunerheblichen Irrtums im Beweggrund **(Motivirrtum)** abgeschlossen worden sind (ausgenommen bei verkehrswesentlichen Eigenschaften von Personen und Sachen [§ 119 II BGB]).

Beispiel:

Ein Anleger kauft eine Aktie in der Erwartung, dass deren Kurs steigt. Sinkt der Kurs, kann er den Kaufvertrag nicht rechtswirksam anfechten.

---

1 Ein halver Hahn ist in Köln ein Roggenbrötchen.

2 **Unverzüglich** bedeutet ohne schuldhaftes Zögern [§ 121 I, S. 1 BGB].

3 Wenn die Erfüllung des Kaufvertrags bereits erfolgt ist (Übergabe und Übereignung der Kaufsache, Zahlung des Kaufpreises [§§ 929f. BGB]), sind Verkäufer und Käufer verpflichtet, das Geld bzw. die Ware wegen ungerechtfertigter Bereicherung wieder herauszugeben [§ 812 BGB].

(2) Anfechtung wegen arglistiger Täuschung

Eine **arglistige Täuschung** liegt beim **Vorspiegeln falscher** oder bei der **Unterdrückung wahrer Tatsachen** vor.

Beispiele:

- Ein Verkäufer verkauft einen Unfallwagen, verschweigt dem Käufer jedoch den Unfall, da dieser den Wagen bei Kenntnis des Unfalls nicht gekauft hätte. Der Käufer kann den Kaufvertrag nach § 123 I BGB wegen arglistiger Täuschung durch den Verkäufer anfechten.

- Ein Werbekaufmann wird aufgrund gefälschter Zeugnisse als Werbeleiter angestellt. Das Unternehmen kann den Anstellungsvertrag nach Kenntnis der Täuschung anfechten.
- Ein Kunde erhält unter Vorlage unwahrer Bauunterlagen einen Bankkredit. Die Bank kann den Kreditvertrag anfechten.

Die Anfechtung wegen arglistiger Täuschung muss **innerhalb eines Jahres nach Entdeckung der Täuschung** erfolgen [§ 124 I, II, S. 1, 1. HS BGB].

(3) Anfechtung wegen widerrechtlicher Drohung

Damit eine widerrechtliche Drohung vorliegt, müssen folgende Tatbestandsmerkmale vorliegen: Dem Erklärungsempfänger wird, falls er sich weigert, ein „Übel" (z. B. eine Körperverletzung) angedroht. Die Drohung muss widerrechtlich sein und der Drohende muss sich außerdem bewusst sein, dass seine Drohung den Willensentschluss des Bedrohten herbeiführt oder mitbestimmt hat. Die Anfechtung wegen widerrechtlicher Drohung muss **innerhalb eines Jahres vom Wegfall der Zwangslage** gerechnet, angefochten werden [§ 124 I, II, S. 1, 2. HS BGB].

Beispiele:

- Ein Räuber droht Ihnen: „Geld her oder das Leben!"
- Ein Gläubiger droht: „Bezahlung der Schulden oder das Leben"; oder er droht „sanft": „Wenn Sie nicht zahlen, erzähle ich Ihrer Frau, dass ich Sie am letzten Sonntag mit Ihrer Sekretärin gesehen habe."

Beachte:

Eine **Widerrechtlichkeit** liegt **nicht** vor, wenn der Erklärende ein Recht auf eine Erklärung des anderen hat und er ihn hierzu mit angemessenen Mitteln zwingt.

Beispiel:

Der Gläubiger droht dem säumigen Schuldner damit, ihn – falls er nicht leistet – „zu verklagen" oder „den Kaufvertrag durch Rücktritt aufzulösen".

Zusammenfassung

■ **Nichtige Rechtsgeschäfte** sind **von Anfang an ungültig.** Sie kommen erst gar nicht zustande. Das BGB versagt ihnen jede Rechtswirkung (Rechtsfolge).

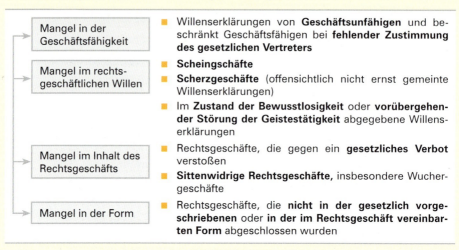

Mangel in der Geschäftsfähigkeit	■ Willenserklärungen von **Geschäftsunfähigen** und beschränkt Geschäftsfähigen bei **fehlender Zustimmung des gesetzlichen Vertreters**
Mangel im rechtsgeschäftlichen Willen	■ **Scheingeschäfte** ■ **Scherzgeschäfte** (offensichtlich nicht ernst gemeinte Willenserklärungen) ■ Im **Zustand der Bewusstlosigkeit** oder **vorübergehender Störung der Geistestätigkeit** abgegebene Willenserklärungen
Mangel im Inhalt des Rechtsgeschäfts	■ Rechtsgeschäfte, die gegen ein **gesetzliches Verbot** verstoßen ■ **Sittenwidrige Rechtsgeschäfte,** insbesondere Wuchergeschäfte
Mangel in der Form	■ Rechtsgeschäfte, die **nicht in der gesetzlich vorgeschriebenen** oder **in der im Rechtsgeschäft vereinbarten Form** abgeschlossen wurden

■ **Anfechtbare Rechtsgeschäfte** sind bis zur Anfechtung **voll rechtswirksam** (gültig).

■ Nach einer rechtswirksamen (gesetzlich zugelassenen und fristgemäßen) **Anfechtung** werden die anfechtbaren **Rechtsgeschäfte rückwirkend von Anfang an nichtig** (ungültig).

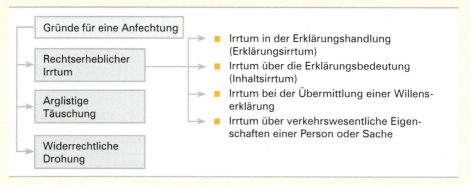

Gründe für eine Anfechtung	
Rechtserheblicher Irrtum	■ Irrtum in der Erklärungshandlung (Erklärungsirrtum) ■ Irrtum über die Erklärungsbedeutung (Inhaltsirrtum)
Arglistige Täuschung	■ Irrtum bei der Übermittlung einer Willenserklärung ■ Irrtum über verkehrswesentliche Eigenschaften einer Person oder Sache
Widerrechtliche Drohung	

Kompetenztraining

29 Nichtigkeit und Anfechtbarkeit

1. Erklären Sie, worin sich Nichtigkeit und Anfechtbarkeit von Verträgen unterscheiden, insbesondere hinsichtlich der Rechtsfolgen!

2. Erklären Sie, welchen Zweck das BGB mit der Nichtigkeit bestimmter Verträge verfolgt!

3. Erklären Sie den Unterschied zwischen Scheingeschäft und Scherzgeschäft!

4. Erklären Sie, unter welchen Voraussetzungen ein sittenwidriger Vertrag vorliegt!

5. Bilden Sie vier verschiedenartige „Irrtumsfälle", die eine Anfechtung des Irrenden zulassen!

6. Begründen Sie, warum bei einem Motivirrtum grundsätzlich keine Anfechtung möglich ist, in bestimmten Fällen das BGB jedoch dem Irrenden eine Anfechtung wegen eines Motivirrtums nicht verweigert!

7. Erklären Sie die Tatbestände einer „arglistigen Täuschung" und „widerrechtlichen Drohung"!

8. Entscheiden Sie in folgenden Rechtsfällen und begründen Sie Ihre Lösung mit den §§ des Gesetzes:

   8.1 Der Landkreis Freiburg nimmt das preisgünstige Angebot der Mannheimer Baugesellschaft mbH über 18,2 Mio. EUR zum Bau eines neuen Berufschulzentrums an. Nach Abschluss des Werkvertrags stellt die Mannheimer Baugesellschaft mbH fest, dass sie sich bei der Abgabe ihres Kostenvoranschlags (Angebots) geirrt hat. Die voraussichtliche Entwicklung der Einkaufspreise für die benötigten Baumaterialien (Zement, Ziegel, Kies, Baustahl usw.) wurde falsch eingeschätzt. Durch die angezogene Baukonjunktur sind die Preise der Baumaterialien stärker als erwartet gestiegen. Ein kostendeckendes Angebot müsste 20 Mio. EUR betragen. Die Mannheimer Baugesellschaft mbH ficht deshalb ihr Angebot über 18,2 Mio. EUR wegen Irrtums in der Erklärungshandlung nach § 119 I BGB an.

   8.2 Der Mannheimer Baugesellschaft mbH ist bei der Addition der Angebotssumme ein Fehler unterlaufen und deshalb beträgt der Angebotspreis nicht 20 Mio. EUR, sondern nur 18,2 Mio. EUR.

   8.3 Herr Huber möchte seinem Nachbarn, Herrn Schreiner, schriftlich einen gebrauchten Pkw für 8 500,00 EUR zum Verkauf anbieten, vertippt sich jedoch und schreibt statt 8 500,00 EUR nur 6 500,00 EUR. Schreiner nimmt das Angebot an. Der Wagen wird am folgenden Tag übergeben.

   Als Schreiner kurz darauf bezahlen will, klärt sich alles auf.

   8.4 Herr Huber bekommt seinen Pkw nicht los. Unter der Drohung, er werde ihn wegen Fahrens ohne Führerschein anzeigen, zwingt Huber seinen Freund Wolf zur Unterschrift des Vertrags. Der Wagen wird übergeben und sofort bezahlt.

9. Im Vertragsrecht unterscheidet man zwischen Nichtigkeit und Anfechtbarkeit. Entscheiden Sie, in welchem Fall Nichtigkeit vorliegt!

   9.1 Verstoß gegen gesetzliche Formvorschriften,

   9.2 Fehlen einer zugesicherten Eigenschaft,

   9.3 Irrtum in der Erklärungshandlung,

   9.4 arglistige Täuschung,

   9.5 widerrechtliche Drohung.

133

1.4 Ein kundenorientiertes und rechtsverbindliches Angebot verfassen

KB 2 | **Lernsituation 4: Auf eine Kundenanfrage antworten**

Die Ulmer Büromöbel AG war auf der letzten **imm cologne,** der internationalen Möbelmesse in Köln, durch einen Ausstellungsstand vertreten. Insbesondere der elektrisch verstellbare Schreibtisch „e-Desk" fand bei den Besuchern reges Interesse.

Drei Wochen später trifft die Anfrage eines bundesweit tätigen Bürogroßhändlers ein:

Business-Expert GmbH

Der Profi für IHR Büro

Business-Expert GmbH, Postfach 1836, 47533 Kleve

Ulmer Büromöbel AG
Industriepark 5
89079 Ulm

	Telefax	E-Mail
	02821 487364-12	florian.derksen@businessexpert.de

Ihr Zeichen, Ihre Nachricht vom	Unser Zeichen, unsere Nachricht vom	Telefon 02821 487364-	Kleve
	fd	28 Florian Derksen	14. 10. 20..

Anfrage „e-Desk"

Sehr geehrte Damen und Herren,

wir beziehen uns auf unser erstes Kontaktgespräch auf der letzten **imm cologne.** Ihr Sortiment hat uns sehr überzeugt, insbesondere Ihr neuer und innovativer **e-Desk.** Wir bitten Sie um ein qualifiziertes Angebot über

100 e-Desks

zum nächstmöglichen, verlässlichen Liefertermin und um präzise Angaben Ihrer Liefer- und Zahlungsbedingungen. Wir bitten um äußerste Preiskalkulation und stellen in Aussicht – sorgfältige Auftragsabwicklung vorausgesetzt – Sie in unser Lieferantenlisting aufzunehmen.

Mit freundlichen Grüßen

Business-Expert GmbH

i. A. *Florian Derksen*

Florian Derksen

Business-Expert GmbH	Deutsche Bank Kleve	Phone: 02821 487364-0
Winterdeich 37	IBAN: DE65 3247 0024 0065 3824 00	www.businessexert.de
47533 Kleve	BIC: DEUTDEDB324	Mail: info@businessexpert.de
Geschäftsführer		USt-Ident-Nr. DE 736498748
Gernot van Duin		

KOMPETENZORIENTIERTER ARBEITSAUFTRAG:

Arbeiten Sie die folgenden Kapitel des Schulbuches durch und verwenden Sie die Aufzeichnungen aus dem Unterricht zur Bearbeitung des Arbeitsauftrags!

Sie sind Mitarbeiter im Vertrieb der Ulmer Büromöbel AG. Ihr Vorgesetzter bittet Sie, die Anfrage zu beantworten.

Dabei gibt er Ihnen die nachfolgenden Zusatzinformationen:

e-Desk

- in der Höhe (680–1 200 mm) verstellbar,
- erlaubt daher wechselnde Arbeitshaltung,
- unterstützt Ergonomie am Arbeitsplatz,
- Platte in vielen Dekoren verfügbar,
- Gestell weiß oder Chrom.

Quelle: www.ergo-online.de

Er übergibt Ihnen ferner einen Verkaufsprospekt und bittet Sie, diesen dem Angebot beizulegen.

Listenverkaufspreis für Grundmodell, Platte weiß, Gestell weiß:	950,00 EUR

Mengenrabatt:

Mehr als fünf Schreibtische:	5 %
Mehr als 50 Schreibtische:	10 %
Einmaliger Begrüßungsrabatt:	5 %

Lieferungsbedingungen:

frei Haus
5,00 EUR Verpackungskosten je Schreibtisch.
Erfüllungsort und Gerichtsstand für beide Teile ist Ulm.
Die Ware bleibt bis zur vollständigen Bezahlung unser Eigentum.

Zahlungsbedingungen:

2 % Skonto innerhalb von 10 Tagen, 30 Tage Ziel

Lieferzeit:

10 Tage nach Auftragseingang

Erstellen Sie mit Datum vom 17. 10. 20.. ein verbindliches Angebot für die Business-Expert GmbH über die angefragten 100 e-Desks!

1.4.1 Anfrage

(1) Begriff Anfrage

> Durch die **Anfrage** wird der Verkäufer in aller Regel zur **Abgabe** eines **verbindlichen Angebots** aufgefordert.

Der Käufer ist durch seine Anfrage **rechtlich nicht gebunden** (keine Willenserklärung). Er kann deshalb auch gleichzeitig bei mehreren möglichen Verkäufern anfragen.

(2) Inhalt der Anfrage

Arten der Anfragen	Inhalte der Anfragen
Allgemeine Anfragen (unbestimmt gehaltene Anfragen)	Hier wird der Anbieter unter allgemeiner Schilderung des Problems gebeten, z. B. die aus seiner Sicht geeignetsten Materialien und Qualitäten anzubieten. Allgemeine Anfragen sind besonders dann sinnvoll, wenn neue Sachgüter beschafft werden sollen, mit denen der Anfragende noch keine Erfahrung hat.
Bestimmte Anfragen	Sie beziehen sich auf ein bestimmtes Erzeugnis bzw. auf eine bestimmte Dienstleistung.

(3) Form der Anfrage

Für die Anfrage ist gesetzlich **keine bestimmte Form** vorgeschrieben. Ob diese mündlich, fernmündlich, schriftlich oder elektronisch (per Fax, E-Mail) erfolgt, hängt vor allem vom Umfang der Anfrage und der Art der angefragten Güter ab.

(4) Prüfung der Anfrage

Unter Umständen (z. B. bei Anfragen neuer Kunden) ist eine mehrfache Prüfung der Anfrage erforderlich. Hierbei können folgende Fragen von Bedeutung sein:

- Welche Erfahrung haben wir mit der **Bonität** des Kunden in der Vergangenheit gemacht?
- Gehört das angefragte Erzeugnis überhaupt in unser **Produktprogramm?**
- Ist das Erzeugnis ein **Standardprodukt** und kann es aus den Vorräten der Fertigerzeugnisse geliefert werden?
- Sind notwendige Produkte der Vorstufe innerhalb der Zeit **verfügbar,** dass das Erzeugnis zum Kundenwunschtermin hergestellt werden kann?
- Sind die Preisvorstellungen des Kunden so, dass die Herstellung des Erzeugnisses für uns einen **Gewinn** bringt?
- Sind die **technischen Voraussetzungen** zur Erfüllung des Kundenwunsches vorhanden?
- Sind genügend **freie Kapazitäten** vorhanden, dass die Fertigstellung zum Kundenwunschtermin zugesichert werden kann?

1.4.2 Angebot

1.4.2.1 Begriff Angebot

> Das **Angebot** ist eine bestimmte, verbindliche Willenserklärung des Verkäufers, die an eine **bestimmte Person** oder **Personengruppe – nicht an die Allgemeinheit** – gerichtet ist.

Inserate in Zeitungen, im Internet, Schaufensterauslagen, Verkaufsprospekte, Wurfsendungen, Plakate sowie das Aufstellen von Waren in Selbstbedienungsläden sind an die Allgemeinheit gerichtet, somit **nicht bestimmt.** Sie sind deshalb keine Angebote, sondern Aufforderungen an den möglichen Käufer, einen Auftrag zu erteilen.

Ausnahme: Wenn nach Sachlage nur ein Angebot an die Allgemeinheit möglich ist und der Anbieter mit **jedem,** der auf das Angebot eingeht, abschließen will, liegt ein Angebot vor.

Eine bestimmte **Form** ist für das Angebot **gesetzlich nicht vorgeschrieben.** Zur Vermeidung von Irrtümern ist jedoch die **Schriftform** angebracht und auch praxisüblich.

Beispiele für Angebote an die Allgemeinheit:
Aufstellen eines Automaten, Angebote öffentlicher Verkehrsmittel. Mit dem Geldeinwurf in den Automaten, mit dem Lösen der Fahrkarte, Einsteigen in das Verkehrsmittel wird das Angebot angenommen.

1.4.2.2 Bindung an das Angebot

> Gibt ein Anbieter ein **Angebot ohne Einschränkung** ab, so ist er an dieses **Angebot gebunden.**

Bindungsfristen	Erläuterungen	Beispiele
Gesetzliche Bindungsfrist unter Anwesenden (auch fernmündlich)	Die Angebote müssen sofort, d. h. solange das Gespräch dauert, angenommen werden.	Verlässt z. B. ein Kunde einen Laden, weil er sich noch nicht zum Kauf der angebotenen Waren entschließen kann und deshalb weitere Geschäfte aufsucht, muss er mit dem Verkauf der ihm angebotenen Ware an einen anderen Kunden rechnen.
Gesetzliche Bindungsfrist unter Abwesenden[1]	Die Bindungsfrist für den Anbieter besteht, solange er unter regelmäßigen Umständen mit dem Eingang der Antwort (Auftrag) rechnen kann. Dabei muss das Angebot mindestens mit dem gleich schnellen Nachrichtenmittel angenommen werden wie es abgegeben wurde.	Ein Angebot per E-Mail erfordert z. B. eine Annahme (Auftrag) auf gleich schnellem Weg. Ein Briefangebot im Expressdienst erfordert mindestens eine Annahme (Auftrag) durch den Expressdienst.

---

1 Die Annahmefrist setzt sich zusammen aus der Zeit für die **Übermittlung** des Angebots, einer angemessenen **Überlegungs-** und **Bearbeitungszeit** beim Empfänger und der Zeit für die **Übermittlung der Antwort** an den Anbieter.

Bindungsfristen	Erläuterungen	Beispiele
Vertragliche Bindungsfrist	Die Annahme bei einem befristeten Angebot kann nur **innerhalb der gesetzten Frist** erfolgen. Der Auftrag muss dem Anbieter bis zur gesetzten Frist zugegangen sein.	Das vorliegende Angebot ist gültig bis zum 28. Juli 20..
Freiklauseln	Der Anbieter kann die Bindung an das Angebot durch Freiklauseln ausdrücklich ganz ausschließen oder einschränken.	Das vorliegende Angebot ist unverbindlich. Zwischenverkauf vorbehalten.

Wird das Angebot vom Empfänger **abgelehnt, abgeändert** oder **nicht rechtzeitig** angenommen, so **erlischt die Bindung** an das Angebot. Ein abgeändertes Angebot bzw. eine verspätete Annahme des Angebots gilt als **neuer Antrag** [§ 150 BGB].

Die Bindung an ein Angebot entfällt auch, wenn der Anbieter sein Angebot **rechtzeitig widerruft**. Das ist möglich, da das Angebot erst mit Zugang beim Empfänger rechtswirksam wird. Der Widerruf muss jedoch vor, spätestens **zusammen mit dem Angebot** beim Empfänger eingehen [§ 130 I, S. 2 BGB].

1.4.2.3 Inhalt des Angebots

1.4.2.3.1 Art, Güte, Beschaffenheit und Menge der Produkte

Art der Produkte	Genaue Bezeichnung der Produkte wie z.B. Verpackungsmaschine MX3, Laptop 3000, Bürotisch Typ B1.
Güte der Produkte	■ **Qualitätsangabe.** Es sind Angaben zu machen in Bezug auf die **Haltbarkeit** (z.B. bei Lebensmitteln), auf den **Geschmack** (z.B. Wein, Schokolade), auf die **äußere Form** (z.B. Möbel, Büromaschinen, Autos), auf die **Leistungsfähigkeit** (z.B. Kassenautomat), auf die **Nutzungsdauer** (z.B. Abfüllanlage, Autos), auf die **Belastungsfähigkeit** (z.B. Zerbrechlichkeit von Glas oder Kunststoff) usw. ■ **Umweltverträglichkeit.**[1] Eine Prüfung der Umweltverträglichkeit ist erforderlich, denn durch die Verschärfung der Gesetze, die dem Schutz der Umwelt dienen, wurde die Haftung der Unternehmen ständig erhöht.
Beschaffenheit der Produkte	■ **Gattungswaren** sind Produkte, die nur der **Art nach bestimmt** sind (z.B. Mehl einer bestimmten Type, serienmäßig hergestellte Autos eines bestimmten Typs, Eier einer bestimmten Handelsklasse). Im Angebot müssen keine ausdrücklichen Regelungen hinsichtlich der Güte und Beschaffenheit getroffen werden, weil das Gesetz hier bestimmt, dass bei fehlender Vereinbarung **Produkte mittlerer Art und Güte** zu liefern sind. ■ Bei **Speziessachen** wird eine ganz genau bestimmte Sache geschuldet (z.B. **dieses** Ölgemälde, **das** Springpferd „Rex", **dieser** Modellmantel).
Menge der Produkte	In der Regel wird die Menge in handelsüblichen Maßeinheiten geschuldet (z.B. t Kohle, l Heizöl, Stück Vieh, m^3 Boden, kg Getreide usw.).

---

1 Siehe Kompetenzbereich 1, Kapitel 4.2.2 Ökologische Ziele, S. 53 ff.

1.4.2.3.2 Preis der Produkte

Der Preis der Produkte muss **unbedingt** im Angebot angegeben und zum Vertragsabschluss **unverändert** angenommen werden. Mögliche **Preisstellungen** sind z. B.:

(1) Nettopreis

Beim Nettopreis sind keinerlei Preisabzüge mehr möglich. Der Anbieter hat knapp kalkuliert, d. h. mögliche Abzüge bereits vorweggenommen. Die Formulierung lautet z. B. „Zahlbar netto Kasse" oder „Zahlbar ohne jeden Abzug".

(2) Bruttopreis

Beim Bruttopreis lässt der Anbieter noch Preisabzüge zu, die allerdings an bestimmte Bedingungen geknüpft sind. Mögliche Abzüge sind:

■ Rabatt

Der Rabatt ist ein Preisnachlass. Er wird gewährt als

Mengenrabatt	Er wird bei Abnahme größerer Mengen gewährt. Steigt der Rabattsatz mit zunehmenden Abnahmemengen an, spricht man von „Staffelrabatt".
Personalrabatt	Er wird den Mitarbeitern des Unternehmens eingeräumt.
Treuerabatt	Er wird langjährigen Kunden gewährt.
Wiederverkäufer-rabatt	Er wird solchen Kunden eingeräumt, die die Produkte weiterverkaufen oder -verarbeiten.
Naturalrabatt	Der Kunde erhält eine (unberechnete) Dreingabe oder Draufgabe. ■ **Dreingabe:** Es wird weniger berechnet als geliefert wurde (z. B. 10 Packungen bestellt, 10 Packungen geliefert, 8 Packungen berechnet). ■ **Draufgabe:** Es wird eine bestimmte Menge zusätzlich unentgeltlich geliefert (z. B. 10 Packungen bestellt, 12 Packungen geliefert, 10 Packungen berechnet).

■ Bonus

Bonus ist ein Preisnachlass, der **nachträglich** gewährt wird.

Beispiel:

Ein Hersteller gewährt einem Großhändler einen Bonus von 5 %, wenn dieser im Jahr für mindestens 30 000,00 EUR bei ihm einkauft.

Kauft der Großhändler z. B. für 35 000,00 EUR im Jahr ein, erhält er nachträglich einen Preisnachlass von 1 750,00 EUR.

1.4.2.3.3 Lieferungsbedingungen

(1) Beförderungsaufwendungen

Ist im Angebot nichts anderes gesagt und wird das Angebot unverändert angenommen, so hat der **Käufer** grundsätzlich die **Beförderungsaufwendungen** (z. B. Frachten, Porti) **zu bezahlen.**

Warenschulden sind **gesetzlich im Zweifel**[1] **Holschulden** [§ 269 BGB].[2] Das bedeutet: Der Verkäufer kann im Angebot andere Regelungen vorschlagen.

Im Kaufvertrag sind z. B. folgende andere Regelungen denkbar:

Verkäufer	Vorlauf	Versand-station	Hauptlauf	Empfangs-station	Nachlauf	Käufer
①	②	③	④	⑤	⑥	⑦
Übergabe-kosten	Rollgeld Hausfracht	Verlade-kosten	Fracht	Entlade-kosten	Rollgeld Hausfracht	Abnahme-kosten

Lieferung:

ab Werk
ab Lager
ab Fabrik

Verkäufer ① Käufer zahlt ② – ⑦ gesetzliche Regelung beim Platzkauf

unfrei
ab hier
ab Bahnhof

Verkäufer ① – ② Käufer ③ – ⑦ gesetzliche Regelung beim Versendungskauf

frei Waggon

Verkäufer ① – ③ Käufer ④ – ⑦

frachtfrei
frei dort
frei Bahnhof

Verkäufer ① – ④ Käufer ⑤ – ⑦

frei Haus
frei Lager

Verkäufer zahlt ① – ⑥ Käufer ⑦

(2) Verpackungsaufwendungen

Ist im Angebot nichts anderes gesagt und wird das Angebot unverändert angenommen, trägt der **Käufer** die **Aufwendungen** für die **Versandverpackung.**

Im Geschäftsleben sind nähere Vereinbarungen über die Frage, wer die Aufwendungen für die Verpackung tragen soll, zweckmäßig. In einem Angebot könnten sich z. B. folgende Angaben finden:

- „32,00 EUR je Verkaufspackung", d. h., die Verpackung wird nicht getrennt berechnet.
- „Leihpackung! Bei Rücksendung erhalten Sie den berechneten Wert gutgeschrieben." Hier trägt der Verkäufer die gesamten Verpackungsaufwendungen.
- „Die Verpackungskosten gehen zulasten des Käufers".
- Eine andere handelsübliche Klausel ist „brutto für netto", abgekürzt „bfn" (z. B. auf Farbdosen), d. h., der Kunde zahlt das Verpackungsgewicht (Tara) wie das Inhaltsgewicht (Nettogewicht).

(3) Lieferzeit

Ist im Angebot die Lieferzeit nicht bestimmt, muss der **Verkäufer** auf Verlangen des **Käufers sofort liefern** [§ 271 I BGB].

---

1 **Im Zweifel** bedeutet, dass die Regel nur dann gilt, wenn durch individuelle vertragliche Vereinbarungen nichts anderes bestimmt ist.

2 In der Geschäftspraxis sind die Warenschulden bei zweiseitigen Handelskäufen jedoch meistens **Schickschulden**.

Abweichend von der gesetzlichen Regelung kann der Verkäufer im Angebot **andere Regelungen** vorschlagen:

- Lieferung innerhalb eines **bestimmten Zeitraums** (z. B. Lieferung innerhalb von 10 Tagen).
- Lieferung zu einem **bestimmten Termin** (z. B. Lieferung bis Ende Mai).
- Lieferung zu einem **genau bestimmten Termin** (z. B. Lieferung am 30. April 20 . . fix). Es handelt sich hier um einen Fixkauf.[1]

1.4.2.3.4   Zahlungsbedingungen

(1) Skonti

Unter **Skonti** (Einzahl: Skonto) versteht man einen Preisnachlass, der dann gewährt wird, wenn der Schuldner innerhalb einer bestimmten Frist bezahlt.

> **Beispiel:**
>
> „3 % Skonto bei Zahlung innerhalb von 10 Tagen, 30 Tage netto ab Rechnungsdatum". (Zweck: Anreiz für den Kunden, früher zu zahlen, d. h. in diesem Fall am 10. anstatt am 30. Tag.)

(2) Zahlungsfristen

Ist im Angebot der **Zahlungszeitpunkt nicht bestimmt,** muss der **Käufer sofort nach Übergabe der Ware** bezahlen [§ 271 I BGB].

Der Anbietende kann bestimmte Zahlungsbedingungen vorschlagen, die von der gesetzlichen Regelung abweichen:

- **Teilweise oder vollständige Zahlung vor der Lieferung.** Die Zahlungsbedingungen können z. B. lauten: „Nur gegen Vorauskasse", „Nur gegen Vorauszahlung", „Anzahlung $^1/_3$ des Kaufpreises bei Auftragserteilung, $^1/_3$ bei Lieferung, $^1/_3$ drei Monate nach Erhalt der Ware".
- **Zahlung nach der Lieferung.** In diesem Fall erhält der Käufer ein **Zahlungsziel.** Die Klauseln im Angebot können z. B. lauten: „Zahlbar innerhalb 4 Wochen nach Rechnungserhalt", „Zahlbar innerhalb 8 Tagen mit 2 % Skonto", „14 Tage Ziel".

1.4.2.3.5   Leistungsort und Gerichtsstand

In einem Angebot muss festgelegt werden, wo der Anbieter seine Leistung zu erbringen hat.

> Der **Leistungsort** ist der Ort, an dem der Anbieter (Schuldner) seine Leistung zu erbringen hat.[2]

Gleichzeitig wird in der Regel im Angebot festgelegt, welcher Gerichtsort[2] bei eventuellen Streitigkeiten zuständig sein soll.

1.4.2.4   Allgemeine Geschäftsbedingungen

1.4.2.4.1   Zielsetzungen und Begriff der allgemeinen Geschäftsbedingungen

(1) Zielsetzungen

Die Verkäufer (Unternehmen) sind unter Berufung auf den Grundsatz der Vertragsfreiheit bestrebt, durch **verbindliche allgemeine Geschäftsbedingungen** für sie günstigere

---

1   Ein **Fixkauf** liegt dann vor, wenn mit der genauen Einhaltung bzw. Nichteinhaltung des vereinbarten Liefertermins das Geschäft steht oder fällt.
2   Leistungsort und Gerichtsstand werden auf S. 156 f. behandelt.

vertragliche Vereinbarungen zu erzielen. Außerdem werden allgemeine Geschäftsbedingungen formuliert, um nicht immer wieder in jedem neuen Vertrag dieselben Dinge neu regeln zu müssen (z. B. Festlegung des Leistungsortes, der Zahlungsbedingungen).

(2) Begriff „allgemeine Geschäftsbedingungen"

> Allgemeine Geschäftsbedingungen (AGB) sind alle für eine **Vielzahl von Verträgen** vorformulierte **Vertragsbedingungen,**[1] die **eine** Vertragspartei (Verwender) der anderen Vertragspartei bei Abschluss eines Vertrags stellt [§ 305 I, S. 1 BGB].

Werden „allgemeine Vertragsbedingungen" zwischen den Vertragsparteien im Einzelnen ausgehandelt, liegen keine AGB vor [§ 305 I, S. 3 BGB]. Solche Individualvereinbarungen gehen den AGB immer vor [§ 305 b BGB].

Beispiele:

In den allgemeinen Geschäftsbedingungen eines Unternehmens steht: „Liefertermine sind unverbindlich". Haben sich Käufer und Verkäufer auf den Liefertermin 15. Juli geeinigt, so gilt diese Vereinbarung.

1.4.2.4.2 Allgemeine Geschäftsbedingungen und Verbraucherschutz

(1) Gültigkeit der allgemeinen Geschäftsbedingungen

Ein „Trick" mancher Verwender allgemeiner Geschäftsbedingungen ist, diese möglichst klein[2] in für Kunden unverständlicher juristischer Sprache in einer blassen Farbe auf die Rückseite der Angebote oder gar Auftragsbestätigungen bzw. Rechnungen zu drucken. Solche Unterschiebungen sind nach dem BGB verboten.

Allgemeine Geschäftsbedingungen werden vielmehr **nur dann Vertragsbestandteil,**

- ▪ wenn der **Verkäufer** beim Vertragsabschluss die andere Vertragspartei **ausdrücklich** auf sie hinweist,
- ▪ der andere **Vertragspartner in zumutbarer Weise vom Inhalt der AGB Kenntnis nehmen kann** und
- ▪ mit deren Geltung **einverstanden** ist [§ 305 II BGB].

Bei auf elektronischem Wege zu schließenden Verträgen **(Internetvertragsabschluss)** reicht es nach Ansicht einiger Gerichte nicht aus, mit einem Button oder Link auf die AGB zu verweisen. Bei Angeboten im Internet muss der Verwender darauf hinweisen, dass AGB in den Vertrag einbezogen werden sollen. Technisch kann dies erfolgen, indem eine Bestellung erst vorgenommen werden kann, wenn vorher die Alternative „Einbeziehung der AGB" angeklickt wurde. Besonders umfangreiche AGB muss der Interessent durch Herunterladen kostenlos kopieren können.

(2) Vorschriften zum Verbraucherschutz

Um einen Missbrauch durch allgemeine Geschäftsbedingungen zu verhindern und Verbraucher vor Übervorteilung zu schützen, hat der Gesetzgeber Gesetzesvorschriften erlas-

---

1 Allgemeine Geschäftsbedingungen werden vor allem von den Wirtschaftsverbänden der Industrie, des Handels, der Banken, der Versicherungen, der Spediteure usw. normiert (vereinheitlicht) und den Verbandsmitgliedern zur Verwendung empfohlen (z. B. „Allgemeine Lieferbedingungen für Erzeugnisse und Leistungen der Elektroindustrie", „Allgemeine Deutsche Spediteurbedingungen").

2 Deswegen werden die AGB in der Umgangssprache auch als das „Kleingedruckte" bezeichnet.

sen, die die allgemeinen Geschäftsbedingungen inhaltlich auf ihre Rechtsgültigkeit hin überprüfen. Sie umfassen die §§ 307–309 BGB.

- § 307 BGB Generalklausel,
- § 308 BGB Klauselverbote mit Wertungsmöglichkeit,
- § 309 BGB Klauselverbote ohne Wertungsmöglichkeit.

■ Generalklausel

In der Generalklausel schreibt das BGB vor [§ 307 I BGB], dass Bestimmungen von allgemeinen Geschäftsbedingungen dann unwirksam sind, wenn sie den Vertragspartner des Verwenders entgegen dem Gebot von Treu und Glauben (siehe § 242 BGB) **unangemessen benachteiligen.**

Eine unangemessene Benachteiligung liegt im Zweifel vor, wenn der **Grundgedanke einer gesetzlichen Regelung** verletzt wird oder wenn die Rechte und Pflichten des Verbrauchers so eingeschränkt sind, dass das **Erreichen des Vertragszweckes gefährdet** ist.

■ Klauselverbote ohne Wertungsmöglichkeit [§ 309 BGB]

Hier handelt es sich um Klauseln, deren Unwirksamkeit auch **ohne richterliche Wertung** feststeht. Dazu gehören Klauseln, die gesetzliche Rechte des Verbrauchers einschränken. Beispielhaft werden folgende Klauseln vorgestellt:

Klauseln	Erläuterungen	Beispiele
Pauschalierung von Schadensersatzansprüchen [§ 309, Nr. 5 BGB]	Eine Schadenspauschalierung ist stets unwirksam, wenn dem anderen Vertragsteil z. B. nicht ausdrücklich der Nachweis gestattet wird, dass ein Schaden oder eine Wertminderung gar nicht oder nur in wesentlich niedrigerer Höhe eingetreten ist.	In den AGB einer Autovermietung steht: Bei jedem Unfall, bei dem ein Schaden an dem gemieteten Pkw entsteht, wird, ohne dass der Vermieter einen Nachweis zu führen hat, ein Mindestentgelt von 750,00 EUR fällig.
Kurzfristige Preiserhöhungen [§ 309, Nr. 1 BGB]	Räumen die allgemeinen Geschäftsbedingungen die Möglichkeit ein, dass bei einer Warenlieferung innerhalb von 4 Monaten nach Abschluss des Kaufvertrags eine kurzfristige Preiserhöhung erlaubt ist, so ist diese für Verbraucher unwirksam.	In einem am 2. März abgeschlossenen Kaufvertrag über die Lieferung eines Pkw ist als Liefertermin der 15. Mai festgelegt. Eine in der Zwischenzeit eingetretene Preiserhöhung ist für den Käufer ohne Bedeutung.
Leistungsverweigerungsrecht/Verzug, Unmöglichkeit [§ 309, Nr. 2, Nr. 8 BGB]	Ein Gewährleistungsausschluss bei neu hergestellten Waren und eine Einschränkung des Leistungsverweigerungsrechts sind unwirksam.	■ Die AGB eines Elektrofachgeschäfts legen fest, dass der Kunde im Fall einer zu Recht bestehenden Beanstandung lediglich ein Recht auf Beseitigung des Mangels haben soll. ■ Die AGB eines Baumarkts enthalten folgende Klausel: „Bei Ratenkäufen entbindet auch eine berechtigte Reklamation den Käufer nicht von seiner Verpflichtung zur pünktlichen Ratenzahlung."

Klauseln	Erläuterungen	Beispiele
Haftungsausschluss bei Verletzung von Leben, Körper, Gesundheit und bei grobem Verschulden [§ 309, Nr. 7 BGB]	Der Anspruch auf Schadensersatz wegen **Verletzung des Lebens, des Körpers** oder der **Gesundheit** kann nicht ausgeschlossen werden. Auch die Haftung für sonstige Schäden kann für vorsätzliche oder grobe Fahrlässigkeit nicht ausgeschlossen werden. Ausgeschlossen werden kann jedoch ein Schadensersatzanspruch, der auf einer einfachen Fahrlässigkeit beruht, sofern der Schaden untypisch für den Vertrag ist.	Eine Fahrradfabrik schließt in ihren AGB einen Schadensersatzanspruch für Verletzungen wegen eines Materialfehlers aus.

■ **Klauselverbote mit Wertungsmöglichkeit** [§ 308 BGB]

Für diese nach § 308 BGB verbotenen Klauseln ist kennzeichnend, dass sie **unbestimmte Rechtsbegriffe** verwenden, weshalb die Unwirksamkeit erforderlichenfalls eine **richterliche Wertung** notwendig macht.

Beispiele: [1]

■ **Annahme und Leistungsfrist (Nr. 1):** Bestimmungen, durch die sich der Verwender unangemessen lange oder nicht hinreichend bestimmte Fristen für die Annahme oder Ablehnung eines Angebots oder die Erbringung einer Leistung vorbehält.

■ **Zahlungsfrist (Nr. 1 a):** Eine Bestimmung, durch die sich der Verwender eine unangemessen lange Zeit für die Erfüllung einer Entgeltforderung des Vertragspartners vorbehält; ist der Verwender kein Verbraucher, ist im Zweifel anzunehmem, dass eine Zeit von mehr als 30 Tagen nach Empfang der Gegenleistung unangemessen lang ist.

■ **Überprüfungs- und Abnahmefrist (Nr. 1 b):** Eine Bestimmung, durch die sich der Ver-

wender vorbehält, eine Entgeltforderung des Vertragspartners erst nach unangemessen langer Zeit für die Überprüfung oder Abnahme der Gegenleistung zu erfüllen; ist der Verwender kein Verbraucher, ist im Zweifel anzunehmen, dass eine Zeit von mehr als 15 Tagen nach Empfang der Gegenleistung unangemessen lang ist.

■ **Nachfrist (Nr. 2):** Bestimmungen, durch die sich der Verwender für die von ihm zu erbringenden Leistungen eine von Rechtsvorschriften abweichende unangemessen lange oder nicht hinreichend bestimmte Nachfrist vorbehält.

■ **Rücktrittsvorbehalte (Nr. 3):** Sachlich nicht gerechtfertigte Rücktrittsvorbehalte.

(3) Rechtsfolgen bei Nichteinbeziehung und Unwirksamkeit allgemeiner Geschäftsbedingungen

Wenn allgemeine Geschäftsbedingungen ganz oder teilweise kein Vertragsbestandteil geworden oder rechtsunwirksam sind, dann bleiben die anderen Vertragsbestandteile trotzdem wirksam. Für den Vertragsinhalt gelten dann die gesetzlichen Vorschriften [§ 306 I, II BGB].

---

1 Weitere Beispiele: siehe § 308 BGB Nr. 4 bis Nr. 7.

1.4.2.4.3 Allgemeine Geschäftsbedingungen im Geschäftsverkehr mit Unternehmen[1]

Geschäftsverkehr mit Unternehmen bedeutet, dass beide Vertragsparteien Unternehmen sind. Beim **zweiseitigen Handelskauf** gelten gelockerte gesetzliche Bestimmungen. So finden in diesem Fall einige der Vorschriften der **§§ 305 ff. BGB keine Anwendung** [§ 310 BGB]. Die AGB unterliegen im Geschäftsverkehr nur einer beschränkten Inhaltskontrolle.

Es erfolgt lediglich eine an Treu und Glauben orientierte allgemeine Überprüfung, durch die eine unangemessene Benachteiligung eines Vertragspartners ausgeschlossen werden soll. Vom wesentlichen Grundgedanken der gesetzlichen Regelung darf aber hier nicht abgewichen werden [§ 307 II BGB].

1.4.3 Kundenauftrag (Bestellung)

(1) Begriff Kundenauftrag

> Der **Kundenauftrag**[2] ist eine **empfangsbedürftige Willenserklärung des Käufers**, bestimmte Güter (z. B. Erzeugnisse) zu den im Auftrag **angegebenen Bedingungen** zu kaufen.

Zu diesen Bedingungen gehören, wie beim Angebot z. B.

- Angaben über die Art, Güte, Beschaffenheit der Produkte,
- Bestellmenge,
- Preise mit Preiszu- und/oder -abschlägen,
- Zahlungsbedingungen usw.

Gesetzlich ist für die Erteilung eines Auftrags **keine bestimmte Form vorgeschrieben**. Um ein „Beweismittel" in der Hand zu haben und möglichen Irrtümern vorzubeugen, sollten vor allem mündliche und fernmündliche Aufträge schriftlich wiederholt werden.

(2) Rechtliche Bindung an den Auftrag

Grundsatz	<ul><li>Der Kunde ist rechtlich an seinen Auftrag gebunden. Diese Bindung tritt mit Zugang des Auftrags beim Verkäufer ein.</li><li>Mit dem unveränderten Auftrag aufgrund eines vorausgegangenen Angebots verpflichtet sich der Käufer, alle im Angebot enthaltenen Vertragsbedingungen einzuhalten.</li></ul>
Widerruf	Der Widerruf eines Auftrags muss vor, spätestens gleichzeitig mit dem Auftrag beim Verkäufer eingehen.

---

1 Quelle: http://www.frankfurt-main.ihk.de/recht/themen/vertragsrecht/index.html; 30.09.2017.

2 Aus der Sicht des Käufers handelt es sich bei dem Auftrag um eine **Bestellung**. Bestellung und Kundenauftrag sind somit zwei verschiedene Begriffe für ein und denselben Vorgang – je nach Standpunkt des Betrachters.

145

Zusammenfassung

- Durch **Anfragen** werden Angebote eingeholt.

- **Anfragen sind erforderlich,** wenn

  - die zur Bestellung erforderlichen Beschaffungskonditionen (z. B. Preise, Lieferqualitäten, Lieferfristen) nicht bekannt oder überholt sind (z. B. alte Preislisten),

  - zum günstigen Einkauf Konkurrenzangebote eingeholt,

  - der Liefererkreis zur Absicherung der Bedarfsdeckung erweitert und/oder

  - völlig neue Güter eingekauft werden sollen.

- Der Anfragende ist durch seine **Anfrage rechtlich nicht gebunden,** er muss die angefragten Erzeugnisse oder Fremdleistungen nicht bestellen (kaufen).

- Für die Anfrage besteht **kein gesetzlicher Formzwang.** Bei komplizierten Produkten und einem umfangreichen Bedarf sollen die Anfragen zur Vermeidung von Fehlern möglichst schriftlich erfolgen.

- Das **Angebot** ist eine Willenserklärung des Verkäufers an eine bestimmte Person.

- Der Anbieter ist **rechtlich** an sein Angebot **gebunden.** Die rechtliche Bindung an das Angebot **kann eingeschränkt werden.**

- Der **Inhalt eines Angebots** sollte alle Einzelheiten festlegen, sodass der Käufer nur noch zuzustimmen braucht. Wichtige Inhalte des Angebots sind:

Art, Güte, Beschaffenheit und Menge der Produkte	Preis der Produkte	Lieferungs- und Zahlungsbedingungen	Leistungsort und Gerichtsstand

- Der **Auftrag** ist eine **empfangsbedürftige Willenserklärung des Käufers,** bestimmte Sachen zu dem im **Auftrag** und/oder im **Angebot enthaltenen Bedingungen** (z. B. Preise, Qualitäten, Mengen, Lieferungs- und Zahlungsbedingungen) **zu kaufen.** Aus der Sicht des Käufers handelt es sich bei dem Auftrag um eine **Bestellung.**

- Für den Auftrag besteht **keine gesetzliche Form** und **kein gesetzlich vorgeschriebener Inhalt.** Um Irrtümer und Streitigkeiten zu vermeiden (aus Gründen der Rechtssicherheit), sollten jedoch umfangreiche und wichtige Aufträge grundsätzlich schriftlich erfolgen.

- Der **Auftraggeber** (z. B. Käufer) ist an seinen Auftrag **grundsätzlich rechtlich gebunden.** Bei einem vorausgegangenen verbindlichen Angebot muss er somit die bestellten Produkte abnehmen und bezahlen.

- Die **Bindung des Auftraggebers** an seinen Auftrag **entfällt** bei einer **verspäteten Annahme des Auftrags,** bei einer von dem Auftrag **abweichenden Auftragsbestätigung** des Verkäufers, wenn der **Verkäufer den erhaltenen Auftrag ablehnt** oder der **Auftraggeber seinen Auftrag rechtzeitig widerruft.**

- Die Verkäufer versuchen, durch die Vorgabe von verbindlichen **allgemeinen Geschäftsbedingungen** für sie günstigere vertragliche Vereinbarungen (z. B. Einschränkung der Gewährleistungsansprüche der Kunden) zu erzielen.

- Nach der **Generalklausel** sind AGB-Klauseln dann ungültig, wenn sie den Vertragspartner unangemessen benachteiligen.

- In den §§ 308 und 309 BGB sind Klauseln formuliert, die im Falle ihrer Anwendung die **Rechtsunwirksamkeit der AGB** zur Folge haben.

Kompetenztraining

30 Einordnung von Anfrage, Angebot und Auftrag

1. Erklären Sie, aus welchen Gründen ein Käufer Anfragen stellt!

2. Begründen Sie, warum die Anfrage keine Willenserklärung ist!

3. Erläutern Sie, unter welchen Bedingungen Sie eine Anfrage schriftlich abfassen würden!

4. Erklären Sie, welche rechtlichen Voraussetzungen erfüllt sein müssen, damit ein Angebot eine Willenserklärung ist!

5. Erläutern Sie, was die rechtliche Bindung an ein Angebot bedeutet!

6. 6.1 Begründen Sie, warum gesetzliche Annahmefristen notwendig sind!

   6.2 Erklären Sie, bis zu welchem Zeitpunkt der Anbieter an sein Angebot unter Anwesenden bzw. Abwesenden und bei einer bestimmten Annahmefrist rechtlich gebunden ist!

7. Der Inhaber einer Textilfabrik informiert sich auf der Modemesse über Neuheiten und Modetrends für die Sommersaison. Er führt mit mehreren Stoffherstellern Einkaufsgespräche, wobei ihm ein günstiges Angebot unterbreitet wird.

   Aufgaben:

   7.1 Stellen Sie dar, wie lange der Hersteller an das mündliche Angebot gebunden ist!

   7.2 Nennen Sie vier wesentliche Bestandteile eines vollständigen schriftlichen Angebots!

   7.3 Nennen Sie zwei weitere Gründe, die für die Kaufentscheidung des Geschäftsinhabers von Bedeutung sind!

   7.4 Begründen Sie, bei welchen Gütern der Einkaufspreis der wichtigste Entscheidungsgrund bei der Beschaffung sein wird!

8. Erklären Sie die wirtschaftlichen und rechtlichen Merkmale des Auftrags!

9. Begründen Sie, warum der Auftraggeber an seinen Auftrag rechtlich gebunden ist!

10. Erläutern Sie mit den §§ des BGB, unter welchen Bedingungen die rechtliche Bindung des Auftraggebers an seinen Auftrag entfällt!

11. Erläutern Sie die Rechtswirkungen, wenn ein Auftrag vom Angebot abweicht, der Empfänger das erhaltene Angebot ablehnt oder der Anbieter sein Angebot nach dessen Zugang beim Empfänger widerruft!

12. Die Ulmer Büromöbel AG erhält folgende Anfrage (Auszug):

    Wir ersuchen Sie um ein unverbindliches und kostenloses Angebot über 50 Rollcontainer aus massiver, geölter Asteiche, 3 Schubladen mit Selbsteinzug und Metallgriffen. Maße ca. 30 cm x 50 cm x 60 cm, Belastbarkeit mindestens 8 kg.

    Unsere allgemein gültigen Bedingungen:
    Zahlung: *Nach Erhalt und Prüfung der Ware innerhalb von 14 Tagen mit 3 % Skonto oder 90 Tagen netto*
    Lieferung: *frei Haus, verpackt*
    Verpackung: *ohne Berechnung*
    Beachten Sie bitte unsere umseitigen Einkaufsbedingungen.

    Erläutern Sie, welche Unzulänglichkeiten die Anfrage enthält!

31 Rechtliche Wirkung des Angebots

1. Stellen Sie dar, durch welche Zusätze die Bindung an ein Angebot

   1.1 eingeschränkt (zwei Beispiele),

   1.2 ganz ausgeschlossen (zwei Beispiele) werden könnte!

2. Im Angebot wurde festgehalten: „Lieferung frachtfrei"

   2.1 Erläutern Sie diesen Begriff!

   2.2 Stellen Sie dar, wer die Beförderungskosten übernehmen müsste, wenn vertraglich nichts vereinbart worden wäre!

3. Im Angebot wurde außerdem festgehalten: „Zahlungsziel 30 Tage, bei Zahlung innerhalb von 8 Tagen 2 % Skonto ... Bei Abnahme von 800 Stück gewähren wir 5 % Rabatt."

   3.1 Erklären Sie den Unterschied zwischen Rabatt und Skonto!

   3.2 Erklären Sie den Unterschied zwischen Rabatt und Bonus!

   3.3 Begründen Sie, warum ein Verkäufer Skonti gewährt!

32 Allgemeine Geschäftsbedingungen

1. Erläutern Sie, welchen Zweck die Vorschriften des BGB zur Gestaltung rechtsgeschäftlicher Schuldverhältnisse durch allgemeine Geschäftsbedingungen [§§ 305–310 BGB] verfolgen!

2. Prüfen Sie, ob folgende Klauseln in allgemeinen Geschäftsbedingungen gegenüber Nichtkaufleuten rechtswirksam sind: Lesen Sie hierzu §§ 308, 309 BGB!

   2.1 „Vereinbarte Liefertermine sind unverbindlich. Wir sind jedoch bemüht, die Liefertermine pünktlich einzuhalten."

   2.2 „Erfolgt die Lieferung nicht zum vereinbarten Termin, so kann uns der Käufer eine dreimonatige Nachfrist setzen mit der Erklärung, dass er nach deren fruchtlosem Ablauf vom Kaufvertrag zurücktreten werde."

   2.3 „Wir sind jederzeit berechtigt, vom Kaufvertrag zurückzutreten."

   2.4 „Kleinere fabrikationstechnisch bedingte Farbabweichungen müssen wir uns vorbehalten."

   2.5 „Verlangt ein Käufer aufgrund berechtigter Reklamation Nacherfüllung, müssen wir eine Nutzungsgebühr in Höhe von 50 % des Barverkaufspreises verlangen."

   2.6 „Reparaturleistungen werden nur gegen Vorauskasse erbracht."

   2.7 „Das Recht eines Kunden, mit einer unbestrittenen Gegenforderung aufzurechnen, ist ausgeschlossen."

   2.8 „Der Preis richtet sich nicht nach dem Bestell-, sondern nach dem Lieferdatum und zwar auch dann, wenn die Lieferung innerhalb von 4 Monaten erfolgt."

3. Nennen Sie die Voraussetzungen, unter welchen die AGB Vertragsbestandteil werden!

4. Erläutern Sie, wie bei Kaufverträgen im Internet auf die AGB hingewiesen werden sollte!

5. Notieren Sie, welchen Vorteil die Formulierung von allgemeinen Geschäftsbedingungen hat!

   5.1 Die AGB beschleunigen den Abschluss eines Vertrags.

   5.2 Die AGB führen dazu, dass der Käufer bessere Bedingungen erhält.

   5.3 Die AGB erleichtern Vertragsabschlüsse, weil sie die Grundlage für viele Verträge bilden.

   5.4 Die AGB erschweren häufig einen Vertragsabschluss.

   5.5 Die AGB werden vom Gesetzgeber festgelegt.

6. Ein Autohaus verweist den Käufer eines Neuwagens bei einem Motordefekt an den Autohersteller.

Aufgabe:

Beurteilen Sie diese AGB-Klausel rechtlich!

1.5 Wichtige Inhalte des Kaufvertrags beschreiben

KB 2

Lernsituation 5: Eine Kundenbestellung mit dem abgegebenen Angebot vergleichen und die rechtliche Situation beurteilen

Aufgrund Ihres Angebots (siehe Lernsituation 4, S. 134 f.) trifft am 21.10.20.. folgendes Schreiben ein:

Business-Expert GmbH
Der Profi für IHR Büro

Business-Expert GmbH, Postfach 1836, 47533 Kleve

Ulmer Büromöbel AG
Industriepark 5
89079 Ulm

Telefax	E-Mail
02821 487364-12	florian.derksen@businessexpert.de

Ihr Zeichen, Ihre Nachricht vom	Unser Zeichen, unsere Nachricht vom	Telefon 02821 487364-	Kleve
	fd	28 Florian Derksen	20.10.20..

Bestellung

Sehr geehrter Herr Pieper,

vielen Dank für Ihr Angebot vom 17.10.20.. Nach nochmaliger Rücksprache mit unserem Produktprogrammleiter geben wir folgende Bestellung auf:

50 e-Desks zum Listenverkaufspreis von 950,00 EUR je Stück, abzüglich 10 % Mengen- und 5 % Begrüßungsrabatt.

Lieferungs- und Zahlungsbedingungen:
5,00 EUR Verpackungskosten je Schreibtisch
3 % Skonto innerhalb von 14 Tagen, 30 Tagen netto.

Mit freundlichen Grüßen

Business-Expert GmbH

i.A. *Florian Derksen*

Florian Derksen

Business-Expert GmbH	Deutsche Bank Kleve	Phone: 02821 487364-0
Winterdeich 37	IBAN: DE65 3247 0024 0065 3824 00	www.businessexert.de
47533 Kleve	BIC: DEUTDEDB324	Mail: info@businessexpert.de
Geschäftsführer		USt-Ident-Nr. DE 736498748
Gernot van Duin		

KOMPETENZORIENTIERTE ARBEITSAUFTRÄGE:

Arbeiten Sie die folgenden Kapitel des Schulbuches durch und verwenden Sie die Aufzeichnungen aus dem Unterricht zur Bearbeitung der kompetenzorientierten Arbeitsaufträge!

1. Erläutern Sie, wann man von Bestellung und wann von Auftrag redet!

2. Aufgabe von Frau Klinger, Sachbearbeiterin in der Auftragsabteilung der Ulmer Büromöbel AG, ist es, den Kundenauftrag der Business-Expert GmbH mit dem Angebot (Lernsituation 4) zu vergleichen. Nach einem Abgleich des Angebots mit dem Auftrag kommen Frau Klinger Zweifel. Sie wendet sich an Sie und bittet Sie

   2.1 um die rechtliche Beurteilung der Situation,

   2.2 um einen Vorschlag, wie weiter verfahren werden soll,

   2.3 um eine Auskunft darüber, wie die rechtliche Situation in Bezug auf Rabattnachlass und Skontoabzug zu beurteilen wäre, wenn sie den Auftrag – so wie er vorliegt – erfasst und 50 Schreibtische ausgeliefert würden!

1.5.1   Abschluss des Kaufvertrags (Verpflichtungsgeschäft)

1.5.1.1   Begriff und Zustandekommen von Kaufverträgen

(1)   Begriff Kaufvertrag

> Ein **Kaufvertrag** kommt durch **inhaltlich übereinstimmende, rechtsgültige Willenserklärungen** von mindestens **zwei Personen** – Käufer und Verkäufer – und durch **rechtzeitigen Zugang** der zweiten Willenserklärung beim Erklärungsempfänger zustande.

Beide Willenserklärungen müssen in allen wesentlichen Vertragsbedingungen übereinstimmen. Die Vertragspartner müssen sich somit über alle wichtigen Einzelheiten geeinigt haben [§ 154 I, S. 1 BGB].

(2)   Kaufvertragsarten nach der rechtlichen Stellung der Vertragspartner

Kaufvertragsarten	Erläuterungen	Beispiele
Bürgerlicher Kauf	Er liegt vor, wenn **beide Vertragspartner** als **Privatleute** handeln.	Der Auszubildende Peter kauft seinem Freund Hans dessen Moped ab.
Einseitiger Handelskauf als Verbrauchsgüterkauf	Er liegt vor, wenn ein **Verbraucher** von einem **Unternehmer** eine **bewegliche Sache** kauft.[1]	Ein Privatmann kauft einen Pkw bei einem Autohaus.
Zweiseitiger Handelskauf	Er liegt vor, wenn **beide Vertragspartner** als **Kaufleute** handeln.	Ein Lebensmittelgroßhändler verkauft Lebensmittel an eine Einzelhandelsgeschäft.

---

1 **Verbraucher** ist jede natürliche Person (jeder Mensch), die ein Rechtsgeschäft zu Zwecken abschließt, die überwiegend weder ihrer gewerblichen noch ihrer selbstständigen beruflichen Tätigkeit zugerechnet werden können.

   Unternehmer ist eine natürliche oder juristische Person (z. B. GmbH, AG), die bei Abschluss eines Rechtsgeschäfts (z. B. Kaufvertrag) in Ausübung ihrer gewerblichen oder selbstständigen beruflichen Tätigkeit handelt.

Beim **bürgerlichen Kauf** gelten ausschließlich die Bestimmungen des **allgemeinen Kaufvertragsrechts** [§§ 433 ff. BGB].

Beim einseitigen Handelskauf in Form des **Verbrauchsgüterkaufs** gelten zusätzlich die **Schutzvorschriften** der §§ 474 ff. BGB.

Für den **zweiseitigen Handelskauf** greifen die weiterführenden Regelungen der §§ 373 ff. HGB. Sie sollen die rechtliche Stellung des Verkäufers stärken und eine möglichst unkomplizierte Abwicklung eines Kaufvertrags ermöglichen. Die Regelungen des BGB gelten nur insoweit, als das HGB keine eigenen Regelungen vorsieht.

(3) Verschiedene Möglichkeiten des Kaufvertragsabschlusses (Verpflichtungsgeschäft)

■ **Der Verkäufer macht ein verbindliches Angebot, der Käufer bestellt (unter Bezugnahme auf das Angebot) rechtzeitig und ohne Änderung.**

Der Kaufvertrag ist zustande gekommen (geschlossen), sobald der Verkäufer die Bestellung erhalten hat, diese ihm **rechtzeitig zugegangen** ist.

■ **Der Käufer erteilt einen Auftrag ohne vorhergehendes verbindliches Angebot des Verkäufers und der Verkäufer nimmt den Auftrag rechtzeitig und ohne Änderung an.**

Dies kann z. B. der Fall sein, wenn der Käufer den Verkäufer (seine Waren, Preise) aus früheren Lieferungen kennt und aufgrund gültiger Verkaufsprospekte mit Preislisten oder aufgrund eines freibleibenden (unverbindlichen) Angebots einen Auftrag erteilt.

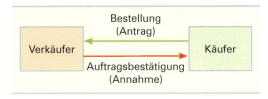

Der Kaufvertrag ist zustande gekommen (geschlossen), sobald die Annahme des Auftrags **(Auftragsbestätigung)** des Verkäufers dem Käufer rechtzeitig zugegangen ist.

■ **Der Verkäufer macht ein verbindliches Angebot, der Käufer erteilt den Auftrag jedoch zu spät oder mit Abänderungen des Angebots, z. B. mit kürzerer Lieferzeit, höheren Mengen, niedrigeren Preisen.**

Der Kaufvertrag kommt erst zustande, wenn der Verkäufer den verspäteten oder abgeänderten Auftrag des Käufers (neuer Antrag) angenommen hat, d. h. durch die Auftragsbestätigung des Verkäufers und nach deren rechtzeitigem **Zugang** beim Käufer.

Die Auftragsbestätigung ist deshalb erforderlich, weil die verspätete Annahme eines Antrags oder eine Annahme mit Erweiterungen, Einschränkungen oder sonstigen Änderungen als Ablehnung gilt, verbunden mit einem neuen Antrag [§ 150 I, II BGB].

1.5.1.2 Besonderheiten beim Abschluss eines Fernabsatzvertrags

(1) Merkmale des Fernabsatzvertrags

Fernabsatzverträge sind

- Verträge über die **Lieferung von Waren** oder über die **Erbringung von Dienstleistungen,** die
- zwischen einem **Unternehmer** und einem **Verbraucher**
- unter **ausschließlicher Verwendung** von „**Fernkommunikationsmitteln**"
- im Rahmen eines für den Fernabsatz organisierten **Vertriebs- oder Dienstleistungssystems** abgeschlossen werden [§ 312c I BGB].

Fernkommunikationsmittel sind z.B. Briefe, Kataloge, Telefonanrufe, Telefaxe, Internet-Homepages, SMS-Nachrichten, E-Mails [§ 312c II BGB].[1] Der Fernabsatzvertrag knüpft allein an die **Art und Weise seines Abschlusses** und nicht an einem bestimmten Vertrags-inhalt an. Damit gelten die Vorschriften des BGB zu Fernabsatzverträgen für althergebrachte Absatzwege wie den Katalogverkauf ebenso wie für das Telefonshopping und den Vertrieb über das Internet (E-Commerce).

Beispiel:

Quelle: www.otto.de/p/fuji-bikes-rennrad-roubaix-1-5-2018-20-gang-shimano-kettenschaltung-640986049/
?variationId=638373174#variationId=638373174; (06.02.2018).

---

1 Zwischen Unternehmer und Verbraucher dürfen z.B. folgende Bereiche nicht in der Form eines Fernabsatzvertrags abgeschlossen werden: Vermittlung von Versicherungen, Immobiliengeschäfte, Fernunterricht, Lieferung von Lebensmitteln, Getränken und sonstigen Haushaltsgegenständen des täglichen Bedarfs. Vgl. § 312 II bis VI BGB.

Beachte:

Entscheidend für das Vorliegen eines Fernabsatzvertrags ist das Schlüsselwort **„ausschließlich".**

■ Wenn ein Vertragsabschluss zwar über Fernkommunikationsmittel, etwa per Telefon, angebahnt, dann aber infolge eines persönlichen Vertreterbesuchs beim Kunden abgeschlossen wird, kann dies nicht mehr als „ausschließlich" bezeichnet werden und es gelten nicht die Vorschriften über Fernabsatzverträge.

■ Die Vorschriften zu Fernabsatzverträgen gelten auch dann nicht, wenn der Vertragsabschluss nicht im Rahmen eines speziell für den Fernabsatz organisierten Vertriebs- oder Dienstleistungssystems erfolgt. Wird also nur ausnahmsweise oder gelegentlich eine Bestellung per Telefon angenommen und dann per Postversand abgewickelt, dann liegt ebenfalls kein Fernabsatzvertrag vor.

Ob ein Fernabsatzvertrag vorliegt, hängt daher von den **Bedingungen des einzelnen Falls** ab.

(2) Informationspflichten des Unternehmers

Setzt ein Unternehmen Fernkommunikationsmittel zur Anbahnung oder zum Abschluss von Fernabsatzverträgen ein, dann muss es den Verbraucher rechtzeitig vor Abschluss eines Fernabsatzvertrags in einer dem eingesetzten Fernkommunikationsmittel entsprechenden Weise klar und verständlich aufklären über:

■ die **Einzelheiten des Vertrags,** z. B. über die Identität und Anschrift des Unternehmens, wesentliche Merkmale der Ware oder Dienstleistung, den Gesamtpreis der Ware oder Dienstleistung einschließlich Liefer- und Versandkosten, Zahlungbedingungen, das Bestehen eines Widerrufsrechts,

■ den **geschäftlichen Zweck des Vertrags** [§ 312 a I BGB i. V. m. Art. 246 EGBGB].

Diese strenge Informationspflicht gilt nur für **entgeltliche Verträge** [§ 312 I BGB].

(3) Widerrufsrecht

Dem Verbraucher steht ein **14-tägiges Widerrufsrecht** zu [§ 312 g i. V. m. § 355 II BGB]. Die Widerrufsfrist **beginnt mit dem Erhalt der Ware.** Den **Widerruf muss der Verbraucher** gegenüber dem Unternehmer **ausführlich erklären.** Aus Gründen der Beweissicherheit sollte grundsätzlich per E-Mail, Fax oder auf dem Postweg und nicht am Telefon widerrufen werden. In der Praxis genügt es für einen wirksamen Widerruf, der Rücksendung ein Widerrufsschreiben oder -formular beizulegen.[1]

---

1 Für die Erklärung des Widerrufs durch den Verbraucher gibt es ein EU-einheitliches Formular (siehe Anlage 2 zu Art. 246a Nr. 1 EGBGB). Der Unternehmer muss dem Verbraucher das Muster-Formular zur Verfügung stellen und ihn informieren. Der Verbraucher kann, muss es aber nicht nutzen.

Beispiel einer Widerrufsbelehrung bei Fernabsatzverträgen:

Widerrufsbelehrung

Widerrufsrecht[1]

Sie haben das Recht, binnen vierzehn Tagen ohne Angabe von Gründen diesen Vertrag zu widerrufen. Die Widerrufsfrist beträgt vierzehn Tage ab dem Tag, an dem Sie oder ein von Ihnen benannter Dritter die Waren in Besitz genommen haben bzw. hat.

Um Ihr Widerrufsrecht auszuüben, müssen Sie uns (Mustermann GmbH, Musterstraße 1, 12345 Musterstadt, Tel.: 0123 12345; Fax: 0123 12345, E-Mail-Adresse: max@mustermann. de) mittels einer eindeutigen Erklärung (z. B. Brief, Telefax oder E-Mail) über Ihren Entschluss informieren, diesen Vertrag zu widerrufen. Nutzen Sie unser Muster-Widerrufsformular auf www.mustermannsshop.de, so werden wir Ihnen unverzüglich per E-Mail eine Bestätigung über den Eingang Ihres Widerrufs übermitteln.

Zur Wahrung der Widerrufsfrist reicht es aus, dass Sie die Mitteilung über die Ausübung des Widerrufsrechts vor Ablauf der Widerrufsfrist absenden.

Folgen des Widerrufs

Wenn Sie diesen Vertrag widerrufen, haben wir Ihnen alle Zahlungen, die wir von Ihnen erhalten haben, einschließlich der Lieferkosten der Standardlieferung, spätestens binnen vierzehn Tagen ab dem Tag zurückzuzahlen, an dem die Mitteilung über Ihren Widerruf dieses Vertrags bei uns eingegangen ist. Für diese Rückzahlung verwenden wir dasselbe Zahlungsmittel, das Sie eingesetzt haben, es sei denn, mit Ihnen wurde ausdrücklich etwas anderes vereinbart. In keinem Fall werden Ihnen wegen dieser Rückzahlung Entgelte berechnet.

Wir können die Rückzahlung verweigern, bis wir die Waren wieder zurückerhalten haben oder bis Sie den Nachweis erbracht haben, dass Sie die Waren zurückgesandt haben. Sie müssen die Waren unverzüglich und in jedem Fall spätestens binnen vierzehn Tagen ab dem Tag, an dem Sie uns über den Widerruf dieses Vertrags unterrichten, an uns zurücksenden oder übergeben. Die Frist ist gewahrt, wenn Sie die Waren vor Ablauf der Frist von vierzehn Tagen absenden.

Sie tragen die unmittelbaren Kosten der Rücksendung der Waren.

Für einen etwaigen Wertverlust der Waren müssen Sie nur aufkommen, wenn dieser Wertverlust auf einen zur Prüfung der Beschaffenheit, Eigenschaften und Funktionsweise der Waren nicht notwendigen Umgang zurückzuführen ist.

(4)   Rückabwicklung nach Widerruf

Bei Widerruf muss der Kaufvertrag binnen **14 Tagen rückabgewickelt** werden [§ 357 BGB].

Das bedeutet, dass der **Käufer** die Ware **innerhalb von 14 Tagen zurücksenden** und der **Unternehmer** den **Kaufpreis in der gleichen Zeit zurückerstatten** muss. Allerdings darf der Händler die Rückerstattung des Kaufpreises so lange verweigern, bis er die **Ware zurückerhalten** hat oder der Verbraucher **nachweist,** dass er die **Ware abgesandt** hat [§ 357 IV BGB].

---

1   Vgl. http://www.haendlerbund.de/hinweisblaetter/finish/1-hinweisblaetter/127-widerrufsbelehrung-2014-ein-beispiel; 12.06.2015; vgl. auch Anlage 1 zu Art. 246a, § 1 II, S. 2 EGBGB.

(5) Hin- und Rücksendekosten

Bis zur Höhe einer günstigen **Standardsendung** muss der **Unternehmer** dem Verbraucher die **Hinsendungskosten** bei einem Widerruf **erstatten** [§ 357 II BGB].

Für die **Rücksendung** trägt **grundsätzlich der Verbraucher die Kosten,** vorausgesetzt, der Unternehmer hat ihn hierüber vorab **unterrichtet**. Für den Unternehmer besteht auch die Möglichkeit, die Kosten der Rücksendung freiwillig zu übernehmen [§ 357 VI BGB].

Beachte:

- **Kein Widerrufsrecht** besteht bei bestimmten Fernabsatzverträgen, z. B. bei schnell verderblichen Waren, Sonderanfertigungen, Audio-/Videoaufzeichnungen und Software (sofern die gelieferten Datenträger vom Verbraucher entsiegelt wurden), Lieferung von Zeitungen, Zeitschriften und Illustrierten [§ 312 g II BGB].

- Von den **verbraucherschützenden Rechtsvorschriften** zu den Fernabsatzverträgen darf grundsätzlich **nicht zum Nachteil des Verbrauchers** oder Kunden abgewichen werden.

1.5.1.3 Rechte und Pflichten aus dem Kaufvertrag

Mit dem Abschluss des Kaufvertrags übernehmen Käufer und Verkäufer Rechte und Pflichten, die sie zu erfüllen haben. Der Abschluss des Kaufvertrags ist daher ein **Verpflichtungsgeschäft,** dem ein **Erfüllungsgeschäft** folgen muss.

Verpflichtungsgeschäft: Übernahme von Rechten und Pflichten	
Pflichten des Verkäufers **(Rechte des Käufers)** [§ 433 I BGB]	**Pflichten des Käufers** **(Rechte des Verkäufers)** [§ 433 II BGB]
■ Die bestellte Sache muss mängelfrei und fristgemäß übergeben[1] werden. ■ Das Eigentum an der Kaufsache muss auf den Käufer übertragen werden.	■ Die bestellte Sache muss abgenommen werden. ■ Die ordnungsgemäß gelieferte Sache muss vereinbarungsgemäß bezahlt werden.

Kaufvertrag

⇩

Erfüllungsgeschäft: Erfüllung der eingegangenen Verpflichtungen
Das Verpflichtungsgeschäft erlischt, wenn die geschuldeten Leistungen nach den Vereinbarungen des Kaufvertrags gegenüber dem **Gläubiger erfüllt sind** [§ 362 I BGB].[2] Dies ist der Fall, wenn die mängelfreie und fristgemäße Übergabe und Übereignung der Sache durch den Verkäufer sowie die Abnahme der Sache und die Kaufpreiszahlung durch den Käufer vereinbarungsgemäß erfolgt ist.

---

1 **Übergabe:** Verschaffung des unmittelbaren Besitzes nach § 854 I oder II BGB.

2 Bei **„Zug-um-Zug-Geschäften"** (z. B. Käufe im Ladengeschäft, bei denen Waren und Geld „Zug um Zug" übergeben werden) fallen Vertragsabschluss und Erfüllung des Vertrags zeitlich zusammen.
Bei **Zielgeschäften** (Warenlieferung später oder Zahlung später) wird jedoch deutlich, dass hinter dem Kauf **zwei Rechtsgeschäfte** unterschiedlicher Art stehen, nämlich ein **Verpflichtungsgeschäft** und ein **Erfüllungsgeschäft**.

1.5.2 Erfüllung des Kaufvertrags

1.5.2.1 Erfüllung des Kaufvertrags durch den Verkäufer

Die **Erfüllung** des **Kaufvertrags** durch den **Verkäufer** umfasst

- die **Lieferung (Besitzverschaffung** durch **Übergabe** der **Kaufsache** an den **Käufer)** und
- die **Eigentumsübertragung** an den Käufer [§ 433 I BGB].

1.5.2.1.1 Lieferung der Kaufsache

(1) Leistungszeit und Leistungsort

Leistungszeit	Ist eine Zeit für die Leistung weder bestimmt noch aus den Umständen zu entnehmen, so kann der Käufer die vertragliche Leistung **sofort verlangen,** der Verkäufer sie **sofort bewirken** [§ 271 I BGB].	
Leistungsort	■ Leistungsort ist der Ort, an dem die **Warenschuld** des Verkäufers bzw. die **Geldschuld** des Käufers **erfüllt** wird. ■ Leistungsort ist nach der gesetzlichen Regelung der **Wohn- bzw. Geschäftssitz** des **Warenschuldners (Verkäufer)** bzw. des **Geldschuldners (Käufer).**	**Beispiel:** Hat der Verkäufer seine gewerbliche Niederlassung in Pforzheim und der Käufer seine Niederlassung in Biberach, so ist der gesetzliche Leistungsort für den Warenschuldner Pforzheim, der gesetzliche Leistungsort für den Geldschuldner Biberach.

(2) Bedeutung des Leistungsorts

■ **Für den Warenschuldner (Verkäufer)**

Warenschulden sind gesetzlich im **Zweifel Holschulden** [§ 269 BGB]. Wenn nichts anderes vereinbart ist, „reisen die Waren auf Gefahr und Kosten des Käufers".

Der **Käufer** trägt somit beim gesetzlichen Leistungsort mit der **Übergabe** der **Kaufsache** das **Transportrisiko** (Gefahr des zufälligen Untergangs oder der zufälligen Verschlechterung der Ware auf dem Weg vom Verkäufer zum Käufer) und die **Transportkosten** [§ 446 S. 1 BGB].

Beachte:

Werden die Waren **mit dem unternehmenseigenen Fahrzeug transportiert,** dann befinden sich die Waren beim Transport noch in der Verfügungsgewalt des Verkäufers. Deswegen hat in diesem Fall der Verkäufer erst erfüllt, wenn die Waren dem Käufer übergeben worden sind.

■ **Für den Geldschuldner (Käufer)**

Geldschulden sind gesetzlich im Zweifel **Schickschulden**. Der Geldschuldner hat den geschuldeten Zahlungsbetrag auf **seine Gefahr** und **seine Kosten** dem Gläubiger zu übermitteln. [§ 270 I, II BGB].

■ **Für den Gerichtsstand**

Für Streitigkeiten aus einem Vertragsverhältnis ist das Gericht des Ortes zuständig, an dem die streitige Verpflichtung zu erfüllen ist [§ 29 I ZPO],[1] also der Leistungsort.

> Der gesetzliche Leistungsort zieht den **gesetzlichen Gerichtsstand** nach sich.

Dies bedeutet, dass der **Käufer** den Verkäufer bei dem **Gericht** verklagen muss (z. B. auf Lieferung der Ware), das für den **Leistungsort des Verkäufers** zuständig ist. Will hingegen der **Verkäufer** den Käufer verklagen (z. B. auf Zahlung des Kaufpreises), so muss er die Klage bei dem **Gericht** einreichen, das für den **Leistungsort des Käufers** zuständig ist.

Beachte:

Zum **Käuferschutz** sind Vereinbarungen über den **Gerichtsstand** mit **Nichtkaufleuten** grundsätzlich **unzulässig**. Vertragliche Vereinbarungen über den Gerichtsstand sind daher nur unter **Kaufleuten** möglich.

1.5.2.1.2 Eigentumsübertragung an den Käufer

(1) Besitz und dessen Übertragung

> **Besitz** ist die **tatsächliche Gewalt** über eine Sache [§ 854 BGB].

Der Besitz wird bei **beweglichen Sachen** durch **Übergabe,** bei **unbeweglichen Sachen** durch **Gebrauchsüberlassung** verschafft.

(2) Eigentum und dessen Übertragung

■ **Begriff Eigentum**

> **Eigentum** im Privatrecht (BGB) ist die **rechtliche Verfügungsgewalt** einer Person über Sachen [§ 903 BGB].

---

1 **ZPO**: Zivilprozessordnung.

■ Eigentumsübertragung an beweglichen Sachen

Ausgangssituation	Eigentumsübertragung durch	Beispiel
Ware ist beim Verkäufer (Eigentümer).	**Einigung** und **Übergabe** [§ 929, S. 1 BGB]	Emmy Reisacher, die Inhaberin des Kosmetikinstituts Beauty Moments, übergibt Frau Schnurr die gekaufte Bio-Gesichtscreme. Mit der Einigung und der Übergabe der Bio-Gesichtscreme ist Frau Schnurr Eigentümerin geworden.
Ware ist bereits beim Käufer.	**Einigung,** dass das Eigentum auf den Käufer übergehen soll. [§ 929, S. 2 BGB]	Herr Schmidt hat sich von einem Fernsehfachgeschäft einen LCD-Fernseher ins Wohnzimmer stellen lassen, um diesen auszuprobieren. Nach 8 Tagen teilt er dem Händler mit, dass er das Gerät erwerben möchte. Stimmt der Händler zu, wird Herr Schmidt Eigentümer des Geräts. (Der Eigentumsübergang hat nichts damit zu tun, ob Herr Schmidt das Gerät bereits bezahlt hat oder nicht!)

■ Eigentumsübertragung an unbeweglichen Sachen

Ausgangssituation	Eigentumsübertragung durch	Beispiel
Verkäufer verkauft ein Grundstück bzw. Gebäude.	**Einigung (Auflassung)** und **Eintragung des Eigentumsübergangs im Grundbuch** [§§ 925 I, 873 I BGB]	Die Einigung zwischen dem Eigentümer und dem Erwerber ist ein zweiseitiges Rechtsgeschäft mit dem Inhalt, dass das Eigentum vom bisherigen Eigentümer (Verkäufer) auf den Käufer übergehen soll. Da ein Grundstück nicht wie eine bewegliche Sache „übergeben" werden kann, tritt anstelle der körperlichen Übergabe die Eintragung ins Grundbuch. Jeder, der ein berechtigtes Interesse hat, kann daraus ersehen, wie die Eigentumsverhältnisse bei einem bestimmten Grundstück sind.

(3) Eigentumsvorbehalt[1]

■ Begriff Eigentumsvorbehalt

Will der Käufer sofort in den Besitz der Kaufsache kommen, aber erst zu einem späteren Zeitpunkt bezahlen, so können Verkäufer und Käufer vereinbaren, dass der Verkäufer bis zur Zahlung des Kaufpreises Eigentümer der Kaufsache bleibt [§ 449 I BGB].

> Der **Eigentumsvorbehalt** ist eine zusätzliche Vereinbarung beim Abschluss eines Kaufvertrags, wonach der **Käufer** mit der Übergabe der Kaufsache zunächst nur **unmittelbarer Besitzer,** nicht aber Eigentümer werden soll.

---

1 Ein Eigentumsvorbehalt kann nur beim Kauf beweglicher Sachen und beim Werkvertrag, nicht jedoch beim Grundstückskauf [§ 925 II BGB], bei Forderungen und sonstigen Rechten vereinbart werden.

Die Einigung über den Eigentumsübergang ist zwar erfolgt, der Käufer erwirbt jedoch durch die sogenannte **aufschiebend bedingte Einigung** [§§ 929, 158 I BGB] nur ein Recht auf Erlangung des vollständigen Eigentums an der Kaufsache. Die Vereinbarung des Eigentumsvorbehalts bedarf keiner bestimmten Form. Allerdings muss der Käufer in irgendeiner Art und Weise sein Einverständnis zum Ausdruck bringen.

■ Zweck des Eigentumsvorbehalts

Der Eigentumsvorbehalt sichert den Anspruch des Verkäufers auf Zahlung des Kaufpreises durch den Käufer **(Mittel der Kreditsicherung).** Der Eigentumsvorbehalt gibt dem Verkäufer einen Rückforderungsanspruch (Herausgabeanspruch auf das „Vorbehaltseigentum"), wenn der Käufer nicht zahlt und der Verkäufer vom Kaufvertrag zurückgetreten ist [§§ 449 II, 323 BGB].[1]

■ Ende des Eigentumsvorbehalts

Der Eigentumsvorbehalt erlischt z. B., wenn die Ware

- vom Käufer bezahlt wird,
- verarbeitet oder umgebildet wird [§ 950 BGB],
- mit einem Grundstück als wesentlicher Bestandteil fest verbunden wird [§ 946 BGB],
- an einen gutgläubigen Dritten veräußert wird [§ 932 BGB],
- zerstört wird, oder wenn
- der Verkäufer nach §§ 449 II, 323 I BGB vom Kaufvertrag zurücktritt und die Kaufsache zurückverlangt.

1.5.2.2 Erfüllung des Kaufvertrags durch den Käufer

Die **Erfüllung des Kaufvertrags durch den Käufer umfasst**

- die **Abnahme des Kaufgegenstands** und
- die **Zahlung des Kaufpreises.**

(1) Abnahme[2] des Kaufgegenstands

■ Warenabnahme und Warenannahme

Vertragsgemäß gelieferte Waren muss der Käufer **abnehmen** (körperliche Entgegennahme, § 433 II BGB). Da immer die Möglichkeit besteht, dass die Ware beim Transport beschädigt wird, muss das Unternehmen die Sendung **im Beisein des Frachtführers**[3] auf der Grundlage des Lieferscheins prüfen, um nicht das Recht zur Reklamation zu verlieren.

---

1 Voraussetzung für den Rücktritt des Verkäufers ist, dass der Käufer eine angemessene Frist zur Leistung setzt und diese Frist erfolglos abgelaufen ist.

2 Die Abnahme und Annahme des Kaufgegenstands ist rechtlich scharf zu trennen.
   - Die **Abnahme** ist die tatsächliche Entgegennahme der Ware, wodurch der Käufer (unmittelbaren) Besitz erlangt.
   - Die **Annahme** des Kaufgegenstands ist hingegen eine Willenserklärung und bedeutet die Erklärung der vertragsmäßigen Erfüllung des Kaufvertrags. Auf die Annahme der Leistung durch den Käufer hat der Verkäufer keinen Anspruch.

3 Der **Frachtführer** ist ein selbstständiger Kaufmann, der gewerbsmäßig die Beförderung von Gütern durchführt.

Zu prüfen sind insbesondere:

- die Richtigkeit der Adresse und des Transportmittels,
- das Vorliegen einer entsprechenden Bestellung,
- die Verpackung auf äußerliche Beschädigungen,
- der Inhalt der Sendung (Stückzahl, Gewicht u. Ä.) mit den Zahlen auf den Warenbegleitpapieren (z. B. Lieferschein).

Ulmer Büromöbel AG · Industriepark 5 · 89079 Ulm

Business-Expert GmbH
Herrn Derksen
Rheinstraße 34
47533 Kleve

Bei Rückfragen bitte stets angeben:

Kundennummer: 378 672
Ihre Zeichen: Herr Derksen
Telefon: 02821 4897364-10

Unsere Zeichen: Herr Pieper
Telefon: 0731 3879-56

Datum: 24. 11. 20..

Lieferschein Nr. 2401378

Aufgrund Ihrer Bestellung liefern wir Ihnen folgende Artikel:

Menge	Artikelnummer	Artikel
50	200203	e-desk, Buche massiv

Ulmer Büromöbel AG
Industriepark 5, 89079 Ulm
Registergericht Ulm HRB 84759
USt-ID Nr. DE 68 837 465
Vorstand: Robert Heim (Vorsitzender), Achim Abt, Kathrin Sapel
Vorsitzende des Aufsichtsrats: Sarah Kern

Bankverbindungen:
Commerzbank Ulm
IBAN: DE85 6304 0053 0041 4400 18
Sparkasse Ulm
IBAN: DE61 6305 0000 0041 4500 75

■ Warenprüfung

Da die Warenprüfung meistens während der Übergabe der Ware zeitlich nicht abgeschlossen werden kann, ist es angebracht, eine Empfangsbestätigung stets mit einem Vermerk zu versehen, der darauf hinweist, dass mit dieser Bestätigung nicht die vertragsgemäße (ordnungsgemäße) Lieferung bescheinigt wird (übliche Klausel z.B. „Vorbehaltlich der noch nicht abgeschlossenen Warenprüfung …"). Werden Mängel festgestellt, so muss der Käufer diese Mängel dem Verkäufer **unverzüglich**[1] anzeigen.

(2) Zahlung des Kaufpreises

Der Käufer ist nach § 433 II BGB verpflichtet, dem Verkäufer den vereinbarten Kaufpreis zu zahlen. Nach § 270 BGB übernimmt der Käufer im Zweifel die Gefahr und die Kosten der Geldübertragung. Die Zahlungsart ist in der Regel dem Käufer überlassen. Eine sorgfältige Kontrolle des Zahlungseingangs sichert dem Verkäufer die eigene Zahlungsfähigkeit.

Zusammenfassung

- **Abschluss des Kaufvertrags**
  - Der **Kaufvertrag** kommt durch mindestens **zwei inhaltlich übereinstimmende** und rechtzeitig aufeinanderfolgende empfangsbedürftige Willenserklärungen zustande.
  - Die erste Willenserklärung ist der **Antrag,** die auf den Antrag folgende zweite Willenserklärung die **Annahme.**
  - Durch den Abschluss eines Kaufvertrags ist zunächst ein gegenseitiges Schuldverhältnis entstanden, das zu gegenseitigen Leistungen verpflichtet, das sogenannte **Verpflichtungsgeschäft.**
- **Fernabsatzverträge** werden unter ausschließlicher Verwendung von Fernkommunikationsmitteln (z.B. Briefe, Faxe, E-Mails) zwischen einem Unternehmen und einem Verbraucher geschlossen.
  - Neben den üblichen Einzelheiten (Beschreibung der Leistung, Lieferungs- und Zahlungsbedingungen) sind die Anschrift des Unternehmers und eine Widerrufsbelehrung **zwingende Bestandteile** des Fernabsatzvertrags.
  - Der Verbraucher hat ein gesetzliches **Widerrufsrecht** innerhalb von 14 Tagen. Er muss jedoch in der Regel die Kosten der Rücksendung tragen.
- **Rechte und Pflichten aus dem Kaufvertrag**
  - Dem Verpflichtungsgeschäft muss das **Erfüllungsgeschäft** folgen, weil erst durch das Erfüllungsgeschäft die tatsächlichen Rechtsänderungen (z.B. Besitz- und Eigentumsübertragung), d.h. die Erfüllung, erfolgt.
  - Der **Verkäufer ist verpflichtet,** dem Käufer die verkaufte Sache in der richtigen Art und Weise, mängelfrei, rechtzeitig und am richtigen Ort zu übergeben und dem Käufer das Eigentum an dem Kaufgegenstand frei von Rechtsmängeln zu übertragen.
  - Der **Käufer ist verpflichtet,** den vereinbarten Kaufpreis zu zahlen und die ordnungsgemäß (mängelfrei) gelieferte Kaufsache abzunehmen.
  - Ist über die **Leistungszeit** nichts vereinbart und ist diese auch nicht aus den Umständen des Rechtsgeschäfts zu entnehmen, kann der Gläubiger die vereinbarte Leistung sofort verlangen, der Schuldner sie sofort bewirken.

---

1 **Unverzüglich** bedeutet ohne schuldhaftes Zögern [§ 121 I, S. 1 BGB].

11 Speth u.a. - ISBN 978-3-8120-0594-4

■ Der **Leistungsort** ist der Ort, an dem die geschuldete **Leistung zu erbringen** ist.

■ Der Leistungsort hat folgende **Bedeutung**:

Am Leistungsort befreit sich der Schuldner von seiner Leistungspflicht	Der Leistungsort bestimmt den Gefahrenübergang (Ausnahme: Geldschulden)	Ab Leistungsort trägt der Gläubiger die Versendungskosten (Ausnahme: Geldschulden	Der Leistungsort bestimmt den Gerichtsstand

■ Unter **Besitz** versteht man die **tatsächliche Gewalt** über eine Sache. („Besitz hat man".)

■ Unter **Eigentum** versteht man das Recht, über eine Sache (oder eine Forderung) im Rahmen der gesetzlichen Vorschriften frei verfügen zu können. („Eigentum gehört einem".)

■ Wichtige **Möglichkeiten des Eigentumserwerbs** sind

  ■ an **beweglichen Sachen**:

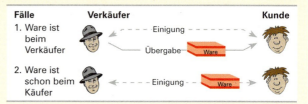

  ■ an **unbeweglichen Sachen**: Einigung (Auflassung) und Eintragung im Grundbuch.

■ Beim **Eigentumsvorbehalt** vereinbaren Verkäufer und Käufer, dass der **Käufer** mit der Übergabe der Kaufsache zunächst nur **unmittelbarer Besitzer** und **nicht Eigentümer** werden soll.

  ■ Mit der vollständigen Zahlung des Kaufpreises geht das Eigentum ohne weitere Willenserklärungen (automatisch) auf den Käufer über.

  ■ Der Eigentumsvorbehalt muss vereinbart werden. Eine einseitige Erklärung des Verkäufers, nur unter Eigentumsvorbehalt zu liefern, reicht nicht.

■ Vertragsgemäß gelieferte Waren muss der Käufer **abnehmen**. Bei einem zweiseitigen Handelskauf muss der Käufer die erhaltenen Waren **unverzüglich untersuchen** und **festgestellte Mängel unverzüglich rügen**.

■ Der Käufer ist verpflichtet, dem Verkäufer den vereinbarten **Kaufpreis zu zahlen** und die gekaufte **mängelfreie Sache abzunehmen**.

Kompetenztraining

33 Kaufvertrag und Fernabsatzvertrag

  1. Erläutern Sie, unter welchen Bedingungen ein Kaufvertrag bereits mit dem Auftrag zustande kommt!

  2. Erklären Sie den Unterschied zwischen Verpflichtungsgeschäft und Erfüllungsgeschäft!

  3. Erläutern Sie die Bedeutung des gesetzlichen Leistungsorts für den Warenschuldner!

4. Stellen Sie die Abweichungen beim gesetzlichen Leistungsort zwischen Waren- und Geldschulden dar!

5. Die Ulmer Büromöbel AG bestellt aufgrund eines freibleibenden Angebots Eichenholz bei dem Sägewerk Wattenbach GmbH.

   Aufgaben:

   5.1 Erläutern Sie, wie der Kaufvertrag zwischen den beiden Unternehmen zustande kommt!

   5.2 Notieren Sie die Pflichten, die die Ulmer Büromöbel AG aus diesem Kaufvertrag hat!

   5.3 Begründen Sie, wo sich der gesetzliche Leistungsort für die Holzlieferung befindet!

6. Prüfen Sie, in welchen Fällen die Vorschriften des BGB über Fernabsatzverträge Anwendung finden:

   6.1 Unternehmen kaufen Waren von anderen Unternehmen im Internet (B2B; business to business).

   6.2 Ein Verbraucher schließt im Internet mit einer Versicherungsgesellschaft einen Kfz-Versicherungsvertrag für seinen neuen Pkw ab.

   6.3 Klara Müller ruft bei ihrem Bäcker an und bestellt zur Lieferung frei Haus täglich 10 Brötchen. Da Frau Müller in der Nachbarschaft wohnt, ist der Bäcker ausnahmsweise dazu bereit.

   6.4 Sie bestellen telefonisch bei einem Pizza-Service drei Pizzen zur Lieferung frei Haus.

   6.5 Sie bestellen durch Fax beim Versandhaus Schön GmbH einen Bademantel nach den Katalogbedingungen.

   6.6 Sie bestellen im Anschluss an eine Fernsehwerbung das dort angebotene Fahrrad durch Anruf bei der in der Sendung angegebenen Rufnummer.

7. Sie haben als Verbraucher am 15.03. d.J. bei der Internetfirma Computer-Versand GmbH nach deren Katalog ein Notebook zum Preis von 418,00 EUR bestellt. Die Lieferung erfolgt nach vier Werktagen. Nachdem Sie das Notebook am Empfangstag gestartet haben, um dessen Qualität zu prüfen, entschließen Sie sich, dieses unter Berufung auf das BGB wieder zurückzugeben. Am nächsten Tag senden Sie das Notebook per Post an den Versender zurück.

   Nach einer Woche erhalten Sie von der Computer-Versand GmbH einen Brief mit der Aufforderung, den Kaufpreis von 418,00 EUR und die bisher entstandenen Versandkosten in Höhe von 14,00 EUR innerhalb von 7 Tagen zu überweisen, da Ihre Rücksendung der Ware nicht berechtigt gewesen sei.

   Aufgaben:

   7.1 Prüfen Sie, ob Sie das Notebook abnehmen und die entstandenen Kosten zahlen müssen!

   7.2 Untersuchen Sie, ob sich die rechtliche Situation ändert, wenn Sie anstelle des Notebooks ein versiegeltes Softwareprogramm bei der Computer-Versand GmbH bestellt, getestet und zurückgegeben hätten!

8. Die Maschinenfabrik Friedrichshafen AG liefert Bohrmaschinen an die Sigmaringer Handelsmarkt GmbH zu folgenden Geschäftsbedingungen:

   a) Wiederverkäuferrabatt 20 %; b) Lieferung ab Werk; c) Zahlungsbedingungen: 30 Tage netto Kasse, innerhalb 8 Tagen 2 % Skonto; d) Erfüllungsort: gesetzliche Regelung; e) Gerichtsstand: für beide Teile Friedrichshafen.

Aufgaben:

8.1 Erläutern Sie kurz den Inhalt der Geschäftsbedingungen!

8.2 Stellen Sie dar, worin sich die Geschäftsbedingungen b) und e) von den jeweiligen gesetzlichen Bestimmungen unterscheiden!

8.3 Die Sigmaringer Handelsmarkt GmbH bestellt am 15. Februar aufgrund des Katalogs 10 Schlagbohrmaschinen. Erläutern Sie, wie in diesem Fall ein Kaufvertrag zustande kommt!

9. Betrachten Sie die nachstehende Skizze! Begründen Sie, in welchen Fällen (9.1, 9.2) der Käufer den Kaufpreis für die auf dem Transport durch den Unfall vernichtete oder beschädigte Ware zahlen muss! Stellen Sie dar, ob der Verkäufer nochmals liefern muss!

Aufgaben:

9.1 Über den Leistungsort wurden keine Vereinbarungen getroffen.

9.2 Der vereinbarte Leistungsort ist Münster.

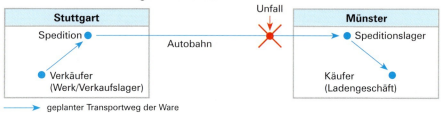

9.3 Stellen Sie die Rechtslage dar, wenn der Käufer die Ware abholt und der Unfall auf der Wegstrecke zwischen dem Werk des Verkäufers und dem Ladengeschäft des Verkäufers passieren würde!

10. Kontrollieren Sie mithilfe des Kontoauszugs und der Ausgangsrechnung, ob die Hans Schäfer GmbH ihre Zahlungsverpflichtung ordnungsgemäß erfüllt hat! Überlegen Sie, ob eine eventuelle Nachforderung sinnvoll wäre!

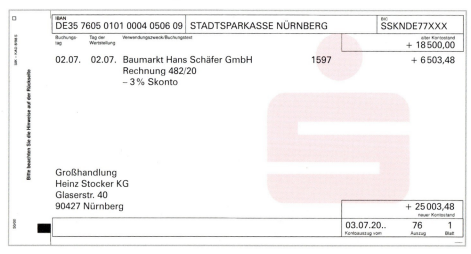

Heinz Stocker KG, Glaserstr. 40, 90427 Nürnberg

Baumarkt
Hans Schäfer GmbH
Dürerstr. 14–18
75173 Pforzheim

Kunden-Nr.:   24021
Rechnungs-Nr.:   89226-20
Rechnungsdatum: 01.06.20..

Unserer Zeichen:
Name:
Tel.   +49(0)911 3067505
Fax: 49(0)911 30603007
Mobil: 0171 6567770

Datum: 25.06.20..

Rechnung-Nr. 486/20

Sehr geehrter Herr Huchler,

aufgrund unserer Lieferung stellen wir Ihnen folgende Artikel in Rechnung:

Pos.	Artikel	Beschreibung	Menge	Einheit	Einzelpreis in EUR	Rabatt	Warenwert in EUR
1	221249	Taschenlampe	2 500	Stück	2,24	15	4 760,00
2		Sonderprägung „50 Jahre Baumarkt Hans Schäfer GmbH"	2 500	Stück	0,35	–	875,00

Warenwert in EUR	Verpackung, Fracht in EUR	Entgelt, netto inEUR	MwSt. %	MwSt. in EUR	Gesamtbetrag in EUR
5 635,00	0,00	5 635,00	19	1 070,65	6 705,65

Zahlungsbedingungen: 3 % Skonto bis 02.07.20.., 14 Tage netto

Vielen Dank für Ihren Auftrag.

Heinz Stocker KG
Verkauf

2 Kaufvertragsstörungen erklären, die Rechte und Pflichten der Vertragsparteien untersuchen und dabei die unterschiedlichen Interessenlagen beachten

KB 2 — Lernsituation 6: Eine Mängelrüge bearbeiten

Frau Sigg, Leiterin des Verkaufs bei der Ulmer Büromöbel AG, hat die Vertriebszahlen der letzten beiden Quartale mithilfe einer Tabellenkalkulation analysiert und zur Teamsitzung der Abteilungsleiter mitgebracht.

⊿	A	B	C	D	E	F	G
1	Prozesskennziffern Vertrieb						
2							
3			Quartal I			Quartal II	
4		EUR	%	%	EUR	%	%
5	Forderungen, in Rechnung gestellt	2.578.830,00 €	100		2.638.927,00 €	100	
6	- Gutschriften, Retouren	48.783,00 €	1,89		41.869,00 €	1,59	
7	= tatsächliche Forderungen	2.530.047,00 €	98,11	100,00	2.597.058,00 €	98,41	100
8	- Einnahmen hieraus	2.496.783,00 €		98,69	2.564.893,00 €		98,76
9	= Nicht bezahlte Forderungen	33.264,00 €		1,31	32.165,00 €		1,24
10							

Frau Sigg wendet sich an Herrn Sutter, den Leiter der Produktion:

„Jetzt schauen Sie sich mal diese Zahlen an! Unsere Kalkulation können wir doch glatt vergessen. Im 2. Quartal haben wir 2 638 927,00 EUR fakturiert. 41 869,00 EUR mussten wir wieder zurückbuchen, weil wir wegen Qualitätsmängeln Nachlässe geben mussten. Oder noch schlimmer, Produkte kamen zurück und wir mussten die entsprechende Forderung wieder gutschreiben – was machen wir jetzt mit den Möbeln?

Und was Sie hier überhaupt nicht sehen: Es vergeht kein Monat, in welchem ich nicht bei irgendeinem Kunden „Gut Wetter" machen muss, weil wir mit der Auslieferung in Verzug sind. Den Schaden sieht keiner in einer Tabelle – die Kunden kommen einfach nicht wieder.

Ich möchte aber, dass die Kunden wieder kommen – und nicht unsere Büromöbel!"

KOMPETENZORIENTIERTE ARBEITSAUFTRÄGE:

1. Beschreiben Sie den Ausschnitt aus der Tabellenkalkulation, den Frau Sigg mit in die Teamsitzung gebracht hat!

2. Was meint Frau Sigg mit *„Ich möchte aber, dass die Kunden wiederkommen – und nicht unsere Büromöbel!"*?

3. Arbeiten Sie die folgenden Kapitel des Schulbuches durch und verwenden Sie die Aufzeichnungen aus dem Unterricht zur Bearbeitung der kompetenzorientierten Arbeitsaufträge.

> Die Ulmer Büromöbel AG liefert am 17. 04. 20..
> – 10 Computertische, Artikelnummer M10302, Gesamtpreis netto   1 540,00 EUR
> – 5 Aktenschränke, Artikelnummer M20503, Gesamtpreis netto   990,00 EUR
> an die Bergmann Bürowelt GmbH in 58093 Hagen, Preußerstr. 65.

Drei Tage später trifft eine Mängelrüge der Bergmann Bürowelt GmbH ein:
– Bei drei Computertischen haben die Auszugsplatten einen tiefen Riss.
– Die Lackfarbe der fünf Aktenschränke wirft an mehreren Stellen große Luftblasen.

3.1 Notieren Sie, welche Pflichten die Bergmann Bürowelt GmbH hat, um die Gewährleistungsrechte in Anspruch nehmen zu können!

3.2 Nennen Sie jeweils die Mängelart, um die es sich in den beiden Fällen handelt!

3.3 Erläutern Sie, welche Gewährleistungsansprüche die Bergmann Bürowelt GmbH gegenüber der Ulmer Büromöbel AG jeweils fordern wird!

3.4 Frau Klinger, Sachbearbeiterin in der Auftragsabteilung der Ulmer Büromöbel AG, wird beauftragt, die Mängelrüge der Bergmann Bürowelt GmbH zu bearbeiten.
Verfassen Sie für Frau Klinger ein Schreiben, in dem Sie formgerecht auf die Mängelrüge der Bergmann Bürowelt GmbH reagieren! Gehen Sie dabei davon aus, dass die Bergmann Bürowelt GmbH Anspruch auf ihre Gewährleistungsrechte hat und eine langjährige Geschäftsbeziehung zur Ulmer Büromöbel AG unterhält.

3.5 Nennen Sie die Voraussetzungen, die gegeben sein müssen, damit die Bergmann Bürowelt GmbH das Recht „Rücktritt vom Kaufvertrag" verlangen kann!

Nicht alle Kaufverträge werden den getroffenen Vereinbarungen entsprechend erfüllt. Es kommt zu **Leistungsstörungen**.

Zu einer **Leistungsstörung** kommt es, wenn der Schuldner die geschuldete Leistung nicht, nicht rechtzeitig oder nicht in der geschuldeten Weise erbringt.

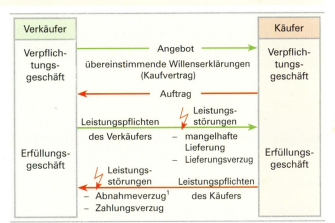

2.1 Mangelhafte Lieferung (Schlechtleistung)

2.1.1 Begriff mangelhafte Lieferung

Eine mangelhafte Lieferung liegt vor, wenn
- eine im Kaufvertrag vereinbarte Sache (Leistung) vom Verkäufer an den Käufer **übergeben und übereignet** und
- diese Sache **mit Mängeln behaftet** ist.

Dies stellt eine Pflichtverletzung im Sinne des § 280 I BGB dar.

---

1 Der **Abnahmeverzug** wird im Folgenden aufgrund des Bildungsplans nicht behandelt.

2.1.2 Mängelarten

(1) Erkennbarkeit der Mängel

Mängelarten	Erläuterungen	Beispiele
Offene Mängel	Sind Mängel, die bei gewissenhafter Prüfung der Kaufsache **sofort** entdeckbar sind.	Brot ist schimmlig, Spiegel hat einen Sprung.
Versteckte Mängel	Diese Mängel sind bei der Übergabe der Waren trotz gewissenhafter Prüfung zunächst **nicht** entdeckbar. Sie werden erst später, z. B. während ihres Gebrauchs oder ihrer Verarbeitung, erkennbar.	Regenmantel ist nicht wasserdicht, Konserven sind verdorben.
Arglistig[1] verschwiegene Mängel	Es sind versteckte Mängel, die der Verkäufer dem Käufer **absichtlich** verschweigt.	Beim Pkw-Verkauf wird ein Unfall verschwiegen.

(2) Sachmängel

Mängel	Beispiele
Mangel in der **Beschaffenheit**	■ Im Kaufvertrag ist vereinbart, dass die maximale Leistung der Stanzmaschine 1 200 Teile je Maschinenstunde betragen soll. Die tatsächliche Leistung beträgt jedoch nur 1 080 Stück je Maschinenstunde. ■ Das E-Bike hat eine defekte Steuerungselektronik und liefert daher am Berg nicht die erforderliche Unterstützung. ■ Die Abstände der Regalbretter eines Ordnerschrankes sind kleiner als die Höhe eines DIN-A4-Ordners.
Mangel durch **falsche Werbeversprechungen** bzw. **falsche Produktbeschreibung**	Der Energieverbrauch eines Schleifautomaten wird als besonders niedrig beschrieben, obwohl er nur geringfügig unter dem durchschnittlichen Energieverbrauch von vergleichbaren Schleifautomaten liegt.
Fehlerhafte Montageanleitungen bzw. **Montagemangel**[2]	Kevin Huber kauft eine Küche und übernimmt die Aufstellung der Küche selbst. Aufgrund einer falschen Montageanleitung misslingt der Einbau der Dunstabzugshaube.
Falschlieferung (Aliud) oder **Minderlieferung**	■ Geliefert wurden Gurken in Dosen statt Bohnen in Dosen. ■ Geliefert wurden 20 Stück statt 200 Stück.

2.1.3 Fristen für die Mängelrüge

Beim **zweiseitigen Handelskauf** muss der **offene Mangel** dem Verkäufer unverzüglich nach der Entdeckung bei der Wareneingangskontrolle angezeigt werden. **Versteckte Mängel** müssen unverzüglich nach ihrer Entdeckung, spätestens aber innerhalb der Frist für Sachmängelhaftung von 2 Jahren angezeigt werden.

	offene Mängel	versteckte Mängel
Zweiseitiger Handelskauf	unverzüglich [§ 377 I HGB]	unverzüglich, nach Entdeckung, spätestens innerhalb von 2 Jahren

---

1 **Arglistig** handelt, wer wahre Tatsachen unterdrückt (der Verkäufer kennt z. B. den erheblichen Mangel der Kaufsache bereits bei Übergabe der Kaufsache an den Käufer) oder falsche Tatsachen „vorspiegelt" (der Verkäufer erklärt z. B. wahrheitswidrig, dass das verkaufte Auto für 100 km Fahrstrecke auch bei Höchstgeschwindigkeit höchstens 6,0 Liter Treibstoff verbraucht).

2 Man spricht hier auch von der **IKEA-Klausel,** da in der Vergangenheit einige wenige Montageanleitungen schwer verständlich waren.

Beachte:

Versäumt ein Unternehmen einen Mangel termingerecht zu rügen, **verliert es alle Rechte** aus der mangelhaften Lieferung **gegenüber dem Lieferer** [§ 377 II HGB].

2.1.4 Rechte des Käufers (Gewährleistungsrechte)

(1) Überblick

(2) Rechte ohne Fristsetzung

① **Nacherfüllung** [§ 439 BGB]

Der Käufer kann, **unabhängig vom Verschulden** des Verkäufers, auf **Nacherfüllung** bestehen. Dabei kann der **Käufer** nach **seiner Wahl**

- die **Beseitigung des Mangels** oder
- die **Lieferung einer mangelfreien Sache (Ersatzlieferung)**

verlangen. Er hat hierfür dem Verkäufer eine **angemessene**[1] **Zeit** einzuräumen. Die Kosten der Nacherfüllung hat der Verkäufer zu tragen. Der **Verkäufer** kann allerdings die Leistung **verweigern,** wenn die vom Käufer gewählte Art der Nacherfüllung für ihn nur mit **unverhältnismäßigen Kosten** verbunden ist. Eine Nacherfüllung ist nur bei **Gattungswaren (Gattungskauf),** nicht aber bei **Spezessachen (Stückkauf)** möglich.[2]

---

1 **Angemessen** besagt, dass die Frist so lange sein muss, dass der Schuldner die Leistung tatsächlich noch erbringen kann. Allerdings muss sie dem Schuldner nicht ermöglichen, mit der Leistungserbringung erst zu beginnen. Der Schuldner soll nur die Gelegenheit bekommen, die bereits in Angriff genommene Leistung zu beenden.

2 Zu den Begriffen siehe S. 138.

Eine Nacherfüllung gilt als fehlgeschlagen, wenn der **zweite Nachbesserungsversuch erfolglos** war [§ 440, S. 2 BGB]. Die **Fristsetzung** zur Nacherfüllung ist **entbehrlich bei** ernsthafter und endgültiger **Leistungsverweigerung** durch den Schuldner [§ 281 II BGB].

Beispiel:

Julian Kimmerle kauft eine Armbanduhr für 60,00 EUR. Nach einer Woche stellt sich heraus, dass das Glas innen mit Feuchtigkeit beschlägt. Er verlangt die Reparatur. Der Verkäufer weigert sich und bietet als Alternative eine neue Uhr des gleichen Typs an.

---

② **Schadensersatz neben der Leistung** [§ 280 I BGB]

Neben dem Recht auf Nacherfüllung hat der Käufer **zusätzlich** noch einen **Anspruch auf Schadensersatz neben der Leistung.** Dabei gilt: Der **Verkäufer (Schuldner)** muss gegenüber dem **Käufer** beweisen, dass er die Pflichtverletzung nicht zu vertreten hat.

Schadensersatz neben der Leistung wird der Käufer verlangen, wenn er den **Kaufgegenstand behält** und einen zusätzlich angefallenen **Schaden ersetzt haben will.**

Beispiel:

Die Ulmer Büromöbel AG kauft eine Lackiereinrichtung. Bei der Inbetriebnahme wird übersehen, dass die Absaugvorrichtung der neuen Anlage defekt ist. Die Anlage wird zwar unverzüglich repariert, dennoch kann sie erst drei Tage später in Betrieb genommen werden. Dadurch entsteht ein Gewinnausfall von 1 400,00 EUR. Dieser Betrag kann als Schadensersatz neben der Leistung geltend gemacht werden.

Beachte:

Für **alle Formen des Schadensersatzes** gilt: Der Anspruch hängt davon ab, ob ein **Verschulden vorliegt,** der Verkäufer (Gläubiger) den Mangel also zu vertreten hat.

Ein **Verschulden („vertreten müssen")** setzt voraus:

■ **Pflichtverletzung**

Sie kann darin bestehen, dass der Schuldner **überhaupt nicht leistet** (z. B. weil die Leistung unmöglich geworden ist),[1] zu **spät leistet**[2] oder **schlecht leistet.**

+

■ **Schuldhaftes Verhalten** (Vorsatz oder Fahrlässigkeit)

■ **Vorsätzlich** handelt, wer einen bestimmten Erfolg willentlich herbeiführt und sich dabei der Rechtswidrigkeit bewusst ist. Anders ausgedrückt: Wer vorsätzlich handelt, der **will** die Rechtsverletzung.

■ **Fahrlässig** handelt, wer die im Verkehr erforderliche Sorgfalt außer Acht lässt [§ 276 II BGB]. Da das Gesetz an dieser Stelle den Begriff „Fahrlässigkeit" nicht näher bestimmt, ist **jede** (!) Fahrlässigkeit gemeint – sowohl grobe als auch leichte.

---

1 In diesem Fall ist der Anspruch auf Leistungserfüllung ausgeschlossen [§ 275 I BGB]. Auf die Unmöglichkeit der Leistung wird im Folgenden nicht eingegangen.

2 Die Sache wird vom Verkäufer zu spät geliefert (Lieferungsverzug, siehe S. 176 ff.) oder der fällige Zahlungsbetrag wird vom Käufer zu spät entrichtet (Zahlungsverzug, siehe S. 186 f.).

(3) Rechte nach Ablauf einer angemessenen Frist zur Mangelbeseitigung (erfolglose Nacherfüllung)

③ **Rücktritt vom Kaufvertrag** [§§ 323–326 BGB]

- Durch den **Rücktritt vom Vertrag** wird der **Kaufvertrag rückgängig gemacht.**[1] Bereits gelieferte Ware ist zurückzuschicken, ein bereits gezahlter Kaufpreis ist zu erstatten.
- Das Rücktrittsrecht ist **nicht von einem Verschulden des Verkäufers** abhängig.

Beim Rücktritt muss der Käufer die erhaltene **Leistung zurückgeben** und den **Nutzen** aus der Leistung **ersetzen**.

> **Beispiel:**
>
> Ein Käufer, der einen mangelhaften Pkw erhalten und genutzt hat, muss zum einen den Pkw zurückgeben und zum anderen sich vom Verkäufer ein Nutzungsentgelt anrechnen lassen.

Der Rücktritt des Käufers ist **ausgeschlossen,** wenn der **Mangel unerheblich** ist.

> **Beispiel:**
>
> Befindet sich an einem neuen Pkw ein kleiner Kratzer unter der Motorhaube, ist kein Rücktritt möglich, weil die Schlechtleistung unerheblich ist.

Einen Rücktritt vom Kaufvertrag wird der Käufer z. B. dann verlangen, wenn

- er den Lieferer nicht für leistungsfähig hält,
- der Preis für die Ware in der Zwischenzeit gefallen ist,
- er die Ware nicht mehr benötigt.

④ **Schadensersatz statt der Leistung** [§ 325; § 280 I, II; § 281 BGB]

Liegt ein Verschulden des Verkäufers vor, dann kann der Käufer **zusätzlich** zum Rücktritt Ersatz des ihm entstandenen Schadens verlangen.

Damit ist aber der Anspruch auf Erfüllung der Leistung ausgeschlossen.

Einen Schadensersatz statt der Leistung wählt der Käufer, wenn er den gelieferten **Kaufgegenstand zurückgibt** und ihm ein **Schaden entstanden** ist. Abgedeckt wird sowohl der **eigentliche Mangelschaden** als auch ein sich anschließender eventueller **Mangelfolgeschaden**.

> **Beispiel:**
>
> Eine Bäckerei kauft für ihre Kaffeeecke eine neue Espressomaschine. Diese ist jedoch fehlerhaft und erzeugt nicht den erforderlichen Druck. Nachdem die Nacherfüllung zweimal fehlgeschlagen ist und der Hersteller die Schuldvermutung nicht widerlegen kann, tritt der Bäcker vom Vertrag zurück und erwirbt bei einem anderen Verkäufer eine gleichartige Maschine **(Deckungskauf).** Dabei entstehen Mehrkosten in Höhe von 180,00 EUR. Außerdem kann eine Woche lang kein Kaffee ausgeschenkt werden. Der dadurch entgangene Gewinn beträgt 250,00 EUR. Die gesamte Schadenssumme in Höhe von 430,00 EUR kann als Schadensersatz statt der Leistung geltend gemacht werden.

---

1 Als Folge des Rücktritts wird der ursprüngliche Kaufvertrag in ein neues Schuldverhältnis, ein sogenanntes **Rückabwicklungsschuldverhältnis** umgewandelt.

171

⑤ **Ersatz vergeblicher Aufwendungen** [§ 284 BGB]

Anstelle des Schadensersatzes statt der Leistung kann der Käufer auch den Ersatz vergeblicher Aufwendungen verlangen. Vergebliche Aufwendungen sind solche, die im Vertrauen auf eine ordnungsgemäße Leistung erbracht wurden, aber aufgrund der mangelhaften Leistung unnütz geworden sind.

⑥ **Minderung** [§ 441 BGB]

> ■ **Minderung** bedeutet, dass der ursprüngliche Kaufpreis um die Wertminderung, die der Mangel verursacht hat, gekürzt wird.
>
> ■ Der **Kaufvertrag bleibt bestehen.**

Minderung wird in der Regel verlangt, wenn die Ware nur kleinere Mängel aufweist, sodass der Käufer die Ware weiterverwenden (z. B. verarbeiten oder weiterveräußern) kann.

Das Recht auf Minderung gilt auch für **unerhebliche Mängel**.

Beispiel:

Eine Musikanlage, die von einem Medienhaus für 300,00 EUR gekauft wurde, leistet nicht wie vertraglich vorgesehen 500 Watt, sondern nur 400 Watt. Da es nicht innerhalb einer gesetzten Frist zur Nacherfüllung durch den Lieferer kommt, verlangt das Medienhaus Minderung. Eine Musikanlage mit einer Leistung von 400 Watt könnte es für 200,00 EUR erwerben. Dem Medienhaus steht ein Minderungsanspruch in Höhe von 100,00 EUR zu.

⑦ **Schadensersatz neben der Leistung**

Liegt ein Verschulden des Verkäufers vor, dann kann der Käufer neben der Minderung auch noch Schadensersatz neben der Leistung verlangen.

Sonderregelungen zu den Gewährleistungsrechten beim Verbrauchsgüterkauf

■ **Gefahrübergang**

Beim Verbrauchsgüterkauf tritt der Gefahrübergang erst ein, wenn der Verbraucher die Kaufsache erhalten hat [§ 474 II, S. 2 BGB].

■ **Beweislastumkehr**

Beim Auftreten eines Sachmangels in den ersten sechs Monaten nach Gefahrübergang wird zugunsten des Verbrauchers gesetzlich vermutet, dass der Mangel bereits beim Gefahrübergang der Kaufsache vorhanden war.

Beispiel:

Bei einem im Juli erworbenen Dachfenster tritt im Oktober bei Regen Wasser ein. Es zeigt sich, dass sich Dichtungen im Rahmen großflächig ablösen. Hier spricht die Vermutung für eine von Anfang an fehlerhafte Qualität der Dichtungen bzw. ihrer Verklebung.

Bestreitet der Verkäufer, dass der Mangel bereits beim Gefahrübergang bestand, dann muss er dies dem Verbraucher beweisen. Die Beweislastumkehr kann durch „Allgemeine Geschäftsbedingungen" nicht ausgeschlossen werden.

■ **Abweichende vertragliche Regelungen**

Abweichende Regelungen zum Nachteil des Verbrauchers sind unwirksam [§ 475 I, II BGB].

2.1.5 Verjährungsfristen[1] von Mängelansprüchen

Der Käufer muss seine Gewährleistungsansprüche innerhalb bestimmter Fristen geltend machen. Werden diese Fristen vom Käufer nicht beachtet, kann er seine Rechte, die sich aus der mangelhaften Lieferung ergeben, nicht mehr gerichtlich durchsetzen.

Verjährungsgegenstand	Verjährungsfrist	Beginn der Verjährung
Ansprüche auf Nacherfüllung, Schadensersatz, Ersatz vergeblicher Aufwendungen bei **offenen** und **versteckten Mängeln**.	2 Jahre (Regelfall)	Unmittelbar mit Lieferung der beweglichen Sache.
Mängelansprüche, bei denen der Verkäufer einen **Mangel arglistig verschwiegen** hat.	3 Jahre (regelmäßige Verjährungsfrist)	Mit Schluss des Jahres, in dem der Anspruch entstanden ist und der Gläubiger davon und vom konkreten Schuldner Kenntnis erlangt oder grob fahrlässig nicht erlangt hat.

Zusammenfassung

- Eine **mangelhafte Lieferung** liegt vor, wenn die im Kaufvertrag vereinbarte Lieferung zum **Zeitpunkt** der **Übergabe** mit einem **Mangel** behaftet ist.

- Wir unterscheiden folgende **Sachmängel**:

Mängel in der **Beschaffenheit**	Mängel durch **falsche Werbeversprechungen/ Produktbeschreibung**	Mängel in der **Montage bzw. Montageanleitung**	**Falschlieferung** oder **Minderlieferung**

- Bei der Lieferung mangelhafter Sachen hat der Käufer folgende **Gewährleistungsrechte ohne Fristsetzung**:
  - Nacherfüllung durch Mangelbeseitigung oder Ersatzlieferung,
  - Schadensersatz neben der Leistung (bei Verschulden).

- Ist eine angemessene **Nachfrist** zur Nacherfüllung oder Ersatzlieferung **erfolglos abgelaufen**, verfügt der Käufer über folgende **(nachrangige) Rechte**:
  - Rücktritt vom Kaufvertrag und Schadensersatz statt der Leistung/Ersatz vergeblicher Aufwendungen,
  - Minderung und Schadensersatz neben der Leistung.

- Bei einem **Verbrauchsgüterkauf** gelten zu den Gewährleistungspflichten **ergänzende Vorschriften zum Schutz des Verbrauchers** z. B. in Bezug auf
  - Gefahrübergang,

---

1 Unter **Verjährung** versteht man den Ablauf der Frist, innerhalb der ein Anspruch erfolgreich gerichtlich geltend gemacht werden kann. Nach Eintritt der Verjährung ist dies z. B. nur noch dann möglich, wenn der Gläubiger den Schuldner verklagt, der Beklagte während der Gerichtsverhandlung die Einrede der Verjährung unterlässt und der Beklagte z. B. zur Zahlung verurteilt wird. Näheres zur Verjährung in Kapitel 2.6, S. 204 ff.

■ Beweislastumkehr,

■ abweichende vertragliche Regelungen.

■ Der Käufer muss seine Gewährleistungsansprüche innerhalb bestimmter Fristen (im Regelfall
2 Jahre) geltend machen. Ansonsten unterliegen sie der **Verjährung.**

Kompetenztraining

34 Begriffe zu den Störungen des Kaufvertrags

Erklären Sie folgende Begriffe:

1. Leistungsstörung
2. mangelhafte Lieferung
3. Pflichtverletzung
4. Vorsatz
5. Fahrlässigkeit
6. Sachmangel
7. Nacherfüllung durch Mangelbeseitigung
8. Nacherfüllung durch Ersatzlieferung
9. Rücktritt vom Vertrag
10. Minderung
11. Ersatz vergeblicher Aufwendungen
12. Verbrauchsgüterkauf

35 Leistungsstörungen

1. Stellen Sie dar, welche Leistungsstörungen vom Verkäufer ausgehen und welche vom Käufer!

2. Nennen Sie die Voraussetzungen, die gegeben sein müssen, damit ein Verschulden des Verkäufers vorliegt!

3. Notieren Sie die entscheidende Voraussetzung, die gegeben sein muss, damit Schadensersatz verlangt werden kann!

4. Erklären Sie den Unterschied zwischen Schadensersatz statt der Leistung und Schadensersatz neben der Leistung!

5. Erläutern Sie, warum der Gesetzgeber vorsieht, dass die Erfüllung durch den Schuldner zunächst Vorrang hat gegenüber einem Anspruch des Gläubigers auf Schadensersatz statt der Leistung!

6. Unterscheiden Sie zwischen einem versteckten Mangel und einem arglistig verschwiegenen Mangel!

7. Beschreiben Sie, warum für die Vorschriften des § 434 II BGB (fehlerhafte Montageanleitung bzw. Montagemangel) auch die Bezeichnung IKEA-Klausel verwendet wird!

8. Nennen Sie die Voraussetzungen, unter denen die folgenden Rechte geltend gemacht werden können:

   8.1 Nachbesserung durch Mangelbeseitigung

   8.2 Nachbesserung durch Ersatzlieferung

   8.3 Mangelbeseitigung + Schadensersatz neben der Leistung

   8.4 Minderung

   8.5 Minderung + Schadensersatz neben der Leistung

   8.6 Rücktritt vom Vertrag

   8.7 Rücktritt vom Vertrag + Schadensersatz statt der Leistung

9. Begründen Sie, ob ein Rücktritt vom Vertrag und Schadensersatz neben der Leistung möglich ist!

10. Sowohl in § 280 BGB als auch in § 476 BGB wird die Beweislast zugunsten des Käufers umgedreht. Erläutern Sie, worin der Unterschied liegt!

36   Rechtsfälle zur mangelhaften Lieferung

Prüfen Sie die folgenden Rechtsfälle:

1. Julian Kimmerle kauft vom Autohaus Stolz & Krug OHG einen Neuwagen. Vier Wochen nach Übergabe funktioniert die Klimaanlage auf langen Fahrten nicht ordnungsgemäß. Der Mangel war für das Autohaus Stolz & Krug OHG trotz intensiver Prüfung des Pkw nicht zu erkennen.

   Aufgabe:

   Erklären Sie, welche Rechte Julian Kimmerle gegen das Autohaus Stolz & Krug OHG geltend machen kann und welche Voraussetzungen dabei zu beachten sind!

2. Tobias Kern kauft im Elektrogeschäft Lisa Vetter e. Kfr. einen DVD-Player. Beim Anschluss an sein Fernsehgerät stellt Tobias kleinere Farbflecken fest, die dem Elektrohaus Lisa Vetter e. Kfr. nicht aufgefallen waren.

   Aufgabe:

   Begründen Sie, ob Tobias Kern Nachbesserung bzw. Neulieferung verlangen kann!

3. Vanessa Kramer kauft vom Autohaus Stolz & Krug OHG einen Neuwagen. Nach einigen Wochen stellt sie erhebliche Mängel fest. Außerdem ist ihr durch die Mängel ein Schaden in Höhe von 200,00 EUR entstanden.

   Aufgabe:

   Nennen Sie die Voraussetzungen, die vorliegen müssen, damit Vanessa Kramer im Normalfall das Recht „Schadensersatz statt Leistung" geltend machen kann!

4. Nicole Krimmer kauft vom Autohaus Stolz & Krug OHG einen neuen Pkw (Marke „SX") des Produzenten Pollux, der in Werbebroschüren mit dem Slogan *„Mit durchschnittlich fünf Litern pro 100 km sind Sie beim SX dabei"* wirbt. Nach Übergabe stellt Nicole fest, dass der tatsächliche Verbrauch des „SX" bei sieben Litern liegt.

   Aufgabe:

   Stellen Sie die Rechte dar, die Nicole Krimmer zustehen!

5. Der Juwelier Vollmer e. Kfm. verkauft einen 30 Jahre alten Ohrring aus „echtem Gold" an Mathilde Krebs. Später entdeckt sie, dass der Ring nicht aus Gold, sondern nur aus vergoldetem Messing war. Juwelier Vollmer konnte hiervon nichts wissen.

   Aufgabe:

   Stellen Sie die Rechte dar, die Mathilde Krebs zustehen!

6. Andreas Krupp (Privatmann) kauft von der Vorbach KG ein neues Motorrad. Drei Monate nach Übergabe streikt der Motor. Es ist nicht feststellbar, ob der Mangel aufgrund eines Materialfehlers bereits bei Übergabe vorhanden war oder auf fehlerhafte Bedienung von Andreas zurückzuführen ist.

   Aufgabe:

   Begründen Sie, ob Andreas Krupp Gewährleistungsrechte geltend machen kann!

7. Martin Kehrer kaufte am 10. Mai 20.. bei der Motorenwelt Vochezer GmbH einen Rasenmäher, der am gleichen Tag geliefert wird. Infolge eines Produktionsfehlers versagt am 10. September des Folgejahres der Motor. Martin Kehrer verlangt einen neuen Rasenmäher, die Motorenwelt Vochezer GmbH beruft sich auf Verjährung.

   Aufgabe:

   Klären Sie die Rechtslage!

8. Michael Klotz kaufte am 10. Mai 20.. vom Motorradhaus van Venn OHG ein gebrauchtes Motorrad, das am gleichen Tag geliefert wird. Ein Verkäufer des Motorradhauses van Venn OHG verschweigt **arglistig** einen Mangel. Zwei Jahre später entdeckt Michael den Mangel am 10. Juli und macht Gewährleistungsansprüche geltend.

   Aufgabe:

   Klären Sie die Rechtslage!

9. Bei der Überprüfung einer Getreidesendung stellt ein Händler fest, dass 40 % des Getreides feucht sind. Das Getreide kann an die Mühlen nur weiterverkauft werden, wenn es unter erheblichem Aufwand getrocknet wird.

Aufgaben:

9.1 Nennen Sie den Mangel, der vorliegt!

9.2. Nennen und begründen Sie zwei Gewährleistungsrechte, die aufgrund der Feuchtigkeit des Getreides geltend gemacht werden können!

37 Ansprüche bei mangelhafter Lieferung

1. Franz Fuchs, Gesellschafter der CLEAN-TEC OHG, hat am 8. April 20.. im Baumarkt Baufix KG einen neuen Rasenmäher gekauft. Am 22. Mai 20.. brach beim Rasenmähen der Gashebel ab. Nun verlangt er von der Baufix KG einen neuen Rasenmäher.

Aufgaben:

1.1 Erklären Sie, warum der Rasenmäher wegen des Abbrechens des Gashebels einen Sachmangel hat!

1.2 Stellen Sie dar, wie die Baufix KG auf die Forderung von Herrn Fuchs nach einem neuen Rasenmäher reagieren kann!

1.3 Angenommen, die Baufix KG lehnt alle Gewährleistungsrechte von Herrn Fuchs ab. Sie verweist auf ihre allgemeinen Geschäftsbedingungen, in denen sich folgende Klausel befindet:

> „Unsere Produkte unterliegen einer strengen Qualitätskontrolle. Rechte wegen Mängeln an unseren Produkten können nur gegenüber den Herstellern geltend gemacht werden."

Zeigen Sie auf, ob die Baufix KG einen Anspruch von Herrn Fuchs auf Nachlieferung und/oder Schadensersatz ablehnen darf!

2. Falko Luchs fährt mit seinem neuen Rennrad auf einer Trainingsfahrt steil bergab. Als plötzlich der rechte Bremsgriff (Hinterradbremse) abbricht, stürzt er schwer. Ein entgegenkommendes Auto muss, um Schlimmeres zu verhindern, ausweichen und fährt dabei gegen einen Baum. Schaden am Auto: 3 500,00 EUR. Falko Luchs muss im Krankenhaus behandelt werden. Kosten des Krankenhausaufenthaltes: 4 800,00 EUR.

Aufgabe:

Überprüfen Sie, welche Ansprüche/Rechte Falko Luchs gegen wen geltend machen kann!

2.2 Lieferungsverzug (Nicht-Rechtzeitig-Lieferung)

KB 2	**Lernsituation 7: Mit einer nicht rechtzeitig erfolgten Lieferung umgehen**

Die Ulmer Büromöbel AG bestellte am 15. März 20.. aufgrund eines verbindlichen Angebots vom 13. März 20.. bei der Holzland GmbH 300 m^3 Dekorplatten unterschiedlicher Oberflächenstruktur. Lieferung: sofort.

Nach 14 Tagen ist die Lieferung noch nicht erfolgt. Es liegt ein Versehen der Versandabteilung in der Holzland GmbH vor.

KOMPETENZORIENTIERTE ARBEITSAUFTRÄGE:

Arbeiten Sie die folgenden Kapitel des Schulbuches durch und verwenden Sie die Aufzeichnungen aus dem Unterricht zur Bearbeitung der Arbeitsaufträge.

1. Prüfen Sie, ob die Holzland GmbH in Verzug ist! Begründen Sie Ihre Entscheidung!

2. Verfassen Sie eine Mahnung, um die Holzland GmbH in Verzug zu setzen! Gehen Sie dabei davon aus, dass die Holzland GmbH seit langer Zeit Geschäftsbeziehungen zur Ulmer Büromöbel AG unterhält und dass sich die Probleme verzögerter – und zum Teil auch mangelhafter – Lieferungen in den letzten zwei Jahren gehäuft haben.

3. Erläutern Sie, wie sich die Rechtslage ändert, wenn die Holzland GmbH die Lieferung bis zum 25. März 20.. fix zugesagt hätte!

4. Gehen Sie aus von Aufgabe 3. Die Lieferung ist am 25. März 20.. noch nicht erfolgt. Stellen Sie dar, welche Rechte der Ulmer Büromöbel AG ohne Fristsetzung zustehen!

5. Gehen Sie aus von Aufgabe 4. Erläutern Sie, von welchem Recht die Ulmer Büromöbel AG Gebrauch machen wird, wenn der Preis für Dekorplatten inzwischen gefallen ist!

2.2.1 Begriff Lieferungsverzug

Voraussetzungen für den Eintritt des Lieferungsverzugs sind:

(1) Möglichkeit der Leistung

Beim Lieferungsverzug handelt es sich um eine nur **vorübergehende Leistungsstörung**. Die Nachholbarkeit ist also grundsätzlich noch möglich. Ist die Nachholbarkeit der Leistung **nicht mehr möglich,** dann liegt **kein Lieferungsverzug** vor, sondern eine **Unmöglichkeit der Leistung.**[1]

(2) Fälligkeit der Lieferung

Die **Fälligkeit einer Lieferung** ist der **Zeitpunkt,** von dem ab der Käufer eine **Lieferung** (z. B. die Übergabe und Übereignung der Kaufsache) **verlangen kann.** Ist keine Vereinbarung über einen Zeitpunkt getroffen worden, kann der Käufer die Lieferung sofort verlangen.

(3) Mahnung durch den Käufer

Eine Mahnung ist erforderlich, wenn der **Kalendertag** der Lieferung **nicht genau bestimmt** ist.

Beispiele:
Eine Bestellung zur „sofortigen Lieferung", „sobald als möglich", „ab 20. Juli 20..", „frühestens ab 10. Juni", „nach Zahlungseingang".

---

1 In diesem Fall ist der Anspruch auf Leistungserfüllung ausgeschlossen [§ 275 I BGB].

177

12 Speth u.a. - ISBN 978-3-8120-0594-4

Ausnahmen: In folgenden Fällen ist keine Mahnung erforderlich	Beispiele
Als Liefertermin ist ein **bestimmter Kalendertag** festgelegt.	„Warenlieferung am 24. April 20..", „Lieferung Ende Mai 20.."
Die Lieferung lässt sich aufgrund eines vorausgegangenen Ereignisses **genau berechnen**.	„Die Lieferung der Kaufsache erfolgt innerhalb von vierzehn Kalendertagen nach Bestelldatum", „Lieferung im Juni", „Lieferung innerhalb 10 Tagen nach Abruf", „Lieferung zwischen dem 5. und 12. Juni".
Fixkauf[1] oder Zweckkauf, d.h. die **verspätete Lieferung** ergibt für den Käufer **keinen Sinn** mehr.	„Lieferung fix am 14. Juni 20..", „Lieferung fix zum Eröffnungstag am 31. Juli 20..".
Ernsthafte und endgültige Verweigerung der **geschuldeten Leistung** durch den Verkäufer (Selbstinverzugsetzung).	„Zu dem vereinbarten Preis werde ich die Ware keinesfalls liefern".

(4) Verschulden des Verkäufers

Ein Verschulden liegt vor, wenn der Verkäufer **vorsätzlich**[2] oder **fahrlässig**[2] gehandelt hat.

Ausnahme: Der Verkäufer hat solche Lieferungsverzögerungen **nicht zu vertreten,** die z.B. auf höhere Gewalt zurückzuführen sind (z.B. Unwetter, Hochwasser, Streik).

Beispiele:

■ **Fall 1: Verschulden liegt vor**

Der Verkäufer kann deshalb nicht termingerecht liefern, weil er sich nicht rechtzeitig bei seinem Lieferer mit den Waren, die er verkauft, eingedeckt hat.

■ **Fall 2: Verschulden liegt nicht vor**

Der Verkäufer kann nicht termingerecht liefern, weil ein Blitzschlag im Lager einen Brand verursacht hat. Dadurch wurde die versandfertige Ware zerstört. Die Neuproduktion nimmt eine Woche in Anspruch.

Beachte:

Nach dem Eintritt des Lieferungsverzugs haftet der Verkäufer – unabhängig von einem Verschulden – für **Vorsatz,** für **Fahrlässigkeit** und für **Zufall.**

■ Ein Schuldner gerät mit seiner geschuldeten Leistung **in Verzug,** wenn er
  ■ **trotz Mahnung** (sofern sie erforderlich ist)
  ■ **nicht oder nicht rechtzeitig** leistet,
  ■ obwohl die **Leistung möglich** ist und
  ■ er die Nichtleistung oder die zu späte Leistung **verschuldet** hat.
■ Der Lieferungsverzug ist ein **Schuldnerverzug.**

---

1 Ein **Fixkauf** liegt vor, wenn der Zweck des Kaufvertrags mit der Einhaltung eines bestimmten Termins steht oder fällt.

2 Wiederholen Sie hierzu die Ausführungen auf S. 170.

2.2.2 Rechte des Käufers

(1) Überblick

(2) Rechte, die der Käufer ohne Fristsetzung geltend machen kann

① Bestehen auf Vertragserfüllung

Da der Verkäufer seiner Lieferungspflicht aus dem Kaufvertrag noch nicht nachgekommen ist, hat der Käufer das Recht, weiterhin auf **Vertragserfüllung** zu bestehen.

Gründe des Käufers, keine weitergehenden Rechte geltend zu machen, sind z. B.

- langjährige gute Geschäftsbeziehungen mit dem Verkäufer,
- die Lieferungsverzögerung ist für den Käufer von untergeordneter Bedeutung,
- bei anderen Verkäufern bestehen längere Lieferfristen, höhere Preise und/oder ungünstigere Zahlungsbedingungen als beim säumigen Verkäufer.

② Schadensersatz wegen Verzögerung der Leistung

Besteht der Käufer auf Vertragserfüllung und möchte er gleichzeitig den durch die Verzögerung der Leistung verursachten Schaden ersetzt haben, so kann er **Schadensersatz wegen Verzögerung der Leistung (Verzugsschaden)** verlangen.

Gefordert werden können insbesondere

- der Ersatz **aller Mehraufwendungen,** die durch die Verzögerung angefallen sind, wie z. B. die **Kosten einer Ersatzbeschaffung** für die Dauer des Verzugs (z. B. Miete einer Ersatzmaschine) sowie
- ein **entgangener Gewinn** (z. B. infolge der verspäteten Lieferung einer Ware).

179

Beispiel:

Elektrohändler Ludwig Bühler OHG kauft bei der Düsseldorfer Elektrogesellschaft mbH einen Kühlschrank zum Preis von 500,00 EUR. Diesen hat er lt. Kaufvertrag an Anna Bergmann zu 800,00 EUR weiterverkauft. Wegen der Lieferungsverzögerung scheitert der Weiterverkauf. Abzüglich aller Kosten hätte die Ludwig Bühler OHG einen Gewinn von 240,00 EUR erzielt. Die Ludwig Bühler OHG kann nach § 252 BGB 240,00 EUR entgangenen Gewinn als Verzugsschaden geltend machen.

(3) Rechte, die der Käufer nach Ablauf einer angemessenen Nachfrist geltend machen kann

③ Rücktritt vom Kaufvertrag

Beispiel:

Der Verkäufer liefert nicht innerhalb der ihm gesetzten angemessenen Nachfrist. Der Käufer tritt vom Kaufvertrag zurück, weil er die bestellte Sache inzwischen anderweitig zu einem günstigeren Preis kaufen kann.

Der Käufer kann vom Kaufvertrag zurücktreten, wenn die dem Verkäufer vorher gesetzte angemessene Nachfrist zur Lieferung erfolglos abgelaufen ist. Diese Fristsetzung ist z. B. entbehrlich, wenn der Verkäufer die Lieferung ernsthaft und endgültig verweigert oder beim Fixkauf. Ein Rücktritt ist nicht möglich, wenn die **Pflichtverletzung unerheblich** ist [§ 323 V, S. 2 BGB].

④ Schadensersatz statt der Leistung

Tritt der Käufer vom Kaufvertrag zurück, so kann er bei Verschulden zusätzlich **Schadensersatz statt der Leistung** verlangen [§ 325 BGB]. Ersatzfähig sind in diesem Fall insbesondere die Mehrkosten eines **Deckungskaufs.**[1] Daneben kann der Käufer auch einen **entgangenen Gewinn** geltend machen. Verlangt der Käufer Schadensersatz statt der Leistung, hat er **keinen Anspruch** mehr auf die Lieferung.

Bei der **Schadensberechnung** sind **drei Vorgehensweisen** zu unterscheiden:

Konkrete Schadensberechnung	Abstrakte Schadensberechnung	Konventionalstrafe[2]
Der Käufer kann den Preisunterschied zwischen dem Vertragspreis und dem Preis des Deckungskaufs verlangen.	Der Käufer kann Schadensersatz für den ihm durch den Lieferungsverzug „entgangenen" Gewinn geltend machen.	Eine Vertragsstrafe wird in der Regel vom Verkäufer bei einer Bank hinterlegt. Die Auszahlung an den Käufer wird fällig, sobald der Verkäufer in Verzug ist.

⑤ Ersatz vergeblicher Aufwendungen

Der Käufer kann anstelle des Schadensersatzes statt der Leistung auch Ersatz vergeblicher Aufwendungen verlangen. Die Aufwendungen müssen aber angemessen sein und nachgewiesen werden.

---

1 Ein **Deckungskauf** liegt vor, wenn sich der Käufer die mangelhaft gelieferte Ware ersatzweise von einem anderen Lieferer beschaffen muss.

2 Bei Vertragsabschluss vereinbarte Geldsumme, die ein Vertragspartner erbringen muss, wenn er die vertraglich vereinbarte Leistung nicht zum festgelegten Zeitpunkt oder in der festgelegten Weise erfüllt hat.

Zusammenfassung

- **Lieferungsverzug** liegt vor, wenn der Schuldner
  - **trotz Mahnung** (sofern sie erforderlich ist),
  - **nicht oder nicht rechtzeitig leistet,**
  - obwohl die **Leistung möglich** ist und
  - er die Nichtleistung oder die zu späte Leistung **verschuldet** hat.
- **Fälligkeit** der Leistung ist der Zeitpunkt, zu dem der Schuldner die Leistung erbringen muss und der Gläubiger das Recht hat, sie zu fordern.
- Eine **Mahnung** ist z. B. in folgenden Fällen **nicht erforderlich:**
  - Der Liefertermin ist kalendermäßig bestimmt oder bestimmbar.
  - Die geschuldete Leistung wird durch den Verkäufer (Schuldner) ernsthaft und endgültig verweigert.
- **Rechtsfolge des Lieferungsverzugs:**
  Erweiterte Haftung des säumigen Verkäufers während des Verzugs, auch für Zufall (z. B. höhere Gewalt).
- Die **Rechte des Käufers beim Lieferungsverzug** sind:
  - **ohne** das Setzen einer **Nachfrist:** Bestehen auf Vertragserfüllung **und,** sofern eine notwendige Mahnung erfolgt ist und ein Verschulden aufseiten des Verkäufers vorliegt, Schadensersatz wegen Verzögerung der Leistung;
  - **nach erfolglosem Ablauf einer angemessenen Frist:** Rücktritt vom Kaufvertrag **und,** sofern eine notwendige Mahnung erfolgt ist und ein Verschulden aufseiten des Verkäufers vorliegt, Schadensersatz statt der Leistung oder Ersatz vergeblicher Aufwendungen.

Kompetenztraining

38   Begriffsklärungen

Erklären Sie folgende Begriffe:
1. Lieferungsverzug
2. Fälligkeit der Leistung
3. Fixgeschäft
4. Schadensersatz wegen Verzögerung der Leistung

39   Rechtliche Grundlagen zum Lieferungsverzug

1. Nennen Sie die Voraussetzungen für den Eintritt eines Lieferungsverzugs!

2. Angenommen, es ist keine Vereinbarung über einen Zeitpunkt zur Leistung getroffen.
   Aufgabe:
   Stellen Sie dar, wann die Leistung dann fällig ist!

3. Erklären Sie den Begriff Mahnung!

4. Bilden Sie drei Beispiele für Vertragsformulierungen, die einer Mahnung bedürfen, damit Lieferungsverzug eintritt!

5. 5.1 Beschreiben Sie, in welchen Fällen keine Mahnung erforderlich ist!
   5.2 Bilden Sie hierzu jeweils ein Beispiel!

6. Entscheiden Sie begründet bei folgenden Vertragsvereinbarungen über die Leistungszeit, ob der Verkäufer vom Käufer durch eine Mahnung in Verzug gesetzt werden muss:

6.1 Heute in drei Monaten,

6.2 Im Juli 20..,

6.3 Im Laufe des März 20..,

6.4 Am 28. Juli 20..,

6.5 14 Tage nach Weihnachten 20..,

6.6 8 Tage nach Abruf,

6.7 sofort,

6.8 20 Tage nach Erhalt der Auftragsbestätigung.

7. Notieren Sie die Voraussetzungen, die gegeben sein müssen, damit ein Gläubiger die folgenden Rechte geltend machen kann:

7.1 Bestehen auf Vertragserfüllung,

7.2 Bestehen auf Vertragserfüllung und Schadensersatz wegen Verzögerung der Leistung,

7.3 Rücktritt vom Vertrag,

7.4 Schadensersatz statt der Leistung,

7.5 Ersatz vergeblicher Aufwendungen.

8. Erläutern Sie, wodurch sich der Schadensersatz neben der Leistung vom Schadensersatz wegen Verzögerung der Leistung unterscheidet!

9. Erläutern Sie, wodurch sich der Schadensersatz wegen Verzögerung der Leistung vom Schadensersatz statt der Leistung unterscheidet!

10. Damit ein Gläubiger vom Vertrag zurücktreten kann, muss er dem Schuldner zunächst eine Nachfrist setzen. Ist diese erfolglos abgelaufen, dann kann er vom Vertrag zurücktreten.

Aufgabe:

Stellen Sie dar, warum der Gesetzgeber vorgesehen hat, dass erst der erfolglose Fristablauf abgewartet werden muss!

11. Bilden Sie ein Beispiel, nach dem der Gläubiger zwar vom Vertrag zurücktreten, aber keinen Schadensersatz statt der Leistung verlangen kann!

40 Rechtsfälle zum Lieferungsverzug

Prüfen Sie die folgenden Rechtsfälle:

1. Die Sägewerk Gnädinger KG hat am 29. Juni 20.. 60 m^3 Eichenschnittholz zu liefern. Weil die Gnädinger KG den Termin vergessen hat, liefert sie nicht vereinbarungsgemäß. Am 4. Juli 20 . . verbrennt ihr Holzlager aufgrund eines Blitzschlags.

Aufgabe:

Prüfen Sie rechtlich, ob die Gnädinger KG hierdurch von ihrer Leistungspflicht befreit ist!

2. Die Ulmer Büromöbel AG (Verkäufer) und Maria Kieble e.Kfr. (Käuferin) vereinbaren im Kaufvertrag den 20. April 20.. als Liefertermin für die Sonderanfertigung eines Eckregals.

Maria Kieble e.Kfr. schreibt der Ulmer Büromöbel AG am 10. April 20.., sie würde sich in Lieferungsverzug befinden, da die Lieferung bis jetzt noch nicht bei ihr eingegangen sei.

Aufgaben:

2.1 Erläutern Sie, was Sie der Ulmer Büromöbel AG raten würden, an Maria Kieble e.Kfr. zu schreiben!

2.2 Die Ulmer Büromöbel AG hat bis zum vereinbarten Liefertermin am 20. April 20.. nicht geliefert. Begründen Sie, ob sie sich in Lieferungsverzug befindet, wenn sie die Kaufsache wegen eines mehrwöchigen Streiks nicht produzieren konnte!

41 Zeitungsbericht über nicht rechtzeitig gelieferte Möbel

Lesen Sie zunächst folgenden Artikel:

„Ich weiß auch nicht, warum unser Verkäufer ..."
Über den Versuch eines Kunden, bestellte Möbel auch geliefert zu bekommen

Der Kunde, der an einem schönen Mittwochmorgen am 23. August ein Möbelhaus betritt, wendet sich an einen Verkäufer: „Guten Tag, ich hätte gerne die 4 Regalteile dort, diesen Schreibtisch, beides in Kirschbaum, und dazu noch einen solchen Bürostuhl." Zunächst irritiert über die Entschlussfreudigkeit des Kunden, greift der Verkäufer sofort zum Auftragsbuch, nimmt die Wünsche entgegen, rechnet den Gesamtpreis aus und weist den Kunden auf die übliche Anzahlung von 20 % hin. „Kein Thema", sagt der Kunde. Bis zu diesem Zeitpunkt also nahezu ein Bilderbuchfall. Dann versteigt sich der Verkäufer zu einer Äußerung, die sich im nachhinein als fatal[1] erweisen sollte: „Dieser Hersteller liefert nach meinen Erfahrungen sehr zügig, die Möbel sind in ungefähr drei Wochen da."

Am 19. September mahnt der Kunde das Möbelhaus an, um sich nach dem Verbleib seiner Möbel zu erkundigen, auf die er bereits seit einer Woche wartet. Die Antwort: „Der Hersteller hat uns die Lieferung der Möbel bis zum Ende dieser Woche, also bis zum 24. September versprochen. Wir liefern Ihnen dann unverzüglich am 27. September."

Nächster Anruf des Kunden am 28. September. Eine Schreckensnachricht: Die Möbel sollen jetzt erst in der 41. Woche ankommen, also Mitte Oktober, glatte 4 Wochen nach dem vorgesehenen Termin. Als der Kunde seinen Unmut darüber äußert, entgegnet ihm seine Gesprächspartnerin, sie „könne ja nichts dafür", wenn der Hersteller nicht pünktlich liefere. „Ich vermittle doch nur zwischen Ihnen und dem Hersteller." Der Käufer stellt klar: „Ich will die Möbel bis zum 5. Oktober haben!"

Am 5. Oktober sind die Möbel endlich beim Kunden eingetroffen. Beim Auspacken stellt der Kunde fest, dass die Möbel bis in das kleinste Teil nach Lego-Art zerlegt sind, kein Teil ist montiert. Zum Zusammenbau der Regale benötigt der Kunde vier Stunden.

Den Höhepunkt bildet jedoch der Schreibtisch: In den Holzplatten sind nicht einmal Löcher gebohrt. „Wie soll ich denn die Schrauben hineindrehen ohne Löcher?", stöhnt der Kunde. Entnervt wendet er sich seiner letzten Neuerwerbung zu. Endlich klappt alles. Der Bürostuhl ist äußerst bequem. Am nächsten Tag sitzt der Käufer auf seinem Stuhl und ruft wieder beim Möbelhaus an, um seinen Schreibtisch zu reklamieren. Plötzlich bricht die Rückenlehne ab und er stürzt schwer zu Boden und bricht sich beide Arme.

Quelle: In Anlehnung an Martin T. Roht, FAZ vom 28. November 2000.

Aufgaben:

1. Beschreiben Sie mit Worten oder mithilfe einer Skizze, wie in vorliegendem Fall ein Kaufvertrag zustande kommt!

2. Der Kunde wartet auf seine Möbel.

    2.1 Nennen Sie das Datum, ab wann das Möbelhaus in Verzug ist!

    2.2 Nennen Sie die Rechte, die der Kunde zu diesem Zeitpunkt hat!

    2.3 Beschreiben Sie, was der Käufer mit seiner Fristsetzung am 28. September erreicht!

3. Beurteilen Sie die Aussage: *„Ich vermittle doch nur zwischen Ihnen und dem Hersteller"* aus rechtlicher Sicht!

4. Prüfen Sie rechtlich, ob der Kunde die Zeit zum Aufbau der Regale dem Möbelhaus in Rechnung stellen kann!

5. Bestimmen Sie den Sachmangel, um den es sich beim Fehlen von Montagebohrungen handelt!

---

1 **Fatal:** verhängnisvoll.

2.3 Zahlungsverzug (Nicht-Rechtzeitig-Zahlung)

KB 2   **Lernsituation 8: Mit einer nicht rechtzeitigen Zahlung umgehen**

... wieder bei der Teamsitzung der Abteilungsleiter (siehe S. 166). Frau Sigg, Leiterin des Verkaufs, präsentiert weiter ihre Vertriebszahlen. Nachdem sie sich bei Herrn Sutter, dem Leiter der Produktion, über die teils mangelhaften, teils verspäteten Auslieferungen beschwert hat, wendet sie sich Frau Vollmer, der Leiterin der Buchhaltung, zu:

„Liebe Frau Vollmer! Ein bis zwei Prozent Forderungsausfall – wie stellen Sie sich das vor? Wenn wir Glück haben, sehen wir noch einen Teil davon. Aber das wird mühsam, dem Geld nachzulaufen, das sag ich Ihnen! Wir sollten dringend darüber nachdenken, wie wir diese Quote senken können – am besten schon durch Maßnahmen im Vorfeld."

KOMPETENZORIENTIERTE ARBEITSAUFTRÄGE:

Arbeiten Sie die folgenden Kapitel durch und verwenden Sie die Aufzeichnungen aus dem Unterricht zur Bearbeitung der Arbeitsaufträge.

Nach einer ausgeführten Lieferung liegen Frau Vollmer folgende Informationen vor:

Die Ulmer Büromöbel AG lieferte am 24. Februar 20.. an die Rotthal GmbH in Hamburg zehn komplette Bürosysteme im Wert von 94 000,00 EUR. Laut Lieferungs- und Zahlungsbedingungen sind die Bürosysteme 4 Wochen ab Rechnungsdatum zu bezahlen. Erfüllungsort und Gerichtsstand ist Ulm. Die Rechnung wurde am 24. Februar 20.. (Rechnungsdatum) abgesandt und ging am 26. Februar 20.. bei der Rotthal GmbH ein. Die Lieferung wurde ordnungsgemäß ausgeführt und ohne Beanstandungen von der Rotthal GmbH an- und abgenommen (Rechnung siehe Folgeseite).

Am 30. März 20.. hat die Rotthal GmbH die Rechnung noch nicht beglichen.

1. In der Praxis erfolgen die kaufmännischen Mahnungen in vier Stufen:

    ① Zahlungserinnerung,   ③ zweite Mahnung,

    ② erste Mahnung,   ④ dritte Mahnung.

Ordnen Sie die vier Stufen den folgenden Beschreibungen A.–D. zu:

A. In dieser Mahnung wird ausdrücklich auf die Fälligkeit der Schuld (Zahlung) hingewiesen und eine neue Zahlungsfrist gesetzt. Wie bei der „Zahlungserinnerung" können die entsprechenden Zahlungsformulare beigelegt werden.

B. Ist die Zahlung noch nicht erfolgt, hat der Schuldner eine Nachnahme nicht eingelöst oder die Zahlung an das Inkassoinstitut verweigert, so erfolgt eine verschärfte Mahnung mit letzter Fristsetzung. In dieser wird eine Klage auf Zahlung oder ein gerichtlicher Mahnbescheid angedroht.

C. Diese Stufe ist eine höfliche Erinnerung an die fällige Zahlung (meistens mit einer Rechnungskopie oder einem Kontoauszug), die häufig mit einem neuen Angebot verbunden wird.

D. In dieser Mahnung wird dem Schuldner unter Hinweis auf die ihm entstehenden zusätzlichen Kosten angedroht, die überfällige Zahlung durch eine Nachnahme oder ein Inkassoinstitut einziehen zu lassen, falls die Zahlung nicht innerhalb einer kurzen Frist von z. B. 3–6 Tagen eintrifft. In großen Unternehmen wird oft auch angedroht, die Rechtsabteilung einzuschalten.

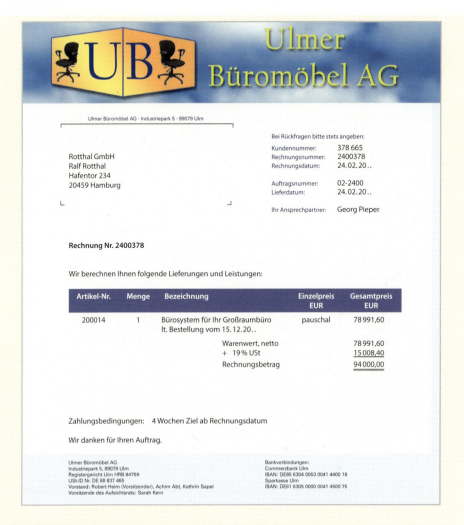

2. Als Mitarbeiter des Forderungsmanagements der Ulmer Büromöbel AG werden Sie am 2. April 20.. damit beauftragt, die Rotthal GmbH an die Zahlung der Rechnung zu erinnern (erste Stufe).

Verfassen Sie ein formgerechtes Schreiben!

3. Nehmen Sie begründet Stellung zu der Frage, ob eine Mahnung überhaupt notwendig ist, um die Rotthal GmbH in Verzug zu setzen!

4. Die Rotthal GmbH hat weder auf Ihre erste noch auf die zweite Mahnung reagiert.

Verfassen Sie eine formgerechte dritte und letzte Mahnung!

5. Nennen Sie Gründe, warum die Ulmer Büromöbel AG dreimal mahnt!

6. Das kaufmännische Mahnverfahren bleibt ohne Erfolg. Füllen Sie das Antragsformular für die Ulmer Büromöbel AG online auf der Internetseite http://www.online-mahnantrag.de aus und drucken Sie es aus (einschließlich der gesetzlichen Verzugszinsen und Mahnpauschale; Antragsdatum: 2. Juni 20..)!

Hinweis:

Klicken Sie im Online-Mahnantrag als Ergebnis den Ausdruck an. Wählen Sie die Jahreszahl so, dass der Verzugszeitraum in der Vergangenheit liegt. Als gesetzlichen Vertreter der Ulmer Büromöbel AG tragen Sie bitte die Hauptbevollmächtigte Anna Hermle, Industriepark 5, 89079 Ulm, ein. Der gesetzliche Vertreter der Rotthal GmbH ist der geschäftsführende Gesellschafter Hans Rotthal, Hafentor 234, 20459 Hamburg.

2.3.1 Begriff Zahlungsverzug

Ein Schuldner gerät mit seiner geschuldeten Zahlung **in Verzug,**[1] wenn

■ der **Gläubiger** seinen Teil des **Vertrags erfüllt** hat,

■ der **Gläubiger** den fälligen Betrag **nicht oder nicht rechtzeitig** erhalten hat und

■ der **Schuldner** den Zahlungsverzug **verschuldet**[2] hat.

Nach dem „Gesetz zur Bekämpfung von Zahlungsverzug im Geschäftsverkehr" vom 29. Juli 2014 dürfen bei allen **Geschäften zwischen Unternehmen** nur noch Zahlungsfristen von maximal 60 Tagen[3] vertraglich vereinbart werden [§ 271 a I BGB]. Die Zahlungsfrist beginnt zum Zeitpunkt

■ des **Empfangs der Leistung** (z. B. der Waren) oder

■ des **Rechnungszugangs** oder

■ des in der Rechnung **genannten Zeitpunkts.**

Der Gläubiger muss **in der Regel** den Zahlungspflichtigen **nicht mahnen,** es sei denn, der Zahlungszeitpunkt ist nicht genau bestimmt und nicht berechenbar.

Beim Zahlungsverzug handelt es sich um eine **nur vorübergehende Leistungsstörung.** Die Nachholbarkeit ist grundsätzlich immer möglich.[4]

2.3.2 Eintritt des Zahlungsverzugs

(1) Zahlungszeitpunkt nach dem Kalender genau bestimmt oder berechenbar

Ist der **Zahlungszeitpunkt** nach dem Kalender **genau bestimmt** oder lässt sich der Zahlungszeitpunkt **kalendermäßig genau berechnen,** so tritt der Zahlungsverzug **unmittelbar nach Überschreiten** des Zahlungstermins ein [§ 286 II BGB].

Ein **Zahlungstermin** ist nur dann **genau bestimmt,** wenn er **vertraglich vereinbart** ist.

---

1 Der Zahlungsverzug ist ein Schuldnerverzug.

2 Ein Verschulden wird bei Zahlungsverzug immer unterstellt.

3 Im Einzelfall können längere Zahlungsfristen vereinbart werden, sofern sie **ausdrücklich getroffen** werden und den **Gläubiger nicht grob benachteiligen.**

4 Der Käufer kann nicht auf eine unverschuldete Mittellosigkeit verweisen: „Geld hat man zu haben", gegebenenfalls durch Aufnahme eines Darlehens.

Eine Leistungszeit kann nicht durch eine einseitige Erklärung bestimmt werden. Durch den bloßen Aufdruck des Zahlungstermins durch den Verkäufer auf einer Rechnung kann somit der Zahlungstermin nicht festgelegt werden.

Beispiele:

- Im Vertrag wird ein **kalendermäßig genau bestimmter Zahlungszeitpunkt** vereinbart:
  - *„Der Kaufpreis ist bis zum 15. Januar auf das vom Verkäufer genannte Konto zu überweisen."* Der Käufer kommt mit Ablauf des 15. Januars in Verzug.
  - *„Der Kaufpreis ist zahlbar im Mai 20.."* Der Käufer kommt mit Ablauf des 31. Mai 20.. in Verzug.
- Im Vertrag wird ein **kalendermäßig genau berechenbarer Zahlungszeitpunkt** vereinbart:
  - *„Der Kaufpreis ist innerhalb von 10 Kalendertagen nach Rechnungsdatum zu leisten."* Ist die Rechnung auf den 17. Juni datiert, ist der Käufer mit Ablauf des 27. Juni in Zahlungsverzug.
  - *„Der Kaufpreis ist innerhalb von 8 Kalendertagen nach dem Mitteilungsdatum des Notars vom Vorliegen der Eintragungsvoraussetzungen auf das vom Verkäufer benannte Konto zu überweisen."* Lautet das Mitteilungsdatum des Notars am 1. Juli, so befindet sich der Käufer mit Ablauf des 9. Juli in Zahlungsverzug.

---

(2) Zahlungszeitpunkt nicht genau bestimmt und nicht berechenbar

Ist der Zahlungszeitpunkt weder genau bestimmt noch kalendermäßig berechenbar, dann kommt der Käufer in Zahlungsverzug, wenn er auf eine vom Verkäufer **nach der Fälligkeit erfolgte Mahnung** nicht zahlt [§ 286 i, S. 1 BGB].

Beispiele:

- „Zahlbar 14 Tage nach Rechnungs**erhalt**"
- „Zahlbar sofort"
- „Zahlbar ab 20. April 20.."

Beachte:

- **Verzichtet der Verkäufer auf eine Mahnung** oder **verweigert der Käufer die Zahlung** ernsthaft und endgültig, so befindet sich der Käufer **spätestens 30 Tage nach Fälligkeit und Zugang einer Rechnung** in Zahlungsverzug [§ 286 III, S. 1 BGB].[1]
- Der **Verkäufer kann** somit **wählen**, ob er z. B.
  - nach Zugang einer Rechnung beim Käufer durch eine **rasche Mahnung nach Fälligkeit** schon **vor Ablauf von 30 Tagen** den Zahlungsverzug herbeiführen will oder ob er
  - durch **bloßes Zuwarten** den Verzug **erst nach 30 Tagen** eintreten lässt.
- Beim **Verbrauchsgüterkauf** gilt diese Regel nur, wenn in der **Rechnung besonders darauf hingewiesen** wurde. Fehlt dieser Hinweis, dann bedarf es einer **Mahnung,** damit Verzug eintritt.

Beispiel:

Die Elektroeinzelhandlung Heinz Strom e. K. erhält am 2. August 20.. von der Tele-AG München eine Rechnung über gelieferte Fernseher. Bei Nichtzahlung ist die Elektroeinzelhandlung Heinz Strom e. K. **ohne Mahnung am 2. September 20..** in Zahlungsverzug.

Erhält die Elektroeinzelhandlung Heinz Strom e. K., am 17. August eine **Mahnung** der Tele-AG München wegen Nichtzahlung, dann ist sie **ab dem 17. August** in Zahlungsverzug, sofern sie auf die Mahnung nicht zahlt.

---

1 Die **30-Tage-Regelung** gilt nur für **Entgeltforderungen**.

2.3.3 Rechtsfolgen (Rechte des Verkäufers)

(1) Überblick

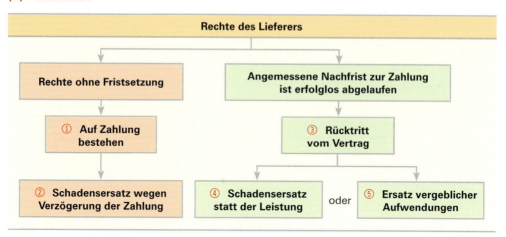

(2) Rechte ohne Fristsetzung

① Auf Zahlung bestehen

Der Verkäufer besteht auf dem vereinbarten Kaufpreis. Zahlt der Käufer nach dem Zahlungstermin, stellt der Verkäufer keine weiteren Ansprüche.

② Schadensersatz wegen Verzögerung der Zahlung

Der Verkäufer ist berechtigt, vom Käufer einen angemessenen Ersatz **aller** durch den Zahlungsverzug bedingten Verzugsschäden zu verlangen. Der Verkäufer ist so zu stellen, wie er vermögensmäßig stehen würde, wenn der Käufer rechtzeitig gezahlt hätte [§ 249 I BGB].

> **Beispiele für Verzugsschäden:**
>
> ■ Gesetzliche Verzugszinsen (beim Verbrauchsgüterkauf 5 %, beim zweiseitigen Handelskauf 9 % über dem Basiszinssatz).[1]
>
> ■ Kosten des Inkassobüros,[2] Anwalts- und Gerichtskosten, Porto.

Zinsrechnung im Zusammenhang mit Zahlungsverzug

Die Zinsrechnung ist eine Anwendung der Prozentrechnung unter Berücksichtigung der Zeit. Von den Größen Kapital, Zinsfuß, Zinsen und Zeit müssen stets **drei Größen** in der Aufgabe gegeben sein, um die vierte Größe mithilfe des Dreisatzes errechnen zu können.

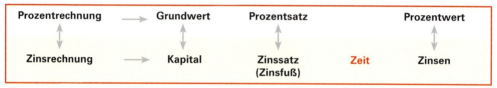

---

1 Der **Basiszinssatz** wird von der Europäischen Zentralbank bestimmt.

2 **Inkasso**: Einzug von Geldforderungen.

■ Berechnung der Tage

Bei der **kaufmännischen Zinsrechnung** unter Kaufleuten wird das Jahr mit 360 Tagen und jeder Monat mit 30 Tagen angesetzt. Ausnahme: Geht die Verzinsung bis zum 28. Februar, werden nur 28 Tage angesetzt (im Schaltjahr dementsprechend 29 Tage).

Beispiele:

Vorgehensweise:

▪ 14. Febr. – 29. Mai	= 105 Tage		14. Febr. – 14. Mai sind 3 x 30	=	90 Tage
			14. Mai – 29. Mai	=	15 Tage
					105 Tage
▪ 24. Juni – 8. Nov.	= 134 Tage		24. Juni – 24. Okt. sind 4 x 30	=	120 Tage
			24. Okt. – 30. Okt.	=	6 Tage
			30. Okt. – 8. Nov.	=	8 Tage
					134 Tage
▪ 17. Jan. – 28. Febr.	= 41 Tage		17. Jan. – 17. Febr. sind 1 x 30	=	30 Tage
			17. Febr. – 28. Febr.	=	11 Tage
					41 Tage

■ Berechnung der Verzugszinsen

Beispiel:

Ein Industriebetrieb kauft Rohstoffe im Wert von 2460,00 EUR. Er erhält ein Zahlungsziel bis zum 27. Januar. Die Zahlung erfolgt erst am 2. Mai.

Aufgabe:
Berechnen Sie die Zahlungssumme, welche der Industriebetrieb am 2. Mai zu überweisen hat, wenn der Basiszinssatz –0,88 % beträgt!

Lösung:

Für 100,00 EUR in 360 Tagen 8,12 EUR Zinsen[1]
Für 2460,00 EUR in 95 Tagen x EUR Zinsen

$$x = \frac{8,12 \cdot 2460 \cdot 95}{100 \cdot 360}$$

durch Umstellung erhält man ⟶

x = 52,71 EUR

Berechnung der Tageszinsen mithilfe der Formel:

$$\text{Tageszinsen} = \frac{\text{Kapital} \cdot \text{Zinssatz} \cdot \text{Tage}}{100 \cdot 360}$$

abgekürzt:

$$Z = \frac{K \cdot p \cdot t}{100 \cdot 360}$$

Ergebnis:
Der Überweisungsbetrag lautet über 2512,71 EUR (2460,00 EUR + 52,71 EUR).

Für Schuldverhältnisse aus **zweiseitigen** Handelsgeschäften hat der Gläubiger gemäß § 288 V BGB ferner Anspruch auf eine zusätzliche Verzugspauschale in Höhe von 40,00 EUR.

---

1 Der gesetzliche Verzugszinssatz liegt für Handelsgeschäfte derzeit (2018) 9 % über dem Basiszinssatz von –0,88 % und beträgt somit 8,12 %

■ Berechnung des Kapitals

Beispiel:

Ein Kaufmann erhält am 28. Februar von einem Lieferer für eine nicht rechtzeitig bezahlte Lieferung eine Rechnung über 278,10 EUR Verzugszinsen. Der Lieferer rechnete mit einem Zinssatz von 6 %. Die Liefererrechnung ist am 15. November des Vorjahres fällig gewesen.

Aufgabe:

Berechnen Sie den Rechnungsbetrag!

Lösung:

Gegeben: Zinsen: 278,10 EUR
Zinssatz: 6 %
Zeit: 15. Nov. – 28. Febr. = 103 Tage

Gesucht: Kapital: ?

6,00 EUR in 360 Tagen bei 100,00 EUR
278,10 EUR in 103 Tagen bei   x   EUR

$$x = \frac{100 \cdot 278,10 \cdot 360}{6 \cdot 103}$$

durch Umstellung erhält man →

$$x = 16\,200,00\ EUR$$

Berechnung des Kapitals mithilfe der Kaufmännischen Zinsformel:

$$Kapital = \frac{Zinsen \cdot 100 \cdot 360}{Tage \cdot Zinssatz}$$

Ergebnis: Die Rechnung lautete über 16 200,00 EUR.

Anmerkung: Herleitung der Formel aus der allgemeinen Zinsformel:

$$Z = \frac{K \cdot p \cdot t}{100 \cdot 360}$$

oder: $Z \cdot 100 \cdot 360 = K \cdot p \cdot t$

oder: $\dfrac{Z \cdot 100 \cdot 360}{t \cdot p} = K$

oder: $K = \dfrac{Z \cdot 100 \cdot 360}{t \cdot p}$

■ Berechnung des Zinssatzes

Beispiel:

Für die verspätete Zahlung einer Liefererrechnung in Höhe von 6 150,00 EUR wird ein Kaufmann vom Lieferer mit Verzugszinsen in Höhe von 51,25 EUR belastet. Der Zahlungstermin wurde um 60 Tage überschritten.

Aufgabe:

Berechnen Sie den Zinssatz, den der Lieferer zugrundelegt!

Lösung:

Gegeben: Zinsen: 51,25 EUR
Kapital: 6 150,00 EUR
Tage: 60 Tage

Gesucht: Zinssatz: ?

Für   6 150,00 EUR in   60 Tagen   51,25 EUR Zinsen
Für   100,00 EUR in 360 Tagen   x   EUR Zinsen

$$x = \frac{51{,}25 \cdot 100 \cdot 360}{6\,150 \cdot 60}$$

durch Umstellung
⟶ erhält man

Berechnung des Zinssatzes mithilfe der Kaufmännischen Zinsformel:

$$\text{Zinssatz} = \frac{\text{Zinsen} \cdot 100 \cdot 360}{\text{Kapital} \cdot \text{Tage}}$$

x = 5,00 EUR für 100,00 EUR Kapital im Jahr; d. h., der Zinssatz beträgt 5 %.

Ergebnis: Der zugrunde gelegte Zinssatz des Lieferers beträgt 5 %.

Anmerkung: Herleitung der Formel aus der allgemeinen Zinsformel:

$$Z = \frac{K \cdot p \cdot t}{100 \cdot 360} \qquad \text{oder:} \quad Z \cdot 100 \cdot 360 = K \cdot p \cdot t$$

$$\text{oder:} \quad \frac{Z \cdot 100 \cdot 360}{K \cdot t} = p$$

$$\text{oder:} \quad p = \frac{Z \cdot 100 \cdot 360}{K \cdot t}$$

■ **Berechnung der Zeit**

Beispiel:

Ein Kaufmann hat einem Kunden am 15. Januar eine Rechnung in Höhe von 4 500,00 EUR zu einem Zinssatz von 6,5 % gestundet. Der Rückzahlungsbetrag einschließlich Zinsen beträgt 4 682,00 EUR.

Aufgaben:

1. Berechnen Sie, wie viel Tage die Stundung gewährt wurde!
2. Ermitteln Sie, zu welchem Zeitpunkt der Rechnungsbetrag zurückgezahlt worden ist!

Lösungen:

Gegeben: Kapital: 4 500,00 EUR
                Zinssatz: 6,5 %
                Zinsen: 182,00 EUR

Gesucht: Tage: ?

Für   100,00 EUR erhält man   6,50 EUR in   360 Tagen
Für   4 500,00 EUR erhält man 182,00 EUR in   x   Tagen

$$x = \frac{360 \cdot 100 \cdot 182}{4\,500 \cdot 6{,}5}$$

durch Umstellung
⟶ erhält man

Berechnung der Tage mithilfe der Kaufmännischen Zinsformel:

$$\text{Tage} = \frac{\text{Zinsen} \cdot 100 \cdot 360}{\text{Kapital} \cdot \text{Zinssatz}}$$

x = 224 Tage

Ergebnis: 1. Der Rechnungsbetrag wurde 224 Tage gestundet.
                2. Rückzahlungstermin: 15. Januar + 224 Tage = 29. August

Anmerkung: Herleitung der Formel aus der allgemeinen Zinsformel:

$$Z = \frac{K \cdot p \cdot t}{100 \cdot 360} \qquad \text{oder:} \quad Z \cdot 100 \cdot 360 = K \cdot p \cdot t$$

$$\text{oder:} \quad \frac{Z \cdot 100 \cdot 360}{K \cdot p} = t$$

$$\text{oder:} \quad t = \frac{Z \cdot 100 \cdot 360}{K \cdot p}$$

(3)   Rechte nach erfolgloser angemessener Fristsetzung zur Zahlung[1]

③ **Rücktritt vom Kaufvertrag**

Ist eine vom Verkäufer gesetzte angemessene Frist zur Zahlung erfolglos abgelaufen, kann der Verkäufer vom Vertrag zurücktreten [§ 323 I BGB]. Beim Rücktritt sind alle bereits erbrachten Leistungen zurückzuerstatten, beispielsweise die gelieferte Ware durch den Käufer oder eine erhaltene Zahlung durch den Verkäufer.

Ein Rücktritt ist **nicht möglich,** wenn der **Schaden unerheblich** ist [§ 323 V, S. 2 BGB].

④ **Schadensersatz statt der Leistung**

Dies kann der Verkäufer zusätzlich zum Rücktritt vom Vertrag verlangen. Voraussetzung ist, dass den Käufer ein Verschulden trifft. Der Anspruch auf Zahlung ist damit ausgeschlossen.

> **Beispiel:**
>
> Ein Käufer zahlt nicht. Der Verkäufer nimmt die Ware zurück und verkauft sie anderweitig, jedoch zu einem niedrigeren Preis. Den Preisunterschied, die Rücknahmekosten und gegebenenfalls weitere entstandene Verzugskosten (z. B. Verzugszinsen) hat der Käufer zu tragen.

⑤ **Ersatz vergeblicher Aufwendungen**

Anstelle des Schadensersatzes statt der Leistung kann der Verkäufer auch Ersatz vergeblicher Aufwendungen verlangen.

Zusammenfassung

- **Voraussetzungen** für den Zahlungsverzug sind:
  - Fälligkeit der Schuld,
  - Verschulden des Schuldners (wird unterstellt).
- Der **Zahlungsverzug** tritt ein:

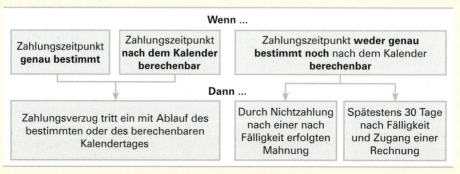

- Die **Rechte des Lieferers (Gläubigers) beim Zahlungsverzug** sind:
  - **ohne** Setzen einer **Nachfrist** das Bestehen auf Zahlung **und,** sofern eine evtl. notwendige Mahnung erfolgt ist und Verschulden aufseiten des Zahlungspflichtigen vorliegt, Schadensersatz wegen Verzögerung der Zahlung (insbesondere Verzugszinsen);
  - **nach erfolglosem Ablauf einer angemessenen Frist:** Rücktritt vom Kaufvertrag **und,** sofern eine notwendige Mahnung erfolgt ist und ein Verschulden aufseiten des Zahlungspflichtigen vorliegt, Schadensersatz statt der Leistung oder Ersatz vergeblicher Aufwendungen.

---

1   Beim Zahlungsverzug ist eine Fristsetzung nicht erforderlich, wenn z. B. der Käufer die Zahlung ernsthaft und endgültig verweigert oder ein Fixgeschäft vorliegt.

Kompetenztraining

42 Eintritt des Zahlungsverzugs

1. Nennen Sie die Voraussetzungen, die geprüft werden müssen, wenn beurteilt werden soll, ob ein Zahlungsverzug vorliegt oder nicht!

2. Geben Sie Vertragsformulierungen an, die einer Mahnung bedürfen, damit Zahlungsverzug eintritt!

3. Nennen Sie die Bedingungen unter welchen eine Mahnung entbehrlich ist!

4. Erläutern Sie die 30-Tage-Regel!

5. Geben Sie für die folgenden Fälle an, wann das Entgelt spätestens zu zahlen ist, wenn Zahlungsverzug vermieden werden soll!

Nr.	Vereinbarte Zahlungsbedingung
5.1	Zahlbar innerhalb von 10 Tagen ab Rechnungsdatum unter Abzug von 3 % Skonto, Ziel 30 Tage ab Rechnungsdatum (zweiseitiger Handelskauf)
5.2	Ziel 20 Tage ab Rechnungsdatum (zweiseitiger Handelskauf)
5.3	Sofort (zweiseitiger Handelskauf)
5.4	Sofort (einseitiger Handelskauf, kein Hinweis auf „30-Tage-Regel")
5.5	Keine Zahlungsbedingungen vereinbart (zweiseitiger Handelskauf)
5.6	Keine Zahlungsbedingungen vereinbart (einseitiger Handelskauf, mit Hinweis auf „30-Tage-Regel")
5.7	Keine Zahlungsbedingungen vereinbart (einseitiger Handelskauf, Hinweis auf „30-Tage-Regel" fehlt)

43 Rechtsfälle zum Zahlungsverzug

Prüfen Sie die folgenden Rechtsfälle:

1. Die Baumaschinenhandlung Feuchtbeiner e. Kfm. erhält am 2. Juni 20.. von ihrem Lieferer folgende Rechnung 44 000,00 EUR zuzüglich 19 % USt. Als Zahlungsbedingungen wurden vereinbart: Zahlung innerhalb von 10 Tagen ab Rechnungsdatum mit 2 % Skonto oder 30 Tage netto Kasse. Rechnungsdatum ist der 1. Juni 20..

   Aufgaben:

   Erläutern Sie, ob Feuchtbeiner in Zahlungsverzug ist, wenn er

   1.1 den Rechnungsbetrag abzüglich 2 % Skonto am 12. Juni 20.. überweist,

   1.2 den Rechnungsbetrag ohne Skonto am 15. Juli 20.. bezahlt hat!

2. Privatmann Marcel Schneider kauft sich einen Pkw vom Autohaus Stolz & Krug OHG. Er leistet eine Anzahlung, der Rest von 25 000,00 EUR ist fällig und bereits angemahnt zum 10. November. Der Restbetrag trifft beim Autohaus jedoch erst am 10. Januar ein. Das Autohaus hat in der Zwischenzeit bei seiner Bank einen Kontokorrentkredit zu 9 % Zins über dem Basiszinssatz in Anspruch genommen.

   Aufgaben:

   2.1 Klären Sie rechtlich, ob das Autohaus Stolz & Krug OHG die Erstattung der Zinsen verlangen kann!

   2.2 Erläutern Sie die Rechtslage, wenn beide Personen Kaufleute sind und dieser Kauf für beide ein Handelsgeschäft gewesen wäre!

193

13 Speth u.a. - ISBN 978-3-8120-0594-4

3. Das Hotel „Goldener Adler" schickt am 20. Mai 20.. eine Rechnung über 3800,00 EUR zuzüglich 19 % USt an die Sport-Burr KG wegen Durchführung einer Schulungstagung. Zugang der Rechnung ist am 22. Mai 20.. Als Zahlungsbedingung wurde vereinbart: *„Zahlung sofort ohne Abzug".*

Aufgaben:

3.1 Stellen Sie dar, ob sich die Sport-Burr KG in Zahlungsverzug befindet, wenn beim Hotel am 10. Juni noch keine Zahlung eingegangen ist!

3.2 Die Sport-Burr KG erhält am 12. Juni eine Mahnung. Der „Goldene Adler" weist darauf hin, dass die Rechnung bis zum 20. Juni gezahlt sein muss. Erläutern Sie, zu welchem Zeitpunkt die Sport-Burr KG in Verzug ist!

44 Verzugszinsen

1. Berechnen Sie die Dauer des Zahlungsverzugs nach der Kaufmännischen Zinsrechnung:

   1.1 vom 6. Febr. – 28. Febr.   1.5 vom 13. Juli   – 1. Mai

   1.2 vom 17. April   – 1. Aug.   1.6 vom 30. Jan. – 29. Febr.

   1.3 vom 28. Sept. – 31. Dez.   1.7 vom 23. Nov. – 5. Juni

   1.4 vom 19. Nov.   – 20. Dez.   1.8 vom 10. Dez.   – 1. April

2. Der Möbelhändler August Braun e. Kfm. geht am 25. September die Kundenkonten durch und stellt fest, dass der Kunde Emil Mayr eine am 13. Mai fällige Rechnung über 630,00 EUR noch nicht beglichen hat.

   Berechnen Sie den gesamten Euro-Betrag der Mahnung, wenn der Möbelhändler 4 % Verzugszinsen berechnet!

3. Ein säumiger Kunde überweist einem Lieferer insgesamt 431,00 EUR. Dieser Betrag enthält 8 % Verzugszinsen für 56 Tage sowie 5,40 EUR für Auslagen.

   Berechnen Sie den ursprünglichen Rechnungsbetrag!

4. Die Industriewerke Franz AG erhalten vom Rohstofflieferer eine Rechnung über 10 720,00 EUR, zahlbar innerhalb 30 Tagen netto, Rechnungsdatum 2. November 20.. Die Industriewerke AG zahlen erst am 17. März des folgenden Jahres auf eine Mahnung des Rohstofflieferers, der 187,60 EUR Verzugszinsen berechnet.

   Bestimmen Sie den Zinssatz, den der Rohstofflieferer bei der Berechnung der Verzugszinsen zugrunde gelegt hat!

5. Eine Kundin zahlt am 20. April eine Rechnung über 216,00 EUR zuzüglich 7 % Verzugszinsen mit 220,62 EUR.

   Ermitteln Sie, an welchem Tag die Rechnung zur Zahlung fällig war!

6. Eine Liefererrechnung über 2 150,00 EUR, fällig am 20. Juli, wurde durch ein Versehen der Buchhaltung nicht rechtzeitig gezahlt. Am 10. September erfolgt eine Mahnung des Lieferers. Der Lieferer fordert Verzugszinsen in Höhe von 9 Prozentpunkten über dem Basiszinssatz und Ersatz seiner Auslagen in Höhe von 10,80 EUR. Der Basiszinssatz beträgt 0,5 %.

   Berechnen Sie den Betrag laut der Mahnung!

7. Die Ulmer Büromöbel AG geht am 25. September die Kundenkonten durch und stellt fest, dass das Möbelhaus Emil Mayr e. Kfm., Industriestraße 8, 76646 Bruchsal, eine am 13. Mai fällige Rechnung über die Lieferung eines Büroschrankes in Höhe von 630,00 EUR immer noch nicht beglichen hat. Eine erste Mahnung, ohne Berechnung von Verzugzinsen, erfolgte am 30. Juni.

   Berechnen Sie die Summe, über welche die zweite Mahnung auszuschreiben ist, wenn die Ulmer Büromöbel AG 6 % Verzugszinsen berechnet!

8. Stefan Osann e. Kfm. lieferte am 15. Juni an den Einzelhändler Rausch e. K. und an den Privatmann Kolb Waren im Wert von je 1000,00 EUR. Die Waren gingen den Käufern am 18. Juni zu. Die Rechnungen lagen bei. Laut Zahlungsbedingungen, die Rausch und Kolb

vor Vertragsabschluss bekannt waren, sind die Warenlieferungen sofort nach Rechnungserhalt zu bezahlen. Weder Rausch noch Kolb bezahlten. Nunmehr ist der 20. Juli.

8.1 Prüfen Sie, ob Rausch und Kolb in Verzug sind!

8.2 Stefan Osann e. Kfm. mahnt am 30. Juli ausdrücklich und berechnet sowohl Rausch als auch Kolb Verzugszinsen in Höhe von 9 Prozentpunkten über dem Basiszinssatz von 0,3 % für 42 Tage.

8.2.1 Berechnen Sie die Höhe der Verzugszinsen!

8.2.2 Begründen Sie, ob Kolb sich gegen die hohen Verzugszinsen wehren kann!

2.4 Interessenlagen der Vertragspartner

Interessenlage des Schuldners	Interessenausgleich durch das Gesetz	Interessenlage des Gläubigers
■ **Verkäufer bei mangelhafter Lieferung** ■ **Käufer bei Zahlungsverzug**		■ **Käufer bei mangelhafter Lieferung** ■ **Verkäufer bei Zahlungsverzug**
■ Störungen beruhen in vielen Fällen auf Vergessen oder Fahrlässigkeit und können zumeist rasch und unkompliziert behoben werden. ■ Er möchte nicht, dass der Gegner gleich „großes Geschütz" auffahren kann, sondern dass dieser auf zunächst sanfte Rechte festgelegt ist. ■ Die Geschäftsbeziehung an sich soll in aller Regel nicht gefährdet werden.	■ Das Vertragsverhältnis bleibt zunächst zum Schutz beider Vertragspartner bestehen. ■ Der Gesetzgeber geht davon aus, dass beide ein Interesse an der vollständigen Erfüllung des Vertrages haben. ■ Die Regelungen des BGB sehen eine behutsame Eskalation[1] der Rechtsmittel vor, wie z. B. Mangelbeseitigung, Ersatzlieferung oder Schadensersatz neben der Leistung, Schadensersatz wegen Verzögerung der Leistung. ■ Bei schwerwiegenden Störungen und erst nach Ablauf einer Nachfrist und ggf. Mahnung und Verschulden gibt das Gesetz dem Gläubiger die entsprechenden Rechtsmittel an die Hand, seine Ansprüche auch mit Nachdruck durchzusetzen, z. B. durch Vertragsrücktritt und Schadensersatz statt der Leistung. ■ Verschulden wird zunächst widerlegbar aufseiten des Schuldners vermutet. Dieser muss den Entscheidungsbeweis führen.	■ Die Geschäftsbeziehung an sich soll in aller Regel nicht gefährdet werden. ■ Für hartnäckige Fälle möchte er gewappnet sein und über das erforderliche Durchsetzungsinstrumentarium verfügen. ■ Er möchte nicht, dass seine Rechtsansprüche daran scheitern, schwierig zu führende Beweise erbringen zu müssen. ■ Da die Pflichtverletzungen sehr unterschiedliche Ursachen haben können, möchte er flexibel darauf reagieren und situationsgerechte Rechtsansprüche geltend machen können.

---

1 **escalier** (frz.): wörtl. „Treppe", hier: allmähliche Steigerung, Verschärfung.

Mit den **gesetzlichen Regelungen** zu den Kaufvertragsstörungen wird versucht, die teils entgegengesetzten **Interessenlagen** von Schuldner und Gläubiger **auszugleichen**.

2.5 Sicherung und Durchsetzung von Ansprüchen

2.5.1 Kaufmännisches (außergerichtliches) Mahnverfahren

Mit jedem Zielverkauf ist für den Verkäufer trotz aller Kreditsicherungsmaßnahmen ein Zahlungsrisiko (Kreditrisiko) verbunden. Der Verkäufer hat dem Käufer die Kaufsache bereits übergeben, ohne vom Käufer den Kaufpreis „Zug-um-Zug" zu erhalten. Um Zahlungsverzögerungen und Zahlungsausfällen vorzubeugen, ist die laufende Überwachung der Forderungen notwendig.

(1) Form und Stufen der Mahnung

Es gibt keine gesetzlich vorgeschriebene Form der kaufmännischen (außergerichtlichen) Mahnung. Die meisten Mahnungen erfolgen jedoch aus Gründen der Beweissicherheit in **schriftlicher Form**.

In der Praxis erfolgen die kaufmännischen Mahnungen im Allgemeinen in folgenden Stufen:

Stufe ①: Zahlungserinnerung	Sie ist eine höfliche Erinnerung an die fällige Zahlung (meistens mit einer **Rechnungskopie** oder einem **Kontoauszug**), die häufig mit einem neuen Angebot verbunden wird.
Stufe ②: Erste Mahnung	In ihr wird ausdrücklich auf die Fälligkeit der Schuld (Zahlung) hingewiesen und eine **neue Zahlungsfrist** gesetzt. Wie bei der Zahlungserinnerung können die entsprechenden Zahlungsformulare beigelegt werden.
Stufe ③: Zweite Mahnung	In dieser Mahnung wird dem Schuldner unter Hinweis auf die ihm entstehenden zusätzlichen Kosten angedroht, die überfällige Zahlung durch eine **Postnachnahme**[1] oder ein **Inkassoinstitut** einziehen zu lassen, falls die Zahlung nicht innerhalb der nächsten Tage eingeht.
Stufe ④: Dritte Mahnung	Ist die Zahlung auch aufgrund der zweiten Mahnung noch nicht erfolgt, hat der Schuldner eine Postnachnahme nicht eingelöst oder die Zahlung an das Inkassoinstitut verweigert, so erfolgt eine letzte verschärfte Mahnung mit letzter Fristsetzung. In dieser wird eine **Klage auf Zahlung** oder ein **gerichtlicher Mahnbescheid** angedroht.

(2) Beispiel für ein außergerichtliches Mahnverfahren

Der folgende Brief zeigt beispielhaft auf, wie in der Praxis das außergerichtliche Mahnverfahren durchgeführt werden kann.

---

1 Bei der Zahlung mit Postnachnahme händigt die Deutsche Post AG Briefe und Paketsendungen erst aus, wenn der Empfänger den Nachnahmebetrag an den Zusteller bar bezahlt hat.

Beispiel einer 3. Mahnstufe:

Ulmer Büromöbel AG · Industriepark 5 · 89079 Ulm

Rotthal GmbH
Ralf Rotthal
Hafentor 234
20459 Hamburg

Bei Rückfragen bitte stets angeben:

Ihr Zeichen:	rot
Ihre Nachricht vom:	
Unser Zeichen:	ge-pi
Unsere Nachricht vom:	
Name:	Georg Pieper
Telefon:	+49 (0)731 3879-28
Fax:	+49 (0)731 3879-44
E-Mail:	georg.pieper@ubmag.de
Datum:	29.04.20..

Rechnung Nr. 2400378 – Zweite Mahnung

Sehr geehrter Herr Rotthal,

Ihr Konto ist trotz Zahlungserinnerung und erster Mahnung noch nicht ausgeglichen:

Rechn.-Nr.	Rechn.-Datum	fällig am	Mahnstufe	Betrag in EUR
2400378	24.02.20..	24.03.20..	3	94 000,00

Zahlungseingänge berücksichtigt bis 26.04.20..

Wir bitten dringend um Überprüfung und Überweisung des Betrags

bis zum 10.05.20..

Sollte der fällige Betrag bis zu diesem Zeitpunkt nicht bei uns eingegangen sein, werden wir den Betrag zuzüglich Verzugszinsen von einem Inkassoinstitut einziehen lassen. Auch diese Kosten hätten Sie zu tragen.

Mit freundlichen Grüßen

Ulmer Büromöbel AG

i.V. *G. Pieper*

Georg Pieper

Ulmer Büromöbel AG
Industriepark 5, 89079 Ulm
Registergericht Ulm HRB 84759
USt-ID Nr. DE 68 837 465
Vorstand: Robert Heim (Vorsitzender), Achim Abt, Kathrin Sapel
Vorsitzende des Aufsichtsrats: Sarah Kern

Bankverbindungen:
Commerzbank Ulm
IBAN: DE85 6304 0053 0041 4400 18
Sparkasse Ulm
IBAN: DE61 6305 0000 0041 4500 75

2.5.2 Gerichtliches Mahnverfahren (Mahnbescheid)

(1) Begriff gerichtliches Mahnverfahren

Wenn das kaufmännische (außergerichtliche) Mahnverfahren keinen Erfolg hat, der Schuldner also nicht zahlt, kann der Gläubiger zur Durchsetzung seiner Forderungen gerichtliche Maßnahmen ergreifen. Mit dem gerichtlichen Mahnverfahren, das vom Amtsgericht durchgeführt wird, hat der Gläubiger die Möglichkeit, seine Forderungen schnell und kostensparend einzutreiben. Mit diesem Verfahren können allerdings nur **Geldschulden** eingefordert werden.

(2) Abwicklung des gerichtlichen Mahnverfahrens

Zur Einleitung des gerichtlichen Mahnverfahrens ist es notwendig, dass der Gläubiger **(Antragsteller)** den Erlass eines **Mahnbescheids** beantragt, durch den der Schuldner **(Antragsgegner)** zur Zahlung aufgefordert wird.

Der Antrag auf Erlass eines Mahnbescheids ist beim zentralen Amtsgericht des Bundeslandes im **Onlineverfahren** zu stellen, in dem der Antragsteller seinen allgemeinen Gerichtsstand, also seinen Geschäfts- oder Wohnsitz hat. In Baden-Württemberg ist dies das **Amtsgericht Stuttgart.** Der Mahnbescheid wird vom **Rechtspfleger erlassen** und dem Antragsgegner von **Amts wegen** zugestellt. Das Gericht **prüft nicht,** ob die Forderung zu Recht erhoben wird. Der Mahnbescheid enthält die Aufforderung an den Antragsgegner (Schuldner), innerhalb von **zwei Wochen nach Zustellung des Mahnbescheids zu zahlen** oder **Widerspruch einzulegen.**

Der Ablauf des gerichtlichen Mahnverfahrens kann der Übersicht auf S. 199 entnommen werden.

(3) Auswirkungen auf die Kundenbeziehungen

Legt der Kunde gegen den Mahnbescheid keinen Widerspruch ein, wird der Mahnbescheid für vorläufig vollstreckbar erklärt. In einem solchen Fall führt dies häufig zum Abbruch der Geschäftsbeziehungen. Zudem kann dies dazu führen, dass der Gläubiger den Vorgang in der Schufa-Datenbank hinterlegt. Ein negativer Schufa-Eintrag kann beim Kunden zukünftig zu Schwierigkeiten bei der Bezahlung per Rechnung oder bei einer Kreditvergabe führen.

2.5.3 Streitiges Verfahren (Klage auf Zahlung)

Ist der Antragsteller der Meinung, dass der Schuldner dem Mahnbescheid widersprechen wird, ist es zweckmäßig, auf das gerichtliche Mahnverfahren zu verzichten und sofort **Klage auf Zahlung (Klageverfahren; streitiges Verfahren)** zu erheben.

Beim **streitigen Verfahren** handelt es sich um ein Gerichtsverfahren (Prozess). **Sachlich** zuständig für die Klageerhebung ist bei vermögensrechtlichen Ansprüchen in der Regel das Amtsgericht (über 5 000,00 EUR Streitwert das Landgericht). **Örtlich** zuständig ist i. d. R. das Prozessgericht, in dessen Bezirk der **Beklagte** seinen Geschäfts- oder Wohnsitz hat (allgemeiner Gerichtsstand). Vor dem Amtsgericht können sich die Parteien selbst vertreten. Vor dem Landgericht müssen sich die Parteien durch Rechtsanwälte vertreten lassen **(Anwaltszwang).**

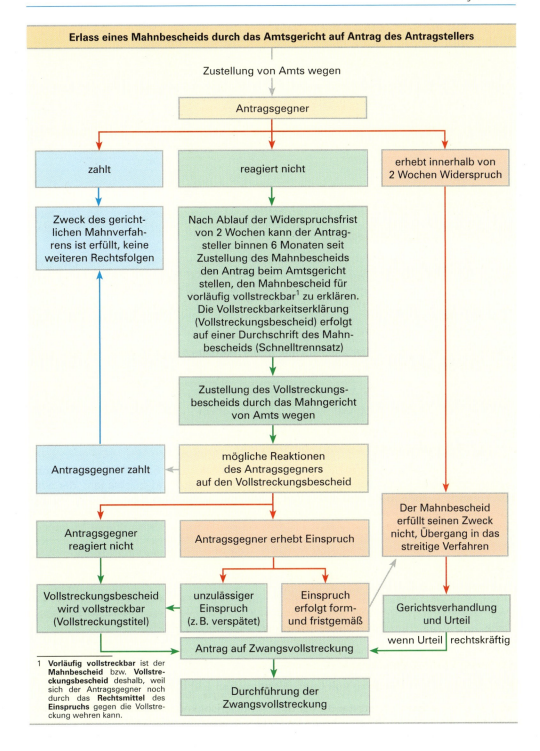

Erlass eines Mahnbescheids durch das Amtsgericht auf Antrag des Antragstellers

Zustellung von Amts wegen

Antragsgegner

zahlt

reagiert nicht

erhebt innerhalb von 2 Wochen Widerspruch

Zweck des gerichtlichen Mahnverfahrens ist erfüllt, keine weiteren Rechtsfolgen

Nach Ablauf der Widerspruchsfrist von 2 Wochen kann der Antragsteller binnen 6 Monaten seit Zustellung des Mahnbescheids den Antrag beim Amtsgericht stellen, den Mahnbescheid für vorläufig vollstreckbar[1] zu erklären. Die Vollstreckbarkeitserklärung (Vollstreckungsbescheid) erfolgt auf einer Durchschrift des Mahnbescheids (Schnelltrennsatz)

Zustellung des Vollstreckungsbescheids durch das Mahngericht von Amts wegen

Antragsgegner zahlt

mögliche Reaktionen des Antragsgegners auf den Vollstreckungsbescheid

Der Mahnbescheid erfüllt seinen Zweck nicht, Übergang in das streitige Verfahren

Antragsgegner reagiert nicht

Antragsgegner erhebt Einspruch

Vollstreckungsbescheid wird vollstreckbar (Vollstreckungstitel)

unzulässiger Einspruch (z. B. verspätet)

Einspruch erfolgt form- und fristgemäß

Gerichtsverhandlung und Urteil

Antrag auf Zwangsvollstreckung

wenn Urteil rechtskräftig

Durchführung der Zwangsvollstreckung

1 **Vorläufig vollstreckbar** ist der **Mahnbescheid** bzw. **Vollstreckungsbescheid** deshalb, weil sich der Antragsgegner noch durch das **Rechtsmittel** des **Einspruchs** gegen die Vollstreckung wehren kann.

199

Ein Gerichtsurteil wird **rechtskräftig** (vollstreckbar), wenn es weder durch **Berufung** noch durch **Revision** angefochten wird.

Berufung	Sie bedeutet, dass der Tatbestand von neuem untersucht wird.
Revision	Bei der Revision (z.B. beim Bundesgerichtshof gegen Endurteile des Oberlandesgerichts) wird der Tatbestand **nicht mehr neu untersucht** und geprüft. Die Tatsachen werden als gegeben betrachtet. Aufgabe des Revisionsgerichts ist es vielmehr, das Urteil der Berufungsinstanz in **rechtlicher Hinsicht zu prüfen**, z.B. ob das Gericht mit den zuständigen Richtern besetzt war.

2.5.4 Grundzüge des Vollstreckungsrechts

(1) Begriff Zwangsvollstreckung

Wenn ein Schuldner seine Verpflichtungen **nicht freiwillig** vertragsgemäß erfüllt (der Käufer z.B. nicht vertragsgemäß zahlt), so muss er dazu **gezwungen** werden. Eine gewaltsame Durchsetzung seiner Forderungen im Wege der Selbsthilfe kann die Rechtsordnung dem Berechtigten (dem Gläubiger) jedoch nicht gestatten. Während sich der wirtschaftlich Schwache nicht durchsetzen könnte, besteht beim wirtschaftlich Starken die Gefahr, dass er die wirtschaftliche Existenz des Schuldners durch Übergriffe vernichtet.

Anstelle der Selbsthilfe muss deshalb der Staat die Durchsetzung der unbefriedigten Ansprüche übernehmen.

Die **Zwangsvollstreckung** ist ein Verfahren, mit dem Ansprüche des Gläubigers durch staatlichen Zwang durchgesetzt werden [§§ 704 ff. ZPO].

(2) Voraussetzungen der Zwangsvollstreckung

Um die Zwangsvollstreckung zu erwirken, muss der Antragsteller beim Amtsgericht einen **Vollstreckungsantrag** einreichen. Dem Vollstreckungsantrag sind beizulegen: der Vollstreckungstitel, die Vollstreckungsklausel und der Zustellungsnachweis.

Vollstreckungstitel	Der Vollstreckungstitel (z.B. ein vollstreckbares Urteil) ist eine öffentliche Urkunde. Er beinhaltet das Recht, in das Vermögen eines Antraggegners zwangsweise mithilfe des Gerichtsvollziehers eingreifen zu dürfen.
Zustellungs-nachweis	Der Vollstreckungstitel wird dem Antragsgegner von Amts wegen zugestellt.
Vollstreckungs-klausel	Die Vollstreckungsklausel ist eine auf den Vollstreckungstitel gesetzte amtliche Bescheinigung, dass dieser vollstreckt werden kann.

(3) Durchführung der Zwangsvollstreckung

■ **Pfändung und Verwertung von Geld, Wertpapieren und beweglichen Sachen**

Geld, Wertpapiere und Kostbarkeiten (z.B. Schmuck, Goldmünzen) nimmt der Gerichtsvollzieher sofort in Besitz. Andere Gegenstände (z.B. Bilder, Schränke, Musikgeräte) werden mit einem Pfandsiegel versehen und damit als gepfändet gekennzeichnet.

Der zweite Schritt der Zwangsvollstreckung ist die **Verwertung** der Pfänder.

- Bei **gepfändetem Bargeld** liefert der Gerichtsvollzieher das Geld nach Abzug der Vollstreckungskosten an den **Gläubiger ab.**
- Gepfändete **bewegliche Sachen und Wertpapiere** werden durch den Gerichtsvollzieher **öffentlich versteigert.**

Wenn durch eine andere Verwertung z. B. ein höherer Erlös erzielt werden kann, dann kann das Vollstreckungsgericht auf Antrag des Gläubigers oder Schuldners auch eine andere Verwertung der gepfändeten Sachen anordnen [§ 825 ZPO].

Zwangsversteigerung
Versteigerung
Am Dienstag, dem 10. Februar 20.., 10:00 Uhr, versteigere ich meistbietend gegen Barzahlung:
ein Farbfernsehgerät
Die Versteigerung findet im Amtsgericht, Bergstraße 5, 71229 Leonberg statt.
gez. Abele, Gerichtsvollzieher in Leonberg

Gegenstände, Zeit und Ort der Versteigerung werden öffentlich bekannt gemacht. Bei der Versteigerung können Gläubiger und Schuldner mitbieten. Den Versteigerungserlös zahlt der Ersteigerer an den Gerichtsvollzieher, der den Erlös (abzüglich der Vollstreckungs- und Versteigerungskosten) an den Gläubiger überweist. Reicht der Erlös zur Deckung der Forderungen des Gläubigers aus, wird die Versteigerung eingestellt. Die Zwangsvollstreckung ist hiermit beendet.

- **Zwangsvollstreckung in das unbewegliche Vermögen**

Eine Zwangsvollstreckung in das unbewegliche Vermögen kann zum einen durch eine **Zwangsversteigerung** von Grundstücken und Gebäuden erfolgen. Zum anderen können die Erträge aus dem unbeweglichen Vermögen (z. B. Miete oder Pacht) dem Gläubiger zur Verfügung gestellt werden **(Zwangsverwaltung).**

(4) Schuldnerschutz

Bestimmte **bewegliche Sachen** sind unpfändbar, um die wirtschaftliche Existenz des Schuldners nicht zu gefährden. Unpfändbar sind vor allem

- die dem **persönlichen Gebrauch** oder dem **Haushalt des Schuldners** dienenden Sachen, insbesondere Kleidungsstücke, Wäsche, Betten, Haus- und Küchengeräte, soweit diese Gegenstände zu einer bescheidenen Lebens- und Haushaltsführung des Schuldners erforderlich sind.
- die für den Schuldner und seine Familie für vier Wochen erforderlichen **Nahrungs-, Feuerungs- und Beleuchtungsmittel** oder der zu ihrer Beschaffung erforderliche Geldbetrag.
- die der **Fortsetzung der Erwerbstätigkeit des Schuldners dienenden Gegenstände.** Unpfändbar sind z. B. das Auto eines Taxifahrers, den Laptop eines Schriftstellers oder der Pkw eines Handelsvertreters.

Im Einzelfall kann eine **Austauschpfändung** in Betracht kommen. Bei der Austauschpfändung werden wertvolle Gegenstände des Schuldners, die ihrer Art nach unpfändbar sind (z. B. goldene Uhr), auf Antrag des Gläubigers gegen andere gleichartige Sachen (z. B. einfache Quarzuhr) ausgetauscht.

Beachte:

Eine Pfändung ist **nicht statthaft,** wenn der Erlös der Pfänder keinen Überschuss über die Kosten der Zwangsvollstreckung erwarten lässt. Der Gläubiger würde keine Vorteile, der Schuldner hingegen nur Nachteile erleiden.

---

(5) Eidesstattliche Versicherung

In vielen Fällen ist es dem Gläubiger nicht möglich, sich einen Überblick über die tatsächlichen Vermögensverhältnisse des Schuldners zu verschaffen. Die **eidesstattliche Versicherung** des Schuldners soll diesem Mangel abhelfen. Kann sich nämlich der Gläubiger aus der Pfandverwertung nicht oder nicht vollständig befriedigen, so hat der Schuldner **auf Antrag des Gläubigers** ein **Vermögensverzeichnis** anzufertigen und vorzulegen. Mit seiner eidesstattlichen Versicherung bestätigt der Schuldner vor dem Vollstreckungsgericht (Amtsgericht) die Vollständigkeit und Richtigkeit dieses Verzeichnisses.

Falls der Schuldner die Abgabe einer eidesstattlichen Versicherung verweigert oder gar zum Termin zur Abgabe der eidesstattlichen Versicherung nicht erscheint, kann der Gläubiger die **Verhaftung des Schuldners** beantragen. Die Verhaftung wird durch den Gerichtsvollzieher vorgenommen. Die Haftdauer darf nicht länger als sechs Monate dauern. Die Haftkosten sind vom Gläubiger zu tragen. Sinn der Verhaftung ist, den Schuldner zur Abgabe der eidesstattlichen Versicherung zu zwingen.

Zusammenfassung

- Das **außergerichtliche (kaufmännische) Mahnverfahren** vollzieht sich in mehreren „Stufen". In der Regel werden drei bis vier Mahnungen versandt, die sich von der höflichen Zahlungserinnerung bis zur Androhung gerichtlicher Maßnahmen steigern.

- Die **Mittel des außergerichtlichen Mahnverfahrens** sind – außer den Mahnschreiben – die Zusendung von Rechnungskopien, Kontoauszügen sowie der Forderungseinzug durch Nachnahme oder durch ein Inkassoinstitut.

- Das **gerichtliche Mahnverfahren** umfasst den Erlass eines gerichtlichen Mahnbescheids und – soweit der Schuldner nicht reagiert – die Erwirkung eines Vollstreckungsbescheids.

- Der **Mahnbescheid** ist eine gerichtliche Zahlungsaufforderung an den Antragsgegner.

- Der **Vollstreckungsbescheid** ist, sofern er für vollstreckbar erklärt worden ist, neben den rechtskräftigen Urteilen der wichtigste Vollstreckungstitel.

- Die wichtigsten Voraussetzungen der Zwangsvollstreckung sind der **Vollstreckungstitel** und die **Vollstreckungsklausel.**

- Die Zwangsvollstreckung wegen Geldforderungen kann in das **bewegliche Vermögen** und in **Grundstücke** (unbewegliches Vermögen) erfolgen.

- Bei **beweglichen Sachen** pfändet der Gerichtsvollzieher, indem er diese in Besitz nimmt und sie anschließend öffentlich versteigert oder freihändig verkauft.

- Die **Zwangsvollstreckung in das unbewegliche Vermögen** kann durch die **Zwangsversteigerung** oder die **Zwangsverwaltung** erfolgen.

- Die **Aufgabe des Vollstreckungsverfahrens** ist, durch ein staatliches Verfahren die Ansprüche des Gläubigers gegen den Schuldner durchzusetzen.

Kompetenztraining

45 Außergerichtliches und gerichtliches Mahnverfahren

1. Erläutern Sie die Gründe, warum die Unternehmen auf eine pünktliche Bezahlung ihrer Ausgangsrechnungen angewiesen sind!

2. Beschreiben Sie die „Stufen" des kaufmännischen (außergerichtlichen) Mahnverfahrens!

3. Erklären Sie mögliche Vor- und Nachteile des Forderungseinzugs durch Postnachnahme und Inkassoinstitute aus der Sicht des Geldgläubigers!

4. Stellen Sie den Zweck dar, den das gerichtliche Mahnverfahren verfolgt!

5. Nennen Sie das Gericht, bei welchem der Antrag auf Erlass eines Mahnbescheids gestellt werden muss!

6. Nennen Sie zwei Möglichkeiten, wie der Antragsgegner auf die Zustellung eines Mahnbescheids reagieren kann, und beschreiben Sie die Rechtsfolgen, die sich daraus ergeben!

7. Nennen Sie die „Rechtsmittel", mit denen sich der Antragsgegner gegen einen Mahnbescheid und einen Vollstreckungsbescheid wehren kann! Notieren Sie die Fristen, die er dabei zu beachten hat!

8. Stellen Sie dar, warum beim gerichtlichen Mahnverfahren die Beteiligten „Antragsteller" und „Antragsgegner" genannt werden und nicht „Gläubiger" und „Schuldner"!

9. Zeigen Sie an einem Beispiel auf, unter welchen Bedingungen ein Gläubiger nicht das gerichtliche Mahnverfahren in Anspruch nehmen, sondern den Schuldner sofort verklagen wird!

10. Erklären Sie den Begriff der Zwangsvollstreckung!

11. Nennen Sie die Organe, welche die Zwangsvollstreckung durchführen!

12. Nennen Sie die Vermögensgegenstände, in welche vollstreckt werden kann!

13. 13.1 Beschreiben Sie die Zwangsvollstreckung in bewegliche Sachen!

    13.2 Notieren Sie, was außer beweglichen Gegenständen eventuell noch gepfändet werden kann!

14. Begründen Sie die Notwendigkeit der Unpfändbarkeit bestimmter Vermögensgegenstände und der Pfändungsbeschränkungen!

15. 15.1 Erklären Sie den Begriff „Eidesstattliche Versicherung"!

    15.2 Zeigen Sie die Rechtsfolgen auf, die eintreten können, wenn der Schuldner die Abgabe einer „Eidesstattlichen Versicherung" verweigert!

46 Antrag auf Erlass eines Mahnbescheids

Josef und Anna Waldner haben in ihrem Einfamilienhaus (Wiesenweg 16, 88400 Biberach) wegen einer Stauballergie von der im Gewerbepark Ulm angesiedelten CLEAN-TEC OHG eine Komplettreinigung durchführen lassen. Sie sind die Rechnung (Nr. 10675 vom 30. September 20..) in Höhe von 1 200,00 EUR seit fünf Monaten schuldig geblieben. Auch die Mahnungen durch den zuständigen CLEAN-TEC-Gesellschafter, Martin Nolle, bringen keinen Erfolg. Herr Nolle will daraufhin einen Antrag auf Erlass eines Mahnbescheids stellen.

Aufgaben:

1. Nennen Sie das Gericht, bei welchem Martin Nolle den Mahnbescheid beantragen muss!

2. Laden Sie von der Internetseite http://www.online-mahnantrag.de das Antragsformular, füllen Sie es für Martin Nolle aus (mit Verzugszinsen und gesetzlicher Verzugspauschale, Antragsdatum: 2. März 20.., Kontoverbindung: IBAN DE54 6305 0000 0000 6444 35, Sparkasse Ulm) und drucken Sie es aus!

3. Angenommen, die Zustellung des Mahnbescheids erfolgt am 10. März 20.. Erläutern Sie, wann die Waldners spätestens bezahlen oder Widerspruch einlegen müssten, um einem streitigen Verfahren zu entgehen!

4. Ermitteln Sie das Datum, zu dem Martin Nolle frühestens einen Vollstreckungsbescheid beantragen kann!

2.6 Verjährung

2.6.1 Gegenstand, Begriff und Zweck der Verjährung

- Unter **Verjährung** versteht man den **Ablauf** der **Frist,** innerhalb der ein **Anspruch erfolgreich gerichtlich geltend gemacht werden kann.**

- Unter einem **Anspruch** versteht man das **Recht,** von einem anderen ein **Tun** oder ein **Unterlassen** zu verlangen.

Die Verjährung bedeutet jedoch nicht, dass der Anspruch nach vollendeter Verjährung erloschen ist. Dem Schuldner wird nach Ablauf der Verjährungsfrist gesetzlich lediglich das Recht eingeräumt, sich nach seinem freien Ermessen auf die vollendete Verjährung zu berufen und die Leistung zu verweigern. Er hat das Recht zur **„Einrede der Verjährung".**[1] Erfüllt ein Schuldner also einen bereits verjährten Anspruch, kann er die Leistung nicht mehr erfolgreich zurückfordern.

Beispiel:
In Unkenntnis der bereits eingetretenen Verjährung des Zahlungsanspruchs seines Verkäufers zahlt der Käufer den Kaufpreis. Der Käufer kann die Zahlung nicht nach den Grundsätzen der ungerechtfertigten Bereicherung vom Verkäufer zurückfordern.

Zweck der **Verjährung** ist vor allem die **Rechts- und Beweissicherheit** des **Rechtsverkehrs** zu erhöhen.

---

1 Der Richter muss die Verjährung von Amts wegen nicht berücksichtigen.

2.6.2 Verjährungsfrist

Für die Verjährung gilt grundsätzlich die Regelfrist von drei Jahren. Daneben gibt es noch eine Reihe von Sonderregelungen.

Verjährungsfristen			
Regelmäßige	**Besondere (Beispiele)**		
3 Jahre [§ 195 BGB]	2 Jahre [§ 438 I, Nr. 3 BGB]	5 Jahre [§ 438 I, Nr. 2 BGB]	30 Jahre [§§ 197, 199 II, III BGB]
Geltung ■ wiederkehrende Leistungen (Miete, Pacht, Zinsen) ■ Rechtsgeschäfte zwischen Kaufleuten bzw. Privatleuten ■ Ansprüche aus unerlaubten Handlungen (z. B. Körperverletzung) ■ Forderungen aufgrund arglistig verschwiegener Mängel ■ …	**Geltung** Sachmängelhaftung aus Kauf- und Werkverträgen	**Geltung** Sachmängelhaftung aus Kauf von Baumaterial und Bauwerken	**Geltung** ■ rechtskräftige Urteile ■ Forderungen aus Insolvenz ■ Vollstreckungsbescheide ■ Schadensersatzansprüche aus Verletzungen des Lebens oder des Körpers ■ …
Fristbeginn mit Schluss des Jahres, in dem der Anspruch entstanden ist [§ 199 BGB]	**Fristbeginn** Ablieferung der Kaufsache bzw. Abnahme des Werkes [§ 634 a I, Nr. 1 BGB]	**Fristbeginn** Ablieferung der Kaufsache bzw. Übergabe des Bauwerkes [§ 634 a I, Nr. 2 BGB]	**Fristbeginn** mit dem Datum der Fälligkeit des Anspruchs bzw. Rechtskraft der Entscheidung [§ 200 BGB]

Beispiel für eine regelmäßige Verjährungsfrist:

Das Kaufhaus Velter GmbH verkauft an das Einzelhandelsgeschäft Josef Krieger e. K. mit Vertrag vom 15. Februar 2018 seinen zwei Jahre alten Kombiwagen. Zu welchem Zeitpunkt verjähren die Ansprüche auf Zahlung des Kaufpreises und Lieferung des Fahrzeugs?

Die Ansprüche sind am 15. Februar 2018 entstanden. Das Kaufhaus Velter GmbH und Josef Krieger e. K. haben jeweils Kenntnis von den den Anspruch begründenden Umständen und der Person des Schuldners erlangt. Die Verjährung beginnt daher gemäß § 199 I BGB am 31. Dezember 2018. Für das Rechtsgeschäft kommt die dreijährige regelmäßige Verjährungsfrist in Betracht. Die Ansprüche verjähren mit Ablauf des 31. Dezember 2021.

2.6.3 Hemmung und Neubeginn der Verjährung

2.6.3.1 Hemmung der Verjährung

(1) Begriff Hemmung

- Die **Hemmung** bewirkt, dass der Ablauf der Verjährung für eine **bestimmte Zeit aufgehalten** wird [§ 209 BGB]. Nach Beendigung der Hemmung läuft die **Verjährungsfrist weiter.**

- Der Zeitraum der Hemmung, während dessen die Verjährung gehemmt ist, wird **nicht in die Verjährungsfrist eingerechnet.**

Die **Hemmung** dient dem **Gläubigerschutz.** Es können nämlich Umstände eintreten, die einen Gläubiger gewollt oder ungewollt an der Wahrnehmung (Durchsetzung) seiner Ansprüche hindern können. Der Gläubiger soll deshalb den Ablauf der Verjährung hinauszögern können.

(2) Hemmungsgründe

Hemmungsgründe sind z. B.

- noch **nicht abgeschlossene Verhandlungen** zwischen Gläubiger und Schuldner,
- die **Erhebung einer Leistungsklage, Zustellung eines gerichtlichen Mahnbescheids** und
- das Vorliegen eines **Leistungsverweigerungsrechts des Schuldners.**

2.6.3.2 Neubeginn der Verjährung

- Der **Neubeginn** der **Verjährung** bewirkt, dass die **bereits abgelaufene Verjährungsfrist** vom Zeitpunkt des Neubeginns der Verjährung an **nicht beachtet wird.**

- Die **Verjährungsfrist** beginnt **vom Zeitpunkt des Neubeginns** der Verjährung an in **voller Länge erneut** zu laufen.

Das Gesetz sieht zwei Fälle des **Neubeginns** der **Verjährung** vor [§ 212 BGB]:

- Bei einer **Anerkenntnis des Anspruchs** gegenüber dem Gläubiger durch den Schuldner (z. B. durch Abschlagszahlung, Zinszahlung, Sicherheitsleistung oder in anderer Weise [z. B. durch ausdrückliches Schuldanerkenntnis]) und

- wenn der Gläubiger eine **gerichtliche oder behördliche Vollstreckungshandlung** beantragt oder wenn sie vorgenommen wird.

Beispiel:

Ein in drei Jahren verjährender Anspruch des Gläubigers wäre ohne Hemmung und Neubeginn der Verjährung am 31. Dezember 2018 verjährt. Am 31. Dezember 2018 leistet der Schuldner eine Teilzahlung auf die Schuld. Damit liegt ein Neubeginn der Verjährung vor. Die Verjährung ist somit erst am 31. Dezember 2021 abgelaufen.

Zusammenfassung

- Nur **Ansprüche** unterliegen der Verjährung.

- Die **Verjährung** dient vor allem der **Rechts- und Beweissicherheit**.

- **Nach Vollendung der Verjährung** kann ein Anspruch bei einer berechtigten Einrede der Verjährung durch den Schuldner gerichtlich nicht mehr erfolgreich durchgesetzt werden.

- Die **regelmäßige Verjährungsfrist** beträgt drei Jahre.

- Die Abhängigkeit des Beginns der regelmäßigen Verjährungsfrist von dem Kriterium „Kenntnis oder grob fahrlässige Unkenntnis" des Gläubigers kann zu einem endlosen Aufschub des Fristbeginns führen. Der Gesetzgeber hat deshalb **Verjährungshöchstfristen** festgelegt, nach deren Ablauf in jedem Fall – unabhängig von der Anspruchsentstehung oder Anspruchskenntnis – die Verjährung eintritt [§ 199 II, III, IV BGB].

- Die **Höchstfristen** betragen z. B. für

  - Schadensersatzansprüche aus der Verletzung des Lebens, der Gesundheit oder Freiheit von Personen 30 Jahre [§ 199 II BGB].

  - Schadensersatzansprüche wegen falscher Beratung zehn Jahre.

- Liegen **Hemmungsgründe** vor, wird die Verjährungsfrist **unterbrochen**!

- **Schuldanerkenntnisse** und **Vollstreckungshandlungen** führen zum **Neubeginn** der Verjährung.

Kompetenztraining

47 Verjährung

1. 1.1 Erklären Sie den Begriff Verjährung!

   1.2 Begründen Sie die Notwendigkeit (den Zweck) und den Gegenstand der Verjährung!

2. Erläutern Sie, warum die regelmäßige Verjährungsfrist erst mit Ablauf des Jahres, in dem eine Forderung fällig wurde, beginnt!

3. Die Biehler Baustoffhandel KG in Nagold lieferte einem Tapezier- und Polstergeschäft mit Rechnung vom 20. April 2016 Nadelfilz, Rechnungsbetrag 12 300,00 EUR.

   Aufgaben:

   3.1 Nennen Sie das Verjährungsdatum!

   3.2 Stellen Sie die Folgen dar, die die Verjährung für den Gläubiger hat!

   3.3 Beschreiben Sie, welche Maßnahme die Biehler Baustoffhandel KG ergreifen muss, damit die Verjährung der Forderung erneut beginnt!

   3.4 Erläutern Sie, welche Rechtswirkung die Hemmung auf die Verjährung einer Forderung hat!

4. Karl Lahm kaufte sich am 18. Juni 2018 ein Fernsehgerät für 820,00 EUR bei der Elektro-Fisch KG, zahlbar am 1. Juli 2018. Da Karl Lahm Ende 2018 immer noch nicht bezahlt hatte, erhielt er von der Elektro-Fisch KG am 3. Januar 2019 eine (kaufmännische) Mahnung. Am 15. Januar 2019 zahlte Lahm daraufhin 200,00 EUR an und bat um Stundung des Restbetrags bis 30. Juni 2019. Die Elektro-Fisch KG gewährte Stundung bis 30. Mai 2019 mit der Maßgabe, dass am 16. Februar 2019 weitere 320,00 EUR abzuzahlen seien. Lahm überwies den geforderten Betrag tatsächlich am 15. Februar 2019.

   Aufgaben:

   4.1 Stellen Sie dar, wann die Restforderung verjährt ist, falls weder Lahm noch die Elektro-Fisch KG etwas unternehmen!

   4.2 Begründen Sie, ob sich an der Vollendung der Verjährung etwas ändert, wenn die Elektro-Fisch KG am 15. Juni 2019 mahnt, weil Lahm nach Ablauf der Stundungsfrist nicht bezahlt!

   4.3 Begründen Sie, ob sich der Verjährungszeitpunkt ändert, wenn die Elektro-Fisch KG die Geduld verliert und auf ihren Antrag hin am 15. Juni 2019 eine gerichtliche Vollstreckungshandlung vorgenommen wird!

5. Das Schreibwarengeschäft Franz Fritzmaier e. Kfm. schuldet der Großhandlung Karl Klein OHG einen Rechnungsbetrag über 1 465,20 EUR, fällig am 14. April 2018. Die Rechnung ist dem Schreibwarengeschäft Franz Fritzmaier e. Kfm. am 6. April 2018 zugegangen.

   Aufgaben:

   5.1 Notieren Sie, von welchem Tag an sich Fritzmaier im Zahlungsverzug befindet!

   5.2 Stellen Sie dar, wann die Forderung der Großhandlung gegen Fritzmaier verjährt ist, wenn Fritzmaier am 5. Februar 2019 eine Teilzahlung von 500,00 EUR einschließlich der bis dahin aufgelaufenen Zinsen leistet!

   5.3 Erklären Sie, wie sich eine schriftliche Stundungsbitte des Schreibwarengeschäfts Franz Fritzmaier e. Kfm. auf die Verjährung auswirken würde!

3 Ausgewählte Zahlungssysteme vergleichen und deren Vor- und Nachteile nachweisen

Lernsituation 9: Die Zahlungsabwicklung mit Kunden organisieren

Das Kosmetikinstitut Beauty Moments von Emmy Reisacher, Neuwerk 10, in 89079 Ulm, hat sich im Gewerbepark sehr gut etabliert. Viele der Beschäftigten im Industrie- und Gewerbegebiet gehören zu den Stammkunden. Der Terminkalender ist in der Regel eine Woche im Voraus ausgebucht.

Inzwischen hat Emmy Reisacher fünf weitere Mitarbeiter eingestellt, darunter Lina Glogger, eine Teilzeitkraft, die sie in der Abwicklung der kaufmännischen Arbeiten unterstützt. Für Emmy Reisacher war die Entscheidung, ihren Betrieb in das Gewerbegebiet zu verlegen, mit viel Herzklopfen verbunden. Deshalb wollte sie auch lange Zeit die kaufmännischen Arbeiten nicht aus der Hand geben. Insbesondere den Zahlungsverkehr wollte sie stets unter Kontrolle haben und handelte nach dem Motto: *„Nur Bares ist Wahres"*.

Aus diesem Grund war sie gegenüber Kartenzahlungen sehr reserviert. Es kam auch schon vor, dass Kundinnen, die soeben von der Wohltat einer Gesichtsmassage begeistert waren, diese Produkte kaufen wollten. Verfügten sie in solch einer Situation nicht über genügend Bargeld, scheiterte der Kaufabschluss. Hinzu kam, dass Firmenkunden nur gegen Rechnung einkaufen wollten.

Emmy Reisacher möchte ihren Zahlungsverkehr besser organisieren. Sie macht hierzu folgende Bestandsaufnahme über ihre Umsatzarten:

Käufer	Ware/Dienstleistung	Betrag	Regelmäßigkeit
Privatkunden	Kosmetikprodukte	verschieden	einmalig bzw. unregelmäßig
Privatkunden	Behandlung	30,00 EUR bis 60,00 EUR	in unregelmäßigen Abständen
Privatkunden und Firmenkunden	Gutscheine	je 20,00 EUR bis 40,00 EUR	einmalig bzw. unregelmäßig
Firmenkunden	Geschenkkörbe	verschieden	sehr unregelmäßig
Privatkunden	Beauty Abbonnement	100,00 EUR	monatlich
Privatkunden	Artikel aus dem Onlineshop	Mindestumsatz 20,00 EUR	einmalig bzw. unregelmäßig

Sie bittet Lina Glogger darum, Vorschläge zu machen, auf welche Weise diese Zahlungen verlässlich abgewickelt werden können. Diese Vorschläge soll sie jeweils durch die damit verbundenen Vor- und Nachteile begründen.

KOMPETENZORIENTIERTE ARBEITSAUFTRÄGE:

Arbeiten Sie die folgenden Kapitel des Schulbuches durch und verwenden Sie die Aufzeichnungen aus dem Unterricht zur Bearbeitung der Arbeitsaufträge!

14 Speth u.a. - ISBN 978-3-8120-0594-4

Versetzen Sie sich in die Rolle von Lina Glogger.

1. Machen Sie zu den obigen Zahlungsvorgängen jeweils einen Vorschlag zu dessen Abwicklung!

2. Unterstützen Sie Ihre Vorschläge, indem Sie die Zahlungssysteme SEPA-Basis-Lastschriftverfahren, SEPA-Überweisungen, SEPA-Dauerauftrag, Girocard und Kreditkarte mit ihren jeweiligen Vor- und Nachteilen – jeweils aus der Sicht des Zahlungsempfängers bzw. Zahlungspflichtigen – in einer Übersicht zusammenstellen!

3.1 Überblick über die Geld- und Zahlungsarten

(1) Geldarten

Im Zahlungsverkehr unterscheidet man drei Geldarten:

Bargeld	Hierzu zählen **Banknoten** und **Münzen**. Die Eurobanknoten sowie die Euromünzen sind die **gesetzlichen Zahlungsmittel** der Bundesrepublik Deutschland.
Buchgeld (Giralgeld)	Es entsteht durch **Bareinzahlung** der Kunden auf **Girokonten**[1] und durch **Kreditgewährung der Kreditinstitute**. Vernichtet wird es durch Barabhebung und Kredittilgung durch die Bankkunden.
Elektronisches Geld	■ Es handelt sich um Werteinheiten in Form einer **Forderung gegen die ausgebende Stelle,** die auf **elektronischen Datenträgern** gespeichert sind (z. B. Geldkarte, ausgegeben von einer Bank). ■ **Kein elektronisches Geld** liegt vor, wenn die Werteinheiten lediglich **Voraussetzungen für bestimmte Sach- und Dienstleistungen** darstellen (z. B. Telefonkarten).

(2) Zahlungsarten

Im Folgenden beschränken wir uns auf die **bargeldlose Zahlung**. Sie erfolgt ausschließlich mit **Buchgeld** und ist nur möglich, wenn sowohl der Zahler als auch der Zahlungsempfänger ein **Konto** haben.

3.2 Bargeldlose Zahlung

3.2.1 Girokonto

Voraussetzung für die Teilnahme am bargeldlosen Zahlungsverkehr ist die Eröffnung eines **Girokontos.** Mit der Eröffnung des Girokontos wird ein **Girovertrag** begründet.

---

1 Das Wort „Giro" kommt von „Kreis", „Ring". Gelder, die auf Girokonten liegen, kann man nämlich von Konto zu Konto überweisen, weil die Kreditinstitute gewissermaßen „ringförmig" miteinander in Verbindung stehen.

- Der **Girovertrag** verpflichtet das Kreditinstitut, für den Kunden ein **Girokonto einzurichten, eingehende Zahlungen** auf dem Girokonto **gutzuschreiben** und abgeschlossene **Überweisungsverträge** zulasten des Girokontos **abzuwickeln.**

- Das Kreditinstitut ist verpflichtet, **Angaben zur Person** des Überweisenden und zum **Verwendungszweck** dem Zahlungsempfänger mitzuteilen.

Auf dem **Girokonto** werden die **Forderungen und Verbindlichkeiten der Banken** gegenüber dem Kunden einander gegenübergestellt.

- **Forderungen der Bank** (Verbindlichkeiten des Kunden) werden im **Soll,**
- **Verbindlichkeiten der Bank** (Guthaben des Kunden) werden im **Haben** gebucht.[1]

Der Kontoinhaber kann über die auf dem Girokonto gebuchten Gelder bzw. über einen eingeräumten Kredit täglich und uneingeschränkt verfügen.

Soll	Aufbau des Girokontos	Haben
Forderungen der Bank (= Verbindlichkeiten des Kontoinhabers)		Verbindlichkeiten der Bank (= Guthaben des Kontoinhabers)

3.2.2 SEPA-Zahlungen

3.2.2.1 SEPA-Überweisungen

Der einheitliche Euro-Zahlungsverkehrsraum SEPA (SEPA – **S**ingle **E**uro **P**ayments **A**rea) zielt darauf ab, dass bargeldlose Zahlungen der zugehörigen 34 Staaten[2] einfach, sicher und effizient abgewickelt werden können.

(1) Begriff und Beispiel

- Bei einer **Überweisung** wird **mittels Buchgeld** bezahlt.

- **Auftraggeber** und damit Einreicher der Überweisung ist der **Zahlungspflichtige.**

- Der Geldbetrag wird vom Girokonto des Zahlungspflichtigen abgebucht und **auf einem Konto** (z. B. Girokonto) **des Zahlungsempfängers** gutgeschrieben.

Beispiel:

Die Ulmer Büromöbel AG bezahlt am 17.06.20.. die Rechnung Nr. 54872 vom 04.06.20.. über 3 570,00 EUR per Überweisung.

Kontoverbindung:
Sparkasse Ulm
IBAN: DE61 6305 0000 0041 4500 75

Zahlungsempfänger:
Beauty Moments Emmy Reisacher e. Kfr.

Kontoverbindung:
Commerzbank Ulm
IBAN: DE12 6304 0053 0073 6496 00

---

1 Auf dem Kontoauszug weist die Bank statt des Begriffs „Soll" häufig nur ein Minuszeichen und statt des Begriffs „Haben" ein Pluszeichen aus.

2 Der Geltungsbereich der SEPA umfasst die 31 Länder des Europäischen Wirtschaftsraums sowie die Schweiz, Monaco und San Marino.

IBAN – International Bank Account Number = Internationale Bankkontonummer

Sie dient der eindeutigen Identifikation eines Kontos, enthält vier Bausteine und darf nur von der kontoführenden Stelle berechnet und ausgegeben werden.

Beispiel:

Aufbau der IBAN der Ulmer Büromöbel AG:

Länder- kennzeichen	Prüfziffer 2-stellig	Bankleitzahl 8-stellig	Kontonummer 10-stellig (ggf. führende Nullen)
DE	61	63050000	0041450075

Erläuterungen:

- **DE** als Länderkennzeichen steht für Deutschland.
- Die 2-stellige **Prüfziffer** wird bei der Erstermittlung der IBAN berechnet und an Position 3 und 4 der IBAN integriert. Verschreibt sich ein Verwender bei dieser IBAN, dann wird dieser Fehler aufgedeckt: Der Zahlungsdienstleister, der den Kundenauftrag entgegennimmt, ist verpflichtet, die angegebene IBAN auf Richtigkeit zu prüfen. Die Absicherung durch eine Prüfziffer fördert die reibungslose und automatisierte Abwicklung des Zahlungsverkehrs.
- Es folgt die bisherige **Bankleitzahl**.
- Die **Kontonummer** wird gegebenenfalls mit führenden Nullen auf 10 Stellen aufgefüllt.

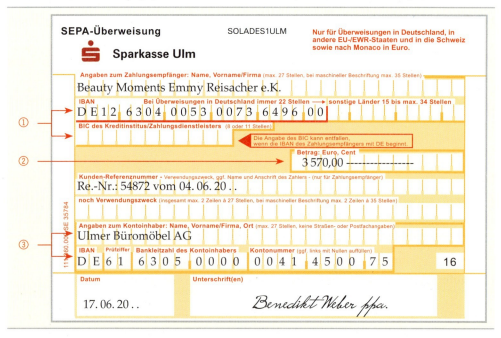

Erläuterungen zum Überweisungsbeleg:

① Zur eindeutigen Identifikation des Zahlungsempfängers muss bei der SEPA-Überweisung die IBAN angegeben werden.

② Die SEPA-Überweisung kann nur für Euro-Zahlungen genutzt werden.

③ Angaben zum Kontoinhaber und dessen IBAN.

(2) Ablauf des Zahlungsvorgangs

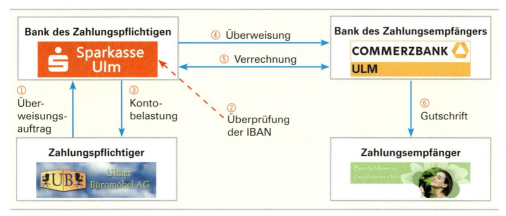

(3) SEPA-Dauerauftrag

Der SEPA-Dauerauftrag ist ein Sonderfall der SEPA-Überweisung. Hier erteilt

- der **Zahlungspflichtige seiner Bank** einen
- **einmaligen Auftrag,**
- bis **auf Widerruf**
- von **seinem Konto**
- einen **feststehenden Betrag**
- zu **bestimmten Terminen** (z. B. jeweils zum 1. eines Monats)
- auf das angegebene **Konto des Zahlungsempfängers**

zu überweisen.

> **Beispiel:**
>
> Die Beauty Moments Emmy Reisacher e. Kfr., Neuwerk 10, 89079 Ulm, lässt die Miete für ihre Geschäftsräume jeweils zum 5. eines Monats vom Geschäftskonto auf das Konto des Vermieters überweisen.

3.2.2.2 SEPA-Basis-Lastschriftverfahren (SEPA Core Direct Debit Scheme)

(1) Begriff

- Eine **SEPA-Lastschrift** ist ein **Zahlungsvorgang zulasten des Kontos des Zahlungspflichtigen** bei dessen Kreditinstitut, bei dem die **Höhe des jeweiligen Zahlungsbetrages** und der **Fälligkeitstermin** vom **Zahlungsempfänger** angegeben werden.
- **Auftraggeber** und damit Einreicher der Lastschrift ist der **Zahlungsempfänger**.

Das Lastschriftverfahren ist geeignet, wenn Beträge abgebucht werden sollen, die im Zeitablauf in **wechselnder Höhe** und/oder zu **unregelmäßigen Zeitpunkten** anfallen.

Sowohl Privatpersonen als auch Firmen[1] sind als **Zahlungspflichtiger** und als **Zahlungsempfänger** zugelassen.

---

1 Beim **SEPA-Firmen-Lastschriftverfahren** gelten strengere Vorschriften. U. a. **verzichtet** der Zahlungspflichtige **auf** seinen **Erstattungsanspruch**. Diesen Verzicht erklärt er im Text des SEPA-Firmenmandats. **Verbraucher** sind beim SEPA-Firmen-Lastschriftverfahren als Zahlungspflichtige nicht zugelassen.

- Der Zahlungspflichtige hat einen **Erstattungsanspruch** innerhalb von **acht Wochen** nach Belastung – ohne Angabe von Gründen.
- Erfolgt die Belastung **ohne gültiges SEPA-Mandat,** beträgt der Erstattungsanspruch bis zu **13 Monate** nach der Belastung.

(2) Ablauf der SEPA-Basislastschrift

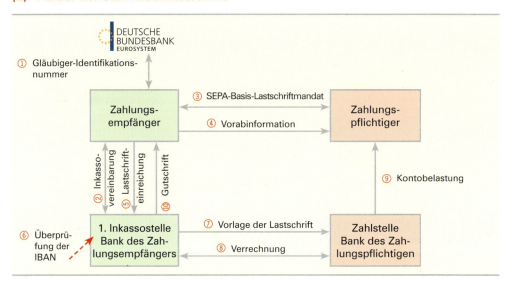

Erläuterungen:

① Der **Zahlungsempfänger benötigt** eine **Gläubiger-Identifikationsnummer** (kurz: Gläubiger-ID).
  - Sie dient der eindeutigen Identifikation eines Lastschrifteinreichers und ist unabhängig von seiner Bankverbindung.
  - Sie kann ausschließlich über das Internet bei der Deutschen Bundesbank beantragt werden.
  - Sie ist im SEPA-Lastschriftmandat und in allen SEPA-Lastschriften anzugeben.

② Der **Zahlungsempfänger und seine Bank** schließen eine **Inkassovereinbarung** über den Einzug von Forderungen durch SEPA-Basislastschriften bzw. SEPA-Firmenlastschriften. Dies ist eine einmalige Vereinbarung zwischen dem Zahlungsempfänger und seiner Bank. Die Gläubiger-ID muss hierbei vorgelegt werden.

③ **Zahlungsempfänger und Zahlungspflichtiger** vereinbaren ein **SEPA-Basis-Lastschriftmandat.**[1]
  Bevor der Zahlungsempfänger SEPA-Lastschriften einreicht, muss er vom Zahlungspflichtigen ein SEPA-Basis-Lastschriftmandat einholen. Es enthält die
  - Ermächtigung des Zahlungsempfängers, Zahlungen vom Konto des Zahlungspflichtigen mittels SEPA-Basis-Lastschriften einzuziehen,
  - Weisung an sein Kreditinstitut, die Lastschriften einzulösen.

④ Der **Zahlungsempfänger** hat dem Zahlungspflichtigen mindestens **14 Tage vor der Fälligkeit der ersten Zahlung** mittels SEPA-Basislastschrift den Lastschrifteinzug anzukündigen (z.B. im Text der Rechnung), damit dieser die erforderliche Deckung bereitstellen kann.

⑤ Der **Zahlungsempfänger reicht die Lastschrift bei seiner Bank** (1. Inkassostelle) **ein (zwingend: elektronisch).**

---

1 **Mandat,** lat. mandare: beauftragen, hier: Ermächtigung des Zahlungsempfängers durch den Zahlungspflichtigen, von seinem Konto Zahlungen durch Lastschrift einzuziehen.

⑥ Die **Bank des Zahlungsempfängers** als erste Inkassostelle **überprüft die formale Korrektheit** (IBAN, Pflichtfelder) der eingereichten Datensätze.

⑦ **Vorlage bei Zahlstelle** (Bank des Zahlungspflichtigen).

⑧ **Zahlungsverrechnung der Banken** untereinander.

⑨ **Belastung auf dem Konto des Zahlungspflichtigen.**

⑩ **Gutschrift auf dem Konto des Zahlungsempfängers.**

Die Schritte ⑨ – ⑩ finden im Regelfall am Fälligkeitstag statt.

Beispiel eines SEPA-Basis-Lastschriftmandats:

Beauty Moments Emmy Reisacher e. Kfr.
Neuwerk 10, 89079 Ulm

Gläubiger-Identifikationsnummer: DE85BMR00000305087

SEPA-Basis-Lastschriftmandat

Mandatsreferenz 982736

■ Ich ermächtige/Wir ermächtigen den Zahlungsempfänger (Name siehe oben), Zahlungen von meinem/unserem Konto mittels Lastschrift einzuziehen.

■ Ich weise/Wir weisen zugleich mein/unser Kreditinstitut an, die vom Zahlungsempfänger (Name siehe oben) auf mein/unser Konto gezogenen Lastschriften einzulösen.

■ Hinweis: Ich kann/Wir können innerhalb von acht Wochen beginnend mit dem Belastungsdatum, die Erstattung des belasteten Betrages verlangen. Es gelten dabei die mit meinem/unserem Kreditinstitut vereinbarten Bedingungen.

Zahlungsart: ☐ Einmalige Zahlung   ☒ Wiederkehrende Zahlung

Vorname und Name (Kontoinhaber)

Anna Schlecker

Straße und Hausnummer

Glasgasse 12

Postleitzahl und Ort

| 89073 | Ulm |

IBAN

| D | E | 1 | 0 | 6 | 3 | 0 | 5 | 0 | 0 | 0 | 0 | 0 | 0 | 1 | 4 | 5 | 2 | 0 | 7 | 3 |

Ort und Datum

| Ulm | 03. 10. 20 . . |

Anna Schlecker

Unterschrift

Außer durch die **Gläubiger-ID** wird jedes Mandat durch eine eindeutige **Mandatsreferenz** identifiziert. Letztere ermöglicht es dem Zahlungspflichtigen, bei der Belastungsbuchung zu prüfen, ob ein SEPA-Lastschriftmandat besteht.

Beachte:

■ Die Bank prüft die **formale** Korrektheit der im Lastschriftauftrag enthaltenen Daten. Fehlerhafte Lastschriftaufträge werden zurückgewiesen. Nach dieser Prüfung befinden sich **nur fehlerfreie Daten im Prozessablauf,** sodass dieser **vollautomatisch abgewickelt** werden kann.

■ Die **Verantwortung für die Richtigkeit der Daten** liegt somit außerhalb des Bankensystems und ausschließlich **beim Auftraggeber** (bei der SEPA-Überweisung = Zahlungspflichtiger, bei der SEPA-Lastschrift = Zahlungsempfänger).

3.2.3 Zahlungen mit der Girocard

3.2.3.1 Begriff Girocard und Girocard-Zahlung

(1) Begriff Girocard[1]

Girocards werden von Banken ausgegeben. Sie sind mit einer Geheimzahl **(Personal Identification Number: PIN)** ausgestattet. Jeder Karte ist ein **Girokonto zugeordnet,** das bei einer Zahlung sofort belastet wird.

(2) Girocard-Zahlung

Girocard-Zahlung ist eine bargeld- und beleglose Zahlungsart, bei der die Zahlung an einer automatisierten Ladenkasse unter Verwendung einer Girocard direkt am Verkaufsort **(Point of Sale: POS)**[2] vorgenommen wird.

Die elektronischen Zahlungen mithilfe der maschinell lesbaren Karten sind möglich, weil die Einzelhandelsgeschäfte, Kaufhäuser und Tankstellen in Verbindung mit den Banken elektronische Kassen (Girocard-Terminals) eingerichtet haben. Werden die Karten bei der Zahlung vertragsgemäß verwendet, garantieren die Banken die Einlösung der Kartenzahlung. Die Girocard-Zahlung kann online oder offline abgewickelt werden.

---

1 Die **Girocard** bezeichnet man auch als **Debitkarte. Debit** (engl.): Schulden, Belastung (des Kontos).

2 **Point of Sale (POS):** „Punkt des Verkaufs"; Verkaufsort.

3.2.3.2 Electronic Cash (Pay-now-Karte)[1]

(1) Girocard-Zahlung online

Ist die Kaufsumme vom Verkäufer in die Kasse eingegeben und vom Kunden kontrolliert, gibt der Kunde seine Girocard und die Geheimnummer (PIN) in einen Kartenleser ein, der mit dem Rechenzentrum des betreffenden Netzbetreibers verbunden ist. Das Rechenzentrum überprüft bei der Bank, die die Karte ausgestellt hat, in Sekundenschnelle die Geheimnummer, die Echtheit der Karte, eine mögliche Sperre sowie das Guthaben bzw. das Kreditlimit **(Autorisierungsprüfung)**.[2] Wird die Zahlung genehmigt (autorisiert), erhält der Kunde den quittierten Kassenbeleg ausgehändigt. Die Summe wird zunächst im Kassenterminal gespeichert und in der Regel täglich an die Bank weitergeleitet.

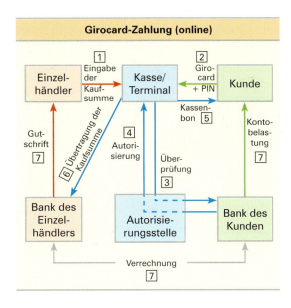

Der Verkäufer erhält automatisch von seiner Bank die Gutschrift (abzüglich Gebühren). Dem Käufer wird der Rechnungsbetrag auf dem Konto belastet.

(2) Chip-offline-Verfahren

Bei diesem Verfahren wird der Microchip mit einem Verfügungsrahmen (z. B. 500,00 EUR) geladen. Beim Bezahlvorgang prüft das Terminal nach Eingabe der Geheimzahl (PIN) im Chip den noch zur Verfügung stehenden Rahmen und bucht den Kaufbetrag ab. Die Prüfung des Verfügungsrahmens erfolgt im Regelfall offline, d. h. ohne Onlineverbindung. Ist bei dieser Prüfung der Verfügungsrahmen überschritten oder der Bereitstellungszeitraum verstrichen, baut das Terminal automatisch eine Onlineverbindung auf und autorisiert den Umsatz. In beiden Fällen erhält der Verkäufer eine garantierte Zahlung.

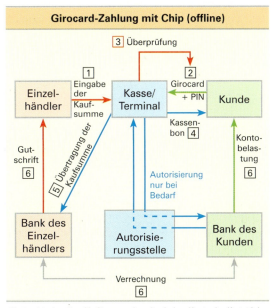

---

1 **pay now** (engl.): bezahle jetzt. Charakteristisch für Pay-now-Karten ist, dass ihre Verfügung sehr zeitnah dem Konto des Karteninhabers belastet wird.

2 **Autorisieren:** ermächtigen.

Kosten. Electronic-Cash-Zahlungen sind für den Kunden gebührenfrei. Die Kosten für den Händler betragen 0,3 % des Umsatzes, mindestens jedoch 8 Cent pro Umsatz. Im Mineralölsektor beträgt der Grundbetrag 0,2 % des Umsatzes, mindestens 1 Cent. Dieses Entgelt erhält die Karten ausgebende Bank (Bank des Kunden) und wird im Zusammenhang mit dem Einzug des Electronic-Cash-Umsatzes abgerechnet.

(3) Kontaktlose Zahlung mit der Girocard

 Mit der Kontaktlos-Funktion girogo können Kleinbeträge bis 25,00 EUR kontaktlos ohne PIN beglichen werden. Die Bankkarte muss nur an das Bezahlterminal gehalten werden. Das herkömmliche Stecken der Karte entfällt.

(4) Internationale Zahlung mit der Girocard

Symbole wie **V-PAY** und **MAESTRO** zeigen an, dass mit der entsprechenden Girocard europa- bzw. weltweit bezahlt werden kann. Gleiches gilt für die Möglichkeit, das internationale Geldautomatennetz zu nutzen.

 Karten mit dem **EUFISERV**-Logo funktionieren auch im europäischen Ausland an zahlreichen Händlerkassen und Geldautomaten unter Eingabe der PIN.

3.2.3.3 Elektronisches Lastschriftverfahren (ELV)

 Beim elektronischen Lastschriftverfahren (ELV) wird die PAN (**Primary Account Number,** vergleichbar der IBAN) vom Terminal aus der Girocard gelesen. Es wird ein Lastschriftbeleg erstellt. Durch seine Unterschrift erteilt der Kunde dem Händler eine einmalige Einzugsermächtigung. Der Händler zieht die Lastschrift über seine Hausbank vom Konto des Kunden ein.

–K–A–S–S–E–N–B–E–L–E–G–	Rückseite:
Stolz & Krug OHG 89079 Ulm Tel. 0731/936800 Fax 0731/936810	**1. Ermächtigung zum Lastschrifteinzug** Hiermit ermächtige ich das umseitig genannte Unternehmen den umseitig ausgewiesenen Rechnungsbetrag von meinem umseitig durch PAN bezeichneten Konto durch Lastschrift einzuziehen.
Terminal-ID 54114342 TA-Nr. 022982 BNr 2051	**2. Ermächtigung zur Adressenweitergabe** Ich weise mein Kreditinstitut, das durch die umseitig angegebenen PAN bezeichnet ist, unwiderruflich an, bei Nichteinlösung der Lastschrift oder bei Widerspruch gegen die Lastschrift das umseitig ausgewiesene Unternehmen oder einem von ihm beauftragten Dritten auf dessen Aufforderung hin meinen Namen und meine Anschrift vollständig mitzuteilen, damit das umseitig ausgewiesene Unternehmen seinen Anspruch gegen mit geltend machen kann.
Kartenzahlung ELV Offline EUR 350,72	**3. Ermächtigung zur Speicherung und Weitergabe der Sperrdatei** Ich bin damit einverstanden, dass meine Daten für den Zweck der Zahlungsabwicklung elektronisch gespeichert und verarbeitet werden. Ich bin damit einverstanden, dass nur im Falle der Nichteinlösung diese Tatsache in eine Sperrdatei aufgenommen und an andere Unternehmen zur Nutzung übermittelt wird, die ebenfalls ein solches Lastschriftverfahren anwenden. Die Sperrung wird nach Begleichung des Rechnungsbetrages wieder aufgehoben.
PAN ##############34206 Karte 0 gültig bis 12/21 Datum 12.05... 15:41 Uhr	
*** Zahlung erfolgt *** BITTE BELEG AUFBEWAHREN	*Isabella Müller* Unterschrift (Betrag siehe Vorderseite)

Diese Zahlungsform ist für den Händler zwar kostengünstig, aber auch risikoreich, da weder eine Autorisierungs- noch eine Sperrprüfung der Girocard vorgenommen werden. Außerdem hat der Händler keine Zahlungsgarantie durch die Bank.

3.2.3.4 Nutzung der Girocard als Geldkarte (Pay-before-Karte)[1]

Der Karteninhaber lädt den in der Girocard integrierten Chip an einem Geldautomaten, einem speziellen Ladeterminal in der Bank oder direkt am Händlerterminal bis zu einem Betrag von 200,00 EUR zulasten seines Kontos auf. Die Eingabe seiner PIN ist hierbei erforderlich. Somit verfügt der Kunde über eine „elektronische Geldbörse".

Beim Händler erfolgt die Legitimation allein über den Besitz der Karte. Zur Bezahlung sind weder PIN noch Unterschrift erforderlich. Der Rechnungsbetrag wird nicht dem Konto belastet, sondern vom Chip abgebucht.

Bei Kassenabschluss werden die gespeicherten Umsätze online an die Hausbank übertragen. Diese veranlasst, dass das Karten ausgebende Institut an den Händler zahlt (Einzug per Lastschrift). Die Zahlung ist für den Händler garantiert.

Geht die Geldkarte verloren oder wird sie gestohlen, kann der Finder oder Dieb über das gespeicherte Guthaben verfügen, da keinerlei Legitimationsprüfung durch PIN-Eingabe oder Unterschrift durchgeführt wird. Auch eine Sperrung der Karte schützt das Geldkarten-Guthaben nicht, da diese Funktion der Girocard nicht gesperrt werden kann. Insofern wird ein Karteninhaber so gestellt, als hätte er Bargeld verloren bzw. es wäre ihm gestohlen worden.

3.2.4 Kreditkarte (Pay-later-Karte)[2]

Die Kreditkarte ist ein Ausweis, der dem Verkäufer den Zahlungseingang garantiert.

Legt der Inhaber die Kreditkarte vor, erhält er Waren oder Dienstleistungen, ohne dass sein Konto sofort belastet wird. Am Terminal wird die entsprechende PAN (Primary Account Number, wiederum vergleichbar mit der IBAN) ausgelesen und ein Kassenbeleg mit dem Transaktionsdaten erstellt (vgl. nebenstehenden Kassenbeleg). Die Abrechnung auf dem Girokonto des Käufers erfolgt nachträglich, in der Regel einmal monatlich.

```
–K–A–S–S–E–N–B–E–L–E–G–

        Sport-Burr KG
        Sportartikelfabrik
          Neuwerk 5
          89079 Ulm

Terminal-ID              54342447
TA-Nr. 023765            BNr 7574

      Kartenzahlung VISA
        EUR 201,89

PAN        ############1867
EMV-AID    A0000Q00031010
VU-Nr.     142124643
AIDPara    0100000002
Genehmigungs-Nr.    166335
Datum 13.04... 14:10 Uhr
EMV-Daten 0000008000/E800
110000000/D84004F800/
DC4000F800/5E0300///5068
FA9D/40

        Zahlung erfolgt

AS-Proc-Code = 00 053 00
Capt.-Ref. = 0455
AID59: 237691

    BITTE BELEG AUFBEWAHREN
```

---

1 **pay before** (engl.): bezahle vorher. Das Konto wird belastet durch das Aufladen des Chips.

2 **pay later** (engl.): bezahle später. Charakteristisch für diese Karten ist, dass die bargeldlosen Zahlungen gesammelt und i. d. R. einmal monatlich dem Konto des Karteninhabers belastet werden. In dieser Zeitspanne verfügt der Karteninhaber über einen Kredit.

Die Transaktionskosten trägt der Händler, bei dem der Karteninhaber seine Waren oder Dienstleistungen erwirbt. Üblich ist eine Gebühr von 2–4 % des Umsatzes, mindestens jedoch eine fixe Pauschale (0,10–0,25 EUR) pro Transaktion. Zusätzlich entstehen dem Verkäufer monatliche Fixkosten durch die Bereitstellung der Systeme. Somit sind die Gebühren wesentlich höher als bei der Zahlungsabwicklung mit einer Debitkarte (girocard).

Die nachfolgende Grafik zeigt den Ablauf des **Kreditkartenverfahrens**.

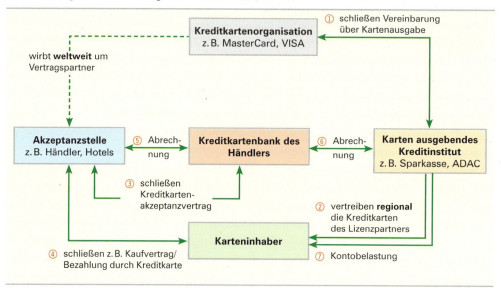

Erläuterungen:

① Das Karten ausgebende Kreditinstitut schließt eine Vereinbarung mit einer **Kreditkartenorganisation** zum Vertrieb von deren Karten.

② Wer eine Kreditkarte erwerben will, besorgt sich diese z. B. über seine Hausbank. Für die Kreditkarte ist eine jährliche Gebühr zu bezahlen.

③ Die Kreditkartenorganisationen schließen selbst keine Verträge mit Händlern ab. Deshalb benötigt ein Händler einen Kreditkartenakzeptanzvertrag (vergleichbar einem Kreditvertrag) mit einer Kreditkartenbank. Da es sich um einen kreditähnlichen Vertrag handelt, prüft die Kreditkartenbank sorgfältig das Geschäftsmodell des Händlers.

④ Mit der Karte kann der **Inhaber** bei allen Unternehmen **(Akzeptanzstelle),** die Vertragspartner dieser Kartenorganisation sind, Rechnungen bis zu einem bestimmten Verfügungsrahmen bargeldlos begleichen. Der Karteninhaber unterzeichnet einen Belastungsbeleg, auf welchen der Zahlungsempfänger (z. B. Händler) die Daten der Kreditkarte zuzüglich des Rechnungsbetrags übernommen hat. Ein Duplikat (Zweitausfertigung) behält der Karteninhaber zur Kontrolle.

⑤ Das Original legt der Händler bei seiner Kreditkartenbank vor. Diese überweist den Rechnungsbetrag unter Abzug eines Disagios (Abschlag) in Höhe von 2–4 % vom Rechnungsbetrag.

⑥ Mit dem Karten ausgebenden Kreditinstitut rechnet die Kreditkartenbank des Händlers im Normalfall monatlich ab. Per Lastschrift werden die angefallenen Beträge beim Kreditinstitut des Karteninhabers eingezogen.

⑦ Mit seinem Kontoauszug erhält der Karteninhaber eine detaillierte Aufstellung der Rechnungsbeträge.

Wird eine Karte gestohlen, haftet der Karteninhaber bis zur Sperrung bis maximal 50,00 EUR. Danach ist er von der Haftung befreit.

3.2.5 Bedeutung der Kartenzahlungen

Die deutschen Verbraucher zahlen immer öfter bargeldlos. Im Einzelhandel wurden im Jahr 2016 nur noch 51 Prozent der Umsätze bar getätigt. Im Gegenzug nehmen Kartenzahlungen zu. Dabei setzen viele Kunden auf die sogenannte ec-Lastschrift, also das Bezahlen per ec-Karte (Girocard) und Unterschrift, oder auf Karte plus PIN. Nach Angaben des Handelsverbands Deutschland entfällt mehr als ein Drittel des Einzelhandelsumsatzes auf diese beiden Zahlungsarten. Insgesamt finden sich in Deutschlands Geldbörsen fast 108 Millionen dieser Bankkunden-Karten. Das sind mehr als dreimal so viele wie noch im Jahr 1992 (33,4 Millionen). 41 Prozent wurden von Sparkassen ausgegeben; 31 bzw. 26 Prozent entfielen auf private und genossenschaftliche Banken.

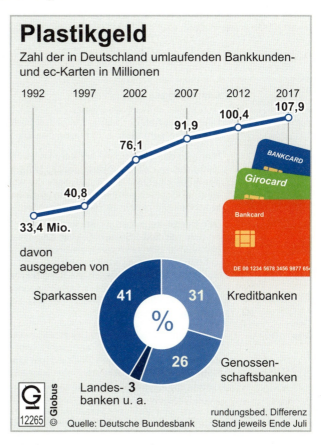

Die bargeldlosen Kartenzahlungen bringen für den Verkäufer folgende **Vorteile**:

- kein zeitaufwendiges Herausgeben von Bargeld,
- keine Aufbewahrung und Sicherung von Bargeld,
- billiger und sicherer als Barzahlung,
- macht Spontankäufe der Kunden möglich,
- Erleichterung der Zahlungsabläufe (z. B. Drucken der Belege).

3.3 Bevorzugte Zahlungsformen beim E-Commerce[1]

Offline-Zahlungsformen	Erläuterungen
Vorauskasse	Nach Eingang des Überweisungsbetrags versendet der Anbieter die vom Kunden im Internet oder per E-Mail bestellte Ware bzw. erbringt die Dienstleistung.
Kauf auf Rechnung	Beim Kauf auf Rechnung ist der Rechnungsbetrag erst **nach** Erhalt der Ware vom Käufer zu begleichen (z. B. durch eine Überweisung).
Nachnahme	Die vom Anbieter als Nachnahmesendung z.B. mit der Post versandte Ware wird erst dann ausgehändigt, wenn die Barzahlung an die Zustellkraft erfolgt ist.

Online-Zahlungsformen	Erläuterungen
Lastschrift	Hier übermittelt der Kunde bei seiner Bestellung dem Anbieter elektronisch eine einmalige Ermächtigung zum Einzug des Kaufpreises.
Kauf mit Kreditkarte	Hier gibt der Zahler dem Anbieter seinen Namen, seine Kreditkartennummer und das Verfalldatum der Kreditkarte an. Die Unterschrift des Zahlers ist nicht erforderlich. Für den Käufer besteht das Risiko, dass der Anbieter z.B. unberechtigte Zahlungen veranlasst. Außerdem können Kreditkartendaten von „Hackern" ausgespäht (entziffert) und anschließend missbräuchlich verwendet werden. Der Nutzer kann bereits im Vorfeld sein Risiko verringern, indem er z.B. nur **SSL** (**S**ecure **S**ocket **L**ayer)-verschlüsselte Verbindungen wählt. Sie sind daran zu erkennen, dass die Internetadresse mit **https://** beginnt (statt mit **http://**) und am angezeigten Schloss-Symbol. SSL **verschlüsselt die Kreditkartendaten** bei dem Transport durch das Internet und stellt einen sicheren Übertragungsweg zwischen Zahlungspflichtigem (Sender) und Zahlungsempfänger dar. Das SSL-Verfahren wird heute von den meisten Onlineshops angeboten.
Giropay	Die Kunden, die bei einem Unternehmen kaufen, das dem Internetbezahlsystem „Giropay" angeschlossen ist, werden nach dem Kaufabschluss mit einem Klick auf die **Online-Banking-Seite ihrer Hausbank** geleitet. Dort steht eine ausgefüllte Überweisung zur Genehmigung (Autorisierung) durch eine Transaktionsnummer (TAN) bereit. Der Kunde erhält die Bestätigung, dass die Überweisung vorgenommen wurde und das Unternehmen erhält elektronisch eine Zahlungsgarantie. Das Internet-Bezahlsystem „Giropay" wird von den Sparkassen, Volks- und Raiffeisenbanken sowie der Postbank angeboten.
PayPal	Bei PayPal-Zahlungen überweist der Käufer von seinem Bankkonto den entsprechenden Betrag auf das PayPal-Konto. Nach Eingang des Betrags auf dem PayPal-Konto wird dieses sofort automatisch dem PayPal-Konto des Verkäufers gutgeschrieben.
Karten mit Geldkartenfunktion	Für die Zahlung von Kleinstbeträgen (Micropayments) sind Karten mit einer Geldkartenfunktion (z. B. Bankkarten und andere **SmartCards,** die mit einem Geldbetrag aufgeladen werden können) besonders geeignet.

---

1 **E-Commerce** (electronic commerce, engl.): elektronischer Handel.

Zusammenfassung

■ Es sind **drei Geldarten** zu unterscheiden: Bargeld, Buchgeld und elektronisches Geld.

■ Voraussetzung für den **bargeldlosen Zahlungsverkehr** ist, dass Zahler und Empfänger ein **Konto** (i. d. R. **Girokonto**) bei einem Kreditinstitut haben.

■ Eine wichtige Art des Zahlungsauftrags ist die **Überweisung**. Bei der Überweisung wird der Zahlende belastet, der Empfänger erhält eine Gutschrift.

■ **SEPA-Überweisungen** können im Inland und in den Mitgliedstaaten des einheitlichen Euro-Zahlungsverkehrsraums durchgeführt werden. Sie können **ausschließlich in Euro** abgewickelt werden.

■ Beim **Lastschriftverfahren** ist ein Kontoinhaber damit einverstanden, dass von seinem Konto wiederkehrende, jedoch unterschiedlich hohe Zahlungen vom Zahlungsempfänger abgerufen werden.

■ Das **SEPA-Basis-Lastschriftverfahren** ist durch folgende Kriterien charakterisiert:

  ■ Kundenkennung durch IBAN

  ■ Gläubiger-Identifikationsnummer

  ■ Vorgabe eines Fälligkeitsdatums

  ■ Erteilung eines SEPA-Lastschriftmandats durch den Zahler an den Zahlungsempfänger

  ■ Widerspruchsrecht des Zahlers innerhalb acht Wochen ab Belastungstag.

■ Beim **SEPA-Firmen-Lastschriftverfahren** kann der Zahler der Lastschrift nach der Einlösung **nicht mehr widersprechen**. Der Zahlungsempfänger hat damit eine **Zahlungssicherheit**.

■ Das **Onlinebanking** gibt dem Bankkunden die Möglichkeit, eine Vielzahl von Bankgeschäften (z. B. Abrufen des Finanzstatus, Überweisung) über das Internet zu tätigen.

■ Zu den **Zahlungsformen im Internet** siehe Tabelle S. 222.

■ **Vergleich wichtiger Zahlungsverfahren**

	Electronic Cash Onlineverfahren	Electronic Cash Chip-offline-Verfahren	Elektronisches Lastschriftverfahren (ELV)	Geldkarte	V-Pay und Maestro	Kreditkarte
Kartensysteme	Girocard	Girocard	Girocard	Girocard	In Girocard integriert	Kreditkarte
Akzeptanzzeichen						
Kurzbeschreibung	Elektronisches Zahlungssystem für inländische Debitkarten	Elektronisches Zahlungssystem für inländische Debitkarten unter Verwendung des Chips	Verfahren zwischen Händlern und Netzbetreibern	Bezahlfunktion für Kleinzahlungen über Chip – integriert in der Debitkarte (Girocard)	Elektronisches Zahlungssystem für Debitkarten im Ausland	Ausweis für ein elektronisches Bezahlsystem im In- und Ausland
Legitimation	Persönliche Geheimzahl	Persönliche Geheimzahl	Unterschrift	Keine	Persönliche Geheimzahl	Unterschrift, ggf. persönliche Geheimzahl
Sperrabfrage	Ja	Bei Bedarf	Nein	Nein	Ja	Je nach Bedarf
Autorisierung	Ja	Bei Bedarf	Nein	Im Chip	Ja	Je nach Bedarf
Ablauf	Zahlung wird mit Kontostand verglichen und freigegeben	Prüfung auf PIN und Verfügungsrahmen erfolgt zunächst offline. Falls positiv, wird Zahlung abgewickelt. Ansonsten Übergang in Online-verfahren	Kunde unterschreibt einmalige Einzugsermächtigung für Lastschrift	Rechnungsbetrag wird vom Guthaben der „elektronischen Geldbörse" abgebucht	Zahlung wird mit Kontostand verglichen und freigegeben	Zahlung wird über die Kreditkartenbank des Händlers und über das Karten ausgebende Kreditinstitut abgewickelt
Sicherheit für Händler	Zahlung garantiert bis max. 2000,00 EUR/Tag	Zahlung garantiert bis max. 2000,00 EUR/Tag	Nein, daher hohes Risiko	Zahlung garantiert bis max. Chip-Guthaben bzw. 200,00 EUR	Zahlung garantiert bis max. 2000,00 EUR/Tag	Zahlung garantiert
Kosten	0,3 % vom Umsatz, mind. 0,08 EUR	Solange offline, entfallen Kommunikationskosten für Händler	Nur geringe Verbindungskosten + übliche Bankgebühren für Lastschrifteinzug	0,3 % vom Umsatz, mind. 0,01 EUR	ca. 1 % vom Umsatz	Werden mit Kreditkartenbank des Händlers ausgehandelt, z. B. abhängig vom Jahresumsatz

Kompetenztraining

48 Überweisung und SEPA-Lastschrift

1. Erläutern Sie, welche Rolle dem Girokonto beim bargeldlosen Zahlungsverkehr zukommt!

2. Suchen Sie im Internet ein Blanko-Überweisungsformular (vgl. nebenstehende Abbildung) und füllen Sie es nach folgenden Angaben aus:

   Die Sport-Burr KG, Ulm, überweist für ein Kopiergerät 4 669,00 EUR von ihrem Girokonto bei der Sparkasse Ulm mit der IBAN DE66 6305 0000 0002 0235 59 an das Handelsunternehmen Stefan Osann e.Kfm., Ulm, auf dessen Konto bei der Volksbank Ulm-Biberach mit der IBAN DE64 6309 0100 0002 6432 60. Vermerk: Rechnung vom 16. Mai d. J.

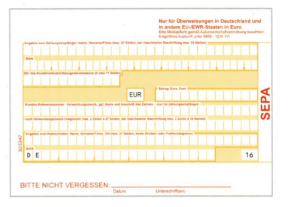

3. Begründen Sie, warum es wenig Sinn macht, die Rechnung von Aufgabe 2. mithilfe des SEPA-Basis-Lastschriftverfahrens zu begleichen!

4. 4.1 Sie sind Kassierer des Fußballvereins FV Saulgau 04 e. V. und möchten die Mitglieder dazu auffordern, dem Verein ein SEPA-Lastschriftmandat für den Einzug des Vereinsbeitrags zu erteilen. Als Mandatsreferenz soll die Mitgliedsnummer verwendet werden.
   Schreiben Sie den Begleitbrief an die Mitglieder!

   4.2 Entwerfen Sie das Formular für das SEPA-Lastschriftmandat, das (mittels Serienbrief) mit den vorgedruckten Empfängerdaten an die Mitglieder verschickt werden soll!

   Gehen Sie von folgenden Musterdaten aus:

Zahlungsempfänger	FV Saulgau 04 e. V.
	Am Birkenweg 1
	88348 Bad Saulgau
Gläubiger-ID des Vereins:	DE73 FVSG 0000 8274 91
Name des Mitglieds:	Franz Bergmüller
Seine Mitgliedsnummer:	001762
Straße und Hausnummer:	Wuhrweg 36
Ort	88348 Bad Saulgau

49 Zahlung mit der Girocard

1. Nennen und erläutern Sie die Zahlungsmöglichkeiten, die mit der Girocard verbunden sind!

2. In einem Onlineshop wird die Bezahlung per Giropay angeboten. Beschreiben Sie den Ablauf des Verfahrens!

3. 3.1 Beschreiben Sie, welchem Zweck die Kreditkarte dient!
   3.2 Stellen Sie dar, wie der Kreditkarteninhaber beispielsweise seine Hotelrechnung bezahlt!

225

15 Speth u.a. - ISBN 978-3-8120-0594-4

4. Frau Sarah Bach macht die Buchhaltung für das Autohaus Stolz & Krug OHG. Frau Bach überlegt sich, wie sich die nachfolgenden monatlichen Zahlungen rationeller und einfacher durchführen lassen:

   4.1 Mitarbeitergehälter,

   4.2 Rechnung der Tankstelle,

   4.3 Pacht für die angemieteten Parkplätze,

   4.4 Pauschale für den Sicherheitsdienst.

   Aufgabe:

   Erläutern Sie, welche Zahlungsweisen sich für die jeweiligen Fälle anbieten!

5. Erklären Sie die Unterrichtungs- und Anzeigepflichten des Karteninhabers (Kontoinhabers) beim Verlust oder bei einer missbräuchlichen Verfügung mit seiner Girocard!

6. Herr Häfner entschließt sich, die bargeldlose Zahlungsmöglichkeit mittels Girocard in seinem Fachgeschäft einzuführen. Lediglich über die Art des Verfahrens hat Herr Häfner noch keine Entscheidung getroffen.

   Aufgabe:

   Stellen Sie die Abläufe bei der Zahlung mit Girocard-online- bzw. Chip-offline-Verfahren und dem elektronischen Lastschriftverfahren (ELV) dar und nennen Sie je einen Vor- und Nachteil für jedes der beiden Zahlungssysteme!

1 Einen Überblick über die Beschaffungsprozesse erhalten und die Nachhaltigkeit der Beschaffung untersuchen

KB 3   **Lernsituation 1: Nachhaltig wirtschaften**

Der Begriff der Nachhaltigkeit stammt ursprünglich aus der Forstwirtschaft und wurde erstmals Anfang des 18. Jahrhunderts von Hans Carl von Carlowitz verwendet. Die vom Bergbau ausgelöste Holzknappheit veranlasste ihn zur Erarbeitung eines Nachhaltigkeitskonzepts zur Sicherung des Waldbestands als natürliche Ressource für die Holzwirtschaft, wonach immer nur so viel Holz geschlagen wird, wie durch Wiederaufforstung nachwachsen kann.

Auf heutige Verhältnisse übertragen ist außerdem dafür zu sorgen, dass dem Wald nicht die natürlichen Lebens- und Wachstumsvoraussetzungen entzogen werden, z. B. durch Schadstoffe im Boden und in der Luft (saurer Regen), durch Klimawandel (Treibhauseffekt) oder durch Schädigung der Erdatmosphäre (Ozonloch).[1]

KOMPETENZORIENTIERTE ARBEITSAUFTRÄGE:

1. Ursprünglich bezog sich die Idee der Nachhaltigkeit auf die Schonung des Waldbestands. Übertragen Sie den Gedanken der Nachhaltigkeit auf die Beschaffungswirtschaft eines Industriebetriebs!

2. Arbeiten Sie das folgende Kapitel des Schulbuches durch und verwenden Sie die Aufzeichnungen aus dem Unterricht zur Bearbeitung des Arbeitsauftrags!

   Recherchieren Sie in Ihrer Region nach einem Unternehmen Ihrer Wahl. Informieren Sie sich bei diesem Unternehmen, inwieweit sich der Gedanke der Nachhaltigkeit

   2.1 im Unternehmensleitbild,

   2.2 in der Beschaffungsstrategie

   des gewählten Unternehmens wiederfindet.

   Informieren Sie sich in diesem Zusammenhang auch, inwieweit Labels und Zertifizierungen bei der Auswahl der Lieferanten bei diesem Unternehmen eine Rolle spielen.

   Stellen Sie Ihre Ergebnisse der Klasse vor!

---

1 Vgl. http://www.learn-line.nrw.de/angebote/agenda21/info/nachhalt.htm#Mag3eck; 12.08.2005.

1.1 Überblick über die Beschaffungsprozesse

(1) Wirtschaftliche Bedeutung der Beschaffung

> Die **Beschaffung** umfasst die Bereitstellung von Materialien, Dienstleistungen, Betriebsmitteln,[1] Rechten sowie Informationen über den Beschaffungsmarkt für den Leistungsprozess eines Unternehmens.

Eine alte kaufmännische Redensart lautet: *„Das Geld wird in der Beschaffung verdient!".* Mit anderen Worten: Es sind die Bemühungen im Rahmen der Beschaffung, die am wirkungsvollsten zu einer Verbesserung der Gewinnsituation führen. In Amerika bezeichnet man die Beschaffung daher auch als einen „Profit-making-Job" – einen „Job", mit dem man Geld verdienen kann.

Beispiel:		
	Vorher (in EUR)	**Nachher (in EUR)**
Umsatzerlöse	110,00	110,00
− Bezugspreis	50,00	48,00
− Kosten im eigenen Unternehmen	50,00	50,00
= Gewinn	10,00	12,00
Gewinnzuschlag in %	$= \dfrac{10,00 \cdot 100}{100,00} = 10\,\%$	$= \dfrac{12,00 \cdot 100}{98,00} = 12,25\,\%$

Erläuterungen:

Die Minderung des Bezugspreises um 2,00 EUR entspricht einer Preissenkung von 4 %. Eine solche Preissenkung führt zu einer Erhöhung des Gewinnzuschlagssatzes von 10 % auf 12,25 %. Der Gewinn kann durch die gesunkenen Kosten um 2,00 EUR oder 22,5 % gesteigert werden.[2]

---

1 Betriebsmittel sind z.B. Maschinen, Verkaufsraum, Werkzeuge, Kassensysteme.

2   Nachher: Gewinn bei 100,00 EUR Kosten   12,25 EUR
    Vorher: Gewinn bei 100,00 EUR Kosten   10,00 EUR
    Gewinnerhöhung   2,25 EUR

    Alter Gewinn   10,00 EUR ≙   100 %
    Gewinnerhöhung   2,25 EUR ≙   x %

    $x = \dfrac{2,25 \cdot 100}{10} = \underline{22,5\,\%}$

(2) Beschaffungsprozesse als Kernprozesse eines Industrieunternehmens

Gliedert man die Beschaffungsprozesse in ihre Teilprozesse auf, so können diesen die jeweiligen betriebswirtschaftlichen Inhalte zugeordnet werden.

Rahmenbedingungen und Teilprozesse	Ökologische, soziale und betriebswirtschaftliche Inhalte
Nachhaltigkeit der Beschaffung	▪ ökologische Beschaffung ▪ Umweltlabels und Zertifizierungen ▪ soziale Beschaffung
Bezugsquellenermittlung	▪ Beschaffungsstrategien unterscheiden ▪ Informationen über Lieferer einholen ▪ Informationsquellen ▪ Informationswege

Liefererauswahl	▪ Angebotsvergleich unter Berücksichtigung von Nachhaltigkeitsaspekten
	   ▪ Einfaktorenvergleich mit Bezugskalkulation
	   ▪ Mehrfaktorenvergleich (Scoringmodell)

Beschaffungsplanung	▪ Bestellverfahren
	   ▪ Mengenplanung
	   ▪ Zeitplanung
	▪ ABC-Analyse

Beschaffungsprozess	▪ Anfragen der Kunden bearbeiten[1]
	   ▪ Anfrage
	   ▪ Angebot
	▪ Anfragen der Kunden ausführen[1]
	   ▪ Auftragseingang
	   ▪ Auftragsdurchführung
	▪ Zahlung abwickeln[1]

Umgang mit Vertragsstörungen	▪ Zahlungsverzug[1] (Nicht-Rechtzeitig-Zahlung) ▪ Lieferungsverzug[1] (Nicht-Rechtzeitig-Lieferung)

---

[1] Dieses Themengebiet wurde bereits im Kompetenzbereich 2 Auftragsbearbeitung und Vertragsgestaltung behandelt.

1.2 Nachhaltigkeit der Beschaffung untersuchen

1.2.1 Grundlagen einer nachhaltigen Beschaffung

> **Nachhaltiges Wirtschaften** bedeutet, dass wir heute so leben und handeln, dass künftige Generationen überall eine lebenswerte Umwelt vorfinden und ihre Bedürfnisse befriedigen können.

Bezogen auf den Grundsatz der Nachhaltigkeit, müssen bei der Beschaffung der angebotenen Werkstoffe und Dienstleistungen – neben dem ökonomischen Gesichtspunkt – auch die **ökologischen** und **sozialen Auswirkungen** berücksichtigt werden.

> Eine **nachhaltige Beschaffung** hat das Ziel, die Einhaltung von sozialen und ökologischen (Mindest-)Anforderungen über die gesamte Lieferkette eines Unternehmens sicherzustellen.

Um eine nachhaltige Beschaffung im Unternehmen umzusetzen, ist es sinnvoll, die Beschaffungspraxis hinsichtlich sozialer und ökologischer Aspekte zu untersuchen. Folgende Fragen sollten dabei beantwortet werden:

- **Stakeholder:** Gibt es Stakeholder, die ein Interesse an einer nachhaltigen Beschaffung haben? Werden ihre Erwartungen an eine nachhaltige Beschaffung berücksichtigt?
- **Unternehmensleitbild:** Werden Nachhaltigkeitsziele bzw. nachhaltige Beschaffungsziele im Leitbild des Unternehmens erwähnt?
- **Strategie:** Werden Nachhaltigkeitsziele bzw. nachhaltige Beschaffungsziele in der Unternehmensstrategie erwähnt?
- **Verhaltenskodex für Zulieferer:** Werden die Zulieferbetriebe zu sozialen und ökologischen Anforderungen verpflichtet und wie sind diese festgehalten?
- **Leitfaden:** Bestehen Dokumente, die konkrete Vorgehensweisen für ein nachhaltiges Beschaffungsmanagement intern und für Zulieferer beschreiben und regeln?
- **Überprüfung von Zulieferbetrieben:** Findet eine Überprüfung der Zulieferer hinsichtlich sozialer und ökologischer Anforderungen statt?
- **Qualifikation von Zulieferbetrieben:** Erhalten Zulieferer Schulungen oder sonstige Unterstützungsleistungen, die sie bei der Umsetzung von sozialen und ökologischen Anforderungen unterstützen?

1.2.2 Ökologische Ausrichtung der Beschaffung

(1) Durchlaufstrategie bei der Beschaffung von Gütern

Bis vor wenigen Jahren wurde nur selten darüber nachgedacht, welche ökologischen[1] Folgen die Beschaffung eines Gutes haben kann. Bei der Auswahl der Handelswaren/Werkstoffe bzw. der Entscheidung für einen bestimmten Lieferer wurden allein wirtschaftliche und produktionstechnische Gesichtspunkte zugrunde gelegt. Abfälle, die bei der Produktion anfielen, wurden einfach über Mülldeponien und Verbrennungsanlagen entsorgt. Gleiches galt für Konsumgüter. Wurde ein Konsumgut unbrauchbar, unmodern oder war

---

1 Die **Ökologie** ist die Wissenschaft von den Wechselwirkungen zwischen den Lebewesen untereinander und ihren Beziehungen zur übrigen Umwelt.

das Gut technisch überholt, wurde es den anderen Abfällen beigegeben und durch die Müllabfuhr auf der Mülldeponie entsorgt.

Diese Form des ökologischen Wirtschaftens bezeichnet man als **Durchlaufwirtschaft**.

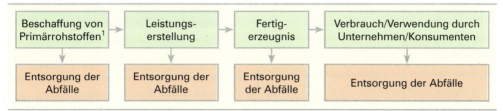

Unter ökologischen Gesichtspunkten ist die Durchlaufwirtschaft **nicht vertretbar**.

(2) Kreislaufstrategie bei der Beschaffung von Gütern

Nach dem Kreislaufwirtschaftsgesetz [KrWG] sind alle, die Güter produzieren, vermarkten oder konsumieren, für die Vermeidung, Verwertung oder umweltverträgliche Entsorgung der Abfälle grundsätzlich selbst verantwortlich.

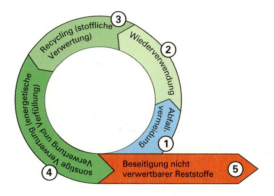

Dabei gilt folgende Rangfolge:

① **Abfallvermeidung**

Der wirksamste Schutz der Umwelt als Aufnahmemedium für Schadstoffemissionen aller Art und als Quelle der natürlichen nicht regenerierbaren Ressourcen (Primärrohstoffe) ist, alle umweltbelastenden Emissionen (Abfälle, Abgase, Abstrahlungen usw.) möglichst zu vermeiden oder zumindest zu verringern.

② **Wiederverwendung**

Die Produkte werden für den gleichen Verwendungszweck mehrfach genutzt (z. B. Pfandflaschen) bzw. für andere Verwendungszwecke verwendet (z. B. Senfgläser werden als Trinkgläser weiterverwendet).

③ **Recycling (stoffliche Verwertung)**

Eine wirksame umweltorientierte Recyclingpolitik der Unternehmen umfasst alle Maßnahmen, mit denen bereits angefallene und zukünftig zu erwartende Stoffrückstände aus der Produktion und Rückstände von Konsumgütern in den industriellen Produktionsprozess zurückgeführt werden können. Aus Produktionsrückständen und

Beispiele:

- Glasscherben werden zur Glasherstellung wiederverwertet.
- Aus Kunststoffflaschen werden Fleece-Pullis.

Konsumgüterabfällen werden keine Abfälle, sondern „neue" Werkstoffe oder Energien (**sekundäre Werkstoffe, Energiestoffe**) gewonnen.

---

1 **Primärstoffe** (z. B. Roh-, Hilfs- oder Betriebsstoffe) werden aus natürlichen Ressourcen gewonnen.

④ **Sonstige Verwertung (energetische Verwertung und Verfüllung)**

Nicht recycelbare Abfallstoffe können z. B. zur Energiegewinnung in Müllkraftwerken oder zur Verfüllung von Kiesgruben u. Ä. verwendet werden.

⑤ **Beseitigung nicht verwertbarer Reststoffe**

Wenn eine stoffliche Verwertung („Abfallnutzung") aus technischen Gründen nicht möglich oder unter wirtschaftlichen Gesichtspunkten zu teuer ist, dann müssen die nicht verwertbaren Reststoffe umweltverträglich durch ihre stoffliche Lagerung (Deponierung) auf Mülldeponien und/oder durch Verbrennung entsorgt werden.

> **Beispiel:**
>
> Eine umweltverträgliche Deponierung liegt z. B. vor, wenn der gelagerte Müll durch seine Verrottung wieder in den biologischen Kreislauf zurückgeführt wird.

Die Möglichkeiten des betrieblichen Umweltschutzes durch eine umweltorientierte Abfallvermeidung, Abfallverminderung, Recyclingpolitik und Entsorgung sind in dem nachfolgenden Modell zusammengefasst.

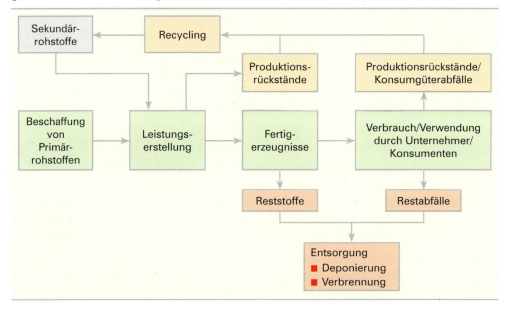

1.2.3 Nachhaltige Ausrichtung der Beschaffung anhand ausgewählter Labels und Zertifizierungen

Eine zunehmende Bedeutung bei der Auswahl der Lieferanten im Rahmen einer nachhaltigen Beschaffung spielen **Labels**[1] und **Zertifizierungen**[2] in Bezug auf ökonomische, ökologische und soziale Aspekte. Für Unternehmen schaffen Labels und Zertifizierungen bei der Beschaffung eine wichtige Plattform zur umweltgerechten Produktentwicklung. Anerkannte und positiv bewertete Labels und Zertifizierungen geben den Unternehmen die Möglichkeit, glaubwürdig ihre ökologische und soziale Verantwortung zu dokumentieren und sich im Wettbewerb zu profilieren.

---

1 **label** (engl.): Etikett.

2 Siehe Fußnote 1, S. 238.

(1) Begriff und Grundsätze der Produkt- und Managementlabels

- Der Begriff **Label** ist in Bezug auf die Nachhaltigkeit mit den Begriffen Umwelt- und Sozialsiegel gleichzusetzen. Diese zeichnen Produkte aus, die umweltfreundlich und sozialverträglich produziert wurden.

- Unter **Zertifizierung** versteht man ein Überprüfungs- und Bestätigungsverfahren durch eine unparteiische Instanz, das zeigt, dass sich ein entsprechend bezeichnetes Erzeugnis, Verfahren oder eine Dienstleistung in Übereinstimmung mit einer bestimmten Norm befindet.

Labels und Zertifizierungen liefern dem Unternehmen wichtige Hinweise, welche sozialen und ökologischen Themen für eine nachhaltige Beschaffung von Bedeutung sind. Bei der Lieferantenauswahl unterstützen sie das Unternehmen, die sozialen und ökologischen Anforderungen zu definieren, die das Unternehmen an die Lieferer stellen möchte.

Inzwischen gibt es auf dem deutschen Markt über 1 000 Labels und Zertifizierungen. Umso wichtiger ist es für das Unternehmen, sich zunächst einen Überblick über die in der jeweiligen Branche relevanten Umwelt- und Sozialstandards zu verschaffen. In Bezug auf eine nachhaltige Beschaffung werden im Folgenden ausgewählte **Produktlabels** und **Zertifizierungen von Managementstandards** in Form von **Managementlabels** näher vorgestellt.

■ Produktlabel

Der Begriff Produktlabel lässt sich in drei Kategorien aufteilen:[1]

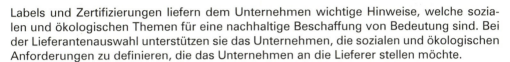

Produktlabel		
Umweltzeichen	**Nachhaltigkeitslabel**	**Regionalzeichen**
Umweltzeichen werden auch Öko-Label genannt und kennzeichnen besondere Umwelteigenschaften von Produkten oder Dienstleistungen. Sie geben z. B. Hinweise, ob Produkte umweltfreundlich hergestellt wurden oder ob sie möglichst umweltschonend genutzt oder entsorgt werden können.	Nachhaltigkeitslabel kennzeichnen Produkte, bei deren Herstellung und Verbreitung ökologische, soziale und wirtschaftliche Gesichtspunkte berücksichtigt werden und somit ein besonderes Augenmerk darauf liegt, zukunftsfähig und nachhaltig zu wirtschaften.	Regionalzeichen sollen Unternehmen und Verbrauchern signalisieren, dass ein Produkt aus einer bestimmten Region kommt. Da der Begriff „Region" gesetzlich nicht geschützt ist, können damit eine Stadt, ein Landkreis, eine bestimmte landschaftliche Region oder mehrere Bundesländer gemeint sein.

■ Managementlabels (Managementstandards)

Zertifizierungen durch Managementlabel dienen in erster Linie Unternehmen oder auch Organisationen dazu, ihre Betriebsabläufe und Unternehmensstrategie zu verbessern und beispielsweise umweltschonender und sozialer auszurichten. Die hinter den Labeln liegenden Standards werden von den Unternehmen bzw. Organisationen in Form einer freiwilligen Selbstverpflichtung eingeführt und beruhen nicht auf gesetzlichen Vorschriften.

---

1 Quelle: http://label-online.de/produktlabels; 16.04.2018.

(2) Ausgewählte Beispiele für Management- und Produktlabels

Managementlabel	
ISO[1] 14001 	Die seit 1996 weltweit geltende Norm **ISO 14001** ermöglicht es Unternehmen, ein Umweltmanagementsystem[2] nach einheitlichen und überprüfbaren Vorgaben aufzubauen. Das übergeordnete Ziel besteht darin, im Einklang mit wirtschaftlichen, sozialen und politischen Erfordernissen, die Umweltpolitik eines Unternehmens mit konkreten Zielen zu formulieren und dadurch den Umweltschutz zu fördern und Umweltbelastungen zu verringern. Mit diesem Zertifikat bescheinigt eine unabhängige Zertifizierungsgesellschaft (z. B. TÜV Süd), dass ein den Anforderungen der ISO 14001 entsprechendes Umweltmanagementsystem in einem Unternehmen aufgebaut ist und dieses geeignet ist, die vom Unternehmen gesetzten Umweltziele zu erreichen und die Umweltleistung dauerhaft zu verbessern. Weltweit sind über 260 000 Unternehmen und Organisationen und in Deutschland ca. 6 000 nach der Norm ISO 14001 zertifiziert.
EMAS[3] 	**EMAS** ist ein freiwilliges Nachhaltigkeitsinstrument der Europäischen Union, das Unternehmen und Organisationen dabei unterstützt, ihre Umweltleistung kontinuierlich zu verbessern. Die EMAS-Verordnung ist umfangreicher als die Norm ISO 14001 und ist das anspruchsvollste System für nachhaltiges Umweltmanagement weltweit. Unternehmen und Organisationen jeder Art werden mit dem EU-Label ausgezeichnet, wenn sie die Anforderungen der EMAS-Verordnung erfüllen. Unternehmen, die nach EMAS zertifiziert sind, veröffentlichen eine Umwelterklärung, in der sie über die gesteckten Umweltziele und deren Umsetzung berichten. Staatlich zugelassene Umweltgutachter kontrollieren regelmäßig, ob die EMAS-zertifizierten Unternehmen alle vorgegebenen Umweltvorschriften einhalten.

Produktlabel	
EU-Bio-Logo[4] 	Das EU-Bio-Logo wird seit 2010 von der Europäischen Union herausgegeben. Ziel dieses Labels ist es, die biologische Landwirtschaft über klar definierte Regeln zu fördern. Das EU-Bio-Logo ist für vorverpackte Bio-Lebensmittel, die nach den EU-Rechtsvorschriften für den ökologischen Landbau hergestellt wurden, Pflicht. Das EU-Bio-Logo kennzeichnet Produkte aus kontrolliert biologischem Anbau wie z. B. Fleischprodukte, Käse, Milch, Eier, Obst, Getreideprodukte. Dabei müssen die Inhaltsstoffe der Produkte zu mindestens 95 % aus dem ökologischen Landbau stammen.

---

1 **ISO** (engl.: International Organization for Standardization): Internationale Organisation für Normung.

2 **Umweltmanagement** ist der Teil des Managements, der sich mit den Umweltaspekten eines Unternehmens beschäftigt, z. B. wie sich Prozesse, Tätigkeiten, Dienstleistungen, Produkte, Planungen, Organisationsstruktur, Verhalten usw. auf die Umwelt auswirken.

3 **EMAS**: **E**co-**M**anagement and **A**udit **S**cheme. Ausführliche Informationen unter http://www.emas.de/home/; 16.04.2018.

4 Ausführliche Informationen unter: http://ec.europa.eu/agriculture/organic/index_de.htm; 16.04.2018.

Produktlabel	
Bio-Siegel[1]	Das deutsche **Bio-Siegel** wird seit 2001 vom Bundesministerium für Ernährung und Landwirtschaft herausgegeben. Für das Bio-Siegel gelten dieselben Kriterien wie für das EU-Bio-Logo (siehe S. 234). Es kennzeichnet Produkte aus kontrolliert biologischem Anbau und trägt wesentlich zu ökologischen Verbesserungen beim Anbau und der Verarbeitung von Nahrungsmitteln bei. Zusätzlich zum EU-Bio-Logo kann das deutsche Bio-Siegel auf den Produkten aufgebracht werden.
PEFC[2] 	Das Ziel des **PEFC-Labels** besteht darin, die Waldbewirtschaftung im Hinblick auf soziale, ökologische und ökonomische Standards zu verbessern. Das Label steht somit für eine nachhaltige, pflegliche und verantwortungsbewusste Waldbewirtschaftung. Unternehmen, die mit Holz handeln, und Waldbesitzer können eine Zertifizierung beantragen. Das PEFC-Label garantiert eine ausreichende Versorgung mit Holz und Holzprodukten aus zertifizierten, nachhaltig bewirtschafteten Wäldern für jeden Produktbereich und ist das größte Waldzertifizierungssystem weltweit.
FSC[3] 	Das **FSC-Label** steht für eine umweltfreundliche, sozialförderliche und ökonomisch tragfähige Bewirtschaftung von Wäldern weltweit. Der Wald soll als Ökosystem gesichert werden und dadurch eine langfristige Nutzung von Holz ermöglicht werden. Dadurch, dass auch weiterverarbeitende Unternehmen FSC-zertifiziert sein müssen, wird gewährleistet, dass das Produkt auf seinem Weg zum Konsumenten über die gesamte Verarbeitungs- und Handelskette nicht mit nicht-zertifiziertem, d. h. nicht-kontrolliertem Holz oder Papier vermischt wurde.
Der Blaue Engel[4] 	Beim **Blauen Engel** handelt es sich um das erste Umweltsiegel weltweit. Es wird seit dem Jahr 1978 vom Umweltbundesamt vergeben. Der Blaue Engel garantiert, dass die zertifizierten Produkte und Dienstleistungen hohe Ansprüche an Umwelt-, Gesundheits- und Gebrauchseigenschaften erfüllen. Dabei wird bei der Beurteilung stets der gesamte Produktlebensweg betrachtet. **Beispiel:** Im Bereich Textilien stellt das Siegel Anforderungen an eine umweltschonende Textilproduktion entlang des gesamten Produktionsweges, wobei sowohl Natur- als auch Kunstfasern berücksichtigt werden. Ein Fokus liegt dabei auf dem Einsatz von Chemikalien. Zusätzlich wird die Einhaltung von bestimmten Arbeitsnormen gefordert. Alle Anforderungen des Blauen Engels müssen unmittelbar erfüllt werden.

---

1 Ausführliche Informationen unter: https://www.oekolandbau.de/bio-siegel/; 16.04.2018.

2 **PEFC** (engl.: Programme for the Endorsement of Forest Certification Schemes): Programm für die Anerkennung von Forstzertifizierungssystemen. Ausführliche Informationen unter http://pefc.de/; 16.04.2018.

3 **FSC: F**orest **S**tewardship **C**ouncil. Ausführliche Informationen unter: http://www.fsc-deutschland.de; 16.04.2018.

4 Ausführliche Informationen unter: http://www.blauer-engel.de; 16.04.2018.

Produktlabel	
EU Ecolabel[1] 	Das **EU Ecolabel** wurde im Jahr 1992 von der Europäischen Kommission ins Leben gerufen. Das Label ist in allen 28 EU-Mitgliedsstaaten sowie in Norwegen, Island, der Schweiz und der Türkei anerkannt. Das Ziel des EU Ecolabel besteht darin, Verbrauchern und Unternehmen die Möglichkeit zu geben, umweltfreundlichere und gesündere Produkte und Dienstleistungen identifzieren zu können. Das Spektrum der Vergabe reicht von Reinigungsprodukten über Textilien, Schmierstoffe, Farben und Lacke bis zu Campingplätzen.
EU-Energielabel[2] 	In der Europäischen Union sind energieverbrauchsrelevante Produkte mit einem verbraucherfreundlichen Etikett gekennzeichnet – dem **EU-Energielabel**. Das EU-Energielabel wird seit 1998 vergeben. Heute gilt die Kennzeichnungspflicht bereits für Kühl- und Gefriergeräte, Staubsauger, Lampen und Leuchten, Waschmaschinen, Wasch- und Wäschetrockner, Elektrobacköfen, Dunstabzugshauben, Geschirrspüler, Klimageräte sowie Fernseher und Weinlagerschränke. Durch die Kennzeichnungspflicht nimmt der Marktanteil besonders energieeffizienter Geräte in vielen Produktgruppen stetig zu. Das EU-Effizienzlabel ist meist auf sieben Energieeffizienzklassen (A bis G) beschränkt. Oberhalb der Skala A (sehr effizient) können bei entsprechendem technischen Fortschritt eines Gerätes noch drei weitere Klassen (A+, A++, A+++) gewählt werden.[3] Das Energieeffizienzlabel gilt europaweit und ist sprachneutral. Neben der Energieeffizienzklasse enthält es auch Informationen über den jährlichen Energieverbrauch des Gerätes und weitere produktspezifische Daten.

1.2.4 Soziale Ausrichtung der Beschaffung am Beispiel des „Fairen Handels"

(1) Begriff und Grundsätze des Fairen Handels

■ Der **Faire Handel** unterstützt **kleinbäuerliche Familienbetriebe** in **Entwicklungsländern**. Durch **feste Mindestpreise** und eine **Fairtrade-Prämie**[4] werden die Lebens- und Arbeitsbedingungen von Menschen in Afrika, Asien und Südamerika verbessert.

■ Durch den Fairen Handel wird versucht, für die benachteiligten Produzenten in den Entwicklungsländern eine **gerechtere Stellung im Welthandel** zu schaffen.

---

1 Ausführliche Informationen unter: http://www.eu-ecolabel.de; 16.04.2018.

2 Ausführliche Informationen unter: http://www.bmwi.de/DE/Themen/Energie/Energieeffizienz/energieverbrauchskennzeichnung-von-produkten.html; 16.04.2018.

3 Die EU hat entschieden, die drei weiteren Klassen A+, A++ und A+++ abzuschaffen und durch die einfache Skala von A bis G zu ersetzen. A steht dann für die besten Geräte am Markt, G für die am meisten Strom verbrauchenden Modelle. Die neuen Labels sollen frühestens Ende 2019 auf ersten Haushaltsgeräten in den Geschäften zu finden sein.

4 Die **Fairtrade-Prämie** fließt direkt von jedem Einkauf auf ein Prämienkonto der jeweiligen Produzentenorganisation oder der Plantage. Kleinbauern und Arbeiter entscheiden selbstständig und demokratisch darüber, welche Projekte sie mit der Prämie umsetzen.

Ein wesentliches Prinzip des Fairen Handels ist die **Nachhaltigkeit.**

Wichtige **Grundsätze des Fairen Handels** sind:[1]

- gleichberechtigte Form wirtschaftlicher Beziehungen zwischen Industriestaaten und Entwicklungsländern;
- den benachteiligten Produzenten aus den Entwicklungsländern durch die Zahlung fairer Preise eine Basis für ihre Existenz schaffen;
- den Produzenten aus den Entwicklungsländern die Möglichkeit bieten, entwicklungsfördernde Investitionen durchzuführen;
- zusätzliches Engagement in wichtigen Bereichen wie z. B. Gesundheit und Bildung (Bau von Schulen, Apotheken) und z. B. landwirtschaftliche Beratung (Knowhow), ländlicher Entwicklung Impulse geben;
- Direkteinkauf ohne Zwischenhandel;
- bestmögliche Qualität der Produkte;
- Vermeidung von Kinderarbeit;
- Förderung umweltverträglicher Anbaumethoden, Nachhaltigkeit;
- direkte Verbesserung der Lebens- und Arbeitsbedingungen der Produzenten in den Entwicklungsländern.

Quelle: www.fairtrade.de

(2) Faire Preise für die Produkte

Die **Preise** für die Produkte des Fairen Handels liegen **über denen vergleichbarer Produkte,** da sie drei Kosten beinhalten:

- die allgemeinen Produktionskosten,
- die Lebenshaltungskosten der Produzentenfamilien und
- ein Betrag für entwicklungsfördernde Investitionen.

---

1 Quelle: http://www.iz.shuttle.de/iz/avs/aktuelles/wettbewerb/fair_allgemein.html; 16.04.2018.

Die wichtigsten Fairtrade-Produkte sind Kaffee, Blumen, Fruchtsäfte und Bananen. Weitere Produkte sind Textilien; Farben, Lacke, Waschmittel aus überwiegend nachwachsenden pflanzlichen und mineralischen Rohstoffen; Schmuck; Kunsthandwerk.

Alle Fairtrade-Produkte sind **zertifiziert.**[1]

(3) Organisation des Fairen Handels

Organisiert wird der Faire Handel vom Dachverband Fairtrade International. Das nachfolgende Schaubild zeigt den organisatorischen Ablauf des Fairtrade-Handels.

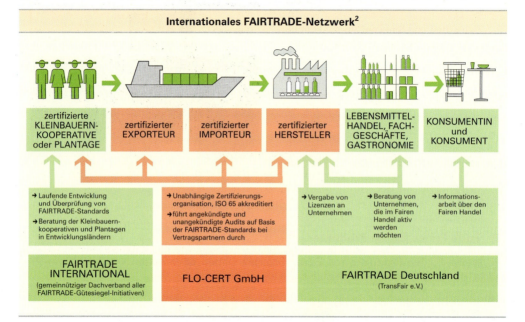

Rund 1,7 Millionen Kleinbauern, Arbeiterinnen und Arbeiter in über 74 Ländern profitieren direkt von den Vorteilen des Fairen Handels. Zusammen mit ihren Familien sind das rund sechs Millionen Menschen, die durch Fairtrade ihre Lebens- und Arbeitssituation verbessern können.

In Deutschland kauften Verbraucherinnen und Verbraucher im Jahr 2016 für 1,2 Milliarden EUR Fairtrade-zertifizierte Produkte ein.[3]

---

1 Unter **Zertifizierung** versteht man ein Überprüfungs- und Bestätigungsverfahren durch eine unparteiische Instanz, das zeigt, dass sich ein entsprechend bezeichnetes Erzeugnis, Verfahren oder eine Dienstleistung in Übereinstimmung mit einer bestimmten Norm befindet.

Beim Fairen Handel überprüft die Zertifizierungsgesellschaft FLO-CERT vor Ort, ob bei Produzenten und Händlern die Fairtrade-Standards eingehalten und die sozialen, ökonomischen und ökologischen Standards erfüllt werden. Sie kontrolliert auch, dass die Produzentenorganisationen den festgelegten Mindestpreis und die Fairtrade-Prämie ausgezahlt bekommen.

2 Quelle: TransFair-Jahresbericht 2010/11, S. 4.

3 Quelle: http://www.fairtrade-deutschland.de/ueber-fairtrade/fairtrade-weltweit/; 06.12.2017.

1.2.5 Vorteile einer nachhaltigen Beschaffung

- Einhaltung sozialer und ökologischer Standards durch die Lieferanten und dadurch eine positive Einflussnahme auf ökologische und soziale Entwicklungen weltweit.
- Einsparungspotenzial durch effizientere Ressourcennutzung.
- Imageverbesserung des Unternehmens in der Öffentlichkeit, bei Kunden und Mitarbeitern.
- Erhöhung der Qualität und Effizienz der Austauschbeziehungen zu Lieferanten.

Quelle: Angelehnt an den Kompass Nachhaltigkeit der Deutschen Gesellschaft für Internationale Zusammenarbeit (GIZ): http://kmu. kompass-nachhaltigkeit.de/projekt/wieso-nachhaltig-beschaffen/; 17.04.2018.

Zusammenfassung

- Eine **nachhaltige Beschaffung** verfolgt das Ziel, die Einhaltung von sozialen und ökologischen (Mindest-)Anforderungen über die gesamte Lieferkette eines Unternehmens sicherzustellen.
- Bei der Beschaffung nach der **Durchlaufstrategie** werden die Güter allein nach produktionstechnischen und wirtschaftlichen Gesichtspunkten ausgewählt.
- Nach der **Kreislaufstrategie** sind alle, die Güter produzieren, vermarkten oder konsumieren, zur Vermeidung, Verwertung und Beseitigung von Abfällen verpflichtet.
- Für die **Entsorgung** von Abfallstoffen gilt die Rangfolge:

  ① Abfallvermeidung ➝ ② Wiederverwendung ➝ ③ Recycling ➝ ④ sonstige Verwertung ➝ ⑤ Beseitigung nicht verwertbarer Reststoffe.
- **Produktlabel** zeichnen Produkte aus, die umweltfreundlich und sozialverträglich produziert wurden.
- **Managementlabel** dienen Unternehmen dazu, ihre Betriebsabläufe und ihre Unternehmensstrategie nach ökologischen und sozialen Vorgaben auszurichten.
- Der **Faire Handel** unterstützt kleinbäuerliche Familienbetriebe in Afrika, Asien und Südamerika. Sie erhalten durch Fairtrade-Standards, die unter anderem eine Fairtrade-Prämie vorschreiben, die Möglichkeit, ihre Dörfer und Familien aus eigener Kraft zu stärken und ihre Lebens- und Arbeitsbedingungen nachhaltig zu verbessern.

Kompetenztraining

50 Nachhaltige Beschaffung

1. 1.1 Erläutern Sie den Begriff nachhaltige Beschaffung und nennen Sie Vorteile einer nachhaltigen Beschaffung!

    1.2 Nennen Sie Beispiele, wie eine Sportgerätefabrik das Prinzip der Nachhaltigkeit umsetzen könnte!

2. Die Unternehmenspolitik der Elektromotorenfabrik Ehrmann GmbH ist deutlich ökologisch ausgerichtet.

    Aufgaben:

    2.1 Erklären Sie, was in diesem Zusammenhang mit „ökologisch" gemeint ist!

    2.2 Nennen und beschreiben Sie drei Maßnahmen einer ökologischen Leistungserstellung im Zulieferbetrieb!

3. Begründen Sie, warum die Abfallvermeidung und Abfallminderung unter ökologischen Gesichtspunkten günstiger zu bewerten ist als die Wiederaufbereitung (Rückstandsnutzung) von Wertstoffen durch Recycling!

4. Beschreiben Sie zwei Abfallvermeidungsmaßnahmen in einem Industriebetrieb!

5. Nehmen Sie Stellung zu folgender Aussage: *„Die Wirtschaft soll lernen, künftig vom Abfall her zu denken!"*

6. **Arbeitsauftrag:** Erstellen Sie einen Bericht darüber, wie durch Kunststoff-Recycling unersetzbare fossile Rohstoffe eingespart und (zusätzlich) Energie gewonnen werden kann! (Lassen Sie sich von Chemieunternehmen entsprechende Informationen zuschicken bzw. informieren Sie sich über das Internet.)

   Hinweis: Es ist sinnvoll, den Bericht in Teamarbeit zu erstellen.

51 Produktlabels

1. Im Rahmen einer nachhaltigen Beschaffung planen die Ulmer Büromöbel AG, Stefan Osann e. Kfm und Beauty Moments Emmy Reisacher e. Kfr. des Industrie- und Gewerbeparks Ulm bei der Auswahl von Lieferanten verstärkt auf Labels und Zertifizierungen zu achten. Dazu benötigen die Unternehmen Informationen über infrage kommende Umweltlabels.

   Aufgabe:

   Lesen Sie die jeweiligen Fallbeispiele in der nachfolgenden Tabelle und gehen Sie auf die Internetseite http://label-online.de des Bundesverbandes der Verbraucherinitiative e. V. Auf der Startseite können Sie bei der Label-Suche die zu dem jeweiligen Unternehmen passenden Kategorien (vgl. Tabelle) angeben. Suchen Sie nach zwei passenden Labels für jedes Unternehmen und beschreiben Sie deren Merkmale und Labelziele.

	Unternehmen	Fallbeispiele
1.1	Ulmer Büromöbel AG	Die Ulmer Büromöbel AG möchte die Büroschränke mit einem Umweltlabel verkaufen. Dafür ist es notwendig, dass bei der Beschaffung des Rohstoffes Holz Lieferanten mit einem passenden Label ausgesucht werden. (http://label-online.de/ ⟶ **Kategorie:** Natur und Garten)
1.2	Stefan Osann e. Kfm.	Aufgrund zahlreicher Kundennachfragen nach Laptops, Tablets und Tischcomputern mit einem Umweltlabel möchte Stefan Osann in Zukunft diese Waren ausschließlich mit einem solchen Label beschaffen. (http://label-online.de/ ⟶ **Kategorie:** Internet und IT)
1.3	Beauty Moments Emmy Reisacher e. Kfr.	Emmy Reisacher hat sich nach einer Fortbildung über Nachhaltigkeit in der Kosmetikbranche dazu entschlossen, nur noch Cremes, Seifen, Shampoos, Lotion und Körperöle mit einem passenden Label von ihren Lieferanten zu beziehen und in ihrem Kosmetikinstitut zu verwenden. (http://label-online.de/ ⟶ **Kategorie:** Kosmetik und Sanitär)

2. Die Ulmer Büromöbel AG hat sich in einer Vorauswahl für die Holz-Labels FSC und PEFC entschieden. Nun soll aufgrund der Ergebnisse der Umweltumfrage ein Holz-Label ausgesucht werden.

Aufgabe:

Beurteilen Sie aufgrund der nebenstehenden Grafik, für welches Holz-Label sich die Ulmer Büromöbel AG entscheiden soll. Schreiben Sie eine kurze Stellungnahme Ihres Ergebnisses für die Geschäftsleitung.

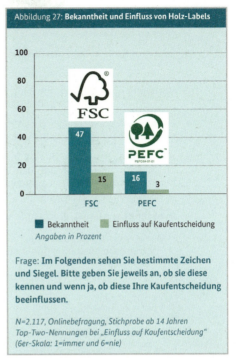

Abbildung 27: Bekanntheit und Einfluss von Holz-Labels

■ Bekanntheit　■ Einfluss auf Kaufentscheidung

Angaben in Prozent

Frage: **Im Folgenden sehen Sie bestimmte Zeichen und Siegel. Bitte geben Sie jeweils an, ob sie diese kennen und wenn ja, ob diese Ihre Kaufentscheidung beeinflussen.**

N=2.117, Onlinebefragung, Stichprobe ab 14 Jahren
Top-Two-Nennungen bei „Einfluss auf Kaufentscheidung"
(6er-Skala: 1=immer und 6=nie)

Quelle: Umweltbewusstsein in Deutschland 2014, hrsg. von Bundesamt für Umwelt, Naturschutz, Bau und Reaktorsicherheit, 2015.

Abbildung 28: Bekanntheit und Einfluss von produktgruppenübergreifenden Labels

■ Bekanntheit　■ Einfluss auf Kaufentscheidung

Angaben in Prozent

Frage: **Im Folgenden sehen Sie bestimmte Zeichen und Siegel. Bitte geben Sie jeweils an, ob sie diese kennen und wenn ja, ob diese Ihre Kaufentscheidung beeinflussen.**

N=2.117, Onlinebefragung, Stichprobe ab 14 Jahren

Quelle: Umweltbewusstsein in Deutschland 2014, hrsg. von Bundesamt für Umwelt, Naturschutz, Bau und Reaktorsicherheit, 2015.

3. Beschreiben und analysieren Sie die nebenstehende Grafik zur Bekanntheit und dem Einfluss produktübergreifender Labels auf die Kaufentscheidung.

241

16 Speth u.a. - ISBN 978-3-8120-0594-4

52 Fairtrade und Richtlinien einer nachhaltigen Beschaffung

1. Nennen Sie das Hauptziel des Fairen Handels!

2. Erläutern Sie den Sinn der Fairtrade-Prämie!

3. Prüfen Sie, wodurch sichergestellt ist, dass es sich um Fairtrade-Produkte handelt!

   Recherchetipp: Nutzen Sie hierzu die Internetadresse www.flo-cert.net und/oder den Suchbegriff „ISO/IEC 17065:2012".

4. Erkunden Sie, welche Fairtrade-Produkte der Supermarkt an Ihrem Wohnort führt und berichten Sie darüber in der Klasse!

5. Sie sind Sachbearbeiter beim Bürofachgeschäft Stefan Osann e. Kfm. Die Abteilungsleiterin Frau Sommer beauftragt Sie, Richtlinien zu formulieren, die zukünftig bei der Beschaffung der Materialien zu beachten sind. Maßgebend für die zu formulierenden Richtlinien ist das Unternehmensleitbild.

   Ausschnitt aus dem Unternehmensleitbild des Bürofachgeschäftes Stefan Osann e. Kfm.:

   - Wir möchten unsere Marktstellung als führendes Bürofachgeschäft in der Stadt langfristig ausbauen und setzen dabei auf gewinnorientiertes Wachstum. Dadurch, dass alle wichtigen Neuheiten umgehend in das Sortiment aufgenommen werden, sichern wir das Vertrauen unserer Kunden und den Fortbestand des Unternehmens.

   - Die Zufriedenheit unserer Kunden steht im Mittelpunkt unserer Zielsetzungen. Freundlichkeit und Höflichkeit, fachkundige Beratung und das unbedingte Einhalten vereinbarter Liefertermine sind für uns selbstverständlich. Unsere Waren müssen von höchster Qualität sein, bei einem fairen Preis-Leistungs-Verhältnis.

   - Die Basis unseres Bürofachgeschäfts bilden unsere motivierten und verantwortungsbewussten Mitarbeiter. Die Kompetenz unserer Mitarbeiter fördern wir durch ständige Weiterbildung. Damit sichern wir langfristig Arbeitsplätze. Wir unterstützen Offenheit, kollegiale Zusammenarbeit und ständige Kommunikation.

   - Wir unterstützen soziale und Umweltprojekte. Wir achten darauf, nur umweltfreundliche Artikel ins Sortiment aufzunehmen und bemühen uns, ressourcenschonende Materialien zu verwenden. Waren, die mit einem unzureichenden Arbeitsschutzstandard oder mit Kinderarbeit hergestellt werden, haben in unserem Sortiment keinen Platz.

   - Wir bekennen uns zu einem fairen und partnerschaftlichen Verhältnis gegenüber unseren Mitarbeitern, Kunden und Lieferanten.

2 ABC-Analyse durchführen und die Konsequenzen für die Beschaffung ableiten

KB 3	**Lernsituation 2: Hintergrund der Beschaffung analysieren und ABC-Analyse durchführen**

Anton Thomalla, Inhaber der Motorenbau Anton Thomalla e. Kfm. sucht eine Möglichkeit, Kosten zu reduzieren. Er schickt Lena Heine, die Leiterin der Beschaffung, zu einem Seminar mit dem Thema „Einkaufsmanagement – Materialkosten senken, Gewinn erhöhen".

Bei dem Seminar erfährt Lena Heine, dass sich die Bedeutung der Beschaffung in der Vergangenheit entscheidend verändert hat: vom Dienstleister für die Produktion zu einem Unternehmensbereich mit erheblicher Wertschöpfung.

KOMPETENZORIENTIERTE ARBEITSAUFTRÄGE:

1. Listen Sie auf, welche Tätigkeiten in der Einkaufsabteilung der Motorenbau Anton Thomalla e. Kfm. anfallen!

2. Arbeiten Sie die nachfolgenden Kapitel des Schulbuches durch und verwenden Sie die Aufzeichnungen aus dem Unterricht zur Bearbeitung der Arbeitsaufträge!

   Durch das Seminar wird Lena Heine bewusst, dass in der Motorenbau Anton Thomalla e. Kfm. beim Einkauf von günstigen Gütern, beispielsweise Büromaterial, der gleiche Zeitaufwand investiert wird wie bei der Beschaffung von hochpreisigen Gütern.

   Helfen Sie Lena Heine, der Leiterin der Beschaffung, die ABC-Analyse für die Artikelgruppen A01 bis A10 durchzuführen!

   Gegeben sind folgende Zahlenwerte:

Artikel-gruppe	Jahresbedarf in Stück	Preis je ME in EUR	Artikel-gruppe	Jahresbedarf in Stück	Preis je ME in EUR
A01	100	290,00	A06	700	7,10
A02	9 000	1,60	A07	100	22,00
A03	5 000	2,80	A08	18 000	0,05
A04	5 000	1,50	A09	20 000	0,08
A05	700	5,50	A10	32 500	0,07

2.1 Führen Sie – gegebenenfalls mithilfe einer Tabellenkalkulation – eine ABC-Analyse entsprechend der angegebenen Zahlenwerte durch!

ABC-Analyse, Tabelle 1

Artikel-gruppe	Jahres-bedarf in Stück	Preis je ME in EUR	Verbrauchs-menge in % des Gesamt-verbrauchs	Verbrauchs-wert in EUR	Verbrauchs-werte in % des gesamten Verbrauchs-wertes	Rang nach Verbrauchs-wert
A01	100	290,00				
A02	9 000	1,60				
A03	5 000	2,80				
A04	5 000	1,50				
A05	700	5,50				
A06	700	7,10				
A07	100	22,00				
A08	18 000	0,05				
A09	20 000	0,08				
A10	32 500	0,07				
Summe						

ABC-Analyse, Tabelle 2

Artikel-gruppe	Jahres-bedarf in Stück	Preis je ME in EUR	Verbrauchs-menge in % des Gesamtver-brauchs	Ver-brauchs-wert in EUR	Verbrauchs-werte in % des gesamten Verbrauchs-wertes	Kumulier-ter Wert-anteil in %	Kumu-lierter Mengen-anteil in %	ABC-Klasse	Wert-anteil in %	Men-gen-anteil in %
Summe										

2.2 Legen Sie fest, welche Artikelgruppen jeweils in die Klasse der A-, B- bzw. der C-Güter gehören und begründen Sie Ihre Entscheidung!

2.3 Setzen Sie die gewonnenen Erkenntnisse in eine aussagefähige Grafik um!

2.4 Nach Durchführung der ABC-Analyse ergeben sich für die Firma Motorenbau Anton Thomalla e. Kfm. zwangsläufig Schlussfolgerungen im Bereich der Materialwirtschaft, die geeignet sind, einen Beitrag zur Kostensenkung zu erbringen. Nennen Sie – getrennt für die A- und die C-Güter – jeweils solche Maßnahmen!

2.1   Begriff ABC-Analyse

Die **ABC-Analyse** ist ein Verfahren, Materialien zu erkennen, die aufgrund ihres **hohen wertmäßigen Anteils** am Gesamtbedarf von **besonderer Bedeutung** sind. Die aus der Analyse gewonnenen Informationen helfen dabei,

■ sich auf wirtschaftlich bedeutende Materialien zu konzentrieren,

■ hohen Arbeitsaufwand bei Materialien untergeordneter Bedeutung (C-Güter) zu vermeiden und damit

■ die Wirtschaftlichkeit der gesamten Materialwirtschaft zu steigern.

In vielen Unternehmen wird häufig eine große Anzahl verschiedenartiger Fertigungsmaterialien (Roh-, Hilfs-, Betriebsstoffe, Halbfabrikate) bzw. Handelswaren beschafft, die nur einen geringen Anteil (Prozentsatz) am gesamten Beschaffungswert der eingekauften Materialien haben.

Die ABC-Analyse wurde entwickelt, um zu entscheiden, bei welchen Fremdbezugsteilen es erforderlich ist,

■ **ausführliche Beschaffungsmarktanalysen** vorzunehmen, ■ intensive **Einkaufsverhandlungen** zu führen, ■ **Mengen und Lieferzeit** genau zu planen, ■ die **Materialbereitstellungsverfahren** dem Materialbedarf anzupassen und ■ die **Lagerbestände** laufend zu überwachen.	**Beispiel (siehe auch S. 246):** Ein Industriebetrieb benötigt zehn verschiedene Materialarten. Statistisch er-fasst werden die monatlichen Verbrauchsmengen in Stück und die Einstandspreise (Bezugspreise) je Stück.

Diese Maßnahmen verursachen den Unternehmen viel Zeit und Kosten.

2.2   Durchführung der ABC-Analyse

Tabelle 1:

Material-art	Verbrauchs-menge in Stück	Verbrauchs-menge in % des Gesamt-verbrauchs	Einstandspreis je Stück in EUR	Verbrauchswert in EUR	Verbrauchswerte in % des gesam-ten Verbrauchs-wertes	Rang nach Verbrauchswert
T_1	4 500	13,24	25,00	112 500,00	15,85	2
T_2	700	2,06	145,00	101 500,00	14,30	3
T_3	2 700	7,94	15,00	40 500,00	5,71	7
T_4	600	1,76	300,00	180 000,00	25,36	1
T_5	450	1,32	150,00	67 500,00	9,51	6
T_6	3 000	8,82	25,00	75 000,00	10,57	5
T_7	8 200	24,12	2,00	16 400,00	2,31	8
T_8	1 000	2,94	95,00	95 000,00	13,38	4
T_9	7 150	21,03	1,00	7 150,00	1,01	10
T_{10}	5 700	16,76	2,50	14 250,00	2,01	9
	34 000	100,00[1]		709 800,00	100,00[1]	

1   Bedingt durch die Beschränkung auf zwei Nachkommastellen können geringe Rundungsdifferenzen in der Summenzeile auftreten.

Tabelle 2:

Rang nach Verbrauchswert	Materialart [1]	Verbrauchsmenge in Stück	Verbrauchsmenge in Prozent des Gesamtverbrauchs [2]	Kumulierte Verbrauchsmenge in Prozent [3]	Einstandspreis je Stück in EUR	Verbrauchswert in EUR [4]	Verbrauchswerte in Prozent des gesamten Verbrauchswertes [5]	Kumulierter Verbrauchswert in Prozent [6]	ABC-Klasse [7]
1	T_4	600	1,76	1,76	300,00	180 000,00	25,36	25,36	A
2	T_1	4 500	13,24	15,00	25,00	112 500,00	15,85	41,21	A
3	T_2	700	2,06	17,06	145,00	101 500,00	14,30	55,51	A
4	T_8	1 000	2,94	20,00	95,00	95 000,00	13,38	68,89	A
5	T_6	3 000	8,82	28,82	25,00	75 000,00	10,57	79,46	B
6	T_5	450	1,32	30,15	150,00	67 500,00	9,51	88,97	B
7	T_3	2 700	7,94	38,09	15,00	40 500,00	5,71	94,68	B
8	T_7	8 200	24,12	62,21	2,00	16 400,00	2,31	96,99	C
9	T_{10}	5 700	16,76	78,97	2,50	14 250,00	2,01	98,99	C
10	T_9	7 150	21,03	100,00	1,00	7 150,00	1,01	100,00	C
		34 000	100,00[1]			709 800,00	100,00[1]		

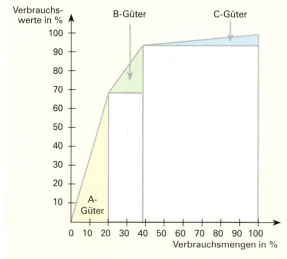

Verbrauchswerte in % ▲
B-Güter C-Güter
100 90 80 70 60 50 40 30 20 10
A-Güter
0 10 20 30 40 50 60 70 80 90 100
Verbrauchsmengen in %

Auswertung:

A-Güter: 20 % des mengenmäßigen Materialverbrauchs haben einen Anteil von fast 70 % (genau: 68,9 %) am gesamten wertmäßigen Materialverbrauch (Beschaffungswert).

B-Güter: 18,1 % des mengenmäßigen Materialverbrauchs entsprechen einem Anteil von 25,8 % am gesamten wertmäßigen Materialverbrauch.

C-Güter: Die meisten Materialien (61,9 %) sind C-Güter. Auf sie entfällt nur ein Verbrauchswertanteil von 5,3 %.

1 Bedingt durch die Beschränkung auf zwei Nachkommastellen können geringe Rundungsdifferenzen in der Summenzeile auftreten.

Erläuterungen zu den Arbeitsschritten für eine ABC-Analyse (Tabelle 2):

[1] Materialien nach dem Rang ihres Verbrauchswertes ordnen.
[2] Prozentanteil jedes Materials an der Gesamtverbrauchsmenge berechnen.
[3] Errechnete Prozentanteile schrittweise aufaddieren (kumulieren).
[4] Verbrauchswert berechnen.
[5] Prozentanteil jedes Materials am Gesamtverbrauchswert berechnen.
[6] Errechnete Prozentanteile schrittweise aufaddieren (kumulieren).
[7] Nach den kumulierten Prozentanteilen Gruppen bilden.

2.3 Bedeutung der ABC-Analyse

Die Auswertung der ABC-Analyse zeigt der Geschäftsführung, bei welchen Gütern ein größerer Beschaffungsaufwand wirtschaftlich sinnvoll ist, um größere Kostensenkungen (z. B. durch vereinbarte Rabatte bei größeren Bestellmengen, Einsatz billigerer Substitutionsgüter[1]) zu erreichen.

Die Festlegung der Schranken, mit deren Hilfe eine **Zuordnung zu den einzelnen Klassen** getroffen wird, liegt im **Ermessen der Unternehmen.** Erfahrungsgemäß liegt die Schranke für A-Güter bei den ersten 75–80 % der kumulierten Verbrauchswerte in Prozent, die C-Güter bei den letzten 5 % der kumulierten Verbrauchswerte in Prozent. Dazwischen liegen die B-Güter.

2.4 Schlussfolgerungen aus der ABC-Analyse für die Materialwirtschaft

Die Tätigkeiten (Aktivitäten) in der Materialwirtschaft konzentrieren sich in erster Linie auf die **A-Güter.** Sie bestehen zwar aus wenigen Lagerpositionen, stellen aber den überwiegenden Teil des Verbrauchswertes dar. Daher führen bereits geringe prozentuale Verbesserungen zu Einsparungen in hohen absoluten Euro-Beträgen.

Die Aktivitäten können sich z. B. auf folgende **Maßnahmen** richten:

- Intensive Bemühungen um Preis- und Kostensenkungen.
- Exakte Untersuchungsergebnisse darüber, ob Eigenproduktion oder Fremdbezug günstiger ist.
- Einkauf der Materialien bei Bedarf.
- Möglichst geringer Lagerbestand in Verbindung mit Sondervereinbarungen über Lieferzeiten.
- Beschaffung in bedarfsnahen, auftragsspezifischen kleinen Losen (Liefermengen) und damit Tendenz zur fertigungssynchronen Beschaffung.[2]
- Verzicht auf Wareneingangskontrolle im eigenen Haus und Verlagerung der Qualitätsprüfung zum Lieferanten unter Vorgabe von Qualitätsstandards.
- Strenge Kontrolle der Bestände, des Verbrauchs und gegebenenfalls der Lagerverluste.

Bei den **B-Gütern** darf der Berechnungsaufwand für eine optimale Bestellung nicht so hoch sein. Hier kann es sinnvoll sein, optimale Bestellmengen und Lagermengen für ganze **Materialgruppen** zu berechnen und Fehler in Kauf zu nehmen.

Die **C-Güter** bestehen aus vielen Lagerpositionen, stellen aber nur einen geringen Verbrauchswert dar. Zu hohe Lagerbestände beeinflussen daher die Wirtschaftlichkeit des Materialwesens in geringerem Umfang. Sie können daher großzügiger und mit einfacheren Verfahren geplant werden.

Die ABC-Analyse wird nicht nur in der Beschaffungswirtschaft, sondern (mit gleichen Berechnungsmethoden) auch in allen anderen Unternehmensbereichen zur Einsparung von Kosten angewendet (z. B. ABC-Bewertung der Kunden).

---

1 **Substitutionsgüter** sind Güter, die problemlos durch andere Güter ersetzt werden können. Diese Güter erfüllen denselben Zweck (z. B. Schafwolle–Baumwolle, Butter–Margarine).

2 Vgl. hierzu Kapitel 3, S. 249 ff.

Zusammenfassung

- Die **ABC-Analyse** ist ein Verfahren, welches jene Materialien aufdeckt, die **aufgrund ihres hohen wertmäßigen Anteils am Gesamtbedarf besondere Aufmerksamkeit** im Rahmen der Beschaffungsplanung **verdienen.**

- Sie weist dem Unternehmen den Weg, sich bei der Materialbeschaffung in erster Linie **auf solche Produkte zu konzentrieren,** bei denen die Möglichkeit besteht, **hohe Einsparungen** zu erzielen.

Kompetenztraining

53 ABC-Analyse

1. Charakterisieren Sie A- und C-Materialien und erklären Sie jeweils ihre Bedeutung für die Beschaffung!

2. Die Auswertung der Bestellungen eines Industriebetriebs zur Ermittlung der Bestellgrößenstruktur im Geschäftsjahr 20 . . ergab folgende Kennzahlen:

Anteile der Bestellgruppen an der Gesamtzahl der Bestellungen in % (kumuliert)	Anteile der Bestellgruppen an der Gesamtzahl der Bestellungen in %	Anzahl der Bestellungen	Bestellwerte (Auftragswerte) je Bestellung in EUR (Bestellgruppen)	Bestellwerte (Auftragswerte) je Bestellgruppe in EUR	Anteile der Bestellgruppen am Gesamtbestellwert in %	Anteil der Bestellgruppen am Gesamtbestellwert in % (kumuliert)	ABC-Kennzeichnung
	27,9	1240	1 – 50	37 200,00	0,36		
62,3 %	20,0	890	51 – 100	60 310,00	0,59	2,83 %	C
	14,4	640	101 – 500	192 000,00	1,88		
	16,0	712	501 – 1 000	462 820,00	4,52		
30,1 %	9,5	420	1 001 – 2 000	632 400,00	6,18	16,89 %	B
	4,6	204	2 001 – 5 000	634 200,00	6,19		
	2,3	103	5 001 – 10 000	824 000,00	8,05		
	1,9	84	10 001 – 20 000	1 344 000,00	13,12		
7,6 %	1,4	61	20 001 – 50 000	2 190 000,00	21,38	80,28 %	A
	2,0	87	über 50 000	3 864 200,00	37,73		
100,0 %	100,00	4 441		10 241 130,00	100,00	100,00 %	

Aufgaben:

2.1 Vereinfachen Sie die Tabelle, indem Sie für folgende Bestellgruppen deren Anteile an der Gesamtzahl der Bestellungen und am Gesamtbestellwert (Gesamtauftragswert) vergleichend gegenüberstellen:

2.1.1 Bestellgruppe A mit Auftragswerten von 5 001,00 EUR bis über 50 000,00 EUR je Bestellung,

2.1.2 Bestellgruppe B mit Auftragswerten von 501,00 EUR bis 5 000,00 EUR je Bestellung und

2.1.3 Bestellgruppe C mit Auftragswerten von 1,00 EUR bis 500,00 EUR je Bestellung!

2.2 Veranschaulichen Sie die ABC-Analyse der Bestellungen, indem Sie die Anteile der Bestellgruppen A, B und C an der Gesamtzahl der Bestellungen und am Gesamtbestellwert (Gesamtauftragswert) jeweils in einem Säulendiagramm vergleichend gegenüberstellen!

2.3 Beurteilen Sie die Strukturanalyse der Bestellungen und begründen Sie, inwieweit die hierdurch gewonnenen Informationen zur Aktivierung der in der Beschaffungswirtschaft liegenden Gewinnreserven beitragen können![1]

3 Bereitstellungsprinzipien unterscheiden und bewerten

Lernsituation 3: Material just in time beschaffen

Anton Thomalla, Inhaber der Motorenbau Anton Thomalla e. Kfm., benötigt für die Produktion Rußpartikelfilter, die er bisher immer bei Bedarf bei seinem Zulieferer bestellt hat. Bei einem Arztbesuch liest er den folgenden Artikel im Manager-Magazin.

Der Japan-Tsunami hat die eng getaktete Just-in-time-Produktion weggespült. Jetzt wird den Managern vor Augen geführt, dass ihr Fertigungsplan nur ein Konzept für den Schönwetterbetrieb ist – und den Arbeitnehmern, dass deshalb noch mehr Betriebe ihre Produktion in das Ausland verlagern könnten.

Hamburg – Vorsichtige Mahnungen erweisen sich beim Blick zurück manchmal als prophetisch: „Der wachsende Einfluss von Desastern[2] multipliziert das operative Risiko vieler Firmen", warnte Lieferkettenexperte Dirk de Waart. Am 11. März 2011 traf die Prophezeiung durch das Erdbeben in Japan aus der Sicht global tätiger Firmen mit schier unvorstellbarer Wucht ein. Bei Flugzeugbauern, Autoherstellern, Smartphone-Fabrikanten und Halbleiterfirmen wurden die Einkaufsmanager eilig durch ganze Krisenstäbe ersetzt.

In Europa sind noch gar nicht alle Schockwellen des Lieferketteninfarktes angekommen, da beginnt schon eine lebhafte Debatte in der Industrie: Wie kann das Just-in-time-Konzept – das ironischerweise[3] Toyota, eines der größten Opfer des Erdbebens, zum Industriestandard erhoben hatte – angepasst werden? Hat es überhaupt irgendwelche Überlebenschancen in einer Welt eskalierender Energiepreise?

„In der Industrie räumen einige schon ein, dass wir etwas zu weit gegangen sind und dass wir dieses Konzept noch einmal überprüfen müssen", gibt Jim Lawton zu, der Vizepräsident bei D&B Supply Management Solutions, das zum Geschäftsdaten- und Lieferketten-Spezialisten Dun & Bradstreet gehört.

Das Timing dieser Erkenntnis könnte kaum besser sein. Denn sie kommt zu einer Zeit, in der das Institut of Supply Management bei US-Firmen eine rekordniedrige Vorratshaltung registriert und damit deutlich macht: Minimierte Kosten, unterstützt durch extrem schlanke Hochregale, haben seit vielen Jahren das Denken der Firmenstrategen in Europa, Amerika und Asien beherrscht. Andere wichtige Überlegungen – wie die Versorgungssicherheit – traten dabei oft in den Hintergrund, und das bei immer dünner gestrickten Netzwerken rund um den Globus sowie einer wachsenden Zahl von Naturkatastrophen. [...]

Quelle: http://www.manager-magazin.de/unternehmen/industrie/0,2828,759680,00.html

---

1 **Lösungshilfe:** Lange Bearbeitungszeiten der Bestellungen im Einkauf und die anfallenden Bestellkosten, z. B. durch Angebotseinholungen, Angebotsvergleiche, Einkaufsverhandlungen, Formular- und Portokosten, können die Materialkosten beträchtlich erhöhen, vor allem bei vielen Kleinbestellungen.

2 **Desaster** (ital.-fr.): Missgeschick, Unheil.

3 **Ironie** (gr.-lat.): feiner Spott.

KOMPETENZORIENTIERTE ARBEITSAUFTRÄGE:

Arbeiten Sie das nachfolgende Kapitel des Schulbuches durch und verwenden Sie die Aufzeichnungen aus dem Unterricht zur Bearbeitung der Arbeitsaufträge!

1. Bilden Sie in Ihrer Klasse Gruppen, die jeweils Argumente

    1.1 für die Vorteile und

    1.2 die Risiken

    der Bereitstellungsverfahren ohne Vorratshaltung für Abnehmer und Zulieferer sammeln!

2. Wählen Sie in jeder Gruppe einen Vertreter, der vor der Klasse die gefundenen Argumente in Form eines Plädoyers[1] zusammenfasst!

Grundsätzlich gibt es zwei Möglichkeiten, das Problem der Bereitstellung von Handelswaren und Werkstoffen zu lösen, nämlich die **Bedarfsdeckung durch Vorratshaltung** und die **Bedarfsdeckung ohne Vorratshaltung.**

3.1 Bedarfsdeckung durch Vorratshaltung

Die **Vorratshaltung** ist vor allem dann anzutreffen, wenn **Schwankungen des Beschaffungsmarktes** abgesichert sein müssen. Außerdem kann die Lagerung **geringwertiger Güter** mit relativ hohen Anschaffungsaufwendungen sinnvoll sein.

Vorteile	Nachteile
Sie liegen vor allem bei den günstigeren Beschaffungs- und Frachtkosten beim Bezug größerer Materialmengen sowie die größere Sicherheit der Bedarfsdeckung bei Beschaffungsschwierigkeiten.	Sie ergeben sich aus den hohen Kapitalbindungskosten und Lagerrisiken. Somit besteht ein ständiger Zielkonflikt zwischen dem Ziel, die Lagerkosten und Lagerrisiken möglichst niedrig zu halten und dem Ziel, den **Servicegrad** zu sichern oder zu verbessern.

Beispiel:

Von einem Lager werden im Laufe eines Vierteljahres 2 700 Stück des Teils T 34 angefordert. Von diesen Anforderungen konnten 2 592 Stück sofort aus dem Lagervorrat bedient werden. Der Servicegrad beträgt damit 96 %.

$$\text{Servicegrad} = \frac{\text{Anzahl der bedienten Lageranforderungen} \cdot 100}{\text{Gesamtzahl der Lageranforderungen}}$$

In der Praxis ist es kaum möglich, einen hundertprozentigen Servicegrad zu erreichen, wenn (zu) teure Sicherheitsbestände vermieden werden sollen. Welcher Servicegrad anzustreben ist, hängt vor allem von der Art der Produktion ab. Ist der Produktionsablauf

---

1 **Plädoyer:** Rede, mit der jemand entschieden für oder gegen etwas eintritt.

starr, kann die Fertigung bereits beim Fehlen eines einzelnen Teils nicht weiterlaufen. Ist der Produktionsablauf flexibel, kann bei Fehlen eines oder mehrerer Teile mit der Fertigung anderer Produkte fortgefahren werden, wie dies z. B. bei der Fertigung nach dem **Baukastensystem**[1] der Fall sein kann.

3.2 Bedarfsdeckung ohne Vorratshaltung

3.2.1 Just-in-time-Konzeption

(1) Begriff

- Die **Just-in-time**[1]**-Konzeption** ist eine **marktorientierte Unternehmenskonzeption** mit der Zielsetzung, rasch und flexibel auf die sich schnell ändernde Nachfrage reagieren zu können.

- Voraussetzung für eine solche Flexibilität ist, dass die betrieblichen Fertigungsanlagen so beschaffen sind, dass eine **nachfragebedingte Änderung des Produktionsprogramms** binnen **kurzer Frist** möglich ist.

Mit der fortschreitenden Entwicklung auf dem Gebiet der Fertigungsflexibilisierung wird der Unternehmensführung ein Instrumentarium in die Hand gegeben, das es erlaubt, relativ kurzfristig und in einer weiten Variationsbreite auf die sich ändernden Nachfrageentwicklungen einzugehen.

Durch die bedarfs- und zeitnahe Produktion der nachgefragten Produktvarianten bzw. -mengen können die **Lagerbestände sehr stark reduziert** werden. In letzter Konsequenz besitzt ein nach dem Just-in-time-Prinzip gestaltetes Unternehmen überhaupt keine Lagerbestände (theoretischer Grenzfall).

Der Abbau von Lagerbeständen, insbesondere auch von Roh-, Hilfs- und Betriebsstoffen, Vorprodukten und Handelswaren bedingt die Einrichtung eines **fertigungssynchronen Beschaffungssystems**. Die Lieferer müssen absolut zuverlässig sein.

Das Just-in-time-Prinzip verlangt jedoch nicht nur eine absolut pünktliche Lieferung der Werkstoffe und Betriebsmittel, sondern auch ein **zuverlässiges Qualitätsmanagement** und **leistungsfähige elektronische Informations- und Kommunikationssysteme**.

Die Just-in-time-Konzeption wird dann erschwert, wenn die Anlieferung der Werkstoffe und Waren durch Lastkraftwagen erfolgt. Verspätungen durch Staus verteuern letztlich die Anlieferung. Aus ökologischen Gesichtspunkten heraus ist die „Verlegung der Lager auf die Straße" wegen der damit verbundenen Umweltbelastung abzulehnen.

---

1 Beim Baukastensystem werden einzelne Teile (Baugruppen) wie z. B. Motoren und Karosserien eines Autoherstellers typisiert (vereinheitlicht), um sie dann (z. B. dem Bedarf entsprechend) kombinieren zu können.

2 **Just in time** (engl.): gerade rechtzeitig.

3.2.2 Just-in-sequence-Konzeption

Die **Just-in-sequence-Konzeption** ist eine Weiterentwicklung der Just-in-time-Konzeption. Während es bei letzterer darauf ankommt, dass das

- richtige Produkt
- zur rechten Zeit
- am rechten Ort
- in der erforderlichen Menge

zur Verfügung steht (z. B. Radmuttern in der Pkw-Montage), ist es bei der Just-in-sequence-Konzeption zusätzlich erforderlich, dass die Einbauteile auch in derjenigen Reihenfolge angeliefert werden, wie sie tatsächlich eingebaut werden.

Beispiel:

Die Just-in-sequence-Konzeption findet sich vor allem in der Endmontage der Automobilherstellung. Eine im Rahmen der Produktionssteuerung festgelegte **stabile Auftragsfolge** bestimmt die Reihenfolge der Fahrzeuge mit unterschiedlicher Lackierung, Motorausstattung usw. auf dem Endmontageband (Perlenkette). Die Anlieferung der Armaturen muss dann genau der Reihenfolge gehorchen, sodass diese auch zur zugehörigen Karosserie passen. Jede Verzögerung, Montagefehler oder Verwirbelung in der Reihenfolge auf dem Nebenband hat zur Folge, dass die Abläufe im Hauptband gestört werden und die korrekte Parallelität der Sequenzen mit hohem Aufwand wiederhergestellt werden muss.

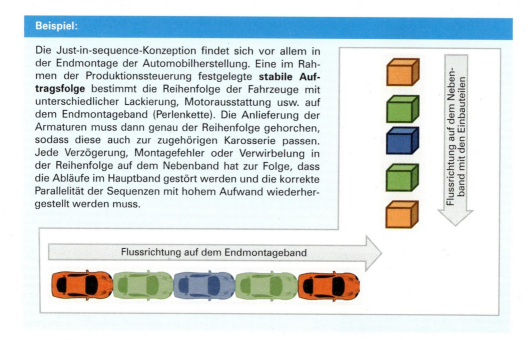

Flussrichtung auf dem Nebenband mit den Einbauteilen

Flussrichtung auf dem Endmontageband

3.2.3 Kanban-Verfahren

Das Kanban[1]-Verfahren beruht auf der **Holpflicht (Pull-Prinzip)** und besagt, dass bei Entnahme eines Teils oder bei Unterschreitung der zuvor festgelegten Mindestmenge in einem Lager die entsprechende Differenzmenge von der **vorgelagerten Arbeitsstation** nachzuliefern ist. Hierdurch entstehen selbstgesteuerte Kanban-Regelkreise, wobei die Vorstufe sicherstellen muss, dass das angeforderte Material in der vorgegebenen Zeit und in der vorgeschriebenen Menge beschafft bzw. hergestellt wird. Diese flexible Organisationsform soll vermeiden, dass unnötige Zwischenläger geführt werden.

---

1 **Kanban** bedeutet Karte. Das Kanban-Konzept stammt ursprünglich aus Japan.

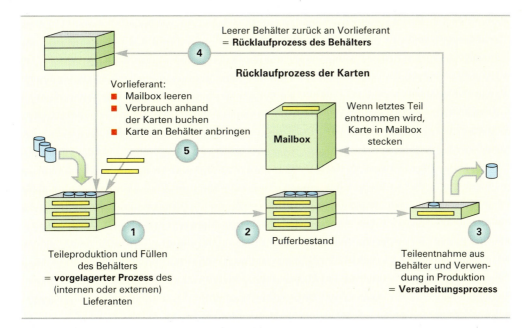

Leerer Behälter zurück an Vorlieferant
= **Rücklaufprozess des Behälters**

4

Rücklaufprozess der Karten

Vorlieferant:
- Mailbox leeren
- Verbrauch anhand der Karten buchen
- Karte an Behälter anbringen

Mailbox

Wenn letztes Teil entnommen wird, Karte in Mailbox stecken

5

1 Teileproduktion und Füllen des Behälters
= **vorgelagerter Prozess** des (internen oder externen) Lieferanten

2 Pufferbestand

3 Teileentnahme aus Behälter und Verwendung in Produktion
= **Verarbeitungsprozess**

Kanban ist ein sich selbst regulierender Beschaffungskreislauf, der sich sowohl für interne als auch für externe Lieferanten eignet. Der **Vorteil** liegt darin, dass es ein einfaches, leicht zu durchschauendes Prinzip ist. Die Arbeitskräfte verstehen sehr schnell den Zusammenhang: Werden Karten nicht in die Mailbox gesteckt, fehlt das Material. Aufwendige und intransparente[1] Software-Lösungen sind nicht erforderlich. Im Grunde genügt eine Kiste mit einem Zettel. Erweiterungen um elektronische Medien wie Intranet oder Internet dienen der Beschleunigung des Informationsflusses und zur Überbrückung größerer Entfernungen zum Lieferanten. Das Kanban-System bleibt im Grunde unverändert – im vorgelagerten Prozess wird nicht mehr produziert als im Verarbeitungsprozess benötigt wird. Die Bestellung erfolgt mithilfe der **Kanban-Karte**.

Zwischen der angeforderten Stelle und der vorgelagerten Arbeitsstation besteht eine Art Kunden-Lieferanten-Beziehung. Beim Kanban-Konzept steuert somit die letzte Stufe der Fertigung den Beschaffungsvorgang. In der Praxis hat es sich gezeigt, dass eine solche rein **dezentrale Beschaffungssteuerung** (Produktionsprozesssteuerung) nur bei bis zu maximal acht Arbeitsgängen möglich ist. Bei einer größeren Anzahl von Arbeitsvorgängen muss das Kanban-Konzept durch eine zentrale Steuerung ergänzt werden.

---

1 **Intransparent**: nicht durchschaubar, nicht verstehbar.

3.2.4 Vor- und Nachteile der lagerlosen Bereitstellungsverfahren

Vorteile
■ Die **Lagerkosten und -risiken entfallen,** weil das benötigte Material sofort zum Ort der Weiterverarbeitung bzw. -verwendung gebracht wird.
■ Es wird **weniger Kapital gebunden,** das dann für andere Unternehmensaufgaben bereitsteht.
■ Das Unternehmen kann sich rasch auf einen **Wechsel des Kundenbedarfs** einstellen und seine **Lieferbereitschaft erhöhen.**
■ Die Gefahr, Produkte **nicht absetzen** zu können, **sinkt.**
■ Sie vermindern den Flächenverbrauch für Lagerkapazitäten.

Nachteile
■ Verwundbarkeit des Unternehmens gegenüber Störungen im Nachschub, z. B. durch Streiks, Zugverspätungen, Staus **(Terminrisiko).**
■ Umweltbelastung bei der Belieferung durch Lastkraftwagen z. B. durch Versiegelung der Landschaft durch Straßenbau, Belastung der Luft durch Reifenabrieb und Abgase **(Umweltrisiko).** Die Kosten für die Beseitigung der Umweltbelastung trägt jedoch nicht der Besteller der Werkstoffe (Kostenverursacher), sondern die Allgemeinheit. Man spricht dann von „Social Costs".
■ Gefahr, dass es zu Produktionsstörungen kommt, da schadhafte Teile nicht durch eine Lagerentnahme ausgewechselt werden können **(Qualitätsrisiko).**
■ Bestell- und Transportkosten steigen wegen häufiger Bestellungen **(Kostenrisiko).**
■ Bei zahlreichen Werkstoffen ist die fertigungssynchrone Beschaffung nicht oder wenigstens nicht in ihrer extremen Anwendung durchführbar, weil die Vorlieferer ihre Produktion nicht an dem schwankenden Bedarf der Abnehmer ausrichten können oder wollen. Sie streben aus **kosten- und beschäftigungspolitischen Gründen** selbst eine kontinuierliche Produktion an.

Die Bereitstellungsverfahren ohne Vorratshaltung erfordern eine zuverlässige Lieferkette, die nur durch eine enge Abstimmung zwischen Zulieferer und Hersteller des Endprodukts zu erreichen ist. Üblicherweise wird mit dem Lieferanten ein **Rahmenvertrag** geschlossen.

Ein solcher Vertrag legt in der Regel für eine bestimmte Periode den Gesamtbedarf für eine Werkstoffart oder eine Werkstoffgruppe fest. Für die geplante Abnahmemenge werden die Preise, die Lieferungs- und die Zahlungsbedingungen festgelegt. Die Einzelbestellungen verweisen dann jeweils auf den Rahmenvertrag und beinhalten nur noch nähere Festlegungen in Bezug auf Artikel, Menge und Termin.

Eine langfristige Bindung an einen Lieferanten über einen Rahmenvertrag setzt voraus, dass die Nachfragemenge über diesen Zeitraum vorhersehbar und in etwa konstant ist. Der **Vorteil** von Rahmenvereinbarungen liegt insbesondere darin, dass die Kosten für wiederholte Verhandlungsführungen über Preise, Lieferungs- und Zahlungsbedingungen entfallen. Der verbleibende Restprozess ist dann so weit reduziert, dass er sich relativ leicht automatisieren lässt.

Zusammenfassung
■ Grundsätzlich gibt es zwei Möglichkeiten, Werkstoffe bereitzustellen, nämlich die **Bedarfsdeckung durch Vorratshaltung** und die **Bedarfsdeckung ohne Vorratshaltung.**
■ Die Bedarfsdeckung ohne Vorratshaltung kann nach dem **Just-in-time-Verfahren** oder nach dem **Just-in-sequence-Verfahren** erfolgen.

■ Das **Kanban-Verfahren** ermöglicht die Verringerung der Lagerbestände von Vorprodukten in und nahe der Produktion.

■ **Rahmenverträge** verringern die Kosten des Beschaffungsprozesses, indem

■ wiederholte Verhandlungsführungen über Preise, Lieferungs- und Zahlungsbedingungen entfallen sind

■ sich der verbleibende Restprozess weitestgehend automatisieren lässt.

■ Zu den **Vor- und Nachteilen** der lagerlosen Bereitstellungsverfahren siehe Tabelle auf S. 254.

Kompetenztraining

54 Lagerlose Beschaffungsverfahren

1. Stellen Sie in einer Tabelle die Vor- und Nachteile der Vorratshaltung und der lagerlosen Verfahren einander gegenüber!

2. Beschreiben Sie den Unterschied zwischen dem Just-in-time-Verfahren und dem Just-in-sequence-Verfahren!

3. Erläutern Sie Vor- und Nachteile der Just-in-time-Beschaffung für Abnehmer und Zulieferer!

4. Stellen Sie dar, welche „Social Costs" durch die Verwirklichung des Just-in-time-Verfahrens entstehen können! (Social Costs sind Kosten, die nicht der Verursacher trägt, sondern die Allgemeinheit.)

5. 5.1 Nennen Sie zwei Güter, die besonders für den Einsatz des Just-in-sequence-Verfahrens geeignet sind!

   5.2 Nennen Sie die jeweils größte Gefahr der Just-in-sequence-Beschaffung für den Zulieferer und den Abnehmer!

6. Die Auto AG hat sich dazu entschlossen, mit dem Zulieferer der Bremsanlage eine Just-in-time-Lieferung zu vereinbaren.

   Aufgaben:

   6.1 Erläutern Sie, warum es sinnvoll ist, für die Abwicklung der Bestellungen einen Rahmenvertrag abzuschließen!

   6.2 Nennen Sie vier Voraussetzungen, die die Auto AG von dem Zulieferer erwartet!

   6.3 Im Rahmen der Just-in-time-Lieferung können Umstände eintreten, die den Materialfluss empfindlich stören können. Zeigen Sie an zwei Beispielen solche Störmöglichkeiten auf!

7. Beschreiben Sie den Unterschied zwischen der Just-in-time-Konzeption und dem Kanban-Verfahren!

8. Erläutern Sie das Kanban-Prinzip an dem nachfolgenden schematisch dargestellten Produktionsablauf!

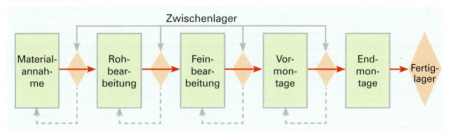

255

4 Bezugsquellen ermitteln und unterscheiden sowie eine Lieferantenbewertung durchführen

KB 3   **Lernsituation 4: Bezugsquellen ermitteln**

Die Ulmer Büromöbel AG benötigt bei der Produktion ihrer Rollcontainer das technische Schmiermittel Molybdändisulfid (MoS_2). Der bisherige Lieferant des Betriebsstoffs hält seine Liefertermine fast nie ein.

KOMPETENZORIENTIERTER ARBEITSAUFTRAG:

Arbeiten Sie das folgende Kapitel des Schulbuches durch und verwenden Sie die Aufzeichnungen aus dem Unterricht zur Bearbeitung des Arbeitsauftrags!

Sie haben gerade Ihre Ausbildung zum Industriekaufmann abgeschlossen und sind jetzt Sachbearbeiter in der Einkaufsabteilung der Ulmer Büromöbel AG.

Aufgrund der beschriebenen Situation ist die Ulmer Büromöbel AG mit dem Lieferanten des Betriebsstoffs nicht mehr zufrieden. Mithilfe der externen Informationsbeschaffung sollen neue (externe) Bezugsquellen ermittelt werden. Dabei kann bei der externen Informationsbeschaffung zwischen der Primär- und Sekundärforschung unterschieden werden.

Überlegen Sie sich jeweils Vor- und Nachteile der Primär- und Sekundärforschung und erstellen Sie eine Tabelle, in der Sie diese gegenüberstellen!

4.1 Begriff Bezugsquellenermittlung

Sollen neue Materialien bzw. neue Dienstleistungen beschafft werden, muss man sich auf jeden Fall über die möglichen Bezugsquellen informieren. Aber auch dann, wenn ein Unternehmen schon über längere Zeit hinweg bestimmte Lieferer hat, kann es sich lohnen, andere Lieferer ausfindig zu machen, deren Angebote einzuholen und diese Angebote mit denen der bisherigen Lieferer zu vergleichen.

Tut dies ein Unternehmen nicht, dann besteht das Risiko, dass es Entwicklungen konkurrierender Anbieter auf dem Beschaffungsmarkt verschläft. Ihm entgehen dann z. B.

- Verbesserungen der Produkte in Bezug auf Konstruktionseigenschaften oder Material,
- günstigere Preise,
- qualitativ bessere Produkte,
- attraktivere Vertragsbedingungen.

> **Bezugsquellenermittlung** ist die **systematische** Beschaffung von Informationen über die **Verhältnisse auf den Beschaffungsmärkten** des Unternehmens, die **anbietenden Lieferanten,** die **Beschaffungskonkurrenten**[1] und die **angebotenen Materialien bzw. Dienstleistungen.**

---

1   Hierbei handelt es sich um Mitbewerber, die bei den gleichen Lieferanten dieselben Sachgüter und Dienstleistungen nachfragen.

4.2 Beschaffungsstrategien unterscheiden

Innerhalb der Bezugsquellenermittlung benötigt das Unternehmen zunächst einen Überblick über mögliche **Beschaffungsstrategien.** Da die Industrieunternehmen zunehmend ihre Fertigungstiefe (Leistungstiefe) reduzieren und die **Globalisierung** der Märkte die Beschaffungsaufgaben für den Einkäufer vielschichtiger werden lassen, sollten langfristig orientierte Beschaffungsstrategien in jedem Unternehmen beachtet werden.

(1) Begriff und Elemente der Globalisierung

> **Globalisierung** im wirtschaftlichen Sinne bedeutet die zunehmende **erdweite Verflechtung von Volkswirtschaften.**

Bis 1990 sprach man in diesem Zusammenhang noch von der **Internationalisierung** der Märkte. Erst danach setzte sich der viel umfassendere Begriff „Globalisierung" durch.

Die Globalisierung ist keine „Erfindung der Neuzeit", sondern ein über viele Jahrhunderte andauernder Prozess. Allenfalls die Geschwindigkeit, in der dieser Prozess abläuft, hat sich stark verändert, sodass es nicht verwundert, wenn aktuell der Begriff der **„Turbo-Globalisierung"** verwandt wird.

Globalisierung umfasst jedoch weit mehr als die zunehmende Integration der Weltwirtschaft und sollte nicht auf wirtschaftliche Prozesse verkürzt werden. Insbesondere die Umweltprobleme (z. B. Treibhauseffekt, Ozonloch) erfordern eine weltweite Zusammenarbeit.

Die Globalisierung bietet eine Vielzahl von Risiken und Chancen, wobei die nachfolgende Tabelle einen Überblick über die wichtigsten Aspekte gibt.

Chancen	Risiken
■ Nutzung der Kostenvorteile anderer Volkswirtschaften.	■ Vergrößerung der Umweltprobleme durch eine verstärkte Wirtschaftstätigkeit und höheren Konsum.
■ Günstige Einkaufspreise durch weltweite Konkurrenz der Anbieter.	■ Gefahr einer ruinösen Konkurrenz zwischen den einzelnen Volkswirtschaften.
■ Risikostreuung durch weltweites Engagement der multinationalen Konzerne („Global Players").	■ Menschen können mit der Geschwindigkeit des Strukturwandels nicht mithalten.
■ Verbesserung des Lebensstandards in den Entwicklungsländern durch Know-how-Transfer.	■ Gefahr zunehmender Arbeitslosigkeit in Hochlohnländern.
■ Verringerung der Kriegsgefahr wegen der gestiegenen wirtschaftlichen Abhängigkeiten.	■ Sinkende Sozialstandards in den bisherigen Industrieländern durch den zunehmenden Kostendruck.
■ Steigende Toleranz gegenüber anderen Kulturen und Mentalitäten durch den intensiven Austausch von Waren und Dienstleistungen.	■ Fremde Kultureinflüsse können zu Identitätsängsten führen (Gefahr des Terrorismus).
	■ Weltweit operierende Konzerne untergraben die Macht der Nationalstaaten.

17 Speth u.a. - ISBN 978-3-8120-0594-4

(2) Global Sourcing[1] und Local Sourcing[2]

Bei der Frage, von welchem Ort die Materialien beschafft werden sollen, muss sich der Einkäufer bei der Auswahl der Lieferanten mit den Beschaffungsstrategien **Global Sourcing** und **Local Sourcing** auseinandersetzen. Hierbei sollte das Unternehmen Nachhaltigkeitsaspekte sowie Zertifizierungen und Labels[3] der Lieferanten berücksichtigen.

- **Global Sourcing** ist eine Beschaffungsstrategie, bei der das einkaufende Unternehmen auf alle potenziellen Lieferanten auf dem Weltmarkt zurückgreift.

- Beim **Local Sourcing** werden die Materialien in geografischer Nähe zum einkaufenden Unternehmen beschafft.

	Global Sourcing	Local Sourcing
Vorteile/ Chancen	■ Günstigere Einstandspreise realisierbar. ■ Beschaffung bei weltweiten Qualitätsführern möglich. ■ Verminderung von Abhängigkeiten. ■ Größere Ressourcenvielfalt. ■ Ausnutzung von Konjunktur-, Wachstums- und Inflationsunterschieden. ■ Zugang zu neuen Absatzmärkten möglich.	■ Geringere Frachtkosten. ■ Kurze Kommunikationswege aufgrund örtlicher Nähe zum Lieferanten. ■ Kurze Transportwege und damit geringerer Emissionsausstoß. ■ Imagegewinn durch Bevorzugung lokaler Anbieter und Sicherung von Arbeitsplätzen. ■ Ökologisch nachhaltiger und bessere Kontrolle der Einhaltung von Sozial- und Umweltstandards möglich.
Nachteile/ Risiken	■ Hoher Informationsbedarf sowie Koordinations- und Kommunikationsaufwand. ■ Hohe Transport- und Logistikkosten. ■ Höhere Emissionen durch längere Transportwege. ■ Eventuell geringere Sozial- und Umweltstandards der Lieferanten. ■ Längere Reaktionszeiten bei Fehlern oder Qualitätsproblemen. ■ Währungsrisiken. ■ Rechtsunsicherheiten durch unterschiedliche Rechtssysteme oder Rechtsauffassungen. ■ Längere Lieferzeiten.	■ Häufig höhere Preise, da geringere Wettbewerbssituation. ■ Begrenzt verfügbare Ressourcen und Kapazitäten.

---

1 **Global Sourcing** (engl.): weltweite, globale Beschaffung.

2 **Local Sourcing** (engl.): regionale, lokale Beschaffung.

3 Vgl. dazu ausführlich S. 232 ff.

(3) Überblick über weitere wichtige Beschaffungsstrategien

Beschaffungs-strategie	Kurzdefinition	Merkmale
Single bzw. Double Sourcing (Einzelquellen- bzw. Doppelquellen-beschaffung) *Single Sourcing:* Lieferant ──────────► Hersteller *Double Sourcing:* Lieferant 1 ──────┐ Lieferant 2 ──────┴──► Hersteller	Beim Single Sourcing oder Double Sourcing wird beim Einkauf einer Materialart auf einen bzw. zwei Lieferanten zurückgegriffen.	■ Auf Dauer angelegte Geschäftsbeziehungen mit einer engen Zusammenarbeit mit dem Lieferanten. ■ Für Just-in-time-Lieferungen geeignet. ■ Geringer Verhandlungs-, Kommunikations- und Logistikaufwand durch langfristige Geschäftsbeziehungen. ■ Kooperationsbereitschaft muss vorhanden sein. ■ Lieferant ist in die Produktentwicklung eingebunden. ■ Gefahr einer zu starken Abhängigkeit von einem oder zwei Lieferanten.
Multiple Sourcing (Mehrquellen-beschaffung) *Multiple Sourcing:* Lieferant 1 Lieferant 2 Lieferant 3 ──► Hersteller Lieferant 4	Beim Multiple Sourcing wird beim Einkauf von Materialien auf mehrere Lieferanten zurückgegriffen.	■ Durch einen hohen Wettbewerb zwischen den Lieferanten können günstigere Einkaufspreise ausgehandelt werden. ■ Keine Abhängigkeit von einem bestimmten Lieferanten. ■ Nur für einfachere Materialien oder Güter sinnvoll. ■ Hoher Informationsbedarf.
Modular Sourcing (Modulbeschaffung) *Modular Sourcing:* Lieferant 1 Lieferant 2 ──► System-lieferant ──► Hersteller Lieferant 3 Lieferant 4	Beim Modular Sourcing werden keine Einzelteile, sondern komplexe Beschaffungsobjekte (Baugruppen bzw. Module) vom Lieferanten beschafft.	■ Reduzierung der Lieferantenanzahl durch Bezug von Modulen bzw. Baugruppen. ■ Verlagerung von lohn- und montageintensiven Tätigkeiten auf den Lieferanten. ■ Enge Zusammenarbeit mit dem Lieferanten und dabei gegenseitiger Austausch von Know-how. ■ Starke Abhängigkeit zwischen dem einkaufenden Unternehmen und dem Lieferanten.

4.3 Eine Lieferantenbewertung durchführen

(1) Überblick

Aufbauend auf die Beschaffungsstrategie findet die Sammlung von Informationen über die Lieferanten und die Lieferantenauswahl statt. Besteht Bedarf an bestimmten Materialien, muss sich der Einkäufer darüber klar werden, bei welchem Lieferanten er anfragen möchte.

Diese **Vorauswahl** trifft er nicht nur danach, welche Lieferanten erfahrungsgemäß am **preisgünstigsten** sind. Vielmehr kommt es auch darauf an, welche **langfristigen Beschaffungsstrategien** das Unternehmen verfolgt, welche Lieferanten bisher die **kürzesten Lieferfristen** und die besten **Qualitäten** anboten sowie den **ökologischen** und **sozialen Kriterien** gerecht wurden.

Weitere wichtige Entscheidungskriterien sind z. B.

- **Zuverlässigkeit** im Rahmen der Vertragsabwicklung,
- **räumliche Nähe,**
- Umfang der **Gegengeschäfte,**[1]
- Umgang mit **Vertragsstörungen,**
- **Kulanz,**[2]
- Möglichkeiten zum **elektronischen Datenaustausch** usw.

Bei der Lieferantenbewertung können **Checklisten** und **Punktebewertungstabellen** Entscheidungshilfen geben. Sie sollen sicherstellen, dass die vertragsbedeutsamen Gesichtspunkte (Kriterien) aller Lieferanten einheitlich berücksichtigt werden.

(2) Checklisten[3] zur Lieferantenbewertung

Nachfolgend wird ein Beispiel für eine Checkliste zur Lieferantenbewertung vorgestellt.

Checkliste	
Alter und Image des Unternehmens	- Seit wann besteht das Unternehmen? - Welchen Ruf genießt das Unternehmen (z. B. Auskünfte der Auskunfteien, Eindrücke und Informationen unserer Außendienstmitarbeiter)? - Seit wann bestehen Geschäftsbeziehungen mit dem Unternehmen?
Konkurrenzverhältnisse und lokale/globale Auswahlkriterien	- Welche Lieferer haben wir? - Welche anderen zusätzlichen Lieferer kommen in Betracht? - Werden Chancen und Risiken einer lokalen und globalen Beschaffung – auch hinsichtlich von Nachhaltigkeitsaspekten – bewertet?

---

1 **Beispiel:** Ein Sägewerk liefert Holz an eine Möbelfabrik, zugleich bezieht das Sägewerk Büromöbel von dieser Möbelfabrik.

2 **Kulanz** bedeutet eine Leistung des Lieferanten, ohne dass hierzu eine rechtliche Verpflichtung besteht. Kulant: entgegenkommend, großzügig.

3 **To check** (engl.): prüfen, abhaken.

Checkliste	
Leistungsfähigkeit und -bereitschaft, Aktualität und Kreativität	■ Entsprechen die Produktqualitäten – auch hinsichtlich ihrer Umweltfreundlichkeit – unseren Anforderungen? ■ Sind ausreichende Lieferkapazitäten vorhanden? ■ Kann der Lieferer auf Abruf liefern? ■ Entspricht das Personal unseren Anforderungen (Beratung, Lösungsvorschläge bei bestimmten technischen Problemen)? ■ In welchem Umfang werden Kundendienstleistungen angeboten? ■ Werden vorhandene Produkte weiterentwickelt? ■ Werden neue Produkte entwickelt?
Pünktlichkeit und Zuverlässigkeit	■ Werden vereinbarte Lieferfristen eingehalten? ■ Werden die zugesagten Qualitäten geliefert? ■ Welche Qualitätsgarantien werden übernommen?
Preise und Zahlungsziele	■ Wie hoch sind die Bezugspreise im Vergleich zu den Bezugspreisen anderer Lieferer? ■ Wie lange sind die Zahlungsziele? ■ Können günstigere Konditionen durch Verhandlungen erreicht werden (z. B. Sonderrabatte, Mengenrabatte)? ■ Werden Sonderangebote unterbreitet?
Einhalten von ökologischen Kriterien und Sozialstandards (Nachhaltigkeitskriterien)	■ Dient das Produktangebot der Verbesserung der Situation von Beschäftigten und dem Schutz der Umwelt? ■ Werden die Arbeitsbedingungen der Lieferer und die Einhaltung von Nachhaltigkeitsstandards überprüft? ■ Werden bei der Auswahl der Lieferer ökologische und soziale Labels und Zertifizierungen berücksichtigt?
Sonstige Beurteilungskriterien	■ Wo befinden sich Gerichtsstand und Leistungsort? ■ Gibt es Haftungsausschlüsse?

(3) Punktebewertungstabellen zur Lieferantenbewertung

Die mithilfe der Checkliste geprüften Gesichtspunkte (Kriterien) können bewertet werden. Für die Summe aller Kriterien werden z. B. 100 Bewertungspunkte vergeben. Die Gesamtpunkte werden auf die einzelnen Kriterien verteilt. Wie die Punkte zu verteilen sind, hängt von der Bedeutung ab, die das Unternehmen den Bewertungskriterien beimisst.

Wird z. B. auf Leistungsfähigkeit, Leistungsbereitschaft, Kreativität und Aktualität der größte Wert gelegt, wird diesem Gesichtspunkt auch die höchste Punktzahl zugeteilt. Werden in zweiter Linie die Kriterien Einhaltung von ökologischen Kriterien und Sozialstandards für wichtig gehalten, erhalten diese die zweithöchste Punktzahl.

Beispiel: [1]

Die aufgrund der Checkliste von S. 260f. ermittelten Bewertungspunkte werden in einer Punktebewertungstabelle (Entscheidungsbe- wertungstabelle) festgehalten. Der Lieferer mit der höchsten Punktzahl wird ausgewählt. In diesem Beispiel ist das der Lieferer Nr. 4714.

Punktebewertungstabelle						
Kriterien	**Höchst- punktzahl**	**Lieferer-Nummern**				
		4713	**4714**	**4715**	**4716**	**4717**
1. Alter und Image des Unternehmens	5	2	3	1	1	1
2. Konkurrenzverhältnisse	15	10	8	13	6	6
3. Leistungsfähigkeit und -bereitschaft, Aktualität und Kreativität	25	15	20	25	20	21
4. Pünktlichkeit und Zuverlässigkeit	15	15	15	13	10	10
5. Preise und Zahlungsziele	15	15	10	15	10	12
6. Einhaltung von ökologischen Kriterien und Sozialstandards	20	10	20	8	10	15
7. Sonstige Beurteilungskriterien	5	3	4	2	3	5
Summen	100	70	80	77	60	68

4.4 Informationsquellen nutzen

(1) Externe Informationen

Ist man mit den bisherigen Lieferern nicht mehr zufrieden oder müssen bisher noch nicht bezogene Güter beschafft werden, weil das Fertigerzeugnisprogramm geändert wurde, müssen die Bezugsquellen außerhalb des Betriebs (extern) ermittelt werden.

Bei den **externen Informationsquellen** kann man zwischen **primären** und **sekundären Informationsquellen** unterscheiden.

---

1 Ein ausführliches Beispiel finden Sie in Kapitel 5 „Angebote vergleichen und bewerten", S. 270ff.

Informationsquellen	Beispiele
Primäre (direkte, unmittelbare) Informationsquellen Die zur Beschaffung erforderlichen Informationen werden direkt auf den Beschaffungsmärkten eingeholt.	■ Schriftliche oder telefonische Befragungen und/oder persönliche Gespräche bei Lieferern und Kunden, ■ Besuche von Messen, Ausstellungen und Warenbörsen (Produktenbörsen), ■ Berichte der Einkaufs- und Verkaufsreisenden, ■ Betriebsbesichtigungen bei Lieferern und Kunden, ■ Testanzeigen (für Kauf und Verkauf), ■ Vertreterbesuche, ■ elektronische Marktplätze.
Sekundäre (indirekte, mittelbare) Informationsquellen Hier werden keine speziellen Erhebungen durchgeführt, sondern zu anderen Zwecken erfolgte Aufzeichnungen zur Beschaffung ausgewertet.	■ Statistiken (z. B. Umsatz- und Preisstatistiken der Verbände, des Statistischen Bundesamts, der Deutschen Bundesbank und Europäischen Zentralbank, der Ministerien, Statistiken über die Kostenstruktur/Materialanteile), ■ Adressbücher, Branchenhandbücher, Einkaufsführer (z. B. „Wer liefert was?", „Einkaufs-1x1 der deutschen Industrie", „ABC der deutschen Wirtschaft" usw.), „Gelbe Seiten" der Deutschen Telekom Medien GmbH, ■ Fachbücher und Fachzeitschriften, Verkaufskataloge, -prospekte, Markt- und Börsenberichte, Geschäftsberichte, Hauszeitschriften, Messekataloge, Tages- und Wirtschaftszeitungen, ■ Einschaltung ausländischer Handelskammern und deutscher Handelsmissionen im Ausland, ■ Internetseiten (z. B. http://www.gelbeseiten.de; http://www.werliefertwas.de).

Dateien von externen Bezugsquelleninformationen können vom Betrieb selbst angelegt werden. Sie können aber auch in vielen Ausführungen und Größen gekauft werden. Werden diese Informationen, die ständig aktualisiert werden müssen, in eine Datenbank integriert, dann stehen deren unterstützende Funktionalitäten zur Datenfassung, Datenauswertung und -gruppierung zur Verfügung.

(2) Interne Informationen

Wurden die zu beschaffenden Güter bereits früher schon einmal eingekauft, sind die Bezugsquellen bekannt. Die erforderlichen Informationen können im Betrieb selbst (intern) beschafft werden, sofern die organisatorischen Voraussetzungen vorliegen, z. B. die entsprechenden Tabellen in einer Datenbank angelegt wurden.

Dateien (Tabellen), die bei der internen Informationsbeschaffung benutzt werden:

Dateien mit internen Bezugsquelleninformationen	
Materialdatei	Sie enthält für jede Materialposition (Roh-, Hilfs-, Betriebsstoff, Einzelteil, Baugruppe, Enderzeugnis) ■ das identifizierende[1] Element (Primärschlüssel), z. B. Teilenummer, ■ die klassifizierenden[2] Elemente (z. B. Teileart, Beschaffungsart, ABC-Klasse), ■ die beschreibenden Elemente (z. B. Bezeichnung, Preis, Bestand).

---

1 **Identifizieren**: genau wiedererkennen.
2 **Klassifizieren**: in Klassen einteilen, einordnen.

Dateien mit internen Bezugsquelleninformationen	
Liefererdatei	Sie enthält alle Attribute[1] (identifizierend, klassifizierend, beschreibend) über den Lieferer, z.B. Liefernummer, Name, Straße, PLZ, Ort, Bonität.
Konditionen-datei	In ihr werden die Lieferungs- und Zahlungsbedingungen (Konditionen) der Lieferer erfasst.
Bezugsquellen-datei	Sie ist die elektronische Version des „Wer liefert was?", stellt also die Verbindung her zwischen der Materialtabelle und der Liefertabelle.

Beispiel für eine Liefererdatei:

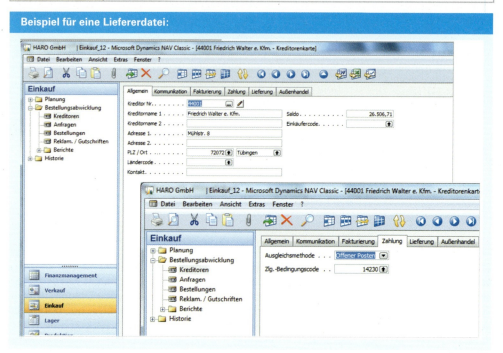

4.5 Informationswege (Kommunikationswege) recherchieren

Informationswege bezeichnen **die Medien,** die zur Bewältigung des Informationsflusses im Rahmen der Beschaffung gewählt werden. Ihre **Zugänglichkeit, Flexibiliät** und ihre **Leistungsfähigkeit** entscheiden darüber, wie wirksam die Planungs- und Steuerungsprozesse der Beschaffung (z.B. Bezugsquellenrecherche) ablaufen.

(1) Informationswege in Papierform

Zu diesen Informationswegen gehören z.B.:

- Rückgriff auf schriftliche Informationen wie z.B. Angebote, Anzeigen, Messeprospekte,
- Auswertung von Berichten,
- Gedächtnisprotokolle von Kontaktgesprächen.

---

1 **Attribut:** Eigenschaft, Merkmal.

(2) Informationswege in elektronischer Form

Hausinterne Datenbanken ermöglichen dem Sachbearbeiter einen raschen Zugriff auf Lieferer-, Artikel- und Bezugsquelleninformationen, die mithilfe von Abfragefiltern eingeengt werden können. Standardinformationen wie z.B. Preise, Rabattstaffelungen können der Standard-Benutzeroberfläche[1] der entsprechenden Anwendungssoftware entnommen werden.

Informationsbedürfnisse, die immer wiederkehren, können z.B. durch ein sogenanntes **Customizing**[2] verwirklicht werden. Dabei passt in der Regel das Softwarehaus – gegen teures Entgelt – das Anwendungsprogramm an die speziellen Bedürfnisse des Kunden an, z.B. durch Aufnahme weiterer Datenfelder oder Berechnungen.

Vorausgesetzt, der Sachbearbeiter hat ausreichende Kenntnis und die Berechtigung hierzu, können ganz individuelle Abfragen an die Datenbank gerichtet werden.

Beispiel:

Ein Einkäufer will alle Lieferer im Postleitzahlenbereich 596xx, die Reinigungsmittel im Sortiment führen, abrufen.

Die Abfrage könnte lauten:

SELECT * FROM LIEFERER WHERE PLZ LIKE "596*" AND SORTIMENT LIKE "Reinigung*";

In der Regel bieten die Datenbanken bei der Formulierung der Abfragen Unterstützung an, sodass dem Einkäufer das Erlernen der Abfragesprache erspart bleibt.

(3) Intranet

Das Intranet ist ein firmeneigenes Rechnernetz, das für Personen außerhalb des Unternehmens nicht zugänglich ist. **„Intra"** (lat: innerhalb) meint nicht die räumliche Beschränkung auf die Ausdehnung des Unternehmens, sondern die personenbezogene Beschränkung der **Zugangsberechtigten**. Räumlich ist der Zugang praktisch von jedem beliebigen Ort der Erde aus möglich, und zwar über Standleitungen oder über sogenannte Tunnelverbindungen durch das Internet. Bei der Anmeldung wird über eine „Log-in"-Maske mit Passwort-Kontrolle das Zugriffsrecht geprüft.

(4) Internet

Das Internet ist ein weltweites Rechnernetzwerk, das die Verbindung von jedem Rechner mit jedem anderen ermöglicht. Der meistgenutzte Dienst des Internets ist das World Wide Web. Durch besondere Portale (Eingangspforten) hat der Einkäufer die Möglichkeit, Bezugsquellen zu finden oder den günstigsten Preis zu ermitteln.

So treffen sich z.B. auf **elektronischen Marktplätzen** mehrere Anbieter und Nachfrager. Diese Marktplätze haben sich inzwischen zu einem wichtigen verkaufs- und beschaffungspolitischen Instrument besonders im B2B[3]-Bereich entwickelt.[4]

---

1 Siehe Benutzeroberfläche einer Liefererdatei, S. 264.

2 **Customizing** umfasst alle Maßnahmen zur Anpassung einer standardisierten Software an die konkreten Anforderungen des Anwenders.

3 **B2B:** Bezeichnung für die Beziehung zwischen zwei Unternehmen, business-to-business.

4 Neben den elektronischen Marktplätzen gibt es noch die Onlineshops. Onlineshops werden in der Regel von **einem** Anbieter betrieben.

Diese Situation lässt sich grafisch wie folgt darstellen:

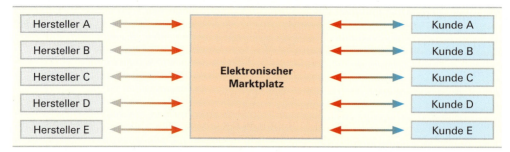

Der Teilprozess einer **Angebotsbearbeitung** kann z. B. in folgenden Schritten ablaufen:

| Hinterle-gung der Anfrage [1] | Öffnen der hinterlegten Anfrage [2] | Abgabe eines Angebots [3] | Fortschrei-bung des Angebots [4] | Angebots-vergleich/Entschei-dung [5] |

Erläuterungen:

[1] Der Kunde hinterlegt eine Anfrage um ein Angebot am „Schwarzen Brett" des Marktplatzes. Dieser Anfrage kann er weitere Informationen, wie z. B. Konstruktionszeichnungen, beifügen und sie um die Vorgabe bestimmter Qualitätsstandards ergänzen, die vom Hersteller einzuhalten sind.

[2] Alle Lieferanten können die Anfrage und die zugehörigen Dokumente öffnen und herunterladen.

[3] Der Lieferant sichtet die Anfrage und die Dokumente, kalkuliert das Angebot und stellt dieses wieder in den Marktplatz ein.

[4] Konkurrierende Lieferanten können die anonymisierten Angebote der Mitbewerber einsehen und gegebenenfalls ihr Angebot weiter verbessern.

[5] Der Kunde vergleicht die Angebote und wählt einen Lieferanten aus.

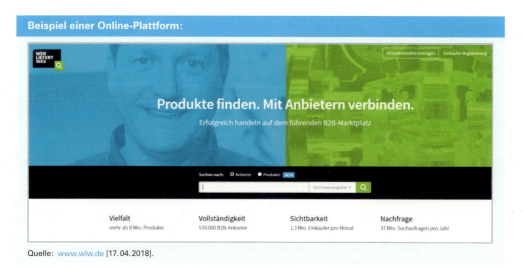

Quelle: www.wlw.de [17.04.2018].

Zusammenfassung

■ Sollen Materialien neu beschafft werden, muss man sich in jedem Fall über neue **Bezugsquellen** informieren.

■

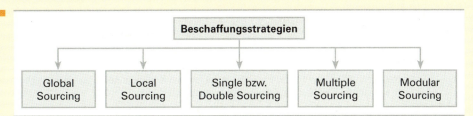

■ Die Vor- und Nachteile von **Global** und **Local Sourcing** sollten auch unter **Nachhaltigkeitsaspekten** bewertet werden.

■ Eine wichtige **Aufgabe der Beschaffung** ist, sich **Informationen** über die anbietenden **Lieferanten** zu beschaffen.

■ Zur Informationsbeschaffung können **externe** und **interne Informationsmittel** herangezogen werden.

■ Bei der Lieferantenbewertung können **Checklisten** und **Punktebewertungstabellen** Entscheidungshilfe geben.

■ **Informationswege** bezeichnen **die Medien,** die zur Bewältigung des Informationsflusses im Rahmen der Beschaffung gewählt werden.

Kompetenztraining

55 Lieferantensuche und -bewertung

1. Bei der Beschaffung von Informationen über Lieferanten spielt auch der Standort des Lieferanten eine Rolle.

   Aufgabe:

   1.1 Nennen Sie je zwei Vor- und Nachteile von Global Sourcing und Local Sourcing!

   1.2 Begründen Sie, ob Global Sourcing oder Local Sourcing unter Nachhaltigkeitsaspekten vorteilhafter ist!

2. Die Geschäftsleitung der Weber Metallbau GmbH überlegt sich, wie die Lieferantenbewertung effektiver organisiert werden kann. Im Gespräch sind die Einführung von Checklisten und Punktebewertungstabellen.

   Aufgabe:

   2.1 Begründen Sie, warum Checkliste und Punktebewertungstabelle ein wesentliches Hilfsmittel bei der Lieferantenbewertung sein können!

   2.2 Kritiker sagen, die Punktebewertungstabelle sei ein Instrument, subjektiv begründete Entscheidungen scheinbar objektiv zu untermauern. Nehmen Sie hierzu Stellung!

   2.3 Man unterscheidet zwischen internen und externen Bezugsquelleninformationen. Erklären Sie diese Begriffe und nennen Sie Beispiele!

3. 3.1 Erläutern Sie, wodurch sich ein elektronischer Marktplatz von traditionellen E-Commerce-Systemen unterscheidet!

   3.2 Nennen Sie Vorteile, die der elektronische Marktplatz für die Marktteilnehmer hat!

4. Die Ulmer Büromöbel AG benötigt für das Lager einen Gabelstapler mit folgenden Daten: 5 t Hublast, 4 m Hubhöhe, Elektroantrieb, 2 000 kg Tragkraft, 15 000,00 EUR bis 20 000,00 EUR Investitionssumme, Lieferzeit ca. 2 Monate.

Aufgaben:

4.1 Ermitteln Sie durch Internetrecherche (z. B. www.wlw.de) vier Hersteller, die Gabelstapler mit den geforderten Vorgaben anbieten!

4.2 Nennen Sie dem Einkauf jeweils die (Ihrem Schulort) nächstgelegene Niederlassung des Herstellers bzw. den nächstgelegenen Fachhändler mit den Kontaktdaten, damit Angebote eingeholt werden können!

4.3 Schlagen Sie dem Einkauf – unter Angabe der Kontaktdaten – noch zwei Unternehmen vor, die gebrauchte Gabelstapler anbieten!

56 Globalisierung

1. Aus dem Umweltbericht der adidas-Salomon AG:[1]

1.1 Transportkilometer für die Beschaffung von Rohstoffen für die Serienfertigung der Fußballschuhe und für die Ballproduktion sowie die Verlagerung der Schaftproduktion und des Ballnähens:

Rohstoffeinkauf Fußballschuhe:	179 633 km
Rohstoffeinkauf Fußbälle:	22 075 km
Schaftproduktion:	69 163 km
Ballnähen:	164 416 km

Aufgabe:

Zeigen Sie auf, welche Konsequenzen in diesem Fall die Globalisierung für den Standort Deutschland hat!

1.2

Die Baumwolle wird in Kasachstan oder Indien geerntet und anschließend in die Türkei versandt.

In der Türkei wird die Baumwolle zu Garn gesponnen.

In Taiwan wird die Baumwolle mit chemischer Indigofarbe aus Deutschland gefärbt.

Aus dem gefärbten Garn werden in Polen die Stoffe gewebt.

Innenfutter und die kleinen Schildchen mit den Wasch- und Bügelhinweisen kommen aus Frankreich, Knöpfe und Nieten aus Italien.

Alle „Zutaten,, werden auf die Philippinen geflogen und dort zusammengenäht.

In Griechenland erfolgt die Endverarbeitung mit Bimsstein.

Die Jeans werden in Deutschland verkauft, getragen und schließlich in der Altkleidersammlung einer karitativen Organisation gegeben.

Quelle: www.globalisierung-online.de.

Aufgaben:[2]

1.2.1 Berechnen Sie, wie viele km für die Herstellung einer Jeans wohl zurückgelegt werden!

1.2.2 Diskutieren Sie in der Klasse über den Sinn dieser globalen Arbeitsteilung!

---

1 Vgl. adidas-Salomon AG (Hrsg.): Umweltbericht 2001, S. 16.

2 Vgl. dazu auch Kompetenzbereich 1, Kapitel 3, S. 42 ff.

2. **Projektvorschlag:**

Zur Vertiefung des Themas Globalisierung, insbesondere zu den globalen Herausforderungen bzw. zur Entwicklung von Maßnahmen zur aktiven Gestaltung der realen Herausforderungen, könnte das nachfolgende Workshopangebot der Bundeszentrale für politische Bildung in Anspruch genommen werden.

Globalisierung lernen! Hier geht es zu unseren Workshopangeboten und Methodenbausteinen zum Thema „Ein neues Haus für die Globalisierung – Perspektiven für die Weltinnenpolitik von morgen".

 URL: http://www.bpb.de/veranstaltungen/netzwerke/teamglobal/67086/wir-kommen-zu-euch

Pfad: Veranstaltungen | Netzwerke | teamGLOBAL | Über uns | Wir kommen zu Euch!

Quelle: Bundeszentrale für politische Bildung.

5 Angebote vergleichen und bewerten

KB 3   **Lernsituation 5: Angebote vergleichen**

Ihre Recherche als Sachbearbeiter des Einkaufs in der Ulmer Büromöbel AG nach neuen Lieferanten für das Schmiermittel Molybdändisulfid (MoS_2) ergab, dass zwei Lieferanten denselben Artikel zum gleich günstigen Preis anbieten.

KOMPETENZORIENTIERTER ARBEITSAUFTRAG:

Arbeiten Sie das folgende Kapitel des Schulbuches durch und verwenden Sie die Aufzeichnungen aus dem Unterricht zur Bearbeitung des Arbeitsauftrags!

Ihr Abteilungsleiter verlangt von Ihnen eine schriftliche Übersicht weiterer Entscheidungskriterien für die endgültige Auswahl des zukünftigen Lieferanten.

Erstellen Sie eine Gegenüberstellung mit Pro- und Kontra-Argumenten zum Einfaktoren- und Mehrfaktorenvergleich beim Bezug des Schmiermittels!

5.1 Quantitative und qualitative Kriterien

Hat die Beschaffungsmarktforschung mögliche Lieferanten ermittelt, schließt sich der **Angebotsvergleich** an. Für den Angebotsvergleich kann ein einziges Kriterium (z.B. der Preis) oder aber eine Kombination von Kriterien herangezogen werden. Es sind zu unterscheiden:

- **quantitative,** d.h. **messbare Kriterien** (z.B. Preis, Zahlungsbedingungen, Lieferungsbedingungen) und/oder
- **qualitative,** d.h. **nicht messbare Kriterien** (z.B. Qualität, Liefertreue, ökologische und soziale Nachhaltigkeitsstandards, Labels und Zertifizierungen, Image, technisches Know-how, Unterstützung bei Problemlösungen).

Als Instrumentarium zur Analyse der Kriterien kann der **Einfaktorenvergleich**[1] oder der **Mehrfaktorenvergleich (Scoring-Modell)** dienen.

5.2 Einfaktorenvergleich mit Bezugskalkulation

Legt man für einen Angebotsvergleich nur einen einzigen Auswahlgesichtspunkt (ein Kriterium) zugrunde, dann kommt man sehr schnell zu einer Lieferantenauswahl. Solche Einfaktorenvergleiche sind z.B. möglich in Bezug auf den Preis, die Lieferungs- und Zahlungsbedingungen oder die Produktqualität.

---

1 **Faktor:** Gesichtspunkt.

5.2.1 Einfaktorenvergleich bei Beschaffungen innerhalb des Gemeinschaftsgebiets

(1) Begriffe Inland, Gemeinschaftsgebiet, Drittlandsgebiet

Seit der Verwirklichung des gemeinsamen Marktes gibt es neben den Begriffen Inland und **Ausland** noch den Begriff **„Gemeinschaftsgebiet",** welches das Gebiet der 28 Staaten der Europäischen Union umfasst.[1] Staaten, die weder zum deutschen Inland noch zum übrigen Gemeinschaftsgebiet gehören, werden als **Drittlandsstaaten** bezeichnet.

(2) Beispiel einer Bezugskalkulation bei der Beschaffung von Waren aus dem Gemeinschaftsgebiet

Innerhalb des **Gemeinschaftsgebiets,** welches das Gebiet der 28 Staaten der Europäischen Union umfasst, besteht **Zollfreiheit.** Die Begriffe Einfuhr und Ausfuhr gibt es hier nicht mehr. Sie wurden ersetzt durch die Begriffe **„innergemeinschaftlicher Erwerb"** und **„innergemeinschaftliche Lieferungen".**

Beispiel für einen Einfaktorenvergleich (Preisvergleich von Angeboten):

Ein Betrieb erhält vier Angebote über den Bezug von 50 Schlössern. Die angebotenen Waren sind qualitätsmäßig vollkommen gleich. Die Lieferzeit beträgt in allen Fällen 14 Tage. Die Angebote lauten:

Angebot 1: Listeneinkaufspreis 569,00 EUR, Rabatt 6 %, Skonto 2,5 %, Bezugskosten 36,40 EUR.
Angebot 2: Listeneinkaufspreis 518,00 EUR, Rabatt 8 %, Skonto 2,0 %, Bezugskosten 71,50 EUR.
Angebot 3: Listeneinkaufspreis 550,00 EUR, Rabatt 9 %, Skonto 3,0 %, Bezugskosten 59,80 EUR.
Angebot 4: Listeneinkaufspreis 598,00 EUR, Rabatt 7 %, Skonto 0,0 %, Bezugskosten 44,20 EUR.

Aufgabe:
Berechnen Sie, welches Angebot den niedrigsten Bezugspreis bietet!

Lösung:

	Angebot 1		Angebot 2		Angebot 3		Angebot 4	
	%	EUR	%	EUR	%	EUR	%	EUR
Listeneinkaufspreis		569,00		518,00		550,00		598,00
− Rabatt	6	34,14	8	41,44	9	49,50	7	41,86
Zieleinkaufspreis		534,86		476,56		500,50		556,14
− Skonto	2,5	13,37	2	9,53	3	15,02	0	0,00
Bareinkaufspreis		521,49		467,03		485,48		556,14
+ Bezugskosten		36,40		71,50		59,80		44,20
Bezugspreis		557,89		538,53		545,28		600,34

Ergebnis: Den niedrigsten Bezugspreis für 50 Schlösser bietet das Angebot 2 mit 538,53 EUR.

---

1 Hierzu zählen: Belgien, Bulgarien, Dänemark, Deutschland, Estland, Finnland, Frankreich, Griechenland, Irland, Italien, Kroatien, Lettland, Litauen, Luxemburg, Malta, Niederlande, Österreich, Polen, Portugal, Rumänien, Slowakei, Slowenien, Spanien, Schweden, Tschechien, Ungarn, Vereinigtes Königreich, Zypern.

5.2.2 Einfaktorenvergleich bei Beschaffungen aus Drittlandsstaaten[1]

(1) Grundsätzliches

Aus Sicht der Bundesrepublik Deutschland kann es Einfuhr und Ausfuhr nur mit **Drittländern** geben. Als Drittländer bezeichnet man Staaten, die weder zum deutschen Inland noch zum übrigen Gemeinschaftsgebiet gehören.

Bei der Einfuhr von Waren aus Drittländern werden folgende **Einfuhrabgaben** erhoben:

- **Einfuhrzölle,**
- **Einfuhrumsatzsteuer,**
- **Abschöpfungsabgabe für landwirtschaftliche Produkte,**[2]
- **Verbrauchsteuern** (z. B. Tabak-, Mineralöl- oder Biersteuer).[2]

(2) Zoll

Meistens ist die Einfuhr aus Drittlandsgebieten zollfrei, da für einen Großteil von Waren Abkommen über eine wechselseitige Zollfreiheit bestehen.

Sofern eine Ware bei der Einfuhr verzollt werden muss, ist die Bezugsgrundlage für die **Verzollung,** der sogenannte **Zollwert,** zu ermitteln. Dieser ergibt sich wie folgt:

```
   Warenwert
−  möglicher Rabattabzug
−  möglicher Skontoabzug
+  Verpackungskosten
+  Transportkosten (Auslandsanteil bis Grenze EU)
=  Zollwert
```

(3) Einfuhrumsatzsteuer (EUSt)

Die Einfuhr von Gegenständen aus dem Drittlandsgebiet führt zu einem steuerbaren Umsatz. Falls keine Steuerbefreiung vorliegt, ist die Einfuhr steuerpflichtig, sodass Einfuhrumsatzsteuer anfällt. Diese wird von den Zollbehörden erhoben. Sie ist eine besondere Erhebungsform der Umsatzsteuer. Steuerschuldner ist derjenige, der die Ware einführt. Da es sich um die Umsatzsteuer für eine Eingangsrechnung handelt, kann der **Unternehmer** sie bei der Umsatzsteuererklärung als **Vorsteuer abziehen.**

Die **Berechnungsgrundlage** für die Einfuhrumsatzsteuer:

```
   Zollwert
+  Zoll
+  Verbrauchsteuern
+  Beförderungskosten (Inlandsanteil bis zum 1. Bestimmungsort)
=  Bemessungsgrundlage für die EUSt
```

---

1 Die für dieses Kapitel notwendigen Grundlagen des Währungsrechnens werden im Anhang dargelegt.

2 Der Bildungsplan sieht die Behandlung dieser Einfuhrabgaben nicht vor.

Beispiel für die Berechnung des Zolls und der Einfuhrumsatzsteuer:

Wir importieren aus Japan genietete Rohre, fob Tokio. Rechnungspreis 1 605 000,00 JPY zuzüglich Verpackungskosten und Frachtkosten bis Grenze von insgesamt 150 000,00 JPY. Der Zollsatz beträgt 9 %. Die Inlandsfrachtkosten bis zum ersten Bestimmungsort betragen 250,00 EUR zuzüglich 19 % USt. Für die Einfuhrumsatzsteuer gilt der Normalsteuersatz.

Am Tag der Lieferung liegt folgende Notierung vor: Währung: JPY 127,60.[1]

Aufgaben:

1. Berechnen Sie den zu zahlenden Zoll!
2. Berechnen Sie die Einfuhrumsatzsteuer (EUSt)!

Lösungen:

Zu 1.: Berechnung des Zollwerts

Rechnungspreis: 1 605 000,00 : 127,60 =	12 578,37 EUR
+ Verpackung und Auslandsfracht	
150 000,00 : 127,60 =	1 175,55 EUR
= Zollwert	13 753,92 EUR

Berechnung des Zollbetrags: 9 % von 13 753,92 = 1 237,85

Ergebnis: Der Zoll beträgt 1 237,85 EUR

Zu 2.: Berechnung der Einfuhrumsatzsteuer

Zollwert	13 753,92 EUR
+ Zoll	1 237,85 EUR
+ Inlandsfracht[2]	250,00 EUR
= Bemessungsgrundlage für die EUSt	15 241,77 EUR

19 % von 15 241,77 = 2 895,94

Ergebnis: Die Einfuhrumsatzsteuer beträgt 2 895,94 EUR

---

(4) Beispiel einer Bezugskalkulation bei der Beschaffung von Waren aus einem Drittstaat

Beispiel:

Wir importieren aus Hongkong Spielzeug (Stofftiere) zum Rechnungspreis von 155 531,35 HKD. Die Auslandsfracht einschließlich Verpackungskosten beträgt 8 795,57 HKD und die Inlandsfracht bis Stuttgart 520,00 EUR zuzüglich 19 % USt. Der Exporteur gewährt bei Zahlung innerhalb 10 Tagen 2 % Skonto. Der

Zollsatz für Stofftiere aus Hongkong beträgt 4,7 % und die Einfuhrumsatzsteuer 19 %. Devisenkurs zum Zeitpunkt der Anschaffung HKD 8,7263.

Aufgabe:

Berechnen Sie den Bareinkaufspreis in EUR!

---

1 Der Devisenkurs wird von der Zollbehörde jeweils für einen bestimmten Zeitraum festgelegt. Zu diesem Devisenkurs werden dann alle Importe aus diesem Drittland abgerechnet.

2 Bei der Berechnung der Einfuhrumsatzsteuer wird die Inlandsfracht mit einbezogen. Da die Vorsteuer der Inlandsfracht bereits berücksichtigt ist (19 % von 250,00 EUR = 47,50 EUR), muss dieser Vorsteuerbetrag beim Geltendmachen der Einfuhrumsatzsteuer abgezogen werden. Ansonsten hätte der Importeur für die Inlandsfracht zweimal Vorsteuer bezogen. Die tatsächliche Einfuhrumsatzsteuer beläuft sich somit auf 2 895,94 EUR – 47,50 EUR = 2 849,44 EUR.

273

18 Speth u. a. - ISBN 978-3-8120-0594-4

Lösung:

Warenwert		155 531,35 HKD
− 2 % Skonto		3 110,63 HKD
Bareinkaufspreis in HKD		152 420,72 HKD
Warenwert in Euro $\dfrac{152420,72}{8,7263} =$		17 466,82 EUR
+ Auslandsfracht $\dfrac{8795,57}{8,7263} =$		1 007,94 EUR
+ Inlandsfracht		520,00 EUR
+ Zoll 4,7 % vom Zollwert	18 474,76 EUR	868,31 EUR
+ Einfuhrumsatzsteuer		
Zollwert	18 474,76 EUR	
Zoll	868,31 EUR	
Inlandsfracht	520,00 EUR	
= Bemessungsgrundlage	19 863,07 EUR · 19 % =	3 773,98 EUR
= Bareinkaufspreis		23 637,05 EUR

5.3 Mehrfaktorenvergleich (Scoring-Modell)[1]

Der Mehrfaktorenvergleich wird vorgenommen, wenn mehrere Faktoren (Einflussgrößen) über die Beschaffung entscheiden. Dies ist z. B. dann der Fall, wenn

- an die Produktqualität besondere Anforderungen gestellt werden,
- die eigenen Geschäftsabläufe in besonderem Maße von der Zuverlässigkeit des Lieferanten abhängen,
- die Marktstellung und das Image des Zulieferers in der Wahrnehmung unserer Kunden eine besondere Rolle spielen,
- unsere Kunden bereit sind, dafür auch mehr Geld auszugeben,
- das beschaffende Unternehmen sich selbst in besonderem Maße ökologischen und/oder sozialen Zielen verpflichtet fühlt,
- Labels und Zertifizierungen bei der Auswahl der Lieferanten eine Rolle spielen und
- lokale und globale Kriterien, wie z. B. die Länge der Transportwege, berücksichtigt werden.

Ist für einen Angebotsvergleich nicht nur ein Kriterium entscheidend, dann entsteht sehr schnell eine komplexe[2] Situation, da die Kriterien unter Umständen einander zuwider laufen, wie z. B. Qualität und Preis. Ein günstiger Preis ist zumeist mit geringerer Qualität verbunden und umgekehrt.

Ein Instrument, um einen Angebotsvergleich unter Berücksichtigung mehrerer Kriterien durchzuführen, ist das **Scoring-Modell.** Dabei werden den Auswahlkriterien zunächst Gewichtungen zugeordnet (Spalte 2), die für alle Lieferanten gleichermaßen gelten. Danach werden die Lieferanten einzeln dahingehend analysiert, inwieweit sie die Auswahlkriterien erfüllen. Hierfür werden Punkte vergeben, z. B. 5: hohe Zielerfüllung, 0: keine Zielerfüllung (z. B. Spalte 3). Durch Multiplikation der Gewichtungen mit den einzelnen Punkten erhält man je Auswahlkriterium die gewichteten Punkte (z. B. Spalte 4). Ausgewählt wird jener Lieferant, dessen Summe der gewichteten Punkte maximal ist.

---

1 **Scoring-Modell:** Modell zur Bewertung von Handlungsalternativen. Kann hier übersetzt werden mit Punktebewertungsmodell. Den Mehrfaktorenvergleich bezeichnet man auch als **Nutzwertanalyse.**

2 **Komplex:** vielfältig verflochten.

Die Verwendung des Scoring-Modells hat den Vorteil, dass neben rein **quantifizierbaren Größen** (z. B. Preise) auch die Einbeziehung von **qualitativen Kriterien** (z. B. Qualität, Liefertreue usw.) möglich ist.

Beispiel:

Zur Auswahl stehen die drei Lieferanten Abel, Bebel und Cebel. Als Entscheidungsfaktoren spielen die Qualität, der Preis, die Liefertreue und Lieferzeit, der technische Kundendienst, die Unterstützung bei Problemlösungen sowie ökologische und soziale Kriterien eine Rolle. Die Gewichtungen für die Entscheidungsfaktoren sind der Spalte 2 zu entnehmen. Eine Beurteilung der Lieferanten ergab jeweils die in den Spalten 3, 5 und 7 dargestellten Punkte.

Entscheidungsbewertungstabelle:

Auswahl-Kriterien	Gewich-tung	Abel		Bebel		Cebel	
		Punkte Abel	Gewichtete Punkte Abel	Punkte Bebel	Gewichtete Punkte Bebel	Punkte Cebel	Gewichtete Punkte Cebel
(1)	(2)	(3)	(4) = (2) · (3)	(5)	(6) = (2) · (5)	(7)	(8) = (2) · (7)
Qualität	0,25	5	1,25	4	1,00	3	0,75
Preis	0,15	4	0,60	5	0,75	5	0,75
Liefertreue und Lieferzeit	0,10	3	0,30	4	0,40	5	0,50
Technischer Kundendienst	0,20	5	1,00	3	0,60	4	0,80
Unterstützung bei Problemlösungen	0,10	2	0,20	2	0,20	3	0,30
Ökologische und soziale Kriterien	0,20	4	0,80	2	0,40	3	0,60
Summe der Punkte	**1,00**		**4,15**		**3,35**		**3,70**

Erläuterung (am Beispiel Abel):

Die zeilenweise Multiplikation der Gewichtungen mit den Punkten Abels für die einzelnen Kriterien ergibt jeweils die gewichteten Punkte. Deren Summe beträgt bei Abel 4,15. Bebel und Cebel erhielten je 3,35 bzw. 3,7 Punkte. Somit fällt die Entscheidung zugunsten von Abel.

Zusammenfassung

- Für den **Angebotsvergleich** kann **ein einziges Kriterium (quantitativer Angebotsvergleich)** oder eine **Summe von Kriterien (qualitativer Angebotsvergleich)** herangezogen werden.

- Ein **Einfaktorenvergleich** berücksichtigt nur ein einzelnes Auswahlkriterium, in der Regel den Einstandspreis. Er wird durch die **Bezugskalkulation** ermittelt.

- Ein **Mehrfaktorenvergleich** erlaubt es, neben quantitativen auch qualitative Faktoren zu berücksichtigen. Eines dieser Verfahren ist das sogenannte **Scoring-Modell**. Das Scoring-Modell dient der Entscheidungsfindung zwischen mehreren Alternativen bei mehreren gegebenen Zielen mithilfe einer Entscheidungsbewertungstabelle.

- Welche Gründe für die Einkaufsentscheidung maßgebend sind (z. B. der besonders niedrige Angebotspreis, die Lieferzeit oder Qualität der Werkstoffe, Handelswaren oder Betriebsmittel) hängt vor allem von der **Dringlichkeit des Bedarfs** und der **Art der einzukaufenden Güter** (z. B. komplizierte Investitionsgüter oder problemlose, von vielen Verkäufern angebotene Verbrauchsgüter) ab.

Kompetenztraining

57 Rechnerischer Angebotsvergleich (Einfaktorenvergleich)

1. Beschreiben Sie die Zielsetzung des Scoring-Modells an einem selbst gewählten Beispiel!

2. Vor der Kaufentscheidung ist es sinnvoll, einen Angebotsvergleich durchzuführen.

   2.1 Erklären Sie, welche betriebswirtschaftliche Aufgabe der Angebotsvergleich erfüllt!

   2.2 Nennen Sie wichtige Punkte der einzelnen Angebote, die ein Einkäufer zu vergleichen hat!

   2.3 Nennen Sie drei Gründe, die vorliegen könnten, dass ein Unternehmen ein Angebot bei sonst gleichen Listeneinkaufspreisen mit 15 % Rabatt und 2 % Skonto einem Angebot mit 25 % Rabatt und 3 % Skonto vorzieht!

3. Unter qualitativ gleichwertigen Werkstoffen gleich zuverlässiger Verkäufer soll ein rechnerischer Angebotsvergleich vorgenommen werden. Folgende Angebote liegen vor:

Lieferer Nr. 3102:	3 500,00 EUR frei Lager, 3 % Skonto;
Lieferer Nr. 3103:	3 360,00 EUR frachtfrei (ab Bahnhof des Käufers);
Lieferer Nr. 3108:	3 700,00 EUR ab Bahnhof des Verkäufers, $12^1/_2$ % Rabatt und 2 % Skonto.

   Die Bahnfracht beträgt 200,00 EUR, die Kosten für die Anlieferung zum Bahnhof bzw. Zulieferung ab Bahnhof belaufen sich auf je 30,00 EUR.

   Aufgabe:

   Berechnen Sie das günstigste Angebot!

58 Bezugskalkulation bei der Beschaffung von Waren aus einem Drittstaat[1]

1. Wir importieren aus den USA Schuhe zum Rechnungspreis von 38 918,00 USD. Die Auslandsfracht einschließlich Verpackungskosten beträgt 3 113,45 USD und die Inlandsfracht bis Biberach 1 060,00 EUR zuzüglich 19 % USt. Zahlungsbedingungen des Exporteurs 10 % Rabatt und 2 % Skonto. Der Zollsatz für Schuhe aus den USA beträgt 17 % und die Einfuhrumsatzsteuer 19 %. Devisenkurs zum Zeitpunkt der Anschaffung USD: 1,145.

   Aufgabe:

   Berechnen Sie den Bareinkaufspreis in EUR!

2. Ein Importeur aus Dortmund bezieht aus Japan Notebooks zum Preis von 1 875 000 JPY. Für Frachtkosten bis Hamburg berechnet der Exporteur 117 187,50 JPY. Der Kurs für JPY beträgt zum Zeitpunkt der Anschaffung: JPY 123,95. Für den Transport von Hamburg nach Dortmund stellt der Spediteur 332,34 EUR zuzüglich 19 % Umsatzsteuer in Rechnung. Der Zoll beträgt 8 % des Zollwertes, die Einfuhrumsatzsteuer 19 % von der vorgeschriebenen Bemessungsgrundlage.

   Aufgabe:

   Berechnen Sie den Bareinkaufspreis in EUR!

3. Die Maschinenfabrik Mogema GmbH bezieht vom Mineralölwerk Hajek AG in St. Gallen (Schweiz) Schmierstoffe im Wert von 1 921,05 CHF. Für Transport und Verpackung werden 169,93 CHF in Rechnung gestellt. Die Inlandsfracht beträgt 101,20 EUR zuzüglich 19 % USt. Der Exporteur gewährt 3 % Skonto. Der Zoll beträgt 9 % des Zollwertes, die Einfuhrumsatzsteuer 19 % von der vorgeschriebenen Bemessungsgrundlage. Devisenkurs: CHF 1,094.

   Aufgabe:

   Berechnen Sie den Bareinkaufspreis in EUR!

---

1 Grundlagen zum Währungsrechnen werden im Anhang dargelegt.

59 Qualitativer Angebotsvergleich (Mehrfaktorenvergleich) mit Entscheidungsbewertungstabelle

Die CLEAN-TEC OHG aus Ulm ist Anbieter von haushalts-nahen Dienstleistungen. Zu einem der Geschäftsfelder zählt die Gebäudereinigung. Insbesondere auf Reinigungsarbei-ten in Dienstgebäuden, Schulen, Arztpraxen usw. hat sich die CLEAN-TEC OHG spezialisiert.

CLEAN-TEC OHG
Alfred-Nobel-Str.17
89079 Ulm

Sie sind Mitarbeiter im Einkauf der CLEAN-TEC OHG und verantwortlich für die Beschaffung der Reinigungs- und Desinfektionsmittel. Die Kunden der CLEAN-TEC OHG legen zunehmend großen Wert auf den Einsatz von Reinigungsmitteln, die soziale und ökologische Nachhaltig-keitsstandards erfüllen. Aus diesem Grund hat sich das Unternehmen entschlossen, unter dem Slogan „Green Cleaning" auf eine nachhaltige Gebäudereinigung zu setzen. Bei der Auswahl der Lieferer spielen deshalb neben einem guten Preis-Leistungs-Verhältnis auch soziale und ökologische Kriterien eine entscheidende Rolle.

Für den Bezug von 300 Liter Bodenreinigungsmittel sind bei der CLEAN-TEC OHG drei Ange-bote eingegangen. Um die optimale Bezugsquelle zu ermitteln, wurde zusätzlich eine interne Bewertung vorgenommen. Die folgenden Informationen liegen dem Einkauf vor:

Angebot 1	
Name:	Betriebshygiene GmbH Hauffstr. 13, 88400 Biberach an der Riß
Ansprechpartner:	Herr Thomsen, 07351 73498
Artikelnummer:	229111, Bodenreinigungsmittel, Gebinde mit 4 Flaschen je 3 l
Listeneinkaufspreis:	39,00 EUR
Lieferungsbedingungen:	ab Werk, innerhalb 5 Tagen
Frachtkosten:	30,00 EUR je Sendung
Zahlungsbedingungen:	5 % Rabatt, 3 % Skonto innerhalb 10 Tagen, 30 Tage Ziel
Interne Bewertung:	
Qualität:	Die Qualität des Bodenreinigers wird als gut angesehen.
Soziale und ökologische Kriterien:	Die Betriebshygiene GmbH ist seit Jahren an ihrem Produk-tionsstandort Biberach nach ISO 14001 zertifiziert. Das Boden-reinigungsmittel wird nach umweltfreundlichen Rezepturen auf höchstem europäischem Umweltstandard hergestellt und ist mit dem EU Eco Label zertifiziert. Durch modernste Technik in der Produktion ist der Emissionsausstoß sehr gering. Die Stan-dards bei Arbeitssicherheit und Gesundheitsschutz sind nach-weislich sehr hoch. Die Betriebshygiene GmbH unterstützt seit Jahren soziale Projekte in der Region.
Verpackung:	Die Betriebshygiene GmbH verwendet umweltgerechte PET-Flaschen und setzt auf Recycling statt auf klimaschädliche Ent-sorgung.
Beratung/Reklamationen:	Die Beratung ist sehr gut. Aufgrund der örtlichen Nähe zum Lie-feranten ist die Kommunikation ausgezeichnet. Reklamationen werden unverzüglich bearbeitet.
Lieferzeit und Termineinhaltung:	Sehr kurze Lieferzeit aufgrund der örtlichen Nähe. Die Lieferter-mine werden genau eingehalten.

Angebot 2	
Name:	Chemische Betriebe Schneider KG Voltastr. 88, 90513 Zirndorf
Ansprechpartner:	Frau da Silva, 0911 6438876
Artikelnummer:	498578, Bodenreinigungsmittel, Gebinde mit 4 Folienverpackungen je 3 l
Listeneinkaufspreis:	32,00 EUR
Lieferungsbedingungen:	ab Werk, innerhalb 10 Tagen
Frachtkosten:	40,00 EUR je Sendung
Zahlungsbedingungen:	10 % Rabatt, 2 % Skonto innerhalb 14 Tagen 30 Tage Ziel
Interne Bewertung:	
Qualität:	Die Qualität des Bodenreinigers wird als gut angesehen.
Soziale und ökologische Kriterien:	Die Chemische Betriebe Schneider KG verwenden für ihre Produkte das branchenspezifische Zertifikat Cleanright, das auf Initiative der europäischen Reinigungsmittelindustrie vergeben wird. Im Unterschied zum echten Umweltzeichen, das umweltfreundliche Produkte kennzeichnet, steht dieses Zeichen für das Engagement des Herstellers im Bereich einer nachhaltigen Produktion. Es sagt aber nichts über die Umweltfreundlichkeit des Produktes selbst aus. Die Arbeitsbedingungen vor Ort werden als befriedigend eingestuft.
Verpackung:	Bei den Verpackungen ist die Chemische Betriebe Schneider KG vorbildlich. Der Bodenreiniger ist in Material sparenden Nachfüllverpackungen erhältlich. Die Folienverpackungen bringen eine Rohstoffersparnis, sind leichter zu transportieren und besser zu entsorgen.
Beratung/Reklamationen:	Die Beratung ist gut. Der zuständige Ansprechpartner ist sehr kompetent, aber schwer telefonisch zu erreichen.
Lieferzeit und Termineinhaltung:	Die Lieferzeit ist mit 10 Tagen in Ordnung. Die Liefertermine werden zu 90 % eingehalten.

Angebot 3	
Name:	Quamagama S.L. C/Calasparra, Naves 112 30500 Molina de Segura, Spanien
Ansprechpartner:	Herr Sanchez, +34–968–646462
Artikelnummer:	564, Bodenreinigungsmittel, 1 Karton mit 6 Flaschen mit je 2 l
Listeneinkaufspreis:	19,00 EUR
Lieferungsbedingungen:	ab Werk, innerhalb 15 Tagen
Frachtkosten:	200,00 EUR je Sendung
Zahlungsbedingungen:	10 % Rabatt bei Abnahme von 20 Kartons, 3 % Skonto innerhalb 10 Tagen oder 60 Tage ohne Abzug

Angebot 3	
Interne Bewertung:	
Qualität:	Die Qualität des Bodenreinigers wird als sehr gut angesehen. Das Unternehmen ist spanischer Marktführer bei Bodenreinigern und verwendet eine patentierte Reinigungsformel.
Soziale und ökologische Kriterien:	Die Quamagama S.L. verzichtet aus Kostengründen auf Zertifizierungen und Labels. Die Inhaltsstoffe des Bodenreinigers basieren auf nicht nachwachsenden Rohstoffen. Ökologische Nachhaltigkeitsstandards werden nicht eingehalten. Recherchen ergaben, dass der Emissionsausstoß und der Wasserverbrauch als sehr hoch eingestuft werden. Das Unternehmen nutzt Energie aus Kohlekraftwerken. Aufgrund der großen Entfernung fallen darüber hinaus beim Transport hohe Emissionen an. Der Arbeitsschutz genügt nicht den zu erwartenden Standards.
Verpackung:	Die Verpackungen sind robust, jedoch nicht recyclingfähig.
Beratung/Reklamationen:	Die Beratung ist ausreichend. Der zuständige Ansprechpartner ist kompetent, telefonisch jedoch so gut wie nie zu erreichen. Auf den schriftlichen Informationsverkehr ist wenig Verlass.
Lieferzeit und Termineinhaltung:	Die Lieferzeit ist mit 15 Tagen mit befriedigend zu bewerten. Die Liefertermine werden häufiger nicht eingehalten.

Aufgaben:

1. Ermitteln Sie die verschiedenen Einstandspreise der Anbieter für die benötigte Menge nach folgendem Schema!

    Listenpreis
 − Rabatt
 _____
 = Zieleinkaufpreis
 − Skonto
 _____
 = Bareinkaufspreis
 + Fracht
 _____
 = Einstandspreis

2. Führen Sie anhand der Entscheidungsbewertungstabelle einen Angebotsvergleich durch!

Entscheidungsbewertungstabelle: Angebotsvergleich

Kriterien	Gewichtung d. Kriterien	Betriebshygiene GmbH		Chemische Betriebe Schneider KG		Quamagama S.L.	
		Punkte	gewicht. Pkt.	Punktel	gewicht. Pkt.	Punkte	gewicht. Pkt.
1. Preis	30						
2. Qualität	20						
3. Soz. u. ökol. Kriterien	20						
4. Verpackung	10						
5. Beratung/Reklamation	10						
6. Lieferzeit u. -einhaltung	10						
Summe der Punkte	**100**						

Hinweis zur Spalte Punkte: 5 ≙ sehr gut, 4 ≙ gut, 3 ≙ befriedigend, 2 ≙ ausreichend, 1 ≙ schlecht

3. Treffen Sie eine begründete Entscheidung, welcher Verkäufer aufgrund der Summe aller relativierten Punkte den Auftrag erhalten wird!

6 Die Beschaffung planen

> Die **Beschaffungsplanung** legt die für einen bestimmten Termin und eine bestimmte Periode zur Fertigung benötigten Materialien nach **Zeitraum** und **Menge** fest.

- Die **Zeitplanung** setzt den Zeitpunkt fest, zu welchem die zu beschaffenden Materialien zur Verfügung stehen müssen (Kapitel 6.1).

- Bei der **Mengenplanung** wird bestimmt, welche Mengen von jedem Material beschafft werden (Kapitel 6.2).

6.1 Bestellpunkt- und Bestellrhythmusverfahren anwenden und dadurch den Zeitpunkt der Bestellung bestimmen (Zeitplanung)

KB 3 **Lernsituation 6: Sich für ein Bestellverfahren entscheiden**

Emmy Reisacher, die Inhaberin des Kosmetikinstituts „Beauty Moments", hat einen zuverlässigen Lieferer für zertifizierte Bio-Kosmetik gefunden, der Mengenrabatte gewährt.

Werden die Bio-Kosmetik-Produkte kühl und trocken gelagert, sind sie laut Hersteller ungeöffnet sechs Monate haltbar.

Emmy Reisachers Lagerraum ist relativ klein und reicht gerade aus, um Kosmetikprodukte für einen Monat unterzubringen.

KOMPETENZORIENTIERTE ARBEITSAUFTRÄGE:

1. Erklären Sie Emmy Reisacher den Zusammenhang zwischen Bestellmenge und Lagerkosten, indem Sie die Auswirkung der zwei folgenden Varianten beschreiben:

   Variante 1: Emmy Reisacher bestellt zu Jahresbeginn die voraussichtliche Jahresmenge.

   Variante 2: Emmy Reisacher bestellt alle zwei Tage den voraussichtlichen Bedarf für zwei Tage.

2. Arbeiten Sie die folgenden Kapitel des Schulbuches durch und verwenden Sie die Aufzeichnungen aus dem Unterricht zur Bearbeitung der Arbeitsaufträge!

   2.1 Beraten Sie Emmy Reisacher bei ihrer Überlegung, im Industriepark einen zusätzlichen Lagerraum bei Stefan Osann e. Kfm. zu mieten. Fertigen Sie ein Diskussionspapier mit Gründen für und gegen die Anmietung eines zusätzlichen Lagerraums an.

2.2 Emmy Reisachers Kosmetikinstitut hat inzwischen wegen der qualitativ hochwertigen Produkte, die sie benutzt, einen sehr guten Ruf und ihr Kundenstamm hat sich entsprechend vergrößert.

Aus diesem Grund ist es ihr zeitlich nicht mehr möglich, jeden Abend ihr Lager zu kontrollieren und bei Bedarf die fehlenden Produkte nachzubestellen.

Halten Sie schriftlich fest, welches Bestellverfahren für Emmy Reisacher geeignet ist, wenn sie Kunden mit sehr unterschiedlichen Produktvorlieben hat und folglich der Tagesverbrauch eines Produkts nur sehr ungenau bestimmt werden kann!

(1) Grundlegendes

Die Bestellzeitpunkte für die Werkstoffe müssen unter Berücksichtigung der Wiederbeschaffungszeit so bestimmt werden, dass einerseits die **Kundenwunschtermine nicht gefährdet sind,** andererseits aber auch keine **unnötigen Lagerzeiten** in Kauf genommen werden müssen.

- Beim **Bestellpunktverfahren** wird mit jeder Entnahme geprüft, ob damit der **Meldebestand unterschritten** wurde. Ist dies der Fall, wird eine Nachbestellung ausgelöst.

- Beim **Bestellrhythmusverfahren** erfolgt die Nachbestellung in **bestimmten Zeitabständen.**

(2) Bestellpunktverfahren

Aus Vereinfachungsgründen gehen wir im Folgenden davon aus, dass bei Erreichen des festgelegten Meldebestands jeweils die **Fehlmenge bis zum Höchstbestand** aufgefüllt wird. Außerdem wird unterstellt, dass ein **regelmäßiger Tagesverbrauch** vorliegt. Der Meldebestand muss so hoch angesetzt werden, dass bei normalen Werkstoffverbrauch innerhalb der Wiederbeschaffungszeit der Mindestbestand (Sicherheitsbestand) nicht angegriffen wird.

Beispiel:

- Tagesbedarf: 4 Elektromotoren;
- Mindestbestand: 8 Stück;
- Höchstbestand: 40 Stück;
- Wiederbeschaffungszeit: 2 Tage;
- feste Bestellmenge: 32 Stück;
- in der Wiederbeschaffungszeit werden (4 Stück · 2 Tage) 8 Stück verbraucht.

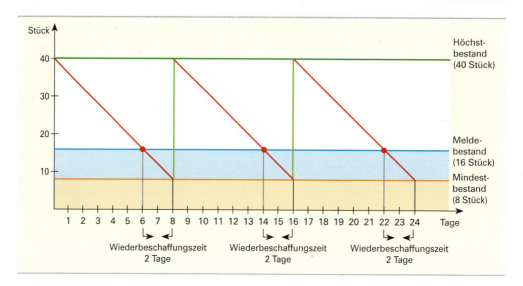

Erläuterungen:

■ **Mindestbestand (Sicherheitsbestand):**	Er dient zur Abdeckung von Bestands-, Bedarfs- und Bestellunsicherheiten. Er steht nur für unvorhergesehene Ereignisse zur Verfügung und darf daher nicht zur laufenden Disposition[1] verwendet werden. Im Beispiel beträgt der festgelegte Mindestbestand 8 Stück.
■ **Meldebestand:**	Erreicht der Lagerbestand diese Bestandshöhe, dann ist eine neue Bestellung auszulösen. Im Beispiel beträgt der Meldebestand 16 Stück (8 Stück Mindestbestand + 4 Stück · 2 Tage Beschaffungsdauer).
■ **Höchstbestand:**	Er gibt an, welcher Bestand maximal eingelagert wird. Der Höchstbestand wird immer nach Eintreffen der bestellten Materialien erreicht. Im Beispiel beträgt der festgelegte Höchstbestand 40 Stück.
■ **Wiederbeschaffungszeit:**	Summe der Zeitbedarfe für eigene Überlegungszeit (z. B. Liefererauswahl), Durchführung der Bestellung, Transportzeit, Lieferzeit, Zeit für Materialeingangskontrolle und Einlagerung.
● **Bestellzeitpunkt:**	Zeitpunkt, zu welchem bestellt werden muss, um die Versorgung während der Lieferzeit sicherzustellen. Im Beispiel muss nach 6 Tagen bestellt werden, da zu diesem Zeitpunkt der Meldebestand von 16 Stück erreicht wird.
■ **Auffüllmenge:**	Es handelt sich um die Menge, die bestellt werden muss, um das Lager bis zum Höchstbestand aufzufüllen. Die konstante Auffüllmenge beträgt 32 Stück (40 Stück – 8 Stück).

(3) Bestellrhythmusverfahren

Aus Vereinfachungsgründen gehen wir davon aus, dass aufgrund eines **Rahmenvertrags** zwischen Hersteller und Zulieferer die vereinbarten Lieferungen in einem **gleichen Zeitabstand** (Rhythmus) und mit einer **konstanten Liefermenge** erfolgen.

> **Beispiel:**
>
> Eine Möbelfabrik vereinbart mit ihrem Zulieferer, dass in Abständen von jeweils 30 Tagen 200 m² Weisseichenfurnier geliefert werden.

---

1 **Disposition:** freie Verwendung.

In der Praxis entfällt bei einem solchen Rahmenvertrag eine ständige Bestellwiederholung.

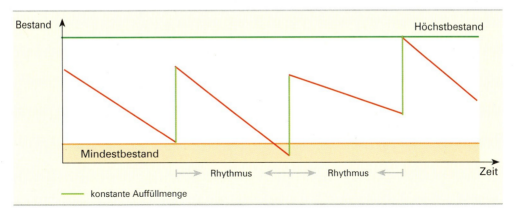

Stellt man die beiden Verfahren einander gegenüber, dann lassen sie sich durch folgende Merkmale kennzeichnen:

Bestellpunktverfahren	Bestellrhythmusverfahren
■ Es handelt sich um eine sehr sichere Strategie. Dadurch, dass mit jeder Entnahme geprüft wird, ob der Meldebestand erreicht ist, ist auch die Gefahr der Unterdeckung sehr gering. ■ Es ist geeignet für Güter, bei denen ein hoher Servicegrad verlangt wird. ■ Wird bis auf die Lagerobergrenze aufgefüllt, dann führt dies tendenziell zu hohen Beständen. ■ Der Kontrollaufwand ist relativ hoch. ■ Durch ständige Bestandskontrolle ist das Verfahren auch geeignet für Güter mit unregelmäßigem Bedarf.	■ Es wird nur in festen Zeitintervallen (Bestellrhythmus) nachbestellt. ■ Muss mit unregelmäßigem Bedarf gerechnet werden, dann besteht hier die große Gefahr der Unterdeckung. ■ Das Verfahren ist nur sinnvoll, wenn die Lagerabgangsraten relativ konstant sind. ■ Der Verwaltungsaufwand ist gering.

Für welches Bestellsystem sich das Unternehmen letztlich entscheidet, hängt maßgeblich von den Nachfrageverhältnissen und Einkaufsbedingungen der verkauften Waren ab. Entscheidend ist, dass das Unternehmen im Vorhinein prüft, ob die Lagerabgangsraten relativ konstant (Bestellrhythmusverfahren) oder schwankend (Bestellpunktverfahren) sind. So besteht z. B. die Gefahr, dass bei unregelmäßigem Bedarf und der Wahl des Bestellrhythmusverfahrens die **Liefersicherheit** nicht gewährleistet werden kann.

Unter **ökologischen Kriterien** sollte das Unternehmen die Variante wählen, welche insgesamt weniger Bestellprozesse und damit verbundene Lieferungen auslöst. Durch weniger Transportaufkommen kann der Emissionsausstoß und die Verpackungsmüllmenge reduziert werden.

(4) Sustainable Supply Chain Management[1]

Um die ökologischen Konsequenzen der beschriebenen Bestellverfahren zu optimieren, bietet sich für das Unternehmen die Einführung des Sustainable Supply Chain Management Systems an.

> Beim nachhaltigkeitsorientierten **Supply Chain Management** bilden mehrere Unternehmen für die Herstellung eines bestimmten Produkts eine **Beschaffungseinheit** mit dem **Ziel** einer **nachhaltigen Entwicklung.**

Dazu stimmen sie den gesamten Beschaffungsprozess untereinander ab und teilen die einzelnen Beschaffungsschritte auf die beteiligten Unternehmen auf. Auf diese Weise

- vereinfachen die Unternehmen den Güterfluss,
- senken sie die Lagerbestände,
- mindern sie die Beschaffungskosten für das Produkt und
- verkürzen sie zudem die Lieferzeiten.

Sustainable Supply Chain Management stellt eine „**Lieferkette**" bzw. eine „**Wertschöpfungskette**" dar, bei der sich die beteiligten Unternehmen jeweils auf ihr „Hauptkönnen" (Kernkompetenz) beschränken. Entscheidend dabei ist, dass neben **ökonomischen** Aspekten gleichermaßen **ökologische** und **soziale** Aspekte entlang der gesamten Lieferkette bzw. Wertschöpfungskette berücksichtigt werden.

> **Sustainable Supply Chain Management** hat das Ziel,
> - basierend auf einer **nachhaltigen Orientierung,**
> - mit einer **geringeren Anzahl** von Lieferanten
> - **langfristig strategisch zusammenzuarbeiten,** um dadurch eine
> - **schnelle und reibungslose Auftragsabwicklung** bis zur Bezahlung zu erreichen
> - und langfristig eine **nachhaltige Entwicklung** zu gewährleisten.

Die nachfolgende Grafik veranschaulicht diese Denkweise:

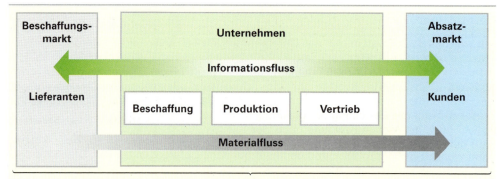

Berücksichtigung von ökonomischen, ökologischen und sozialen Aspekten (Nachhaltigkeitsmanagement) über die gesamte Lieferkette bzw. Wertschöpfungskette

---

1 **Sustainable Supply Chain:** Nachhaltige Versorgungskette.

6.2 Optimale Bestellmenge ermitteln (Mengenplanung)

KB 3 | **Lernsituation 7: Optimale Bestellmenge ermitteln**

Die Sport-Burr KG bezieht für ihre Nordic-Walking-Stöcke die passenden Handschuhe von den Textilwerken Maiberger AG. Die Sport-Burr KG benötigt jährlich 2 500 Paar Handschuhe.

KOMPETENZORIENTIERTE ARBEITSAUFTRÄGE:

1. Überlegen Sie, ob die Sport-Burr KG die Handschuhe in einem Beschaffungsvorgang bestellen oder mehrere kleinere Bestellungen vornehmen soll! Stellen Sie tabellarisch dar, welche Vorteile und Nachteile für die jeweilige Vorgehensweise sprechen!

2. Arbeiten Sie die folgenden Kapitel des Schulbuches durch und verwenden Sie die Aufzeichnungen aus dem Unterricht zur Bearbeitung des Arbeitsauftrags!

   Die Lagerhaltungskosten pro Paar betragen 0,50 EUR, die fixen Bestellkosten 50,00 EUR je Bestellung, unabhängig davon, welche Menge bestellt wird.

   Berechnen Sie die Bestellmenge, bei der die Beschaffungskosten (fixe Bestellkosten und Lagerhaltungskosten) am niedrigsten sind (optimale Bestellmenge)!

Um **Beschaffungsprozesse zu prüfen** sowie **Bereitstellungsprozesse zu gestalten** und deren **Wirtschaftlichkeit zu beurteilen,** sind folgende Schritte erforderlich:

Das Hauptproblem der Mengenplanung im Beschaffungsbereich liegt in der Festlegung der **kostengünstigsten (optimalen) Bestellmenge.** Um sie zu ermitteln, muss zwischen den **Lagerhaltungskosten** und den **fixen Bestellkosten** ein Ausgleich gefunden werden.

(1) Fixe Bestellkosten

Sie fallen bei jeder Bestellung an, gleichgültig wie groß die Menge bzw. wie hoch der Wert der bestellten Werkstoffe ist.

Beispiele:

Kosten der Bearbeitung der Bedarfsmeldung, der Angebotseinholung, der Wareneingangsprüfung und der Rechnungsprüfung.

(2) Lagerhaltungskosten

Zu den Lagerhaltungskosten zählen z. B. die Personalkosten für die im Lager beschäftigten Personen, die im Wert der gelagerten Güter gebundenen Zinsen und die Kosten des Lagerrisikos.

Beispiel für die Ermittlung der optimalen Bestellmenge:

Die fixen Bestellkosten je Bestellung betragen 50,00 EUR. Der Einstandspreis je Stück beläuft sich auf 30,00 EUR und der Lagerhaltungskostensatz[1] auf 25 %. Der Jahresbedarf beträgt 3 600 Stück.

Außer Betracht bleibt, dass mit zunehmender Bestellgröße Mengenrabatte in Anspruch genommen werden können. Außerdem wird nicht berücksichtigt, dass bei größeren Bestellungen häufig Verpackungs- und Transportkosten eingespart werden können.

Aufgaben:

1. Ermitteln Sie rechnerisch die optimale Bestellmenge, indem Sie die Gesamtkosten für eine Bestellmenge von 50 bis 500 Stück jeweils in 50er-Schritten berechnen!

2. Stellen Sie die optimale Bestellmenge grafisch dar!

Lösungen:

Zu 1.: Berechnung der optimalen Bestellmenge

Bestellmenge in Stück	Anzahl der Bestellungen	Bestellkosten in EUR	Durchschn. Lagerbestand in Stück	Durchschn. Lagerbestand in EUR	Lagerhaltungskosten in EUR	Gesamtkosten in EUR
50	72	3 600,00	25	750,00	187,50	3 787,50
100	36	1 800,00	50	1 500,00	375,00	2 175,00
150	24	1 200,00	75	2 250,00	562,50	1 762,50
200	18	900,00	100	3 000,00	750,00	1 650,00
250	14,4	720,00	125	3 750,00	937,50	1 657,50
300	12	600,00	150	4 500,00	1 125,00	1 725,00
350	10,29	514,29	175	5 250,00	1 312,50	1 826,79
400	9	450,00	200	6 000,00	1 500,00	1 950,00
450	8	400,00	225	6 750,00	1 687,50	2 087,50
500	7,2	360,00	250	7 500,00	1 875,00	2 235,00

Erläuterung:

Werden z. B. 50 Stück bestellt, muss der Bestellvorgang 72-mal wiederholt werden, um den Jahresbedarf von 3 600 Stück zu beschaffen. Die fixen Bestellkosten betragen dann 3 600,00 EUR und die Lagerhaltungskosten 187,50 EUR. Mit zunehmender Bestellmenge verringert sich die Anzahl der Bestellungen und damit sinken auch die fixen Bestellkosten, während im Gegenzug die Lagerhaltungskosten steigen. Da der Betrieb **beide Kostenarten** berücksichtigen muss, ist das Optimum erreicht, wenn die **Summe beider Kosten das Minimum** erreicht hat. Dieses Minimum liegt bei den vorgegebenen Mengenintervallen bei 200 Stück und 18 Bestellungen. Eine exakte Berechnung (mithilfe der Andler-Formel)[2] ermittelt eine optimale Bestellmenge von 219 Stück bei Gesamtkosten von 1 643,17 EUR.

---

1 Der **Lagerhaltungskostensatz** gibt an, wie groß die Lagerkosten gemessen am durchschnittlichen Lagerbestand sind, ausgedrückt in Prozent.

2 Siehe S. 290.

Zu 2.: Grafische Darstellung der optimalen Bestellmenge

Trägt man an der x-Achse die jeweilige Bestellmenge und an der y-Achse die Kosten ab, erhält man folgendes Bild:

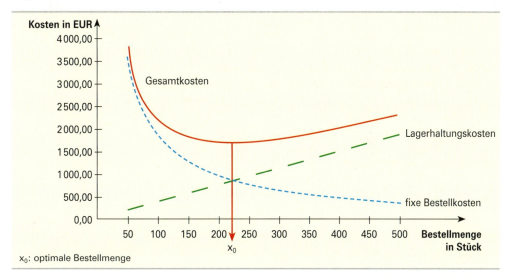

x_0: optimale Bestellmenge

- Die **optimale Bestellmenge** ist die Beschaffungsmenge, bei der die **Gesamtkosten** (Summe aus fixen Bestellkosten und Lagerhaltungskosten) **am niedrigsten** sind.

- Bei dieser Menge gleichen sich die **sinkenden fixen Bestellkosten** und die **steigenden Lagerhaltungskosten** aus.

Werden bei steigender Bestellgröße Lieferantenrabatte gewährt und/oder Transport- und Verpackungskosten gespart, vergrößert sich die optimale Bestellmenge. An der grundsätzlichen Aussage des Modells ändert sich nichts.

Die Anwendung dieser Modellrechnung in der Praxis ist ungleich komplizierter, weil zahlreiche Bedingungen berücksichtigt werden müssen, die hier vernachlässigt wurden (z. B. unterschiedliche Zahlungs- und Lieferungsbedingungen bei verschiedenen Lieferanten). Außerdem ist die Ermittlung der optimalen Bestellmenge teuer, zumal sich verändernde Daten (z. B. Veränderungen der durchschnittlichen täglichen Materialentnahme) zu Neuberechnungen führen müssen.

Die Ermittlung der optimalen Bestellmenge wird sich daher nur bei solchen Gütern lohnen, die einen **hohen wertmäßigen Jahresverbrauch** haben **(A-Güter).**[1] Voraussetzung zur Berechnung und Verwirklichung der optimalen Bestellmenge ist außerdem, dass der Lieferant die „optimale" Menge auch tatsächlich liefern kann, was nicht immer der Fall sein muss. Außerdem müssen die Lagergröße und die finanziellen Mittel ausreichen, die optimale Bestellmenge zu beschaffen.

---

1 Siehe Kapitel 2, S. 243 ff.

287

Zusammenfassung

■ Der **Bestellzeitpunkt** ist so festzulegen, dass Fertigung und/oder Absatz reibungslos durchgeführt werden können.

■ Beim **Bestellpunktverfahren** wird bestellt, wenn der **Meldebestand erreicht** ist.

■ Beim **Bestellrhythmusverfahren** erfolgt die Bestellung in **bestimmten Zeitabständen.**

■ Sustainable Supply Chain Management ermöglicht die Steuerung der Material- und Informationsflüsse in einer Lieferkette mit dem Ziel **nachhaltiger Entwicklung.**

■ Das **Hauptproblem der Bestellmengenplanung** ist die Festlegung der optimalen Bestellmenge, denn es besteht ein Spannungsverhältnis zwischen den hohen Lagerkosten bei großen Lagervorräten einerseits und hohen fixen Bestellkosten bei niedrigen Lagervorräten andererseits.

■ Die **optimale Bestellmenge** ist die Beschaffungsmenge, bei der die Gesamtkosten (Summe aus fixen Bestellkosten und Lagerhaltungskosten) am niedrigsten sind.

Kompetenztraining

60 Bestellpunkt- und Bestellrhythmusverfahren

Eine Artikeldatei liefert folgende Zahlen:

Die fixen Bestellkosten je Bestelleinheit belaufen sich auf 80,00 EUR. Die Geschäftsleitung möchte den Bestellzyklus auf 30 Tage erhöhen.

Aufgaben:

1. Prüfen Sie, ob diese Erhöhung zu einer Kostenersparnis führt!

2. Als typische Bestellstrategien kommen das Bestellpunkt- und das Bestellrhythmusverfahren infrage. Entscheiden Sie, welches der beiden Verfahren zu bevorzugen ist

   2.1 bei unregelmäßigem Bedarf,

   2.2 wenn hohe Lieferbereitschaft sichergestellt werden soll,

   2.3 bei gleichmäßigem Bedarf,

   2.4 bei sehr teuren Produkten, von denen möglichst wenig auf Lager sein sollte!

61 Bestellrhythmus- und Bestellpunktverfahren

1. Beschreiben Sie anhand der nachfolgenden Grafik, welche Problematik mit dem Bestellrhythmusverfahren einhergehen kann!

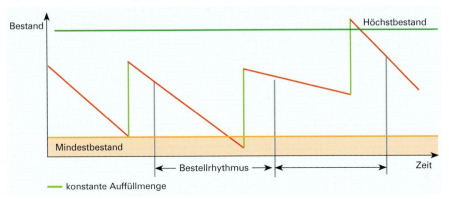

2. Die Ulmer Büromöbel AG verbraucht täglich 100 Stahlrahmen für die Herstellung von Schreibtischen.

   Die Wiederbeschaffungszeit der Stahlrahmen beträgt 5 Tage, der Mindestbestand 600 Stück. Der Höchstbestand, der auf Lager genommen werden kann, beträgt 2000 Stück.

   Aufgaben:

   2.1 Berechnen Sie den Meldebestand!

   2.2 Fertigen Sie eine Grafik über einen Zeitraum von 30 Tagen an!

3. Der Bedarf für das Fremdteil B 312 beträgt 30 Stück je Kalendertag, die Wiederbeschaffungszeit 8 Tage und der Mindestbestand 80 Stück. Die konstante Bestellmenge beträgt 480 Stück. Am Abend des 4. März beträgt der Lagerbestand 440 Stück.

   Aufgaben:

   3.1 Planen Sie die Bestellzeitpunkte (Daten angeben) für den Monat März!

   3.2 Zeichnen Sie die Bestandsentwicklung in ein Diagramm ein (vgl. S. 282)!

4. Wiederholen Sie die Unternehmensziele der Sportartikelfabrik Sport-Burr KG auf S. 57. Arbeiten Sie heraus, welche Beschaffungsziele Sie aufgrund der Unternehmensziele für besonders wichtig erachten! Halten Sie die erarbeiteten Beschaffungsziele schriftlich fest!

   Tragen Sie Ihre Ergebnisse in der Klasse vor und diskutieren Sie im Klassenverband!

62 Optimale Bestellmenge

Das Hauptproblem der Mengenplanung ist die Ermittlung der optimalen Bestellmenge.

Aufgaben:

1. Erläutern Sie, was unter der optimalen Bestellmenge zu verstehen ist!

2. Berechnen Sie mithilfe einer Tabelle (siehe S. 286) die optimale Bestellmenge aufgrund des Zahlenbeispiels von S. 286, wenn

   2.1 die fixen Bestellkosten sich auf 100,00 EUR verdoppeln und die übrigen Bedingungen gleich bleiben!

   2.2 der Lagerhaltungskostensatz auf 45 % steigt und die übrigen Bedingungen gleich bleiben!

289

19 Speth u.a. - ISBN 978-3-8120-0594-4

3. Zeichnen Sie die entsprechenden Kostenkurven zu den Aufgaben 2.1 und 2.2!

4. Mithilfe der Andler-Formel lässt sich der exakte Wert für die optimale Bestellmenge bestimmen. Die Andler-Formel lautet:

$$Q_{opt} = \sqrt{\frac{200 \cdot F \cdot M}{P \cdot L}}$$

Q_{opt}: Optimale Bestellmenge
F: Fixe Bestellkosten
M: Jahresbedarf
P: Einstandspreis je Stück
L: Lagerhaltungskostensatz in Prozent

Überprüfen Sie die Richtigkeit Ihrer Ergebnisse von 2.1 und 2.2!

5. Fassen Sie Ihre Erkenntnisse aus den Aufgaben 2. und 3. in Form von Regeln zusammen!

6. Nennen Sie je drei Beispiele für fixe Bestellkosten und Lagerhaltungskosten!

7. Geben Sie Argumente an, welche die exakte Ermittlung der optimalen Bestellmenge in der Praxis erschweren!

63 Bestellpunktverfahren und optimale Bestellmenge

1. Die SHG GmbH in Freiburg produziert und vertreibt verschiedene hochwertige Fahrradmodelle. Im vergangenen Jahr wurde das Produktprogramm um Fahrräder mit Elektroantrieb der Marke „Boss" erweitert.

   Bei der Abteilungsleiterin in der Beschaffung, Frau Detzel, gehen immer wieder Beschwerden aus der Produktion ein: Einzelne Bauteile für das E-Bike „Boss" sind im Lager nicht ausreichend vorhanden. Durch die fehlenden Bauteile kann die Produktion der Fahrräder nicht wie geplant erfolgen.

   Aufgaben:

   1.1 Nennen Sie drei mögliche Ursachen für diese Engpässe bei den Bauteilen!

   1.2 Die Bestellungen für die Bauteile Elektromotoren werden nach dem Bestellpunktverfahren ermittelt. In der Produktion werden täglich 240 Stück verbraucht, es soll ein Sicherheitsbestand von 5 Tagen gehalten werden. Die Wiederbeschaffungszeit beträgt 4 Tage.

   Berechnen Sie den Meldebestand für die Elektromotoren!

   1.3 Nennen Sie zwei konkrete Vorschläge, wie in Zukunft diese Engpässe in der Produktion vermieden werden können!

2. Die Herbert Fels GmbH in Reutlingen vertreibt über ein bundesweites Filialnetz Drogerieartikel. In Reutlingen steht auch das Zentrallager, in dem die bestellten Produkte gelagert werden, bevor die Auslieferung an die Filialen erfolgt. Sie sind Mitarbeiter der Herbert Fels GmbH.

   Bei der Anlieferung des Waschmittels „Turboclean" stellt der Mitarbeiter im Wareneingang fest, dass eigentlich noch ausreichend Waschmittel auf dem dafür vorgesehenen festen Lagerplatz vorhanden gewesen wäre. Aufgrund dieses Fehlers beschließt der Einkauf, in Zusammenarbeit mit dem Vertrieb die Materialbeschaffung zu überprüfen und den Meldebestand und die Bestellmenge neu festzulegen. Der Einkauf geht dabei von folgenden weiteren Angaben aus:

Jahresbedarf:	60 000 Einheiten
Lagerhaltungskosten:	0,03 EUR pro Einheit
fixe Bestellkosten:	200,00 EUR pro Bestellung
Sicherheitsbestand:	500 Einheiten
Wiederbeschaffungszeit bei der Unilever GmbH:	7 Tage
Arbeitstage im Jahr:	200 Tage

Aufgaben:

2.1 Ermitteln Sie die optimale Bestellmenge anhand der nachfolgenden Tabellenvorlage!

Bestell- menge	Bestell- häufigkeit pro Jahr	Durchschnitt- licher Lager- bestand	Lager- kosten	Fixe Bestell- kosten	Summe aus Lager- und Bestellkosten
10000					
20000					
30000					
40000					
50000					
60000					

2.2 Erläutern Sie die Entwicklung der fixen Bestellkosten und Lagerkosten in Abhängig-keit von der Bestellmenge und beschreiben Sie den Zielkonflikt, der sich aus dieser Entwicklung ergibt!

2.3 Künftig soll bei Erreichung des Meldebestands eine Bestellung ausgelöst werden. Ermitteln Sie den Meldebestand!

2.4 Ermitteln Sie im Rahmen dieses Verfahrens den Höchstbestand!

7 Lagerarten und -ordnungssysteme abgrenzen und die Wirtschaftlichkeit der Lagerhaltung beurteilen

KB 3 **Lernsituation 8: Lagerhaltung optimieren**

Die Ulmer Büromöbel AG hat ihre Absatzbemühungen bisher auf die Bundesländer Baden-Württemberg und Bayern konzentriert. Im Rahmen einer Abteilungsleiter-sitzung diskutieren Herr Sutter (Leiter der Produktion),  Frau Sigg (Leiterin des Verkaufs) und Herr Agsten (Leiter der Finanzabteilung) darüber, ob die unzureichende Auslastung der Produktion nicht dadurch verbessert werden könnte, dass das Absatzgebiet ausgedehnt wird.

Herr Sutter: *„Gerade vor drei Jahren haben wir in eine Montagelinie investiert, die jetzt nur zu 60 % ausgelastet ist. Die hohen Fixkosten auf der einen Seite und die asiatischen Billiganbieter auf der anderen Seite – da bleibt nicht mehr viel an Gewinn übrig. Wir brauchen dringend die Kostendegression,[1] die mit größeren Produktionszahlen verbunden ist. Aber dafür ist der bisherige Markt zu klein. Ich denke, wir sollten, nein, wir müssen uns etwas einfallen lassen."*

---

1 **Degression:** hier Verminderung der Stückkosten mit steigender Auflage (Stückzahl).

Frau Sigg: *„Daran habe ich auch schon gedacht – aus ganz anderen Gründen. Ich erhalte immer wieder Anfragen von Möbelhäusern, Büroausstattern oder Innenarchitekten aus dem norddeutschen Raum. Sogar Anfragen aus Dänemark und dem skandinavischen Raum sind dabei. Aber: Die Auslieferung soll in der Regel möglichst schnell gehen, weil die ja ihrerseits ihre Lagerbestände niedrig halten wollen. Und da kann ich kalkulieren, wie ich will – kleinere Einzelaufträge rechnen sich nicht wegen der Transportkosten.*

Ich werf den Gedanken jetzt mal in die Runde: Wie wäre es, wenn wir uns irgendwo im Norden einen Standort suchen, den man mit großen Transporteinheiten beliefern kann und von wo aus man wiederum kleinere Zwischenstandorte beliefert? Die könnten wir ja vorläufig erst mal anmieten. Und von dort aus gehen wir in die Fläche und beliefern die Endkunden.“

Herr Sutter: *„Na also, das klingt ja ganz gut und käme mir sehr entgegen. Dann könnten wir endlich größere Serien auflegen, unsere Montagelinie auslasten und die Umrüstkosten[1] verringern. Das Lager an dem ersten großen Standort müsste halt groß genug sein für unser gesamtes Sortiment. Darüber hinaus gewännen wir auch endlich wieder freie Kapazitäten in unserem Werkslager.“*

Herr Agsten: *„Da wäre ich mir nicht so sicher! So ein großes Lager – weit weg von uns –, das ist mit erheblichen Risiken verbunden. Bauen wir zu klein, dann platzt es aus allen Nähten, bauen wir zu groß, dann geht es ähnlich wie mit der Montagelinie. Der Raum wird nicht optimal genutzt und verlockt zu großen Lagerbeständen, nach dem Motto: ‚Es sind ja Plätze frei!‘. Das ist genauso schlecht wie zu kleine Bestände. Ich denke, wir sollten überlegt an die Sache rangehen, weil sich mit dem Aufbau eines solchen Lagers unterschiedliche Erwartungen verbinden.“*

KOMPETENZORIENTIERTE ARBEITSAUFTRÄGE:

Arbeiten Sie die folgenden Kapitel durch und verwenden Sie die Aufzeichnungen aus dem Unterricht zur Bearbeitung der Arbeitsaufträge.

1. Erläutern Sie, welche Argumente für umfangreiche Lagerbestände und welche für geringe Lagerbestände sprechen!

2. Bestimmen Sie einen möglichen Ort für ein Zentrallager in Norddeutschland und legen Sie noch drei Orte für dezentrale Regionallager in dieser Region fest. Begründen Sie Ihre Standortentscheidungen!

3. Herr Agsten sprach von unterschiedlichen Erwartungen, die sich mit dem Aufbau einer Lagerlogistik verbinden.

   Nennen Sie Erwartungen, die an ein solches Lagersystem gestellt werden!

4. Stellen Sie die Risiken dar, die mit einer fehlerhaften Lagerplanung verbunden sind!

5. Diskutieren Sie, ob die Ulmer Büromöbel AG das Risiko eingehen sollte, weitere Lagerstandorte zu errichten. Beziehen Sie in Ihre Überlegungen auch mögliche Alternativen ein!

---

1 **Rüstkosten:** Sie entstehen durch das Einrichten der Maschinen und Werkzeuge auf die Herstellung einer anderen Produktart.

7.1 Grundlagen der Lagerplanung

7.1.1 Funktionen und Arten des Lagers

7.1.1.1 Lagerfunktionen

> Unter einem **Lager** versteht man einen Raum oder eine Fläche zum Aufbewahren von Sachgütern. Die Sachgüter werden mengen- und/oder wertmäßig erfasst.

Die Sachgüter werden im Wesentlichen aus vier Gründen gelagert:

Funktionen des Lagers[1]	Erläuterungen
Sicherungsfunktion	Die einzelnen Verbrauchsstellen eines Industriebetriebs müssen jederzeit über die notwendigen Werkstoffe verfügen, wenn die Produktion störungsfrei ablaufen soll. Aus diesem Grund wird in den Industriebetrieben meistens ein Sicherheitsbestand (eiserner Bestand) gehalten.
Zeitüberbrückungs-funktion/ Mengenausgleichs-funktion	■ Witterungseinflüsse (z. B. verspätete Ernten), Lieferausfälle, Transportschwierigkeiten, politische Entscheidungen (z. B. Ausfuhrstopps) können die Produktion zum Erliegen bringen. Ein Roh-, Hilfs- und Betriebsstofflager sichert die Funktionsfähigkeit des Betriebs. ■ Ein plötzlicher Nachfrageanstieg kann die Lieferbereitschaft beeinträchtigen. Das Lager an Fertigerzeugnissen gleicht die Marktschwankungen aus. Bei steigender Nachfrage werden die Lager abgebaut, bei sinkender Nachfrage aufgestockt.
Umformungsfunktion	Bei bestimmten Gütern hat die Lagerhaltung auch die Aufgabe, die Eigenschaften der Güter an die Anforderungen der Produktion und/ oder des Absatzes anzupassen. Hierzu gehört z. B. das Austrocknen von Holz, das Aushärten von Autoreifen oder das Reifen alkoholischer Getränke (z. B. Bier, Wein).
Spekulationsfunktion	Durch Großeinkäufe (z. B. durch das Ausnutzen von Mengenrabatten, Transportkostenvergünstigungen und Verbilligungen bei den Verpackungskosten) sowie durch Gelegenheitskäufe werden die Betriebe in die Lage versetzt, die Preise auch bei steigender Nachfrage stabil zu halten.

7.1.1.2 Arten des Lagers

(1) Lagerarten nach der räumlichen Gestaltung

Offene Lager. Wirtschaftliche Güter, die in ihrer Qualität durch Witterungseinflüsse nicht leiden, werden in kostengünstigen offenen, d. h. nicht überdachten Lagern untergebracht (z. B. Kohle, Sand, Steine, Röhren, Ziegel usw.).

Geschlossene Lager. Die weitaus meisten Güter müssen in geschlossenen (umbauten) Lagern eingelagert werden, um sie vor Witterungseinflüssen (Kälte, Wärme, Feuchtigkeit) sowie Diebstahl zu schützen. Bei vielen Gütern sind **Speziallagerräume** (z. B. Kühlräume,

---

1 **Funktionen:** hier Aufgaben.

Öltanks, Silos) erforderlich. **Getrennte Lagerräume** können aus Zweckmäßigkeitsgründen (leichterer Zugriff) oder aus Gründen, die in der Natur der Güter liegen, notwendig sein (z. B. Trennung von Lebensmitteln mit Geruchsbildung wie Käse von sonstigen Lebensmitteln, Trennung von Chemikalien von Lebensmitteln).

(2) Lagerarten nach dem Bearbeitungszustand der Erzeugnisse

- **Roh-, Hilfs- und Betriebsstofflager (kurz Werkstofflager).** Diese Lager haben die Aufgabe, die Zeitspanne zwischen Beschaffung und Produktion (Verbrauch der Roh-, Hilfs- und Betriebsstoffe) zu überbrücken.

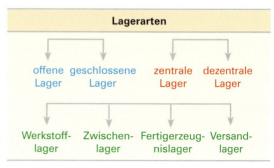

- **Zwischenlager.** Sie nehmen unfertige, noch weiter zu bearbeitende Erzeugnisse auf. Zwischenlager sind häufig deshalb erforderlich, weil die Fertigungsstufen innerhalb des Produktionsprozesses – besonders in Mehrproduktunternehmen – selten so genau aufeinander abgestimmt werden können, dass in jeder Produktionsstufe die erforderlichen Teile in der benötigten Menge zur Verfügung stehen. Außerdem würde ohne Zwischenlager bei der geringsten Betriebsstörung in einer Vorstufe (z. B. aufgrund eines Maschinenschadens) der gesamte Produktionsprozess zum Stillstand kommen.

- **Fertigerzeugnislager.**[1] In diesen Lagern werden die fertiggestellten Erzeugnisse gelagert, um sie für den Absatz bereitzuhalten.

- **Versandlager.** Hierbei handelt es sich um die kurzfristige Lagerung von Gütern, die versandfertig gemacht (z. B. seemäßig verpackt) werden. Versandlager sind Durchgangslager bereits bestellter Erzeugnisse.

(3) Lagerarten nach dem Lagerort (Lagerstandort)

Nach dem Lagerstandort unterscheidet man zentrale und dezentrale Lager.

	Zentrallager	Dezentrale Lager (Regionallager, Auslieferungslager)
Funktionen	■ Sie lagern jeweils das gesamte Vertriebssortiment. ■ Sie sichern einen hohen Servicegrad. ■ Sie haben eine Ausgleichsfunktion zwischen Produktionsmengen und Absatzmengen. ■ Von ihnen aus werden die Regionallager beliefert.	■ Sie beliefern einen regional begrenzten Absatzmarkt. ■ Sie stellen aus den gelagerten Erzeugnissen und Handelswaren die von den Endkunden georderten Aufträge zusammen. ■ Es werden kleinere Transporteinheiten gebildet.

---

1 Industriebetriebe, die neben ihren Erzeugnissen auch Handelswaren anbieten, führen auch ein Handelswarenlager.

	Zentrallager	**Dezentrale Lager (Regionallager, Auslieferungslager)**
Eigenschaften	■ Die Lagerprozesse stehen gegenüber den Transport- und Bewegungsprozessen im Vordergrund. ■ Die Förder- und Lagersysteme innerhalb des Lagergebäudes sind technisch aufwendig und verfügen über einen hohen Automatisierungsgrad, z. B. Hochregallager. ■ Zentrallager haben aufgrund ihrer Betriebsgröße Kostenvorteile bei Personaleinsatz, Organisation und Betriebstechnik – bezogen auf eine Lagereinheit. ■ Vom Charakter her handelt es sich um ein Vorratslager. ■ Wirksame Kontrolle über Bestände, Fehlmengen, Verderb.	■ Sie enthalten – im Gegensatz zu den Zentrallagern – nicht jederzeit das gesamte Sortiment. ■ Ist eine Mischform aus Vorrats-, Umschlags- und Verteilungslager. ■ Transportsystem auf der Eingangsseite sind überwiegend Waggon- und Lastwagenladungen, auf der Ausgangsseite hingegen schnelle Kurierdienste.

7.1.2 Strategien der Lagerbewirtschaftung (Lagerordnungssysteme)

Die Lagerbewirtschaftungsstrategien beschäftigen sich damit, nach welchem Verfahren ein Lagerplatz vergeben wird (**Lagerplatzvergabe**) und wie die Ein- bzw. Auslagerung geregelt wird (**Ein- und Auslagerungsstrategien**).

7.1.2.1 Lagerplatzvergabe

(1) Systematische Lagerplatzordnung

Die systematische Lagerplatzordnung bedeutet, dass bestimmten Lagergütern **festgelegte Lagerplätze** zugewiesen werden (Gleiches zu Gleichem). Für größere Lagerräume wird ein **Lagerplan** erstellt, mit dessen Hilfe die benötigten Güter schnell gefunden werden können. Jede Abteilung erhält eine Nummer, jede Unterabteilung und jeder Platz (z. B. Regal, Schrank) eine Unternummer. Die

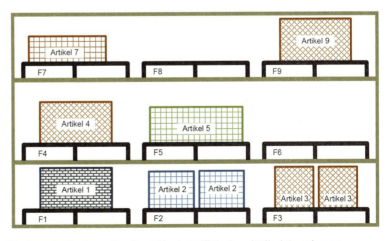

Grafik veranschaulicht den Sachverhalt, dass im Regalfach 1 (F1) der Artikel 1 gelagert wird usw. Die Regalfächer F6 und F8 sind leer, weil von den zugehörigen Artikeln (Artikel 6 und Artikel 8) keine Lagervorräte vorhanden sind. Diese beiden Regalfächer bleiben jedoch reserviert. Weitere Artikel könnten in diesem Lager nicht untergebracht werden. Die Kapazität ist trotz freier Plätze bereits ausgeschöpft.

(2) Chaotische Lagerplatzordnung

Die chaotische Lagerplatz-ordnung kennt **keinen Lagerplan.** Eingehende Güter werden mittels EDV den jeweils gerade **frei gewordenen Lager-plätzen zugewiesen.** Der Lagerort wird von der elektronischen Führungs-einrichtung gespeichert. Ziel der chaotischen La-gerplatzordnung ist die **Optimierung der Lager-kapazität.** Fallen die EDV-Systeme aus, so ist es jedoch fast nicht möglich,

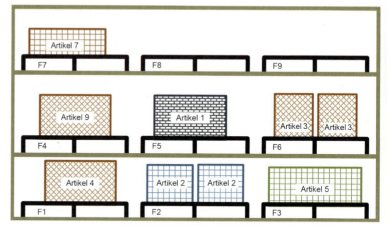

eine bestimmte Ware zu finden. Da keine feste Lagerplatzzuordnung besteht, wird bei jedem Lagerzugang der nächste freie Platz belegt. Nicht belegte Plätze werden nicht reser-viert. Weitere Artikel könnten problemlos in den Regalfächern F8 und F9 aufgenommen werden. Folge: Die Lagerkapazität wird besser genutzt.

(3) Freie Lagerplatzvergabe innerhalb fester Bereiche

Die Strategie der freien Lagerplatzvergabe innerhalb fester Bereiche trägt dazu bei, dass Wege und Zeiten bei der Ein- und Auslagerung verringert werden können. Hierbei werden innerhalb des Lagers Zonen nach Umschlagshäufigkeit (Langsamdreher, Schnelldreher) gebildet. Die Schnelldreher lagern nahe am Ein- und Auslagerungspunkt, während die Langsamdreher fern von diesem Punkt gelagert werden.

7.1.2.2 Ein- und Auslagerungsstrategien

Fifo-Strategie	Bei der Fifo-Strategie (First in – first out) werden jene Artikel zuerst ent-nommen, die schon am längsten auf Lager liegen. Dadurch wird das Risiko einer Überalterung des Lagerbestands und damit ein möglicher Verderb verringert.
Lifo-Strategie	Die Lifo-Strategie (Last in – first out) folgt dem genau umgekehrten Prinzip. Diese Strategie verringert Ein-/Auslagerungszeiten und vermeidet unter Umständen eine erforderliche Umlagerung, da der zuletzt eingelagerte Artikel auch am ehesten zu greifen ist.
Wegeoptimierte Ein-/Auslagerung	Die wegeoptimierte Ein-/Auslagerung strebt danach, eine notwendige Ein-lagerung mit einer Auslagerung zu verbinden, um zeitaufwendige Leerfahr-ten des Transportsystems (z.B. im Hochregallager) zu minimieren.

7.1.3 Bedeutung der Logistik

Die Wandlung vom Verkäufer- zum Käufermarkt zwingt die Unternehmen, den Konsumenten durch ein zunehmend variantenreicheres Angebot zu gewinnen. Diese Angebotsvielfalt führt zu einer Vermehrung der Komponentenzahl auf der Ebene der Zukaufteile, der Halbfabrikate und der Baugruppen. Dadurch hat sich die Beschaffung vom reinen Zulieferer zur Produktion zum **wertschöpfenden Kernprozess** verändert.

In vielen Industriebetrieben wird Produktion mehr und mehr durch **Zulieferung** oder durch **Fremdvergabe (Outsourcing)** ersetzt. Einkauf bedeutet jedoch Transport und Logistik. Eine weitere Ursache für die Zunahme der Logistikprobleme liegt in der **Globalisierung der Märkte,** denn sowohl die Beschaffung der Werkstoffe, Handelswaren und Betriebsmittel als auch der Verkauf der Erzeugnisse erfolgt weltweit.

> **Beispiel:**
>
> Die Automobilindustrie schafft im Rahmen ihrer Produktion nur noch eine Wertschöpfung von unter 30 %, d. h., es wird wertmäßig immer mehr eingekauft und dabei auf eine hohe Wertsteigerung durch die Produktion verzichtet.

Logistik wandelt sich in der Bedeutung – vom notwendigen Übel zu einem wesentlichen **Bestandteil der Wertschöpfung.** Mit innovativen Logistiklösungen lassen sich heute **Wettbewerbsvorteile** erzielen, die den entscheidenden Vorteil haben, dass sie schlecht kopiert werden können, weil sie kaum sichtbar sind.

7.2 Beurteilung der Lagerhaltung anhand von Kennziffern

7.2.1 Strukturelle Lagerkennziffern

(1) Durchschnittlicher Lagerbestand

Der durchschnittliche Lagerbestand bildet die Grundlage für die Bestimmung der Lagerumschlagshäufigkeit und der durchschnittlichen Lagerdauer. Der durchschnittliche Lagerbestand kann z. B. als arithmetisches Mittel (Durchschnitt) aus dem **Jahresanfangsbestand** und dem **Jahresschlussbestand** berechnet werden.

> **Beispiel:**
>
> | Anfangsbestand am 1. Januar: | 72 000 Stück |
> |---|---|
> | Endbestand lt. Inventur am 31. Dezember: | 68 000 Stück |
>
> $$\text{Durchschnittlicher Lagerbestand} = \frac{\text{Anfangsbestand am 01.01.} + \text{Endbestand am 31.12.}}{2}$$
>
> $$= \frac{72\,000 + 68\,000}{2} = 70\,000 \text{ Stück}$$

Eine höhere Genauigkeit ergibt sich durch die Verwendung der **Monatsendbestände,** weil durch die häufigeren Beobachtungspunkte die Bestandsschwankungen innerhalb des Jahresverlaufes besser berücksichtigt werden.

$$\text{Durchschnittlicher Lagerbestand} = \frac{\text{Anfangsbestand am 01.01.} + 12 \text{ Monatsendbestände}}{13}$$

Multipliziert man den durchschnittlichen Lagerbestand mit den Selbstkosten, erhält man den **durchschnittlichen Lagerbestandswert**.

Beispiel:

Betragen die Selbstkosten je Stück 8,50 EUR, dann ermittelt sich der durchschnittliche Lagerbestandswert zu obigem Beispiel wie folgt:

Durchschnittlicher Lagerbestandswert = Durchschnittlicher Lagerbestand · Selbstkosten
= 70 000 · 8,50 = 595 000,00 EUR

Der **durchschnittliche Lagerbestand** gibt an, welche Menge oder welcher Wert (bewertet zu Selbstkosten) von einem Lagergut durchschnittlich auf Lager ist. In dieser Höhe ist ständig Kapital des Unternehmens gebunden.

(2) Lagerumschlagshäufigkeit

Sie gibt an, wie oft die Menge oder der Wert des durchschnittlichen Lagerbestandes innerhalb einer Periode (i. d. R. ein Jahr) umgeschlagen wurde.

$$\text{Lagerumschlagshäufigkeit} = \frac{\text{Lagerabgang in Mengeneinheiten}}{\text{durchschnittlicher Lagerbestand in Mengeneinheiten}}$$

oder

$$\text{Lagerumschlagshäufigkeit} = \frac{\text{Lagerabgang bewertet zu Selbstkosten}}{\text{durchschnittlicher Lagerbestand bewertet zu Selbstkosten}}$$

Beispiel:

Beträgt der Lagerabgang zu Selbstkosten 7 437 500,00 EUR und der durchschnittliche Lagerwert (siehe letztes Beispiel) 595 000,00 EUR, dann ergibt sich folgende Lagerumschlagshäufigkeit:

$$\text{Lagerumschlagshäufigkeit} = \frac{7\,437\,500}{595\,000} = 12,5$$

Ergebnis:

Die Zahl 12,5 besagt, dass der durchschnittliche Lagerbestand 12,5-mal innerhalb der Rechnungsperiode umgeschlagen wurde.[1]

Die Lagerumschlagshäufigkeit schwankt je nach Branche, Warenart und Organisationsstand der Lagerwirtschaft in einem Unternehmen.

Die **Lagerumschlagshäufigkeit** sagt dem Unternehmer, wie oft der durchschnittliche Lagerbestand in einer Rechnungsperiode umgeschlagen wurde.

---

1 Dies darf nicht gleichgesetzt werden mit der Häufigkeit des Auffüllens des Lagers. **Beispiel:** Monatlich wird das Lager mit 10 Stück aufgefüllt, die im Laufe des Monats abgehen. Dann beträgt der durchschnittliche Lagerbestand = 5, der Lagerabgang = 120 Stück. Hieraus ergibt sich eine Lagerumschlagshäufigkeit von 120 : 5 = 24, das Lager hingegen wurde 12-mal gefüllt.

(3) Durchschnittliche Lagerdauer

Sie gibt an, wie lange der durchschnittliche Lagerbestand auf Lager geblieben ist. Angestrebt ist ein möglichst geringer Wert, weil er Einfluss hat auf das im Lager gebundene Kapital und die hieraus zu zahlenden Lagerzinsen, auf das Risiko des Schwundes, des Verderbs, des Diebstahls und der technischen bzw. wirtschaftlichen Alterung.

$$\text{Durchschnittliche Lagerdauer in Tagen} = \frac{360}{\text{Lagerumschlagshäufigkeit}}$$

Beispiel:

Aus der im letzten Beispiel berechneten Lagerumschlagshäufigkeit von 12,5 errechnet sich eine durchschnittliche Lagerdauer wie folgt:

$$\text{Durchschnittliche Lagerdauer} = \frac{360 \text{ Tage}}{12,5} = 28,8 \text{ Tage}$$

Ergebnis:

Das Lagergut liegt durchschnittlich 28,8 Tage auf Lager.

Aus der **durchschnittlichen Lagerdauer** erkennt der Unternehmer, wie lange die Erzeugnisse (oder Handelswaren) im Durchschnitt im Lager waren.

Lagerumschlagshäufigkeit und durchschnittliche Lagerdauer stehen in **umgekehrtem Verhältnis** zueinander. Je höher die Lagerumschlagshäufigkeit, desto kürzer die durchschnittliche Lagerdauer und umgekehrt.

7.2.2 Risiken einer fehlerhaften Lagerplanung

Zu **hohe Lagerbestände** binden Kapital und verursachen Kosten. Ein zu großes Lager bringt außerdem die Gefahr mit sich, dass infolge technischer Änderungen und/oder infolge Geschmackswandels das Lagergut veraltet.

Zu **niedrige Lagerbestände** können zu Produktions- und Absatzstockungen führen.

Beispiel:

Muss die Produktion z. B. wegen zu geringer Rohstoffvorräte eingeschränkt werden, dann sind die im Unternehmen anfallenden Kosten (z. B. Löhne, die für die weiterhin benötigten Facharbeiter bezahlt werden müssen; Zinsen für die aufgenommenen Kredite; Abschrei-bungskosten für das im Unternehmen investierte Sachkapital der Gebäude, Maschinen, Lagereinrichtungen usw.) nicht mehr voll durch den möglichen Verkauf der Fertigerzeugnisse gedeckt.

Besonders nachteilig wirken sich zu niedrige Lagervorräte aus, wenn hierdurch fest zugesagte Liefertermine nicht eingehalten werden können und deshalb Kunden nicht mehr bei dem Unternehmen kaufen. Absatzstockungen führen mittel- bis langfristig auch zu Zahlungsschwierigkeiten. Während die Aufwendungen im Wesentlichen in unveränderter Höhe weiterlaufen, stagnieren oder sinken die Erträge bei Absatzstockungen.

7.2.3 Wirtschaftlichkeitskennziffern

(1) Lagerzinssatz

Der Lagerzinssatz gibt an, wie viel Prozent Zinsen für das in den Lagervorräten investierte Kapital pro Umschlag, also während der durchschnittlichen Lagerdauer, einkalkuliert werden müssen. Je kürzer die durchschnittliche Lagerdauer und damit je höher die Umschlagshäufigkeit, desto geringer ist der Lagerzinssatz.

$$\text{Lagerzinssatz} = \frac{\text{Marktzinssatz} \cdot \text{durchschnittliche Lagerdauer}}{360}$$

Beispiel:

Bei der in einem früheren Beispiel ermittelten durchschnittlichen Lagerdauer von 28,8 Tagen und einem Marktzinssatz von 9 % ergibt sich folgender Lagerzinssatz:

$$\text{Lagerzinssatz} = \frac{9 \cdot 28,8}{360} = 0,72\,\%$$

(2) Lagerkostensatz

Zur Ermittlung des Lagerkostensatzes werden die Lagerhaltungskosten in ein Verhältnis gesetzt zum Wert des durchschnittlichen Lagerbestands.

$$\text{Lagerkostensatz} = \frac{\text{Lagerkosten} \cdot 100}{\text{durchschnittlicher Lagerwert}}$$

Beispiel:

In einem der früheren Beispiele wurde ein durchschnittlicher Lagerbestandswert von 595 000,00 EUR ermittelt. In der Kostenrechnung wurden Lagerkosten in Höhe von 142 562,00 EUR festgestellt.

$$\text{Lagerkostensatz} = \frac{142\,562 \cdot 100}{595\,000} = 23,96\,\%$$

Der Lagerkostensatz gibt an, wie hoch die Lagerkosten sind gemessen am durchschnittlichen Lagerbestand, ausgedrückt in Prozent.

(3) Zusammenhang zwischen sinkender durchschnittlicher Lagerdauer (steigender Umschlagshäufigkeit) und sinkenden Lagerkosten am Beispiel des Lagerzinses

Beispiel:

Die Selbstkosten der Erzeugnisse eines Unternehmens betragen konstant 600 000,00△EUR, der Marktzinssatz liegt bei 9 %.

Selbstkosten der Erzeugnisse in EUR	600 000,00	600 000,00	600 000,00	600 000,00
Umschlagshäufigkeit	1	2	4	8
durchschnittliche Lagerdauer	360	180	90	45
durchschnittlicher Lagerbestand	600 000,00	300 000,00	150 000,00	75 000,00
Lagerzinssatz	9	4,5	2,25	1,125
Lagerzins pro Umschlag	54 000,00	13 500,00	3 375,00	843,75
Lagerzins pro Jahr (Zins pro Umschlag · Umschlagshäufigkeit)	54 000,00	27 000,00	13 500,00	6 750,00

Da der Lagerabgang eine Größe ist, die vom Unternehmen nicht ohne Weiteres vergrößert werden kann, liegen die Optimierungsmöglichkeiten in Bezug auf die Kosten darin, dasselbe Absatzziel

- mit einer **höheren Umschlagshäufigkeit** und damit
- einer **kürzeren Lagerdauer** und folglich
- einem **geringeren durchschnittlichen Lagerbestand**

zu erreichen. Es ist nachvollziehbar, dass die damit verbundene Senkung des durchschnittlichen Lagerbestands auch einhergeht mit einer Senkung der übrigen Lagerkosten.

Zusammenfassung

- Ein **Lager** ist ein **Knoten in einem Netzwerk des Unternehmens,** in welchem
  - die Produkte **vorübergehend ruhen** oder
  - auf andere Wege **umgeleitet** werden.
- Die mengen- und/oder wertmäßig erfassten Sachgüter werden aus folgenden Gründen gelagert:
  - Sicherung des störungsfreien Ablaufs,
  - Überbrückung von Lieferausfällen,
  - Mengenausgleich bei Nachfrageschwankungen,
  - Umformung (Trocknung, Reife) und
  - Ausnutzung der Vorteile eines Großeinkaufs.
- Im Industrieunternehmen unterscheidet man
  - Werkstofflager,
  - Zwischenlager,
  - Fertig- und Handelswarenlager,
  - Versandlager.

■ Auf dem Vertriebsweg vom Hersteller zum Endkunden unterscheiden wir folgende Lagerstufen:

Lagerstufe	Lagerart	Vorrangige Prozesse
Werkslager	Vorratslager	Lagerprozesse
Zentrallager	Vorratslager	Lagerprozesse
Regionallager	Mischform aus Vorrats-, Umschlags- und Verteilungslager	Lager- und Bewegungsprozesse gleichermaßen

■ Vergleich der Funktionen von Zentrallagern und dezentralen Lagern.

Zentrallager	Dezentrale Lager (z. B. Regionallager)
▪ Bevorratung des gesamten Vertriebssortiments. ▪ Absicherung eines hohen Servicegrades. ▪ Ausgleichsfunktion zwischen Produktion und Absatz. ▪ Basis für die Belieferung der Regionallager.	▪ Sie beliefern einen regional begrenzten Absatzmarkt. ▪ Güterfluss wird in der Zusammensetzung geändert von sortenreinen Paletten auf der Eingangsseite zu kleineren Transporteinheiten auf der Ausgangsseite.

■ **Lagerkennziffern** erfassen die Ist-Situation in Bezug auf Wirtschaftlichkeit und Qualität der Lagerorganisation.

Kompetenztraining

64 Funktionen und Arten des Lagers

1. Erläutern Sie, wodurch sich Werkslager, Zentrallager und Regionallager in Bezug auf

   1.1 Standort,

   1.2 Lagerart,

   1.3 vorrangige Prozesse

   unterscheiden!

2. Nennen Sie Kriterien, die darüber entscheiden, in welchem Maße eine Zentralisierung bzw. Dezentralisierung der Lagerhaltung vorgenommen wird!

3. Nennen Sie fünf Funktionen/Aufgaben der Lagerhaltung!

4. 4.1 Begründen Sie, inwiefern die Bezeichnung „chaotische" Lagerhaltung berechtigt ist!

   4.2 Nennen Sie den entscheidenden Vorteil der damit verbunden ist!

   4.3 Beschreiben Sie die systematische Lagerhaltung!

   4.4 Stellen Sie dar, worüber ein Lagerplan Auskunft gibt!

65   Lagerkennziffern

Lagerkennziffern sind wichtige Indikatoren, die einen Hinweis darauf geben, ob die Optimierungsbemühungen in der Lagerhaltung zum gewünschten Erfolg führten.

1. Berechnen Sie

   1.1 den durchschnittlichen Lagerbestand,

   1.2 die Lagerumschlagshäufigkeit,

   1.3 die durchschnittliche Lagerdauer

   1.4 den Lagerzinssatz (Marktzinssatz 9 %),

   wenn folgende Angaben vorhanden sind:

Anfangsbestand des Lagerguts	150 000,00 EUR
Zugänge	700 000,00 EUR
Schlussbestand	250 000,00 EUR

2. Eine Lageranalyse bei der Kleiner OHG ergab folgende Situation:

Lagerabgang zu Selbstkosten	600 000,00 EUR
Der Lagerkostensatz beträgt	30 %

   Aufgaben:

   2.1 Stellen Sie tabellarisch dar, wie sich die Lagerkosten ändern, wenn es dem Betrieb gelingt, die Umschlagshäufigkeit schrittweise zu steigern von 3 über 4, 6, 8 bis 10!

   2.2 Erklären Sie, wie sich eine Erhöhung der Lagerumschlagshäufigkeit auf die Lagerkosten und das Lagerrisiko auswirkt!

   2.3 Für die Lagerkosten gilt stets: *„Je kürzer die Lagerdauer, desto geringer die Kosten."* Nennen Sie zwei Maßnahmen, durch die eine Verkürzung der durchschnittlichen Lagerdauer erreicht werden kann!

3. Lagerkosten und Lagerrisiko stehen in engem Zusammenhang mit den Lagerkennziffern. Die Lagerbuchhaltung liefert für das Holzlager folgende Informationen:

Anfangsbestand am 1. Januar	120 000,00 EUR
12 Monatsschlussbestände insgesamt	1 180 000,00 EUR

   Berechnen Sie den durchschnittlichen Lagerbestand!

4. Bei der Holzart „Buche" werden folgende Zahlen angegeben:

Anfangsbestand am 1. Januar	80 000,00 EUR
Zugänge 1. Januar – 31. Dezember	960 000,00 EUR
Schlussbestand am 31. Dezember	240 000,00 EUR

   Berechnen Sie die Lagerumschlagshäufigkeit und die durchschnittliche Lagerdauer!

5. Die Lagerzinsen sind vom Wert und von der Lagerdauer des eingelagerten Gutes abhängig.

   Aufgabe:

   Beweisen Sie diese Aussage anhand folgender Zahlen, indem Sie die Lagerzinsen bei einer Lagerdauer von 14, 16, 18 und 20 Tagen berechnen! Zugrunde gelegter Marktzins 10 %; Wert des durchschnittlichen Lagerbestands 400 000,00 EUR.

Kompetenzbereich 4: Investitions- und Finanzierungsprozesse

1 Den Zusammenhang von Finanzierung und Investition beschreiben

KB 4 | **Lernsituation 1:** Die Auswirkungen einer Investitionsentscheidung abschätzen

In der Weber Metallbau GmbH sind die Schweißarbeiten bisher manuell durchgeführt worden. Diese Arbeiten sollen künftig zum Großteil durch einen Schweißautomaten erledigt werden. Durch die Investition wird die Kapazität um 500 auf 2500 Einheiten erhöht. Gleichzeitig sinken die Stückkosten bereits ab einer Kapazitätsauslastung von 50 % deutlich.

Der Angebotspreis für den Schweißautomaten beträgt 2 990 000,00 EUR. Hinzu kommen Transportkosten in Höhe von 1 500,00 EUR und Montagekosten in Höhe von 8 500,00 EUR (jeweils Nettopreise). Durch die Kapazitätserweiterung steigt der Bestand an Vorräten (z. B. Rohstoffen, unfertigen und fertigen Erzeugnissen) um 40 000,00 EUR. Durch den Verkauf der bisherigen Schweißgeräte wird mit einem Erlös von 190 000,00 EUR gerechnet.

KOMPETENZORIENTIERTE ARBEITSAUFTRÄGE:

Arbeiten Sie die folgenden Kapitel des Schulbuches durch und verwenden Sie die Aufzeichnungen aus dem Unterricht zur Bearbeitung der Arbeitsaufträge!

1. Überlegen Sie sich Gründe, die die Weber Metallbau GmbH veranlasst haben könnten, diese Entscheidung zu treffen!

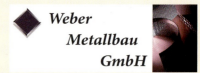

2. Nennen Sie die vorliegenden Investitionsarten!

3. Erläutern Sie, welche Entscheidung die Gesellschafter Hans-Jörg Weber und Dr. Klaus Junginger treffen werden, wenn sie allein die Kostenentwicklung zum Maßstab ihrer Entscheidung zugrunde legen!

4. Gehen Sie vom Organigramm der Weber Metallbau GmbH aus (vgl. S. 19) und nennen Sie weitere Bereiche, auf welche sich die geplante Investition auswirkt! Bilden Sie zu jedem Bereich ein Beispiel!

5. Erläutern Sie, wie die erforderlichen Geldmittel unter Beachtung der goldenen Finanzierungsregel finanziert werden sollten!

1.1 Begriff und Arten von Investitionen

1.1.1 Begriff Investition

Die betriebliche Tätigkeit ist dadurch geprägt, dass ständig ein Strom von betrieblichen Leistungen von der Beschaffung über die Produktion hin zum Absatz fließt. Dabei erfolgt zunächst eine **Kapitalbindung** während der **Beschaffungs- und Produktionsphase** und anschließend eine **Kapitalfreisetzung** in der Absatzphase.[1]

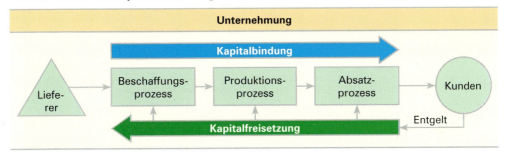

Werden im Rahmen der Beschaffungs- und Produktionsphase **größere Anfangszahlungen** für **einzelne Vermögensgegenstände** (z. B. Grundstücke, Maschinen, Beteiligungen, Patente) aufgewendet (gezahlt) und ist die **Kapitalbindung** dabei **längerfristig** (wenigstens länger als eine Abrechnungsperiode) angelegt, so spricht man von **Investitionen**. Nach dieser Definition werden laufende Lohnzahlungen, Zahlungen für Werkstoffe, Energie, Versicherungen u. Ä. **nicht** als Investitionen bezeichnet, obwohl es sich hier zweifelsfrei um kapitalbindende Maßnahmen handelt.

Beispiele:

- Kauf einer Stanzmaschine zur Produktion von Schlüsselanhängern (Investition in Sachvermögen).
- Beteiligung an anderen Unternehmen (Investition in Finanzvermögen).
- Kauf eines Patents (Investition in immaterielles Vermögen).

Investitionen sind die Verwendung von Finanzmitteln zur Beschaffung von **Sachvermögen, Finanzvermögen** oder **immateriellem Vermögen**.

1.1.2 Investitionsarten

(1) Gliederung der Investitionen nach dem Investitionsobjekt

In jedem Unternehmen gibt es im Laufe der Zeit Entscheidungssituationen, die Investitionen erforderlich machen. Die einzelnen Investitionen sind jeweils auf die spezielle Situation ausgerichtet.

Entscheidungssituationen	Investitionsobjekte	Beispiele Investitionen in
Eine Blechschneidemaschine in einem Metallwerk ist seit 8 Jahren in Betrieb. Die Reparaturen steigen stark an. Teilweise kommt es zu Produktionsausfällen. Die Maschine muss ersetzt werden.	Sachinvestition (materielle Investition)	▪ Technische Anlagen und Maschinen ▪ Immobilien ▪ Lagerbestände ▪ …

---

[1] Die Investitionen werden in Form von Abschreibungen in die Verkaufspreise einkalkuliert. Kann der Verkaufserlös am Markt durchgesetzt werden, fließt das investierte Kapital in Form von liquiden Mitteln wieder zurück. Diese Freisetzung von investiertem Kapital bezeichnet man als **Desinvestition**.

305

20 Speth u.a. - ISBN 978-3-8120-0594-4

Entscheidungssituationen	Investitionsobjekte	Beispiele Investitionen in
Das Walzwerk Württemberg AG beteiligt sich mit 2 Mio. EUR an den Stahlwerken Essen AG.	Finanzinvestitionen	■ Wertpapiere ■ Beteiligungen ■ gewährte Darlehen ■ …
Die Zunahme an Demenzkranken veranlasst ein biotechnologisches Unternehmen, ein Forschungsprojekt zu starten, um wettbewerbsfähig zu bleiben.	Immaterielle Investitionen	■ Forschung und Entwicklung, Know-how ■ Patente ■ Sozialleistungen für Mitarbeiter ■ …

(2) Gliederung der Sachinvestitionen[1] nach Investitionsanlässen

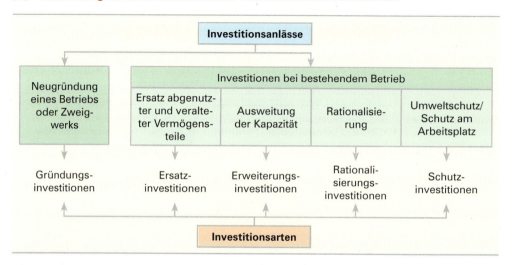

Erläuterungen:

Gründungs-investitionen	Sind alle Investitionen, die anlässlich der Gründung eines Unternehmens erforderlich werden. Dazu gehören Anlageinvestitionen, Vorratsinvestitionen und Finanzinvestitionen.
Ersatzinvestitionen (Reinvestitionen)	Sie dienen dazu, abgenutzte Anlagegüter durch neue zu ersetzen, um die Leistungsfähigkeit des Betriebs zu erhalten. Die Kapazität des Betriebs – gleichbleibenden technischen Stand vorausgesetzt – wird nicht verändert.
Erweiterungs-investitionen	Sind Investitionen, die der Ausweitung der Kapazität des Betriebs dienen (z. B. Bau einer weiteren Produktionshalle).
Rationalisierungs-investitionen	Sind z. B. Investitionen in technisch verbesserte Wirtschaftsgüter mit dem Ziel, die Leistungsfähigkeit zu erhöhen und/oder die Kosten zu senken.
Schutz-investitionen	Es sind Investitionen in den Umweltschutz oder den Schutz am Arbeitsplatz. Sie verändern die Kapazität des Betriebs nicht unmittelbar.

---

1 Aus Vereinfachungsgründen wird auf die Finanzinvestitionen und die immateriellen Investitionen im Folgenden nicht eingegangen.

Beachte:

In der Praxis fällt eine Investition in der Regel unter mehrere Investitionsarten.

Beispiel:

Der Ersatz einer Fräsmaschine, die bisher von einem Mitarbeiter bedient wurde, durch einen leistungsstärkeren Automaten ist eine	Sach-, Ersatz-, Erweiterungs- und Rationalisierungsinvestition.

1.1.3 Zusammensetzung des Kapitalbedarfs

Der gesamte Kapitalbedarf ergibt sich aus der eigentlichen Investition und den Mitteln, die notwendig sind, um die Zeit zwischen Betriebsausgaben und Betriebseinnahmen zu überbrücken:

Kapitalbedarf ...	
... einer konkreten Investition	Konkrete Investitionsanlässe sind Gründungen, Betriebserweiterungen und -umstellungen, Rationalisierungsmaßnahmen, Arbeitsplatzschutz- und Umweltschutzmaßnahmen.
... des laufenden Betriebsprozesses	Im laufenden Betriebsprozess regelmäßig zu finanzieren sind z. B. Löhne, Sozialversicherungsabgaben des Arbeitgebers, Steuern, Einkäufe von Roh-, Hilfs- und Betriebsstoffen, Handelswaren, Raumkosten, Reparaturen usw.

1.2 Zusammenhang zwischen Investition und Finanzierung

1.2.1 Investition und Finanzierung in der Bilanz

Zur Durchführung einer Investition muss Kapital beschafft werden (Finanzierung). Betrachtet man die Investition und Finanzierung vom Standpunkt der Bilanz, so steht das Kapital auf der **Passivseite** der Bilanz. Es gibt Auskunft darüber, welche Kapitalbeträge dem Betrieb zur Nutzung überlassen worden sind und in welcher rechtlichen Form (Eigenkapital, Fremdkapital) das geschehen ist. Auf der **Aktivseite** der Bilanz ist zu erkennen, welche **Verwendung die Mittel** (Anlage- und Umlaufvermögen) gefunden haben.

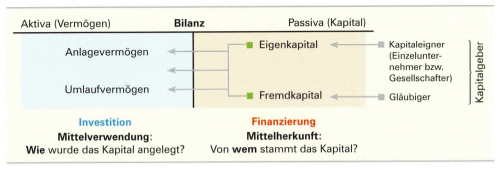

Aus der Bilanz wird ersichtlich, dass **Investition** und **Finanzierung** untrennbar miteinander verbunden sind.

1.2.2 Finanzierungsregeln

(1) Grundlegendes

Zur Finanzierung von Investitionsvorhaben setzen die Unternehmen Eigenkapital und Fremdkapital ein. Während das **Eigenkapital** dem Unternehmen **unbefristet** zur Verfügung steht, können die Unternehmen über das **Fremdkapital** nur **befristet** verfügen. Die Folge hieraus ist, dass die Unternehmen gezwungen sind, zum einen die **Laufzeit der Investitionen** mit der **Laufzeit des Kapitals** abzustimmen und zum anderen auf das **Verhältnis von Eigenkapital zu Fremdkapital** zu achten. Dies geschieht mithilfe von Finanzierungsregeln.

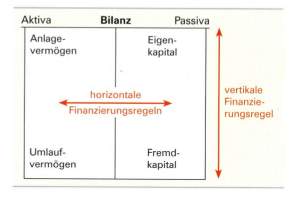

(2) Goldene Finanzierungsregel

Die **goldene Finanzierungsregel** besagt, dass die **Dauer der Investition (Bindung der Finanzmittel)** mit der **Dauer ihrer Finanzierung (Verfügbarkeit der Finanzmittel)** übereinstimmen muss **(Grundsatz der Fristengleichheit)**. Danach gilt:

- **Anlagevermögen** (z. B. Grundstücke, Gebäude, Beteiligungen, technische Anlagen und Maschinen), das das Unternehmen **langfristig nutzt,** ist **langfristig zu finanzieren.**

  Die **Grundregel** besagt, dass das **Anlagevermögen** möglichst mit **Eigenkapital** zu finanzieren ist. Kann das Unternehmen dies nicht voll erfüllen, ist die benötigte **Restsumme** mit **langfristigem Fremdkapital** zu finanzieren.

  > **Beispiel:**
  >
  > Der Bau einer Fabrikhalle mit einer geschätzten Nutzungsdauer von 30 Jahren ist mit Eigenkapital oder mit einem Darlehen mit einer Laufzeit von 30 Jahren zu finanzieren.

- **Umlaufvermögen** (z. B. Werkstoffe, fertige und unfertige Erzeugnisse) ist **kurzfristig zu finanzieren,** da die dort gebundenen Finanzmittel durch den Verkauf der Erzeugnisse in **absehbarer Zeit** wieder zurückfließen.

  Die **Grundregel** besagt, dass das **Umlaufvermögen** mit **kurzfristigem Fremdkapital** zu finanzieren ist.

  > **Beispiel:**
  >
  > Der Kauf von Rohstoffen mit einem Ziel von 30 Tagen ist so zu finanzieren, dass zum Zahlungszeitpunkt das erforderliche Bankguthaben bereitsteht bzw. dass kurzfristige Forderungen zu diesem Zeitpunkt fällig sind.

(3) Goldene Bilanzregel

Wichtig ist auch eine gesicherte **Liquidität** (Zahlungsfähigkeit). Sie ist dann ausreichend, wenn die Kapitalbindungsdauer des Vermögens mit dem Überlassungszeitraum des darin gebundenen Kapitals übereinstimmt **(Goldene Bilanzregel).**

Zusammenfassung

■ **Investitionsarten** leiten sich aus **betrieblichen Entscheidungssituationen** und den damit verbundenen **Investitionszielen** ab.

■ Nach dem **Investitionsobjekt** unterscheidet man **Sachinvestitionen, Finanzinvestitionen** und **immaterielle Investitionen.**

■ Zu den **Anlässen** für eine Investition vgl. Grafik S. 306.

■ **Kapitalbedarf** entsteht auch aufgrund des laufenden Betriebsprozesses (z. B. Lohn- und Steuerzahlungen) oder aufgrund außerordentlicher Ereignisse (z. B. Filialgründung).

■ **Mittelverwendung** (Investition) und **Mittelherkunft** (Finanzierung) sind untrennbar miteinander verbunden.

■ **Finanzierungsregeln** zielen darauf ab

   ■ die Beziehungen zwischen Eigen- und Fremdkapital zu optimieren sowie

   ■ die Zahlungsbereitschaft des Unternehmens zu sichern.

■ Nach der **goldenen Finanzierungsregel** muss die **Bindung der Finanzmittel** (Investitionsdauer) mit der **Verfügbarkeit der Finanzmittel** (Finanzierungsdauer) übereinstimmen.

Kompetenztraining

66 Grundsätzliche Fragestellungen

1. Formulieren Sie zu den nachfolgenden Investitionsarten eine Entscheidungssituation!

   1.1 Erweiterungsinvestition

   1.2 Schutzinvestition

2. Erläutern Sie, wie sich Finanzierung und Investition in der Bilanz eines Unternehmens niederschlagen!

3. Erklären Sie an einem selbst gewählten Beispiel, warum bestimmte Unternehmensziele (z. B. Produktions-, Absatz- und Gewinnziel) nur dann erreichbar sind, wenn das Unternehmen angemessen mit Kapital ausgestattet ist!

67 Investitionsarten

1. Die Metallwarenfabrik Haller GmbH fertigt Auspuffanlagen für die Autoindustrie auf zwei Spezialmaschinen mit einer Monatskapazität von jeweils 400 Stück.

   Die Haller GmbH möchte in das Geschäft mit dem Zubehörhandel einsteigen. Deshalb soll eine alte Maschine durch eine computergesteuerte Universalmaschine ersetzt werden. Die neue Maschine hat die doppelte Kapazität der alten Maschine bei sinkenden Kosten.

   Aufgaben:

   1.1 Erläutern Sie je drei Argumente, die für und die gegen die Einführung einer anlageintensiven Fertigungsmethode sprechen!

   1.2 Nennen Sie die vorliegende Investitionsart!

2. Nennen Sie für die folgenden Investitionsentscheidungen jeweils die Investitionsart(en)!

   2.1 Die Ulmer Büromöbel AG beteiligt sich an der Büromöbelkette Bürohaus GmbH mit einem Geschäftsanteil von 500 000,00 EUR. Das sind 30 % des Stammkapitals.

2.2 In der Kantine der CLEAN-TEC OHG ist die Frischhaltetheke nach einer Nutzungsdauer von 6 Jahren ausgefallen. Die Geschäftsleitung entschließt sich, die Frischhaltetheke durch das gleiche Modell mit einem geringeren Energieverbrauch zu ersetzen.

2.3 Frauke Helsig ist Auszubildende bei der Firma Beauty Moments Emmy Reisacher e. Kfr. Emmy Reisacher beauftragt auf ihre Kosten ein Bildungsinstitut, welches Frauke Helsig an wöchentlich 2 Stunden den Unterrichtsstoff der kaufmännischen Berufsschule vertiefend erklärt.

2.4 Die Kramer GmbH erwirbt für ihre Buchhaltung ein neues Softwareprogramm für 26 800,00 EUR zur Bearbeitung der immer umfangreicheren Daten.

2.5 Die MicroTex Technologies GmbH gründet in China ein Zweigwerk. Die Garnproduktion beliefert die asiatischen Länder.

2.6 Aufgrund einer technischen Neuerung, muss die MicroTex Technologies GmbH ihre Garnmaschinen im Stammwerk umrüsten. Die Umrüstung verursacht Kosten in Höhe von 300 000,00 EUR.

2 Investitionsalternativen rechnerisch und durch Gegenüberstellung von Chancen und Risiken vergleichen

| KB 4 | **Lernsituation 2:** **Eine Investitionsentscheidung mittels statischer Rechenverfahren vorbereiten** |

In der Weber Metallbau GmbH steht neben der Anschaffung des Schweißautomaten als Ersatz für die manuellen Schweißgeräte (vgl. Lernsituation 1, S. 304) auch die Beschaffung einer zusätzlichen Rohrbiegemaschine an. Es stehen zwei Maschinentypen zur Auswahl:

Weber Metallbau GmbH

	Rohrbiegemaschine I	**Rohrbiegemaschine II**
Anschaffungskosten	266 500,00 EUR	351 000,00 EUR
Nutzungsdauer	6 Jahre	6 Jahre
Restwert	—	19 500,00 EUR
Gewinn pro Jahr	54 600,00 EUR	62 400,00 EUR

KOMPETENZORIENTIERTE ARBEITSAUFTRÄGE:

Arbeiten Sie die folgenden Kapitel des Schulbuches durch und verwenden Sie die Aufzeichnungen aus dem Unterricht zur Bearbeitung der Arbeitsaufträge!

1. Der Geschäftsleitung der Weber Metallbau GmbH liegen über die bisherige Kostenstruktur der Schweißerei folgende Zahlen vor: fixe Kosten je Monat 40 000,00 EUR, variable Stückkosten je Einheit 80,00 EUR.

   Die Kostenstruktur ändert sich nach Einführung des Industrieroboters wie folgt: fixe Kosten 70 000,00 EUR, variable Stückkosten 50,00 EUR. Bei voller Kapazitätsauslastung konnten bisher 2 000 Einheiten produziert werden.

   1.1 Berechnen Sie die Gesamtkosten und die Stückkosten beim Einsatz des Schweißautomaten (anlageintensives Verfahren) bei den Produktionsmengen 500, 1 000, 1 500 und 2 000 Stück und stellen Sie diese den Kosten des manuellen (arbeitsintensiven) Verfahrens in einer übersichtlich gestalteten Tabelle (evtl. unter Zuhilfenahme eines Kalkulationsprogramms) gegenüber!

   1.2 Ermitteln Sie die kritische Produktionsmenge, indem Sie rechnerisch die Absatzmenge ermitteln, bei der die Gesamtkosten für beide Verfahren gleich hoch sind!

2. Für die Rohrbiegemaschine erwartet die Geschäftsleitung eine Amortisationszeit von 3 Jahren.

   2.1 Ermitteln Sie die Amortisationszeit (auf zwei Nachkommastellen genau) für die beiden Rohrbiegemaschinen und treffen Sie eine Entscheidung!

   2.2 Beurteilen Sie die Aussagekraft der Amortisationsrechnung!

2.1 Grundsätzliches zur Investitionsrechnung

Ein Investor wird sich dann für die Durchführung einer Investition entscheiden, wenn sich das gebundene Kapital in einer Höhe verzinst, die er im Vergleich zu alternativen Anlagemöglichkeiten als ausreichend ansieht.

Eine Investition ist z. B. als lohnend anzusehen, wenn über den Nutzungszeitraum die aus der Investition fließenden **Einzahlungen**[1] **höher** sind als die damit verbundenen **Auszahlungen**.[2] Zudem muss der **Überschuss der Einzahlungen** eine **angemessene Verzinsung** des eingesetzten Kapitals ermöglichen.[3] Die Schwierigkeit für den Planer liegt in der Unsicherheit begründet, dass die durch das Investitionsobjekt bedingten zukünftigen Einzahlungen und Auszahlungen nicht exakt einzuschätzen sind.

- Die **Investitionsrechnung** hat die Aufgabe, alle **zahlenmäßig erfassbaren Daten** eines Investitionsobjekts zu sammeln und daraus eine **Beurteilung des Investitionsobjekts** abzuleiten.

- Die **wichtigsten Daten** für die Erstellung einer Investitionsrechnung sind die aus den Investitionsobjekten zu erwartenden **Einzahlungen** und **Auszahlungen** bzw. die zu erwartenden **Kosten**. Die Daten sind umso unsicherer, je weiter die Planung in die Zukunft weist.

Ziel der Investitionsrechnung ist, die **Investitionswahlentscheidung** zu **optimieren**. Man möchte feststellen, welches von mehreren sich gegenseitig ausschließenden Investitionsobjekten das vorteilhafteste ist.

2.2 Einsatz statischer Verfahren der Investitionsrechnung zum Vergleich von Investitionsalternativen

2.2.1 Begriff und Arten der statischen Verfahren der Investitionsrechnung

- Die **statischen Verfahren** beurteilen eine Investition aufgrund der anfallenden **Kosten**, der Höhe des möglichen **Gewinns**, der erzielbaren **Verzinsung** oder der zu erwartenden **Einzahlungen und Auszahlungen**.

- Unterschiede im Hinblick auf den **Zeitpunkt der Ein- und Auszahlungen** werden **nicht berücksichtigt.**

Im Folgenden werden vier Verfahren vorgestellt:

- die Kostenvergleichsrechnung,
- die Gewinnvergleichsrechnung,
- die Rentabilitätsvergleichsrechnung und
- die Amortisationsrechnung.

---

1 **Einzahlungen** führen zu einer Zunahme des Zahlungsmittelbestands.

2 **Auszahlungen** führen zu einer Abnahme des Zahlungsmittelbestands.

3 Man nennt die Investitionsrechnung deshalb auch **Wirtschaftlichkeitsrechnung.**
Das Kapitel stützt sich auf folgende Literatur:
Heinold, Michael: Investitionsrechnung, Studienbuch, 8. Aufl., München 1999.
Wöhe, Günter: Einführung in die Allgemeine Betriebswirtschaftslehre, 24. Aufl., München 2010.
Olfert/Reichel: Investition, 11. Auflage, Ludwigshafen 2009.

Für die Darstellung der einzelnen Verfahren verwenden wir das nachfolgende Investitionsvorhaben.

Beispiel:

Die Hohenlimburger Kaltstahl AG möchte eine moderne Presse zur Produktion von Formteilen beschaffen. Es liegen zwei Angebote vor, die von der Abteilung Controlling ausgewertet werden:

Angebot 1 (vollautomatische Presse)	**Angebot 2 (halbautomatische Presse)**
Anschaffungskosten 162 000,00 EUR, geplante Nutzungsdauer sechs Jahre, Restwert 12 000,00 EUR, geplante Leistungsmenge pro Jahr 18 000 Teile, Kapazitätsgrenze 28 000 Teile, Fixkosten pro Jahr: lineare Abschreibung, kalkulatorische Zinsen (Zinssatz 10 %) und sonstige Fixkosten in Höhe von 41 100,00 EUR, variable Kosten je Stück 9,50 EUR.	Anschaffungskosten 90 000,00 EUR, geplante Nutzungsdauer vier Jahre, kein Restwert, geplante Leistungsmenge pro Jahr 18 000 Teile, Kapazitätsgrenze 27 000 Teile, gesamte Fixkosten (einschließlich Abschreibungen und Zinsen [Zinssatz 10 %]) pro Jahr 29 000,00 EUR, variable Kosten je Stück 12,00 EUR.

Der Verkaufspreis für ein Formteil liegt zurzeit bei 14,00 EUR. Die Hohenlimburger Kaltstahl AG schreibt linear ab.

Aufgabe:

Werten Sie die beiden Angebote für das erste Wirtschaftsjahr mithilfe der statischen Verfahren der Investitionsrechnung aus!

2.2.2 Kostenvergleichsrechnung

2.2.2.1 Ermittlung und Vergleich der verursachten Kosten

Die Kostenvergleichsrechnung beurteilt Investitionsalternativen ausschließlich nach den von ihnen **verursachten Kosten**. Dabei soll sich der Investor für das Investitionsobjekt mit den geringsten Kosten entscheiden.

Die zur Beurteilung heranzuziehenden Kosten setzen sich zusammen aus den fixen[1] und variablen[2] Kosten.

$$K = K_{fix} + k_v \cdot x$$

- Zu den **variablen Kosten** zählen z. B. die Fertigungslöhne und die Materialkosten.
- Die **fixen Kosten** umfassen insbesondere die kalkulatorische Abschreibung und die kalkulatorischen Zinsen.

Mithilfe der **kalkulatorischen Abschreibung** wird der Werteverzehr des Investitionsobjekts erfasst. Dabei wird im Folgenden von einer linearen Abschreibung ausgegangen.

$$\text{Kalkulatorische Abschreibung} = \frac{\text{Wiederbeschaffungskosten}[3] - \text{Restwert}[4]}{\text{Nutzungsdauer}}$$

---

1 **Fixe Kosten** sind Kosten, die sich bei Änderung der Produktionsmenge in ihrer **absoluten Höhe nicht verändern**.

2 **Variable Kosten** sind Kosten, die sich bei Änderung der Produktionsmenge in ihrer **absoluten Höhe verändern**.

3 Bei Preisstabilität entsprechen diese den Anschaffungskosten.

4 Ein Restwert wird angesetzt, wenn am Ende der Nutzungsdauer ein Liquidationserlös (z. B. Schrottwert) anfällt.

Die **kalkulatorischen Zinsen** werden vom durchschnittlich gebundenen Kapital berechnet.

$$\text{Kalkulatorische Zinsen} = \frac{\text{durchschnittlich gebundenes Kapital} \cdot \text{Zinsatz}}{100}$$

$$\text{Durchnittlich gebundenes Kapital} = \frac{\text{Anschaffungskosten} + \text{Restwert}}{2}$$

- Bei der **Kostenvergleichsrechnung** vergleicht der Investor die **investitionsbedingten Kosten** der verschiedenen Investitionsalternativen in **einer Nutzungsperiode**.
- Der Investor wird sich dann für das Investitionsvorhaben mit den **geringsten Kosten** entscheiden.

Beispiel:

Wir greifen auf das Beispiel von S. 313 zurück.

Aufgabe:

Werten Sie die beiden Angebote für das erste Wirtschaftsjahr mithilfe der Kostenvergleichsrechnung aus!

Lösung:

	Angebot 1	Angebot 2
Fixkosten	74 800,00 EUR	29 000,00 EUR
+ variable Kosten	171 000,00 EUR	216 000,00 EUR
= Gesamtkosten	245 800,00 EUR	245 000,00 EUR

Nebenrechnungen zu Angebot 1:

$$\text{Kalkulatorische Abschreibung} = \frac{162\,000{,}00 - 12\,000{,}00}{6} = 25\,000{,}00 \text{ EUR/Jahr}$$

$$\text{Kalkulatorische Zinsen} = \frac{162\,000{,}00 + 12\,000{,}00}{2} \cdot \frac{10}{100} = 8\,700{,}00 \text{ EUR/Jahr}$$

$$\text{Gesamte Fixkosten} = 25\,000{,}00 + 8\,700{,}00 + 41\,100{,}00 = 74\,800{,}00 \text{ EUR/Jahr}$$

Ergebnis:

Unter dem Gesichtspunkt der Gesamtkosten hat die halbautomatische Presse (Angebot 2) bei einer Produktionsmenge von 18 000 Stück einen jährlichen Kostenvorteil von 800,00 EUR.

2.2.2.2 Berechnung der kritischen Produktionsmenge

Ist es unbestimmt, ob die angenommenen Absatzmengen erreicht werden können, muss die kritische Produktionsmenge (kritische Auslastung) ermittelt werden.

Die **kritische Produktionsmenge** gibt diejenige Produktionsmenge an, bei der die **Kosten für beide Anlagen gleich hoch** sind.

Beispiel:

Wir greifen auf das Beispiel von S. 313 zurück.

Aufgabe:

Ermitteln Sie die kritische Produktionsmenge der beiden Investitionsalternativen!

Lösung:

$$\text{Gesamtkosten Angebot 1} = \text{Gesamtkosten Angebot 2}$$
$$69\,580{,}00 + 9{,}50\,x = 23\,200{,}00 + 12\,x$$
$$2{,}5\,x = 46\,380$$
$$\underline{x = 18\,552}$$

Ergebnis:

Die kritische Produktionsmenge beträgt 18552 Stück. Werden weniger Teile produziert, lohnt sich unter Kostengesichtspunkten die halbautomatische Presse (Angebot 2); werden mehr Teile hergestellt, lohnt sich die vollautomatische Presse (Angebot 1).

Probe: Angebot 1: 69580,00 EUR + 176244,00 EUR = 245824,00 EUR

Angebot 2: 23200,00 EUR + 222624,00 EUR = 245824,00 EUR

Am Schnittpunkt der Kostenkurven gilt: Ein Investitionsobjekt (hier A_2) ist für alle Auslastungen kleiner als x_0 kostengünstiger, für alle Auslastungen größer als x_0 kostenungünstiger. Der Schnittpunkt selbst ist kostenneutral.

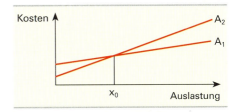

■ Je größer die Produktionsmenge ist, desto geringer ist der Fixkostenanteil je Stück.

■ Je niedriger die Produktionsmenge ist, desto höher ist der Fixkostenanteil je Stück.

2.2.2.3 Kritische Anmerkungen zur Kostenvergleichsrechnung

■ Die Kostenvergleichsrechnung lässt die **Erlöse außer Betracht**.

■ Die Kostenvergleichsrechnung gibt nur die **absolute Höhe der durch die Investition verursachten Kosten** an. Da die Kosten nicht in Beziehung zum eingesetzten Kapital gesetzt werden, lassen sich **keine Vergleiche mit alternativen Kapitalanlagen** anstellen.

■ Mithilfe der Kostenvergleichsrechnung lassen sich nur **sachlich ähnliche bzw. identische Investitionsobjekte** (z.B. Ersatzinvestitionen oder gleichartige Erweiterungsinvestitionen) **vergleichen**.

■ Wer eine Investitionsentscheidung aufgrund der Kostenvergleichsrechnung trifft, geht ein **erhebliches Risiko** ein, denn er kennt zwar das kostengünstigste Investitionsobjekt, weiß aber nicht, ob die erzielbaren Umsatzerlöse zur Kostendeckung ausreichen.

2.2.3 Gewinnvergleichsrechnung

2.2.3.1 Ermittlung und Vergleich des Periodengewinns

Ein grundlegender Mangel der Kostenvergleichsrechnung ist, dass nur die Kosten und die Produktionsmenge berücksichtigt werden. Diesen Mangel versucht die Gewinnvergleichsrechnung zu beheben, indem sie die Erlöse mit in die Rechnung einbezieht.

■ **Beurteilungsmaßstab** für eine Investitionsentscheidung ist der durch die Investition erzielte **Gewinn einer Nutzungsperiode**.

■ Die Alternative mit dem **höchsten Gewinn** gilt als die vorteilhafteste.

Wir greifen auf das Beispiel von S. 313 zurück.

Aufgabe:

Werten Sie die beiden Angebote für das erste Wirtschaftsjahr mithilfe der Gewinnvergleichsrechnung aus!

Lösung:

	Angebot 1	Angebot 2
Erträge	252 000,00 EUR	252 000,00 EUR
− Gesamtkosten[1]	245 800,00 EUR	245 000,00 EUR
= Gewinn	6 200,00 EUR	7 000,00 EUR

Ergebnis:

Die halbautomatische Presse (Angebot 2) hat bei einer Produktionsmenge von 18 000 Stück einen jährlichen Gewinnvorteil von 800,00 EUR.

2.2.3.2 Kritische Anmerkungen zur Gewinnvergleichsrechnung

- Es wird unterstellt, dass sich die **Gesamtproduktion** zum **geplanten Verkaufspreis** absetzen lässt.
- Die Gewinnvergleichsrechnung gibt nur die **absolute Höhe des durch die Investition erzielten Gewinns** an. Da der Gewinn nicht in Beziehung zum eingesetzten Kapital gesetzt wird, lassen sich **keine Vergleiche mit alternativen Kapitalanlagen** anstellen.
- Solange sich die Erzeugnisse beider Alternativen nur zum gleichen Preis verkaufen lassen, bedeutet der **Kostenvorteil** einer Alternative einen **Gewinnvorteil** in derselben Höhe.

2.2.4 Rentabilitätsvergleichsrechnung

2.2.4.1 Ermittlung und Vergleich der Rentabilität des Kapitaleinsatzes

- Beurteilungsmaßstab der **Rentabilitätsvergleichsrechnung** ist die Verzinsung des durchschnittlichen Kapitaleinsatzes.

$$\text{Gesamtrentabilität} = \frac{(\text{Gewinn} + \text{kalkulatorische Zinsen}) \cdot 100}{\text{durchschnittlicher Kapitaleinsatz}}$$

$$\text{Durchschnittlicher Kapitaleinsatz} = \frac{\text{Anschaffungskosten} + \text{Restwert}}{2}$$

- Die Alternative mit der höchsten Rentabilität gilt als die vorteilhafteste.

Beachte:

Da die **ermittelte Rentabilität** die **Rentabilität des Gesamtkapitals** ausdrückt, müssen die kalkulatorischen Zinsen für das Fremdkapital zum Gewinn hinzugezählt werden.

---

1 Siehe S. 314.

Beispiel:

Wir greifen auf das Beispiel von S. 313 zurück.

Aufgabe:

Werten Sie die beiden Angebote für das erste Wirtschaftsjahr mithilfe der Rentabilitätsvergleichsrechnung aus!

Lösung:

	Angebot 1	**Angebot 2**[1]
Rentabilität	$\dfrac{(6\,200 + 8\,700)\;\cdot\;100}{87\,000^{2}} = \underline{17{,}13\,\%}$	$\dfrac{(7\,000 + 4\,500^{3})\;\cdot\;100}{45\,000} = \underline{25{,}56\,\%}$

Ergebnis:

Die Rentabilität der halbautomatischen Presse (Angebot 2) ist höher als die der vollautomatischen Presse (Angebot 1). Unter dem Gesichtspunkt der Rentabilität sollte die Hohenlimburger Kaltstahl AG das Angebot 2 annehmen.

2.2.4.2 Kritische Anmerkungen zur Rentabilitätsvergleichsrechnung

■ Gegenüber der Gewinnvergleichsrechnung stellt die Rentabilitätsvergleichsrechnung eine Verbesserung dar, da sie auch den **Vergleich mit verschiedenartigen Investitionsprojekten ermöglicht.**

■ Die Rentabilitätsvergleichsrechnung hat allerdings die **gleichen Schwächen wie die Kosten- und Gewinnvergleichsrechnung,** da sie auf diesen Verfahren aufbaut.

2.2.5 Amortisationsrechnung

2.2.5.1 Ermittlung der Einzahlungsüberschüsse und Vergleich der Amortisationszeiten

Die **Amortisationsrechnung**[4] prüft, ob sich die Investition und ein Gewinn in dem vom Investor gewünschten Zeitraum erwirtschaften lässt oder nicht. Hierzu vergleicht sie, wie viele Perioden es dauert, bis die **Anschaffungsauszahlung** (der Kapitaleinsatz, die Anschaffungskosten) des einzelnen Investitionsobjektes durch den **Einzahlungsüberschuss (Einzahlungen – Auszahlungen)** zurückfließt. Die Investitionsentscheidung hängt folglich von der Zeitdauer **(Amortisationszeit, Wiedergewinnungszeit, Pay-off-Periode)** ab, über die die Anschaffungsauszahlung (Anschaffungskosten) wieder zurück in das Unternehmen fließen wird. Die Investition hat sich amortisiert, sobald die **Einzahlungsüberschüsse** die **Anschaffungsauszahlung** und die **laufenden Betriebskosten (auszahlungswirksame Kosten)** decken. Das Investitionsobjekt mit der kürzesten Amortisationszeit ist das vorteilhafteste.

---

1 Der nicht getätigte Kapitaleinsatz in Höhe von 36 000,00 EUR bei Angebot 2 müsste eigentlich in die Betrachtung der Alternativen einbezogen werden. Aufgrund des Bildungsplans wird auf die Differenzinvestition im Folgenden nicht eingegangen.

2 Durchschnittlicher Kapitaleinsatz $= \dfrac{162\,000\ +\ 12\,000}{2} = \underline{87\,000{,}00}$.

3 Kalkulatorische Zinsen $= \dfrac{90\,000\ \cdot\ 10}{2\ \cdot\ 100} = \underline{4\,500{,}00\ \text{EUR}}$.

4 **Amortisation:** Tilgung, Abzahlung.

Der **Einzahlungsüberschuss,** durch den sich das eingesetzte Kapital amortisiert, setzt sich aus zwei Faktoren zusammen: den **kalkulatorischen Abschreibungen (auszahlungsunwirksame Kosten)** und dem **Gewinn.**

■ Die Amortisationsrechnung beurteilt ein Investitionsobjekt nach der Amortisationszeit.

$$\text{Amortisationszeit} = \frac{\text{Anschaffungsauszahlung} - \text{Restwert}}{\text{jährlicher Gewinn} + \text{jährliche Abschreibungen}}$$

■ Die **Einzahlungsüberschüsse** setzen sich zusammen aus den **Kosten,** denen **keine Auszahlung** gegenübersteht (Abschreibungen), und dem Gewinn.

■ Die Alternative mit der kürzesten Amortisationszeit gilt als die vorteilhafteste.

Beispiel:

Wir greifen auf das Beispiel von S. 313 zurück.

Aufgabe:

Werten Sie die beiden Angebote für das erste Wirtschaftsjahr mithilfe der Amortisationsrechnung aus!

Lösung:

	Angebot 1	Angebot 2
Amortisationszeit	$\frac{162\,000 - 12\,000}{6\,200 + 25\,000} = \underline{\underline{4{,}81 \text{ Jahre}}}$	$\frac{90\,000}{7\,000 + 22\,500} = \underline{\underline{3{,}05 \text{ Jahre}}}$

Ergebnis:

Die Amortisationszeit der halbautomatischen Presse (Angebot 2) ist deutlich geringer als die Amortisationszeit der vollautomatischen Presse (Angebot 1). Unter dem Gesichtspunkt der Amortisationsdauer sollte die Hohenlimburger Kaltstahl AG das Angebot 2 annehmen.

2.2.5.2 Kritische Anmerkungen zur Amortisationsrechnung

■ Die Amortisationsrechnung will das Risiko einer Investition berücksichtigen. Die Amortisationszeit ist aber ein **sehr grober Risikomaßstab.**

■ Da die Gewinnentwicklung eines Investitionsobjekts nur während der Amortisationszeit betrachtet wird, erlaubt die Amortisationsrechnung **keine Aussage über die Rentabilität eines Investitionsobjekts.** Vielmehr ist es möglich, dass eine Alternative mit der höheren Rentabilität die längere Amortisationszeit hat.

■ Die **alleinige Berücksichtigung** des Kriteriums **Risikominimierung** kann unter dem Gesichtspunkt der Rentabilität zu Fehlentscheidungen führen.

2.3 Investitionsentscheidungen unter Berücksichtigung ökonomischer, ökologischer, sozialer und politischer Aspekte treffen

Die oben dargestellten Investitionsrechenverfahren berücksichtigen nur die ökonomischen Aspekte einer Investitionsentscheidung. Im Sinne der Nachhaltigkeit sind jedoch auch hier ökologische, soziale und politische Aspekte in den Entscheidungsprozess einzubeziehen.

Beispiel:

Wir greifen auf das Beispiel von S. 313 zurück. Auf Nachfrage bei den beiden Lieferanten erhalten wir noch folgende ergänzende Informationen:

Angebot 1: Die vollautomatische Presse erfordert lediglich bei Störungen oder für die Wartungsarbeiten einen Personaleinsatz. Sie arbeitet äußerst genau und zuverlässig. Ferner ist diese Presse bereits für eine digitale Vernetzung vorbereitet. Der Stromverbrauch liegt um 20 % höher als bei der halbautomatischen Presse.

Angebot 2: Für die Bedienung der halbautomatischen Presse ist permanent ein angelernter Arbeitnehmer erforderlich. Bei einer Fehlbedienung kann es leicht zu Ausschussprodukten kommen. Eine digitale Vernetzung des Halbautomaten ist nicht möglich.

Die Wirtschaftsinstitute rechnen aufgrund der Digitalisierung für die nächsten Jahre mit einem steigenden Wirtschaftswachstum. Ferner hat die Bundesregierung ein Programm zur Förderung der Digitalisierung aufgelegt.

Aufgabe:

Entscheiden Sie sich auf der Grundlage einer Entscheidungsbewertungstabelle, die alle vier Zieldimensionen der Nachhaltigkeit berücksichtigt, für eines der beiden Angebote!

Lösung:

ENTSCHEIDUNGSBEWERTUNGSTABELLE Investitionsentscheidung					
Kriterien	**Gewichtung der Kriterien**	**Entscheidungsalternativen**			
		Angebot 1		**Angebot 2**	
		Punkte	**gewichtete Punkte**	**Punkte**	**gewichtete Punkte**
1. Ergebnisse der Investitionsrechnung bei 18 000 Teilen	25	2	50	4	100
2. Kostenentwicklung bei steigender Produktionsmenge[1]	25	3	75	2	50
3. Ressourcenschonung (Energie, Rohstoffe)	15	3	45	3	45
4. Arbeitsplatzsicherheit	15	1	15	4	60
5. Digitalisierung der Wirtschaft	20	5	100	1	20
Summe	**100**		**285**		**275**

Hinweis zur Spalte Punkte: 5 ≙ sehr gut, 4 ≙ gut, 3 ≙ befriedigend, 2 ≙ ausreichend, 1 ≙ schlecht

Ergebnis:

Unter Berücksichtigung aller vier Zieldimensionen der Nachhaltigkeit dürfte das Unternehmen mit der Wahl des Angebots 1 besser für die Zukunft gerüstet sein.

---

1 Aufgrund der kritischen Produktionsmenge (vgl. S. 314) wird bei steigender Produktionsmenge der Vollautomat kostengünstiger.

Zusammenfassung

- **Aufgabe der Investitionsrechnung** ist es, die Vorteilhaftigkeit einer unternehmerischen Investitionsentscheidung zu beurteilen.

- Zu den **statischen Verfahren der Investitionsrechnung** gehören
  - die **Kostenvergleichsrechnung,**
  - die **Gewinnvergleichsrechnung,**
  - die **Rentabilitätsvergleichsrechnung** und
  - die **Amortisationsrechnung.**

- Die **statischen Verfahren** beurteilen ein Investitionsobjekt aufgrund der **Kosten,** des **Gewinns,** der **Rentabilität** bzw. der **Einzahlungen** und **Auszahlungen, ohne hierbei den Zeitpunkt** einer Einzahlung oder Auszahlung zu berücksichtigen.

- Die **kritische Produktionsmenge** gibt an, bei welcher Menge die Gesamtkosten von zwei Investitionsalternativen gleich hoch sind.

Kompetenztraining

68 Verschiedene statische Verfahren im Vergleich

Die Aggregatebau Stuttgart GmbH beabsichtigt eine neue Anlage anzuschaffen, um die Kapazität zu erweitern. Für die vorliegenden Angebote: Halbautomat (Angebot 1) bzw. Vollautomat (Angebot 2) liegen die folgenden Daten vor.

	Angebot 1	Angebot 2
Anschaffungskosten	130 000,00 EUR	364 000,00 EUR
geplante Nutzungsdauer	6 Jahre	8 Jahre
geplante Leistungsmenge	20 800 Stück/Jahr	20 800 Stück/Jahr
Kapazitätsgrenze	26 000 Stück/Jahr	26 800 Stück/Jahr
gesamte Fixkosten/Jahr	41 600,00 EUR	101 400,00 EUR
variable Kosten je Stück	11,40 EUR	8,90 EUR
Verkaufspreis je Stück	14,20 EUR	14,20 EUR

Aufgaben:

1. Führen Sie eine Kostenvergleichsrechnung mit Gesamtkosten durch!

2. Berechnen Sie die kritische Produktionsmenge und geben Sie an, ab welcher Stückzahl sich der Halbautomat bzw. der Vollautomat lohnen würde!

3. Führen Sie eine Gewinnvergleichsrechnung und eine Rentabilitätsvergleichsrechnung durch!

4. Ermitteln Sie die Amortisationsdauer der beiden Angebote! (Die kalkulatorische Abschreibung erfolgt linear von den Anschaffungskosten!)

5. Beurteilen Sie die Kostenvergleichsrechnung sowie die Rentabilitätsvergleichsrechnung!

69 Vorbereitung von Investitionsentscheidungen

1. Die Hans Seifritz OHG möchte für ihre Werkzeugfabrik eine kleine Presse beschaffen. Es liegen drei Angebote vor.

	I₁	I₂	I₃
Anschaffungskosten	115 000	230 000	140 000
Liquidationserlös	15 000	30 000	20 000
Nutzungsdauer	10	10	10
Leistung je Periode (Teile)	20 000	24 000	24 000
kalk. Abschreibung (linear)	*10 000*	*20 000*	*12 000*
kalk. Zinsen (10 %)	*6 500*	*13 000*	*8 000*
sonstige fixe Kosten	250	500	400
Summe fixe Kosten	*16 750*	*33 500*	*20 400*
Lohnkosten Materialkosten sonstige variable Kosten	27 000 2 500 3 900	11 200 3 000 1 800	24 000 3 000 3 000
Summe variable Kosten	*33 40*	*16 000*	*30 000*
variable Kosten pro Leistungseinheit	*1,67*	*0,67*	*1,25*
Gesamtkosten	*50 150*	*49 500*	*50 400*
Kosten pro Leistungseinheit	*2,51*	*2,06*	*2,01*

Aufgaben:

1.1 Berechnen Sie die in der Tabelle fehlenden Kostenbestandteile und entscheiden Sie sich für ein Investitionsobjekt!

1.2 Der Betriebsrat protestiert gegen die kostenorientierte Entscheidung, da sie einem Mitarbeiter den Arbeitsplatz kostet. Begründen Sie, welche Mittel aus der Sicht des Betriebsrats sozial am verträglichsten wären!

2. Die Fritz Weishaupt GmbH möchte eine alte Druckmaschine durch eine neue Anlage ersetzen. Der Liquidationserlös für die alte Druckmaschine liegt im laufenden Geschäftsjahr bei 20 000,00 EUR und im folgenden Geschäftsjahr bei 10 000,00 EUR. Die Betriebskosten belaufen sich auf 10 000,00 EUR.

   Die Anschaffungskosten der neuen Anlage betragen 100 000,00 EUR, die Nutzungsdauer 10 Jahre. Der Liquidationserlös am Ende der Nutzungsdauer wird mit 10 000,00 EUR angenommen. Die Betriebskosten belaufen sich auf 8 000,00 EUR. Die Abschreibung erfolgt linear.

   Es wird mit einem Zinssatz von 10 % gerechnet. Die Auslastung der alten Druckmaschine und der neuen Anlage ist gleich hoch.

   Aufgaben:

   2.1 Berechnen Sie die Kosten für die alte und die neue Druckmaschine im laufenden Geschäftsjahr!

   2.2 Begründen Sie, unter welchen Umständen es dennoch sinnvoll sein kann, die alte Druckmaschine im laufenden Geschäftsjahr durch die neue Anlage zu ersetzen!

3. Die Filtec GmbH hat ein spezielles Verfahren entwickelt. Dabei wird einem Gewebe aus Mikrofaser eine hauchdünne Schicht aufgedampft, welche die UV-Strahlung der Sonne in Wärme umwandelt. Vor allem die Hersteller von Outdoor-Bekleidung sind an diesem

321

21 Speth u.a. - ISBN 978-3-8120-0594-4

Gewebe interessiert, weil sie hierfür eine Fülle neuer Anwendungsmöglichkeiten in einem stabilen Zukunftsmarkt sehen.

Über die Anschaffung einer Bedampfungsanlage ist zu entscheiden. Der Seniorchef der Filtec GmbH erwartet, dass die Investition eine Soll-Amortisationszeit von 4 Jahren nicht überschreitet.

Über die neue Bedampfungsanlage sind folgende Daten bekannt:

Anschaffungswert	2 700 000,00 EUR
Wiederbeschaffungswert	3 000 000,00 EUR
voraussichtliche Nutzungsdauer	6 Jahre
Kalkulationszinsfuß	12 %
übrige Fixkosten pro Jahr	62 800,00 EUR
variable Kosten/Std.	180,00 EUR
Erlös aus einer Stunde Betriebszeit	460,00 EUR

Da das Unternehmen im Zweischichtbetrieb arbeitet, beträgt die geplante Laufzeit der Anlage 3 900 Std. pro Jahr. Aufgrund der hohen Wartungsintensität könnten 10 % der geplanten Laufzeit nicht genutzt werden.

Aufgabe:

Ermitteln Sie die Amortisationszeit der Bedampfungsanlage und entscheiden Sie, ob unter Berücksichtigung der Soll-Amortisationszeit die Anlage angeschafft wird!

4. Die Holzfabrik Reutlinger GmbH in Albris prüft die Anschaffung einer vollautomatischen Fertigungslinie zur Holzbearbeitung.

Anschaffungswert	6 000 000,00 EUR
Wiederbeschaffungswert	6 400 000,00 EUR
voraussichtliche Nutzungsdauer	8 Jahre
variable Kosten pro Stunde	1 500,00 EUR
übrige Fixkosten pro Jahr	580 000,00 EUR
Betriebsleistung in m³ Holz pro Stunde	20 m³
Verkaufserlös pro m³ Holz, bearbeitet	130,00 EUR
Maschinenlaufzeit/Jahr	1 900 Stunden

Aufgaben:

4.1 Die Geschäftsleitung der Holzfabrik Reutlinger GmbH setzt eine Soll-Amortisationszeit von 3,5 Jahren voraus. Prüfen Sie, ob unter dieser Voraussetzung die Investition befürwortet werden kann!

4.2 Ermitteln Sie, welcher Verkaufserlös sich am Markt durchsetzen lassen müsste, damit die Investition ihre Soll-Amortisationszeit gerade erreicht!

3 Verschiedene Arten der Kreditfinanzierung vergleichen

3.1 Begriff und Arten der Kreditfinanzierung

3.1.1 Begriff Kreditfinanzierung

Zur Durchführung von Investitionen muss Kapital beschafft und bereitgestellt werden. Dies ist Aufgabe der Finanzierung.

Finanzierung ist die Bereitstellung von **finanziellen Mitteln** zur Durchführung des **betrieblichen Leistungsprozesses** sowie aller **sonstigen finanziellen Vorgänge**.

Reichen die eigenen Finanzmittel des Unternehmens zur Finanzierung nicht aus, ist das Unternehmen darauf angewiesen, Geld von Fremden **(Kredit)**[1] aufzunehmen. Diese Fremdmittel stellen u. a. Banken, Versicherungen, Privatpersonen, evtl. sogar der Staat, meistens gegen Zinszahlung zur Verfügung.

Kreditfinanzierung kann außer mit Geldmitteln auch mit Sachmitteln erfolgen. Kreditgeber für Geldmittel sind insbesondere die Banken (z. B. Kontokorrentkredit, Darlehen) und die Lieferanten (Lieferantenkredite). Eine wichtige Möglichkeit der Kreditfinanzierung mit Sachmitteln ist das Leasing.[2]

- Ein **Kredit** ist die zeitweilige Überlassung von Geld oder Sachgütern im Vertrauen darauf, dass der Kreditnehmer den Kredit fristgerecht zurückbezahlt.

- **Kreditfinanzierung (Fremdfinanzierung)** ist die Beschaffung fremder Finanzmittel für eine bestimmte Zeit. Sie führt zur Bildung bzw. Erhöhung von **Fremdkapital**.

Beispiel:

Nehmen wir an, die eigenen Mittel von Karsten Kalle und die einbehaltenen Gewinne des Autohauses reichen zur Finanzierung des Reifenlagers nicht aus. Gehen wir weiter davon aus, dass die Einzelunternehmung bestehen bleiben soll. In diesem Fall ist das Unternehmen darauf angewiesen, Geld von Fremden **(Kredit)** aufzunehmen.

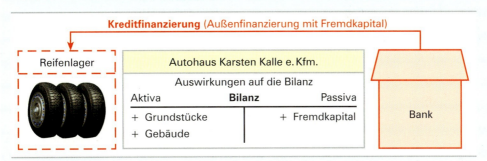

3.1.2 Kreditarten nach der Laufzeit und den wichtigsten Quellen der Fremdmittel

Quellen der Fremdmittel \ Laufzeit	Kurzfristige Kredite	Mittel- und langfristige Kredite
Lieferer	■ Lieferantenkredit	
Kreditinstitut	■ Kontokorrentkredit	■ Bankdarlehen

---

1 Der Begriff **Kredit** kommt vom lateinischen Wort *credere*: glauben, vertrauen.

2 Vgl. hierzu Kapitel 3.5, S. 350 ff.

3.2 Im Rahmen der kurzfristigen Fremdfinanzierung Kontokorrentkredit und Lieferantenkredit vergleichen

<table>
<tr><td>KB 4</td><td>Lernsituation 3: Prüfen, ob die Bezahlung einer Eingangsrechnung unter Skontoabzug bei gleichzeitiger Inanspruchnahme eines Kontokorrentkredits sinnvoll ist</td></tr>
</table>

Die Ulmer Büromöbel AG hat von der Naturholz AG Augsburg Spanplatten bezogen. Die Rechnung ist am 25.06.20.. eingegangen.

Naturholz AG Augsburg 〉 Holzmöbel nach Maß

〉 NATURHOLZ AG › Lindenstraße 15 › 86153 Augsburg

Ulmer Büromöbel AG
Industriepark 5
89079 Ulm

Bei Rückfragen bitte stets angeben:

Kundennummer: 4711
Rechnungsnummer: H 345376
Rechnungsdatum: 25.06.20..

Lieferdatum: 24.06.20..

Telefon: 0821 347681

Rechnung-Nr.: H 345376

Pos.	Menge	Bezeichnung	Einzelpreis EUR	Gesamtpreis EUR
1	46	Spanplatten 19 mm	40,25	1 851,50
		− 20% Lieferrabatt		370,30
				1 481,20
		− 5% Jubiläumsrabatt		74,06
				1 407,14
		+ 19% USt		267,36
		Rechnungsbetrag		1 674,50

Zahlungsziel: 20 Tage ab Rechnungsdatum!
Bei Zahlung innerhalb von 7 Tagen ab Rechnungsdatum 2% Skonto!

〉 NATURHOLZ AG
Lindenstraße 15
86153 Augsburg
Telefon
0821 347681

KOMPETENZORIENTIERTER ARBEITSAUFTRAG:

Arbeiten Sie die folgenden Kapitel des Schulbuches durch und verwenden Sie die Aufzeichnungen aus dem Unterricht zur Bearbeitung des Arbeitsauftrags!

Sie sind als Praktikant in der Ulmer Büromöbel AG beschäftigt und werden vom Einkaufsleiter beauftragt zu ermitteln, ob es sinnvoll ist, die Rechnung unter Abzug des Skontosatzes zu begleichen.

Rechnen Sie dazu den Skontosatz in einen Jahreszinsfuß um und ermitteln Sie einen eventuellen Finanzierungsgewinn, wenn die Ulmer Büromöbel AG für die Zahlung einen Kontokorrentkredit mit einer Verzinsung von 9 % in Anspruch nimmt!

3.2.1 Kontokorrentkredit

3.2.1.1 Begriff Kontokorrentkredit

Das Prinzip des **Kontokorrents**[1] besteht darin, dass sich beide Vertragspartner ihre **gegenseitigen Forderungen** stunden und in regelmäßigen Zeitabständen (meist vierteljährlich oder halbjährlich) gegeneinander **aufrechnen**. Schuldner ist jeweils die Partei, zu deren Ungunsten der Saldo des Kontokorrentkontos steht. Der Saldo (Ergebnis der Aufrechnung) wird auf die neue Rechnungsperiode vorgetragen. Damit gehen die verschiedenen Forderungen unter, d.h., dass nur noch der Saldo eingeklagt werden kann [§ 355 HGB].

Schließen eine Bank und ein Bankkunde (z.B. ein Unternehmen) einen **Kreditvertrag** ab, dem das Kontokorrentprinzip zugrunde gelegt ist, so liegt ein **Kontokorrentkredit** vor.

Der **Kontokorrentkredit** ist ein Kredit in laufender Rechnung zwischen zwei Vertragspartnern, i.d.R. zwischen einer Bank und einem Bankkunden.

3.2.1.2 Wirtschaftliche Merkmale

Der Kontokorrentkredit bei einer Bank dient der **Abwicklung aller eingehenden und ausgehenden Zahlungen** (z.B. Zahlungsaufträge für Miete, für Rechnungen, für Gehaltszahlungen). Er sichert damit die Zahlungsbereitschaft. Der Kreditnehmer kann bis zur Kreditobergrenze (Kreditlimit), die im Kreditvertrag vereinbart ist, frei über das Kontokorrentkonto verfügen.

Der Saldo auf dem Konto ist, je nach Umfang der eingehenden und ausgehenden Zahlungen, ständigen Schwankungen unterworfen. So entsteht ein Kontokorrent, d.h. eine laufende Rechnung, die ein **wechselseitiges Schuld- und Guthabenverhältnis** darstellt.

---

1 **Kontokorrent** heißt wörtlich „laufendes Konto", weil sich i.d.R. der Kontostand verändert. Rechtlich ist das Kontokorrentkonto geregelt in den §§ 355ff. HGB.

Weist das Konto ein **Guthaben** aus, erhält der Kunde **Habenzinsen**.[1] Wird ein **Kredit** beansprucht, müssen **Sollzinsen** an die Bank entrichtet werden. Aus der Sicht der Bank ist „Bewegung" auf dem Kontokorrentkonto erwünscht, denn Anzahl und Umfang der Bewegungen werden als Maßstab für die wirtschaftliche Aktivität des Unternehmens gewertet. Gleichbleibende Haben- oder Sollsalden widersprechen dem Sinn des Kontokorrentkredits.

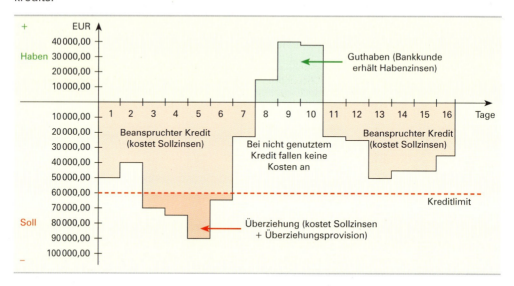

Auf dem Kontokorrentkonto werden die täglichen Ein- und Ausgänge aufgezeichnet und in einem **Kontoauszug** festgehalten. Die Ein- und Ausgänge werden gegeneinander aufgerechnet **(saldiert)** und dem bisherigen Kontostand zugerechnet. Rechtlich gesehen kann die Bank immer nur den **Sollsaldo fordern.**

Der Kontokorrentkredit kann zeitlich begrenzt oder bis zur Kündigung in Anspruch genommen werden. Er ist formal **kurzfristig** bzw. **kurzfristig kündbar,** kann aber durch ständige Prolongation (Verlängerung) über längere Zeiträume laufen. Durch diese enge, langfristige Verflechtung von Bank und Unternehmen wird die Kredit gebende Bank zur „Hausbank".

- Beim Kontokorrent stunden sich beide Vertragspartner ihre **gegenseitigen Forderungen** und rechnen sie in **regelmäßigen Zeitabständen** (meist vierteljährlich oder halbjährlich) **gegeneinander auf.** Schuldner ist jeweils die Partei, zu deren Ungunsten der Saldo des Kontokorrentkontos steht.

- Der **Saldo** (Ergebnis der Aufrechnung) wird auf **neue Rechnung vorgetragen.** In ihm gehen die verschiedenen Forderungen unter, d. h. dass nur der Saldo eingeklagt werden kann.

---

1 Bei den meisten Banken werden Habenzinsen erst dann vergütet, wenn das Guthaben vierteljährlich einen bestimmten **Durchschnittsbetrag** (z. B. von 3 000,00 EUR) erreicht.

(1) Kreditkosten

Üblich sind folgende Vereinbarungen:

Zinsen	Sie werden jeweils **vom in Anspruch genommenen Kredit** berechnet. Die Zinsbelastung passt sich somit der täglichen Veränderung des beanspruchten Kredits an. Die Zinsen werden in der Regel monatlich dem Konto belastet bzw. gutgeschrieben. Die Kosten des Kontokorrentkredits sind hoch, da der Sollzinssatz für den Kreditsaldo erheblich höher ist als der Habenzinssatz für den Guthabensaldo.
Überziehungs-zinsen	Sie werden berechnet, wenn der Kunde **ohne vorherige Krediteinräumung** einen Kredit beansprucht bzw. seine ihm eingeräumte **Kreditgrenze überschreitet**. Die Überziehungsprovision beträgt im Normalfall 1,5 %–3 % p. a. und wird **zusätzlich** zu den Sollzinsen in Rechnung gestellt.
Gebühren	Um die Kosten des Zahlungsverkehrs zu decken, werden in der Regel Gebühren (z. B. für die Kontoführung und die einzelnen Buchungen) sowie die anfallenden Postentgelte berechnet.

(2) Vorteile des Kontokorrentkredits für die Kreditnehmer

Für die Kreditnehmer ergeben sich folgende Vorteile:

- Die Inanspruchnahme des Kredits entspricht dem jeweiligen Fremdkapitalbedarf.
- Kreditzinsen werden nur vom jeweiligen Sollsaldo berechnet. Dadurch können – im Vergleich zum Darlehen – Zinskosten eingespart werden.
- Es bestehen vielfache Verwendungsmöglichkeiten im Betrieb, z. B. Finanzierung der Produktion, Überbrückung von zeitweiligen Liquiditätsanspannungen, Ausnutzen von Skontierungsfristen.
- Der Kredit steht bei gegebener Kreditwürdigkeit durch ständige Prolongationen (Verlängerung) meist über viele Jahre zur Verfügung.

3.2.2 Lieferantenkredit (Warenkredit)

3.2.2.1 Begriff Lieferantenkredit

- Der **Lieferantenkredit** entsteht durch die Lieferung einer Ware, wobei Zeitpunkt der Warenlieferung und Zeitpunkt der Zahlung auseinanderfallen, weil der Lieferant (Verkäufer) seinem Kunden ein **Zahlungsziel** einräumt.

- Die Besonderheit dieser Kreditart besteht darin, dass keine Geldmittel gezahlt werden, sondern die Krediteinräumung über eine **Verzögerung der Zahlung** gewährt wird.

Der Lieferantenkredit ist für den Schuldner eine sehr angenehme und bequeme Art der **kurzfristigen Fremdfinanzierung.** Der Warenkredit wird meistens ohne besondere Formalität, ohne besondere Kreditwürdigkeitsprüfung, ohne Kreditverhandlungen, in der Regel ohne Sicherheiten – abgesehen vom Eigentumsvorbehalt – gewissermaßen „nebenbei" aufgrund eines Kreditkaufs gewährt.

3.2.2.2 Umwandlung des Skontosatzes in einen Zinssatz

Die Kosten des Lieferantenkredits sind im Skonto, der bei Zahlung innerhalb der Skontierungsfrist gewährt wird, „versteckt". Der Skonto ist die Vergütung für den Verzicht auf das vom Lieferanten gewährte Zahlungsziel. Da der Skonto in einem Prozentsatz, die Kosten für andere Kreditarten aber in einem Zinssatz angegeben werden, ist ein Kostenvergleich nur möglich, wenn man den Prozentsatz für den Skonto in einen Jahreszinssatz (Jahreszinsfuß) umwandelt.

Beispiel 1:

Ein Großhändler erhält aufgrund einer Lieferung eine Rechnung über 2 000,00 EUR. Die Zahlungsbedingungen lauten: zahlbar innerhalb von 10 Tagen mit 2 % Skonto oder Zahlungsziel 30 Tage rein netto.

Aufgabe:

Ermitteln Sie, welchem Jahreszinsfuß der gewährte Skonto von 2 % entspricht!

Dauer des Lieferantenkredits
20 Tage

Um den Skonto in Anspruch nehmen zu können, genügt es, wenn die Rechnung am 10. Tag nach der Ausstellung beglichen wird. Der Skonto wird also dafür gewährt, dass 20 Tage vor Ablauf des Zahlungsziels gezahlt wird. Unter Berücksichtigung, dass sich der Zinssatz immer auf ein Jahr (360 Tage) bezieht, erhalten wir für die Umrechnung des Skontosatzes in einen Jahreszinssatz folgenden Ansatz.

Lösung:

In 20 Tagen erhalten wir 2 %
In 360 Tagen erhalten wir x %

$$x = \frac{2 \cdot 360}{20} = \underline{\underline{36\,\%}}$$

Ergebnis:

Dem Skontosatz von 2 % für 20 Tage entspricht nach einer allgemein angewandten groben **Faustformel** ein Zinssatz von 36 %.

$$\text{Zinssatz} = \frac{\text{Skontosatz} \cdot 360}{(\text{Zahlungsziel} - \text{Skontofrist})}$$

Bei einer genauen Umrechnung des Skontosatzes in einen Zinssatz ist im Zähler statt des Skontosatzes der Skontobetrag und im Nenner die effektiv beanspruchte Kredithöhe in die Berechnungsformel einzubeziehen.

$$\text{Zinssatz} = \frac{\text{Skontobetrag} \cdot 100 \cdot 360}{(\text{Rechnungsbetrag} - \text{Skontobetrag}) \cdot (\text{Zahlungsziel} - \text{Skontofrist})}$$

Fehlt ein absoluter Betrag, dann kann folgende Formel angewandt werden:

$$\text{Zinssatz} = \frac{\text{Skontosatz} \cdot 360}{\frac{100 - \text{Skontosatz}}{100} \cdot (\text{Zahlungsziel} - \text{Skontofrist})}$$

3.2.2.3 Kosten des Lieferantenkredits im Vergleich zu den Kosten des Kontokorrentkredits

Für den Lieferantenkredit wird direkt kein Zins bezahlt. Allerdings ist er nur in der Zeit zwischen dem Rechnungseingang und dem Ablauf der Skontierungsfrist „kostenlos". Wird die Skontierungsfrist überschritten, ist der Lieferantenkredit der teuerste Kredit überhaupt.

Der Zins ist im Skontoabzug „versteckt", der bei vorzeitiger Bezahlung (innerhalb der Skontierungsfrist) gewährt wird.

Beispiel:

Die Weber Metallbau GmbH hat eine Lieferantenrechnung über 57 500,00 EUR erhalten, für die folgende Zahlungsbedingungen gelten: 3 % Skonto innerhalb von 10 Tagen oder 60 Tage netto.

Auf ihrem Kontokorrentkonto hat die Weber Metallbau GmbH mit ihrer Bank ein Kreditlimit von 100 000,00 EUR bei 12 % Sollzinsen vereinbart, das erst zu 30 % ausgeschöpft ist.

Aufgabe:

Ermitteln Sie, ob sich die Ausnutzung des Kontokorrentkredits lohnt!

Lösung:

	Rechnungsbetrag	57 500,00 EUR
−	3 % Skonto	1 725,00 EUR
=	Zahlung (benötigter Kredit)	55 775,00 EUR

Kreditzinsen: $\quad \text{Zinsen} = \dfrac{55\,775 \cdot 12 \cdot 50}{100 \cdot 360} = \underline{929,58 \text{ EUR}}$

Ergebnis:

Die Ausnutzung des Kredits lohnt sich. Es entsteht ein Skontogewinn in Höhe von 1 725,00 EUR − 929,58 EUR = 795,42 EUR.

3.2.2.4 Bedeutung des Lieferantenkredits

Für den Lieferanten	Für den Kunden
■ Frühzeitiger Erhalt des Zahlungsbetrags.	■ Warenkredit zwischen Wareneingang und Ablauf der Skontofrist kostenlos.
■ Einsatz des Zahlungsbetrags für anstehende Ausgaben.	■ Vorteilhaft bei angespannter Zahlungsfähigkeit.
■ Eventuell notwendige Mahnschreiben entfallen.	■ Finanzierungsmöglichkeit, wenn Aufnahme eines Bankkredits kurzfristig nicht möglich ist.
■ Eventuell Hinweis auf schwierige Liquiditätslage des Kunden.	

Zusammenfassung

■ Beim **Kontokorrent** werden die aus einer Geschäftsverbindung (z.B. Bankkunde und Bank) entstehenden beiderseitigen Forderungen in Rechnung gestellt. In regelmäßigen Zeitabständen erfolgt eine Verrechnung und daran anschließend der Ausgleich des sich ergebenden Saldos durch den Schuldner.

■ Der **Kontokorrentkredit** passt sich kurzfristig den jeweiligen Kreditbedürfnissen des Kunden an und soll vor allem die Mittel für den laufenden Zahlungsverkehr sichern. Es handelt sich um einen Kredit in laufender Rechnung, d.h., Rückzahlung und Inanspruchnahme wechseln sich laufend ab. Die Bank fordert die Zinsen nur für die jeweils beanspruchte Kreditsumme.

■ Zum **Ablauf eines Kontokorrentkredits** siehe Schema S. 326.

■ Der **Lieferantenkredit (Warenkredit)** setzt ein Warengeschäft voraus. Er entsteht dadurch, dass der Lieferant dem Kunden ein Zahlungsziel einräumt.

■ Die Kosten des Lieferantenkredits sind im Skonto, der bei Zahlung innerhalb der Skontierungsfrist gewährt wird, „versteckt". Diese Kreditart verursacht einen hohen Zinsaufwand, wenn die Skontofrist überschritten wird.

■ Die Skontogewährung stellt einen Anreiz zur frühzeitigen Bezahlung dar. Der Lieferantenkredit wird dann in Anspruch genommen, wenn ein Unternehmen über wenig liquide Finanzmittel verfügt.

Kompetenztraining

70 Lieferanten- und Kontokorrentkredit

1. Erläutern Sie dem Inhaber der Schreinerei Schiebel e.K., wie der Lieferantenkredit zustande kommt!

2. 2.1 Begründen Sie, ob die Aussage, dass der Lieferantenkredit innerhalb der Skontierungsfrist kostenlos ist, zutreffend ist!

   2.2 Erläutern Sie, worin die Verzinsung eines Lieferantenkredits besteht!

   2.3 Berechnen Sie den Jahreszinssatz für einen Lieferantenkredit bei folgenden Konditionen: *„Zahlbar innerhalb von 10 Tagen unter Abzug von 2,5 % Skonto oder innerhalb von 40 Tagen ohne Abzug"!*

3. Angenommen, ein Kontokorrentkredit kostet 12 % p.a. Eine Warenlieferung über 90 000,00 EUR wird unter folgenden Zahlungsbedingungen geliefert:

   3.1 *„Zahlbar innerhalb von 30 Tagen netto Kasse oder 3 % Skonto bei Zahlung innerhalb von 10 Tagen."*

   3.2 *„Zahlbar innerhalb von 14 Tagen netto Kasse oder 2 % Skonto innerhalb von 7 Tagen."*

   3.3 *„Zahlbar innerhalb von 3 Wochen oder $1^{1}/_{4}$ % Skonto innerhalb einer Woche."*

   Aufgabe:

   Vergleichen Sie die Kreditkosten bei Aufnahme eines Kontokorrentkredits mit denen des Lieferantenkredits in den Fällen 3.1 bis 3.3 in Euro und in Prozent!

71 Ausnutzung von Skonto

1. Interpretieren Sie folgenden Kontoauszug!

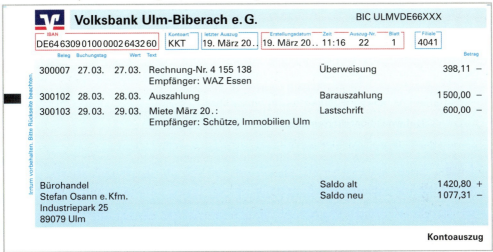

2. Stefan Osann e. Kfm. werden von einem Lieferer für eine Rechnung über 8 125,00 EUR folgende Zahlungsbedingungen eingeräumt: *„Zahlbar innerhalb 30 Tagen netto oder innerhalb 10 Tagen mit 3 % Skonto."*

Aufgaben:

2.1 Berechnen Sie, welchem Jahreszinsfuß der Skontosatz von 3 % entspricht!

2.2 Berechnen Sie, welchen Betrag Stefan Osann e. Kfm. bei Ausnutzung des Skontos spart, wenn er für die Zahlung einen Kontokorrentkredit mit der Verzinsung von 9,5 % in Anspruch nimmt!

3.3 Mittel- und langfristige Kreditfinanzierung vergleichen

| KB 4 | **Lernsituation 4: Ausgewählte Darlehensbedingungen aus einem Darlehensvertrag herausarbeiten** |

Die Beauty Moments Emmy Reisacher e. Kfr. möchte die Einrichtung eines Wellnessbereichs mit einer Investitionssumme von 180 500,00 EUR durch Aufnahme eines Darlehens bei der Sparkasse Ulm finanzieren.

Auszug aus dem Darlehensvertrag

Sparkasse Ulm

Darlehen mit anfänglichem Festzins

Konto-Nr.:	600 344 856
Datum:	29. April 2018

Beauty Moments Emmy Reisacher e. Kfr., Neuwerk 10, 89079 Ulm

– nachstehend der Darlehensnehmer genannt – erhält/erhalten von der Sparkasse zu folgenden Bedingungen ein Darlehen im Nennwert von

180 500,00 EUR

Gutschriftskonto: 346 489   *Belastungskonto:* 346 489

1 Darlehenskosten, Rückzahlung

1.1 Verzinsung: Das Darlehen ist mit jährlich 3,5 v. H. zu verzinsen. Dieser Zinssatz ist bis zum 30.04.2023 unveränderlich. Frühestens sechs Wochen, spätestens bis zwei Wochen vor Ablauf der Zinsbindungsfrist kann jede Partei verlangen, dass über die Bedingungen für die Darlehensgewährung (Zinssatz, Disagio u. ä.) neu verhandelt wird. Werden bis zum Ablauf der Zinsbindungsfrist keine neuen Darlehensbedingungen vereinbart, so läuft das Darlehen zu veränderlichen Konditionen weiter. Es gilt der von der Sparkasse für Darlehen dieser Art festgesetzte Zinssatz. Bei Änderungen der Marktlage ist sie berechtigt, die Zinsen mit sofortiger Wirkung durch Erklärung gegenüber dem Darlehensnehmer zu senken oder zu erhöhen.

1.2 Die Sparkasse erhebt ein **Disagio** von – – – – und eine einmalige **Bearbeitungsprovision** von – – – – . Beide Beträge werden bei der ersten Auszahlung von der Sparkasse verrechnet. Die Bearbeitungsgebühr wird bei vorzeitiger Rückzahlung des Darlehens nicht – auch nicht teilweise – erstattet.

Der **Nettokreditbetrag** beträgt 180 500,00 EUR .

1.3 Preisrechtliche Angaben

Der anfängliche effektive Jahreszins beträgt 3,55[1] v. H. . Es wurden verrechnet:

⋮   ⋮   ⋮

1.7 Rückzahlung und Zahlungstermine: Alle fälligen Beträge werden jeweils dem oben bezeichneten Belastungskonto belastet. **Zinsen** sind erstmals an dem auf die erste Auszahlung folgenden Zahlungstermin zu zahlen.

Das Darlehen ist in einer Summe zum Ablauftermin am 30. April 2023 zurückzuzahlen.
Die Zinsen sind in Teilbeträgen jeweils am Quartalsende zu zahlen.

⋮   ⋮   ⋮   ⋮

8 Offenlegungs- und Auskunftspflicht

Der Darlehensnehmer hat der Sparkasse, einem von dieser beauftragten Treuhänder oder ihrer zuständigen Prüfungsstelle jederzeit Einblick in seine wirtschaftlichen Verhältnisse zu gewähren, insbesondere seine Bücher, Bilanzen, Abschlüsse und Geschäftspapiere vorzulegen oder die Einsicht und Prüfung dieser Vorgänge zu gestatten, jede gewünschte Auskunft zu erteilen und die Besichtigung seines Betriebes zu ermöglichen. Die Sparkasse ist auch aufgrund gesetzlicher Vorgaben verpflichtet, sich die wirtschaftlichen Verhältnisse des Darlehensnehmers offenlegen zu lassen.

Die Sparkasse kann die dafür erforderlichen Unterlagen direkt bei den Beratern des Darlehensnehmers in Buchführungs- und Steuerangelegenheiten nach Rücksprache mit dem Darlehensnehmer anfordern. Soweit die genann-

---

1 Abweichung vom Nominalzinsfuß auch ohne Disagio wegen unterjähriger Verzinsung.

ten Unterlagen auf Datenträger gespeichert sind, ist der Darlehensnehmer verpflichtet, diese in angemessener Frist lesbar zu machen.

Die Sparkasse ist berechtigt, jederzeit die öffentlichen Register sowie das Grundbuch und die Grundakten einzusehen und auf Rechnung des Darlehensnehmers einfache oder beglaubigte Abschriften und Auszüge zu beantragen, ebenso Auskünfte bei Versicherungen, Behörden und sonstigen Stellen, insbesondere Kreditinstituten, einzuholen, die sie zur Beurteilung des Darlehensverhältnisses für erforderlich halten darf.

9 Kündigung/sofortige Fälligkeit

9.1 Das Darlehen kann beiderseits mit einer Frist von einem Monat zum Ablauf der ersten oder einer folgenden Festzinsvereinbarung gem. Nr. 1.1 ganz oder teilweise gekündigt werden. Wird das Darlehen nach Ablauf der ersten oder einer folgenden Festzinsvereinbarung mit ver-

änderlichem Zinssatz fortgeführt, so kann es jederzeit mit einer Frist von drei Monaten gegenüber dem Vertragspartner ganz oder teilweise gekündigt werden.

Die Kündigung soll schriftlich erfolgen. Eine Kündigung des Darlehensnehmers gilt als nicht erfolgt, wenn er den geschuldeten Betrag nicht binnen zweier Wochen nach Wirksamwerden der Kündigung zurückzahlt.

9.2 Unbeschadet ihres Rechts zur fristlosen Kündigung aus sonstigen wichtigen Gründen (Nr. 26 AGB) kann die Sparkasse das Kapital für sofort fällig und zahlbar erklären.

– wenn der Darlehensnehmer gegen die ihm in Nr. 8 auferlegten Pflichten verstößt;

– wenn der Darlehensnehmer mit fälligen Leistungen länger als 14 Tage in Verzug gerät und auch nach einer weiteren Nachfristsetzung durch die Sparkasse von mindestens weiteren 14 Tagen nicht zahlt.

KOMPETENZORIENTIERTER ARBEITSAUFTRAG:

Arbeiten Sie die folgenden Kapitel des Schulbuches durch und verwenden Sie die Aufzeichnungen aus dem Unterricht zur Bearbeitung des Arbeitsauftrags!

Analysieren Sie den vorgegebenen Darlehensvertrag hinsichtlich der Kosten, der Zins- und Rückzahlung, der Offenlegungs- und Auskunftspflicht und der Kündigung!

3.3.1 Bankdarlehen

Die meisten Menschen sparen einen gewissen Teil ihres Einkommens, etwa, um sich später einen größeren Wunsch erfüllen zu können oder um sich gegen Arbeitslosigkeit und Krankheit abzusichern. Diese Ersparnisse werden überwiegend bei den Banken angelegt, um sie vor Diebstahl zu schützen und um Zinsen zu erhalten. Dieses Sparkapital setzen die Banken wiederum dazu ein, Kredite zu gewähren.

(1) Begriff Darlehen

- **Darlehen** sind Kredite, die in einer Summe bereitgestellt und dem Finanzbedarf entsprechend ausbezahlt werden. Sie müssen am Fälligkeitstag in einer Summe oder während einer vorbestimmten Laufzeit in Raten getilgt werden.
- Dem Kredit in Form eines Darlehens liegt ein **Darlehensvertrag** zugrunde.

(2) Inhalte eines Darlehensvertrags

■ Darlehenshöhe und die Form der Rückzahlung

Der Darlehensnehmer muss sich festlegen auf die Darlehenssumme, auf die Höhe und die Zeit der Tilgung. Außerdem muss der Darlehensnehmer erklären, dass er über getilgte Beträge nicht erneut verfügt.

■ Darlehenskosten

Zins	Der Darlehensnehmer kann wählen zwischen einem Festzins und einem variablen Zins. Beim Festzins bleibt der Zins für die vereinbarte Laufzeit gleich. Beim variablen Zins kann der Zinssatz geändert werden.
Bereitstellungszinsen	Wenn der Darlehensbetrag zum vereinbarten Auszahlungstermin vom Darlehensnehmer nicht in Anspruch genommen wird, kann die Bank vom vereinbarten bis zum tatsächlichen Auszahlungstermin einen Zinsausgleich (z. B. 3 % p. a.) beanspruchen.
Damnum (Disagio)[1]	Das Damnum stellt eine Kürzung des auszuzahlenden Darlehensbetrags dar und soll den Nominalzins absenken. In der Geschäftspraxis ist das Damnum (Disagio) vor allem eine **laufzeitabhängige Zinsvorauszahlung.**

■ Sicherheiten[2]

Sicherheiten müssen vom Kreditnehmer dann gestellt werden, wenn der Gläubiger nicht sicher ist, dass die Zins- und Tilgungszahlungen fristgerecht vorgenommen werden.

■ Effektiver Jahreszinssatz[3]

Das Bankdarlehen stellt die Grundform des langfristigen Kredits dar. Die verschiedenen Kreditarten unterscheiden sich vor allem in ihren Auszahlungs- und Rückzahlungsmodalitäten.[4] Der Auszahlungsbetrag liegt in der Regel bei 90–98 % der Darlehenssumme. Die Differenz zu 100 % wird als **Disagio (Damnum, Abgeld)** bezeichnet.

Durch die Berücksichtigung des Disagios ist der effektive Darlehenszinssatz **höher** als der Nominalzinssatz.

Der **effektive Jahreszinssatz** berücksichtigt neben den Nominalzinsen auch die Darlehensnebenkosten.

---

1 **Damnum:** Nachteil, Abzug.
   Disagio: Abschlag, Abgeld.
2 Vgl. hierzu die Ausführungen in Kapitel 3.4, S. 339 ff.
3 Die **Berechnung** des effektiven Jahreszinssatzes ist im Bildungsplan **nicht** vorgesehen.
4 **Modalität:** Art und Weise der Aus- und Durchführung eines Vertrags.

3.3.2 Darlehensformen

(1) Arten von Darlehen

Nach der **Art der Rückzahlung** unterscheidet man:

Fälligkeitsdarlehen (endfälliges Darlehen)	Abzahlungsdarlehen (Ratendarlehen)	Annuitätendarlehen
Für die Rückzahlung der gesamten Darlehenssumme ist ein bestimmter Termin vereinbart (z. B. „rückzahlbar am 31. Dezember 20.."). Während der Laufzeit des Darlehens sind in vertraglich vereinbarten Zeitabständen lediglich die Zinsen zu zahlen (z. B. vierteljährlich, halbjährlich, jährlich).	Hier erfolgt die Tilgung in stets gleichbleibenden Raten zu den vereinbarten Tilgungsterminen (z. B. vierteljährlich). Die Zinsen werden jeweils von der Restschuld errechnet und ermäßigen sich daher von Rate zu Rate. Damit sinkt die Gesamtbelastung durch Zins- und Tilgungszahlungen.	Hier wird eine feste Annuität (Zins + Tilgung), d. h. Gesamtbelastung vereinbart. Die Summe aus Zins und Tilgung bleibt – außer bei der letzten Restzahlung – bei jeder Zahlung (z. B. monatlilch, vierteljährlich) gleich. Daher nimmt die Zinsbelastung im Laufe der Zeit ab und die Tilgungsbeträge steigen an.

(2) Darlehensformen im Vergleich

Beispiel:

Die Sport-Burr KG benötigt für den Kauf einer Maschine ein Darlehen über 120 000,00 EUR für die Dauer von 6 Jahren. Ihre Hausbank bietet ihr folgende Konditionen an: Nominalzins 4 %, Auszahlung 100 %, Tilgung jeweils am Ende des Kalenderjahres.

Aufgaben:

1. Vergleichen Sie für die Sport-Burr KG die Liquiditäts- und Aufwandsbelastungen beim
   1.1 Fälligkeitsdarlehen,
   1.2 Abzahlungsdarlehen und
   1.3 Annuitätendarlehen!
2. Beurteilen Sie die Liquiditätsbelastungen der verschiedenen Darlehensarten!

Lösungen:

Zu 1.1: Fälligkeitsdarlehen (endfälliges Darlehen)

Jahr	Darlehen Jahresanfang	Darlehen Jahresende	Tilgung	Zinsen	Geldmittelabfluss
1	120 000,00	120 000,00	0,00	4 800,00	4 800,00
2	120 000,00	120 000,00	0,00	4 800,00	4 800,00
3	120 000,00	120 000,00	0,00	4 800,00	4 800,00
4	120 000,00	120 000,00	0,00	4 800,00	4 800,00
5	120 000,00	120 000,00	0,00	4 800,00	4 800,00
6	120 000,00	0,00	120 000,00	4 800,00	124 800,00
Summe			120 000,00	28 800,00	148 800,00

Beim **Fälligkeitsdarlehen** steht das gesamte Darlehen bis zum Ende der Laufzeit zur Verfügung. Die Liquiditätsbelastung ist aber im 6. Jahr aufgrund der Tilgung des gesamten Darlehensbetrags sehr hoch. Die jährliche Zinsbelastung bleibt konstant.

Zu 1.2: Abzahlungsdarlehen (Ratendarlehen)

Jahr	Darlehen Jahresanfang	Darlehen Jahresende	Tilgung	Zinsen	Geldmittel-abfluss
1	120 000,00	100 000,00	20 000,00	4 800,00	24 800,00
2	100 000,00	80 000,00	20 000,00	4 000,00	24 000,00
3	80 000,00	60 000,00	20 000,00	3 200,00	23 200,00
4	60 000,00	40 000,00	20 000,00	2 400,00	22 400,00
5	40 000,00	20 000,00	20 000,00	1 600,00	21 600,00
6	20 000,00	0,00	20 000,00	800,00	20 800,00
Summe			120 000,00	16 800,00	136 800,00

Beim **Abzahlungsdarlehen** sind die jährlichen Tilgungsraten gleich hoch, während die Zinsen aufgrund der abnehmenden Restschuld sinken. Die Gesamtbelastung durch Zins- und Tilgungsanteil sinkt während der Darlehenslaufzeit.

Zu 1.3: Annuitätendarlehen

Jahr	Darlehen Jahresanfang	Darlehen Jahresende	Tilgung	Zinsen	Geldmittelabfluss (Annuität)
1	120 000,00	101 908,56	18 091,44	4 800,00	22 891,44
2	101 908,57	83 092,46	18 815,10	4 076,34	22 891,44
3	83 093,46	63 525,76	19 567,70	3 323,74	22 891,44
4	63 525,76	43 175,35	20 350,41	2 541,03	22 891,44
5	43 175,35	22 010,92	21 164,13	1 727,01	22 891,44
6	22 010,92	0,00	22 010,92	880,44	22 891,36
Summe			120 000,00	17 348,56	137 348,56

Der Geldmittelabfluss entspricht hier der Annuität, d. h. der gleichbleibenden Summe aus Zinsen und Tilgung. Die Annuität wird mithilfe von Annuitätenfaktoren, die in der Praxis einer Tabelle entnommen werden, durch Multiplikation mit der Darlehenssumme errechnet. Der Faktor ist abhängig vom Zinssatz und der Laufzeit des Annuitätendarlehens und beträgt in unserem Fall 0,190762. Den Tilgungsbetrag erhält man durch Subtraktion der jeweiligen Zinsen von der Annuität.

Das Annuitätendarlehen gewährleistet eine gleichmäßige Liquiditätsbelastung, wobei die Tilgungsbeträge den sinkenden Zinsaufwendungen entsprechend steigen.

Zu 2.: Beurteilung der Liquiditätsbelastungen

- Beim **Fälligkeitsdarlehen** steht das gesamte Darlehen bis zum Ende der Laufzeit zur Verfügung. Die Liquiditätsbelastung ist aber im 6. Jahr aufgrund der Tilgung des gesamten Darlehensbetrags sehr hoch.

- Beim **Ratendarlehen** sinkt die Liquiditätsbelastung von Tilgungsjahr zu Tilgungsjahr.
- Eine gleichmäßige Liquiditätsbelastung gewährleistet das **Annuitätendarlehen,** wobei die Tilgungsbeträge den sinkenden Zinsaufwendungen entsprechend steigen.

Zusammenfassung

- Bei der **Fremdfinanzierung** werden die von den Unternehmen für Investitionszwecke benötigten Finanzmittel durch verschiedene **Gläubiger** (private Sparer, Versicherungsgesellschaften, Banken) zur Verfügung gestellt.

- Unter **Kredit** verstehen wir die zeitweilige Überlassung von Geld oder Gütern im Vertrauen darauf, dass der Kreditnehmer den Kredit termingerecht zurückzahlt und verzinst.

- Das **Darlehen** ist in der Regel ein langfristiger Kredit. Zweck des Darlehens ist es, einen in der Höhe bestimmten Fremdkapitalbedarf abzudecken. Die Rückzahlung erfolgt entweder in einer Summe (Fälligkeitsdarlehen) oder nach einem vereinbarten Tilgungsplan (entweder als Abzahlungs- oder Annuitätendarlehen).

- Wichtige **Inhalte des Darlehensvertrags** sind: (1) Kredithöhe und Rückzahlungsmodus, (2) Kreditkosten (Zinsvereinbarung, Bereitstellungszinsen, Damnum [Disagio]), (3) Sicherheiten.

- Zu unterscheiden sind **drei verschiedene Darlehensformen:**
  - Fälligkeitsdarlehen (endfälliges Darlehen),
  - Abzahlungsdarlehen (Ratendarlehen),
  - Annuitätendarlehen.

Kompetenztraining

72 Bankkredite

1. Die Schreinerei Schiebel e. K. nimmt zur Finanzierung der neuen Werkshalle einen Bankkredit auf.

   Aufgaben:

   1.1 Beschreiben Sie, wie der dazu erforderliche Kreditvertrag zustande kommt!

   1.2 Entscheiden Sie begründet, ob die Schreinerei Schiebel e. K. ein Darlehen oder einen Kontokorrentkredit aufnehmen sollte!

   1.3 Erklären Sie die Bedeutung eines Auszahlungskurses in Höhe von 98 % bei einem Darlehent!

2. Ordnen Sie den drei Abbildungen die drei Darlehensarten endfälliges Darlehen, Abzahlungsdarlehen und Annuitätendarlehen zu!

Abb. 1:

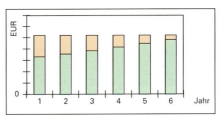

337

22 Speth u.a. - ISBN 978-3-8120-0594-4

Abb. 2:

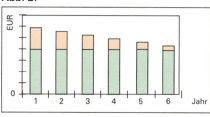

Abb. 3:

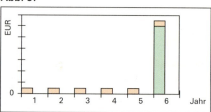

☐ Zinsen
☐ Tilgung

3. Nennen Sie je einen Vor- und Nachteil des Abzahlungs- und Annuitätendarlehens für den Kreditnehmer!

73 Ratendarlehen

Die Commerzbank Ulm gewährt der Kramer GmbH zum Bau einer Reparaturhalle für den eigenen Fuhrpark ein Darlehen über 120 000,00 EUR. Der Kredit ist bei einer Auszahlung von 92 % mit 2 % nachschüssig zu verzinsen. Vereinbart wird eine jährliche Tilgung von 10 %, erstmals am Ende des ersten Darlehensjahres.

Aufgaben:

1. Begründen Sie, warum der effektive Jahreszinssatz mit 3,04 % deutlich über dem Nominalzinssatz liegt!

2. Stellen Sie tabellarisch den Darlehensverlauf dar und ermitteln Sie die jährliche Aufwandsbelastung (Zinsen)!

74 Annuitätendarlehen

Die Deutsche Bank Ulm bietet Stefan Osann e. Kfm. für die Erweiterung des Lagers folgendes Darlehen an: Kreditsumme: 80 000,00 EUR, Laufzeit 5 Jahre, Disagio 1 %, Zinssatz 4,0 %.

Aufgaben:

Stefan Osann möchte eine gleichbleibende Liquiditätsbelastung.

1. Berechnen Sie die jährlichen Annuitätenzahlungen, wenn der Annuitätenfaktor 0,224627 beträgt (Tabellenwert)!

2. Ermitteln Sie die gesamte Aufwandsbelastung für diesen Kredit!

75 Abwicklung eines Bankdarlehens

Recherchieren Sie bei einer Bank, wie die Abwicklung eines Bankdarlehens von der Darlehensanfrage bis zur Darlehensrückzahlung und Auflösung des Darlehensvertrags durchgeführt wird. Präsentieren Sie die Ergebnisse Ihren Mitschülern!

3.4 Möglichkeiten der Kreditsicherung unterscheiden

KB 4 | **Lernsituation 5: Auf der Grundlage von Bilanzen Kreditsicherheiten vorschlagen und begründet auswählen**

Die MicroTex Technologies GmbH (kurz: MicroTex GmbH) möchte ihre Produktionsanlagen modernisieren. Hierzu benötigt sie einen Kredit in Höhe von 6 Mio. EUR. Die Hausbank der MicroTex GmbH entscheidet über die Kreditvergabe u.a. aufgrund der beiden letzten Jahresschlussbilanzen des Unternehmens (TEUR: Zahlen in Tausend Euro).

Aktiva	Jahresschlussbilanz (Vorjahr) zum 31. Dezember 20.. (vereinfacht)		Passiva
Bebaute Grundstücke	4500	Stammkapital	8450
Maschinen	3000	Gewinnrücklagen	200
Fuhrpark	1400	Verbindlichkeiten	
Vorräte	2000	– gegenüber Kreditinstituten*	3050
Forderungen	2400	– a. Lieferungen u. Leistungen	2100
Bankguthaben	850	sonstige Verbindlichkeiten	350
	14150		14150

  * Durch Grundpfandrechte gesichert.

Aktiva	Jahresschlussbilanz (Berichtsjahr) zum 31. Dezember 20.. (vereinfacht)		Passiva
Bebaute Grundstücke	4400	Stammkapital	9450
Maschinen	4300	Gewinnrücklagen	400
Fuhrpark	1400	Verbindlichkeiten	
Vorräte	2200	– gegenüber Kreditinstituten*	3200
Forderungen	2600	– a. Lieferungen u. Leistungen	2100
Bankguthaben	550	sonstige Verbindlichkeiten	300
	15150		14150

  * Durch Grundpfandrechte gesichert.

KOMPETENZORIENTIERTE ARBEITSAUFTRÄGE:

Arbeiten Sie die folgenden Kapitel des Schulbuches durch und verwenden Sie die Aufzeichnungen aus dem Unterricht zur Bearbeitung der Arbeitsaufträge!

1. Ermitteln Sie die Finanzierungsmaßnahmen, die die MicroTex GmbH im Berichtsjahr im Vergleich zum Vorjahr vorgenommen hat!

2. Der gewünschte Kredit der MicroTex GmbH soll für Erweiterungsinvestitionen verwendet werden. Prüfen Sie, welche Kreditsicherheiten die MicroTex GmbH ihrer Hausbank anbieten kann! Das bewegliche Vermögen der MicroTex GmbH ist durch keine Pfandrechte belastet. Die Vorräte wurden unter Eigentumsvorbehalt geliefert.

3. Begründen Sie, ob die Bank der MicroTex GmbH den gewünschten Kredit gewähren sollte!

3.4.1 Überblick über Möglichkeiten der Kreditsicherung

Sicherheiten müssen vom Kreditnehmer immer dann gestellt werden, wenn seine gegenwärtigen finanziellen Verhältnisse keine sicheren Rückschlüsse auf die spätere fristgerechte Verzinsung und Tilgung des Kapitals zulassen.

Als Kreditsicherheit kann die **Zahlungsfähigkeit von Personen** oder der **Wert einer beweglichen** bzw. einer **unbeweglichen Sache** herangezogen werden.

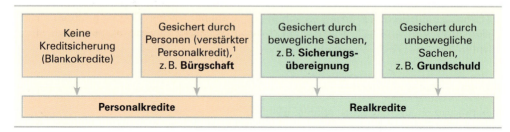

Im Folgenden werden die Bürgschaft als Beispiel für eine Sicherheit bei Personalkrediten und die Sicherungsübereignung sowie die Grundschuld als Beispiel für eine Sicherheit bei Realkrediten dargestellt.

3.4.2 Personalkredite

3.4.2.1 Blankokredit

> Blankokredite sind **einfache Personalkredite,** für die keine Kreditsicherheiten gestellt werden müssen. Sie werden ausschließlich aufgrund der **persönlichen Kreditwürdigkeit** (Bonität) des Kreditnehmers vergeben.

Die Bank vertraut dabei auf die persönliche Zuverlässigkeit des Kreditnehmers. Meist ist dieser bereits seit Jahren Kunde der Bank, sodass das Kreditinstitut ohnehin über ausreichende, grundlegende Informationen über den Kunden verfügt. Bei Blankokrediten handelt es sich in der Regel um kurzfristige Kredite in begrenzter Höhe (z.B. Dispositionskredite[2] auf Gehaltskonten und kleinere Kontokorrentkredite auf Geschäftskonten von Einzelunternehmen und Personengesellschaften).

Der Blankokredit hat den Vorteil, dass die vorhandenen Sicherheiten für andere Finanzierungsmöglichkeiten aufgehoben werden können. Er hat den Nachteil von relativ hohen Zinsen, da das Risiko für die Bank entsprechend höher ist.

---

1 Ein **verstärkter Personalkredit** liegt vor, wenn neben dem Kreditnehmer noch weitere Personen haften.

2 **Disponieren:** verfügen, einteilen. Die Höhe eines Dispositionskredits beträgt meist das Dreifache des Monatsentgelts.

3.4.2.2 Bürgschaftskredit

(1) Begriff Bürgschaft

Durch **Abschluss eines Bürgschaftsvertrags** zwischen dem Bürgen und dem Gläubiger wird eine Forderung derart gesichert, dass der Bürge neben den eigentlichen Schuldner (den Hauptschuldner) tritt. Der Bürge verpflichtet sich, für die Erfüllung der Verbindlichkeiten des Hauptschuldners (Tilgung, Verzinsung) einzustehen.

> Durch den **Bürgschaftsvertrag** zwischen dem **Bürgen** und dem **Gläubiger** übernimmt der Bürge die Verpflichtung, für die **Erfüllung der Schuld aufzukommen,** wenn der Schuldner nicht leisten kann.

(2) Form des Bürgschaftsvertrags

Der Bürgschaftsvertrag unter **Nichtkaufleuten** ist **schriftlich** abzuschließen.

Der Bürgschaftsvertrag unter **Kaufleuten** ist auch **mündlich** und in **elektronischer Form** gültig, falls er auf der Seite des Bürgen ein **Handelsgeschäft** darstellt [§ 350 HGB].

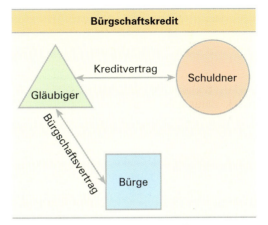

(3) Arten der Bürgschaft

Nach der **Strenge der Haftung,** die der Bürge übernimmt, unterscheidet man:

Ausfallbürgschaft (nachschuldnerische Bürgschaft)	■ Der Bürge haftet erst **nach** dem Hauptschuldner und nur unter der Voraussetzung, dass die Zwangsvollstreckung[1] in dessen Vermögen fruchtlos war. Es besteht für den Bürgen das Recht der **Einrede der Vorausklage** [§ 771 BGB]. ■ Muss der Bürge zahlen, geht die Forderung an ihn über [§ 774 I BGB].
Selbstschuldnerische Bürgschaft	■ Hier haftet der Bürge genauso wie der Hauptschuldner selbst [§ 773 BGB, § 349 HGB]. Dem Gläubiger steht somit das Recht zu, die Leistung (z. B. Zahlung) unmittelbar vom Bürgen ohne vorherige Klage zu verlangen. Der Bürge haftet **selbstschuldnerisch** (so, als ob er selbst Schuldner wäre). ■ Ist die Bürgschaft für den Bürgen ein **Handelsgeschäft,** dann liegt immer eine selbstschuldnerische Bürgschaft vor, weil dem Bürgen in diesem Fall das Recht der Einrede der Vorausklage nicht zusteht [§ 349 HGB]. ■ Gewähren Banken einen Bürgschaftskredit, verlangen sie jeweils die selbstschuldnerische Bürgschaft.

---

1 Wenn ein Schuldner seine Verpflichtungen nicht freiwillig vertragsgemäß erfüllt, so muss er mithilfe der Gerichte dazu gezwungen werden.

Bei Bürgschaftsverträgen ist die Vereinbarung von Höchstbeträgen möglich und üblich. Der Höchstbetrag liegt **über** der ursprünglichen Schuldsumme, weil er neben der Hauptforderung (z. B. Darlehenssumme) auch Nebenforderungen (z. B. Zinsen, Mahngebühren) umfassen soll.

3.4.3 Realkredite

3.4.3.1 Sicherungsübereignungskredit

(1) Begriff und Wesen der Sicherungsübereignung

- Bei der **Sicherungsübereignung** erhält der Kreditgeber (meist eine Bank) zwar eine **dingliche Sicherheit** für seine Forderung, die **übereignete Sache** bleibt jedoch im unmittelbaren **Besitz des Schuldners**.[1]
- Mit dem Sicherungsübereignungsvertrag wird deswegen zugleich ein **Miet-, Pacht-** oder **Leihvertrag** abgeschlossen.

Beispiel:

Der Sportartikelvertreter Bernhard Siegel e. Kfm. kauft sich einen neuen Pkw im Wert von 28 000,00 EUR. Da er den Betrag nicht voll durch eigene Finanzmittel aufbringen kann, bittet er seine Bank um einen Kredit in Höhe von 12 000,00 EUR. Als Sicherheit bietet er der Bank sein Fahrzeug an. Eine Pfandübergabe kommt nicht infrage, da er das Fahrzeug dringend für sein Geschäft benötigt.

Das **Eigentumsrecht des Kreditgebers** ist nur **bedingt gegeben,** d. h., es wird erst wirksam, wenn der Kreditnehmer seinen Verpflichtungen **nicht** nachkommt. Unter dieser Bedingung kann der Kreditgeber erst die Herausgabe der sicherungsübereigneten Sache verlangen. Bei Rückzahlung des Kredits geht das Eigentum ohne besondere Vereinbarung wieder auf den Kreditnehmer über.

---

1 Bei diesem sogenannten **Besitzkonstitut** des § 930 BGB wird der Kreditgeber mithin Eigentümer und mittelbarer Besitzer. Der Kreditnehmer bleibt unmittelbarer Besitzer der Sache.

(2) Vorteile und Nachteile der Sicherungsübereignung

	Vorteile	Nachteile
Kreditnehmer (Sicherungsgeber)	bleibt Besitzer und kann das Sicherungsgut weiter nutzen. Übereignung für Außenstehende nicht erkennbar.	■ kann nicht frei über das Sicherungsgut verfügen. ■ muss das Sicherungsgut versichern (z. B. Vollkasko bei Kombiwagen).
Kreditgeber (Sicherungsnehmer)	muss das Sicherungsgut nicht aufbewahren. Ohne gerichtliches Verfahren verwertbar.	■ Kreditnehmer kann das Sicherungsgut an einen gutgläubigen Dritten veräußern. ■ Sicherungsgut verliert rascher an Wert, als der Kredit getilgt wird. ■ Beim Sicherungsgut besteht ein Eigentumsvorbehalt.

3.4.3.2 Grundschuldkredit

(1) Begriff Grundschuld

Beim **Grundschuldkredit** handelt es sich in der Regel um ein **langfristiges Darlehen, das durch Eintragung einer Grundschuld** im Grundbuch gesichert ist.

Das **Grundbuch** ist ein Verzeichnis (Register) aller Grundstücke in einem Amtsgerichtsbezirk. Eintragungen und Löschungen im Grundbuch genießen **öffentlichen Glauben**. Dies bedeutet, dass man sich auf den Inhalt des Grundbuches verlassen darf, auch wenn er nicht mit dem tatsächlichen (wahren) Rechtsverhalt übereinstimmen sollte.

> Die **Grundschuld** ist ein rein **dingliches Pfandrecht** und besagt, dass an den Inhaber der Grundschuld eine bestimmte Geldsumme aus dem Grundstück zu zahlen ist.

(2) Entstehung der Grundschuld

Beispiel:

Die Sport-Burr KG erstellt eine weitere Lagerhalle für ihre Fertigerzeugnisse. Sie beansprucht hierfür ein Darlehen von ihrer Bank über 150 000,00 EUR. Nach vier Jahren beträgt der Kontostand ihres Darlehenskontos noch 120 000,00 EUR.

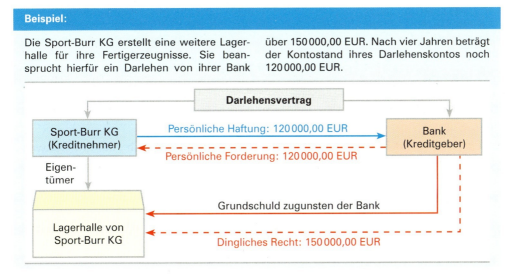

> - Die Grundschuld entsteht durch **Einigung** zwischen Gläubiger und Schuldner über die Bestellung der Grundschuld und **Eintragung der Grundschuld ins Grundbuch**.
> - Die Grundschuld **setzt keine Forderung voraus.** Allein das Grundstück haftet [§ 1191 BGB].

(3) Zweck der Grundschuld

Der Zweck (die Sicherheit) einer Grundschuld besteht für den Gläubiger darin, dass er sich aus dem Verkaufserlös des Grundstücks befriedigen kann, wenn der Schuldner mit seinen Leistungen in Verzug kommt. Der Verkauf erfolgt z. B. im Wege der Zwangsversteigerung und Zwangsverwaltung.[1]

Beispiel:

Amtsgericht Ulm		Grundbuch von Ulm	Blatt 4865

Dritte Abteilung (Spalten 1 bis 4)			
Laufende Nummer der Eintragungen	Lfd. Nummer der belasteten Grundstücke im Bestandsverzeichnis	Betrag	Hypotheken, Grundschulden, Rentenschulden
1	1	200.000,00 EUR	Zweihunderttausend Euro Grundschuld für die Sparkasse Ulm, mit 10 % jährlichen Zinsen. Vollstreckbar nach § 800 ZPO. Unter Bezugnahme auf die Bewilligung vom 15. Mai 2018 – unter Briefausschluss – eingetragen am 25. Mai 2018.

(4) Rangstufen der Grundschulden

Ein Grundstück kann mit mehreren Grundpfandrechten belastet werden. Nach der Reihenfolge der Eintragungen im Grundbuch unterscheidet man erste, zweite, dritte usw. Grundschuld.

Die Rangstufen im Grundbuch richten sich, falls nichts anderes vereinbart ist, nach der Reihenfolge der Eintragungen der Grundpfandrechte [§§ 879 ff. BGB]. In der Praxis werden jedoch häufig die Rangstufen von vornherein mit den Darlehensgebern vereinbart. So geben sich z. B. Bausparkassen mit dem zweiten Rang zufrieden, falls der Bauherr von einer Bank eine erste Grundschuld in Anspruch nimmt. Die Bedeutung der Rangstufen liegt darin, dass bei einer Zwangsversteigerung die Forderungen der Grundpfandgläubiger nach ihrer Rangfolge befriedigt werden. Aus diesem Grund hat eine erststellige Grundschuld einen höheren Sicherungswert als eine nachrangige.

(5) Erlöschen der Grundschuld

Da die Grundschuld von der **persönlichen Forderung losgelöst** ist, bleibt sie trotz teilweiser oder vollständiger Tilgung des Darlehens unverändert. Auch wenn die gesicherte Forderung vollständig getilgt wird, verändert sich dadurch die Grundschuld nicht. Sie erlischt erst, wenn sie im **Grundbuch gelöscht** wird. Die Löschung einer Grundschuld erfolgt im Grundbuch dadurch, dass der Text **rot unterstrichen** wird.

---

1 Bei einer Zwangsversteigerung erhält der Gläubiger den ihm zustehenden Erlös, bei einer Zwangsverwaltung die Erträge (z. B. Mieterträge) des verpfändeten Grundstücks bzw. Gebäudes.

(6) Umwandlung in Eigentümergrundschuld

Anstelle einer Löschung kann der Grundstückseigentümer eine **Eigentümergrundschuld** zur späteren Verwendung im Grundbuch stehen lassen. Hierbei wird der Eigentümer des belasteten Grundstücks gleichzeitig Grundschuldgläubiger.

Die Eigentümergrundschuld hat rangsichernde Wirkung für spätere Kreditaufnahmen. Durch Abtretung der Eigentümergrundschuld an den neuen Kreditgeber wird dann die Kreditsicherheit auf dem entsprechenden Rang zur Verfügung gestellt.

(7) Bedeutung der Grundschuld

Der Grundschuldkredit ist der am häufigsten verwendete Realkredit, weil er den Banken verschiedene Vorteile bietet:

- Die Grundschuld haftet nicht nur für ein bestimmtes Darlehen, für das sie als Sicherungsmaßnahme ursprünglich gedacht war, sondern auch für die aus dem Darlehen erwachsenen Zinsen, Provisionen und anderen Nebenforderungen.
- Die Grundschuld wird nach den allgemeinen Geschäftsbedingungen der Banken auch zur Sicherung aller anderen Kreditgeschäfte mit demselben Bankkunden herangezogen.
- Die Grundschuld ist von einer bestehenden Forderung unabhängig. Die Entstehung einer Grundschuld setzt keine Forderung voraus.

Zusammenfassung

- Nach dem **Kriterium der Art ihrer Sicherheit** unterscheidet man folgende Kredite:

Ungesicherte Kredite	Gesicherte Kredite		
Personalkredite		**Dinglich gesicherte Kredite (Realkredite)**	
Reine Personalkredite (Blankokredite)	Verstärkte Personalkredite (durch Personen gesichert)	Durch bewegliche Sachen gesicherte Kredite	Durch Grundstücke gesicherte Kredite
Der Kreditgeber gewährt den Kredit ohne jede Sicherheit. Es haftet lediglich der als zahlungskräftig und -willig bekannte Kreditnehmer.	Neben dem Kreditnehmer haften noch weitere Personen, z. B. **Bürgschaftskredit.**	Neben dem Kreditnehmer dienen bewegliche Sachen als Sicherheit, z. B. **Sicherungsübereignungskredit.**	Hier dienen Grundstücke zur Absicherung des gegebenen Kredits, z. B. **Grundschuldkredit.**

- Dem **Bürgschaftskredit** liegen **zwei Rechtsgeschäfte** zugrunde: (1) ein Kreditvertrag zwischen dem Schuldner und dem Gläubiger und (2) ein Bürgschaftsvertrag zwischen dem Bürgen und dem Gläubiger.
- Nach dem Zeitpunkt der Haftung, die der Bürge übernimmt, unterscheidet man die **Ausfallbürgschaft** (nachschuldnerische Bürgschaft) und die **selbstschuldnerische Bürgschaft** [§§ 765 ff. BGB, §§ 349 f. HGB].
- Bei der **Sicherungsübereignung** erwirbt der **Kreditgeber** das **bedingte Eigentum** an einer beweglichen Sache und wird **mittelbarer Besitzer** (Besitzkonstitut). Der Schuldner bleibt **unmittelbarer Besitzer.**

- Die Sicherungsübereignung ist **verhältnismäßig unsicher,** da der Schuldner im Besitz der Sache ist (anderweitige Übereignung, Weiterveräußerung an gutgläubigen Dritten, Abnutzung, Zerstörung).

- **Grundschuldkredite** sind Kredite, die durch Eintragung eines Grundpfandrechts im Grundbuch gesichert sind.

- Die **Grundschuld** ist ein Pfandrecht an einem Grundstück, bei dem nur das belastete Grundstück, nicht aber der Grundstückseigentümer haftet (nur dingliche Haftung).

- Das grundsätzlich von den Amtsgerichten geführte **Grundbuch** ist ein Verzeichnis aller Grundstücke in einem Amtsgerichtsbezirk.

Kompetenztraining

76 Bürgschaftskredit

Lothar Brecht, Inhaber einer Möbelgroßhandlung und Frieder Groß, Inhaber einer Möbelfabrik, sitzen beim Stammtisch. Lothar Brecht braucht einen Bankkredit, muss aber einen Bürgen beibringen. Er fragt deshalb Frieder Groß, der sofort zustimmt.

Aufgaben:

1. Beurteilen Sie, ob der Bürgschaftsvertrag geschlossen ist! Wenn nein, geben Sie den Grund an!

2. Erläutern Sie, warum die Ausfallbürgschaft unter Kaufleuten selten vorkommt! Nennen Sie zwei Gründe!

3. Lothar Brecht entschließt sich, bei seiner Hausbank einen Bürgschaftskredit aufzunehmen. Erläutern Sie, welche Bürgschaft die Bank verlangen wird!

4. Ein Bürgschaftsvertrag mit einem Nichtkaufmann muss schriftlich abgeschlossen werden. Beschreiben Sie, warum der Gesetzgeber die Schriftform verlangt!

77 Sicherungsübereignungskredit

Eva Süß nimmt bei der Sparkasse Mannheim wegen der Anschaffung eines Cabrios einen Kredit in Höhe von 26 000,00 EUR auf. Die Sparkasse verlangt die Sicherungsübereignung des Autos.

Auszug aus den Bedingungen zur Sicherungsübereignung (Rückseite des Kreditvertrags):

1. Darlehensnehmer und Sparkasse sind sich einig, dass das Eigentum an den umseitig näher bezeichneten Sachen einschließlich Bestandteilen und Zubehör (auch soweit diese später ausgetauscht werden) zur Sicherung des Darlehens auf die Sparkasse übergeht. Sofern der Darlehensnehmer zurzeit der Darlehensbewilligung noch nicht Eigentümer des Anschaffungsgutes ist, soll dieser Eigentumsübergang sich spätestens dann vollziehen, wenn er selbst Eigentümer wird. Erfolgt der Eigentumsübergang auf die Sparkasse erst, nachdem die Sparkasse das Darlehen zur Verfügung gestellt hat, so tritt der Darlehensnehmer bereits jetzt seine bis zum Zeitpunkt des Eigentumsübergangs auf die Sparkasse bestehenden Ansprüche gegen den Verkäufer der Sachen auf Eigentumsübertragung, auf Rückzahlung des Kaufpreises oder auf Schadenersatz an die Sparkasse ab.

2. Die Übergabe der Sachen wird dadurch ersetzt, dass die Sparkasse dem Darlehensnehmer die Sachen leihweise überlässt und ihm die Weiterbenutzung gestattet (Besitzkonstitut nach § 930 BGB) Die Sparkasse ist berechtigt, bei Vorliegen eines wichtigen Grundes, insbesondere wenn der Darlehensnehmer seinen Verpflichtungen aus diesem Vertrage

nicht nachkommt, die Herausgabe der übereigneten Sachen vom Darlehensnehmer zu verlangen, sie in ihren unmittelbaren Besitz zu nehmen oder sie an anderer Stelle einzulagern. Die Sparkasse ist unter denselben Voraussetzungen befugt, die übereigneten Sachen freihändig auch durch Abtretung des Herausgabeanspruchs oder durch öffentliche Versteigerung zu verwerten oder unter Berechnung eines angemessenen Preises selbst zu übernehmen und sich damit für die Forderung zu befriedigen. Den beim Verkauf oder der Selbstübernahme gegenüber der Schuld erzielten Mehrerlös hat die Sparkasse dem Darlehensnehmer zu vergüten.

5. Der Darlehensnehmer verpflichtet sich, für die gesamte Dauer dieses Vertrages die Sachen auf seine Kosten gegen Verlust oder Beschädigung durch Abschluss eines entsprechenden Versicherungsvertrages (Feuer- und Wasserschäden-, Einbruch- und Diebstahlversicherung) ausreichend zu versichern. Bei Fahrzeugen ist auf Verlangen der Sparkasse eine Vollkaskoversicherung nachzuweisen. Der Sparkasse muss ein Sicherungsschein der Versicherungsgesellschaft zugestellt werden, woraus sich ergibt, dass die Rechte aus der Versicherung der Sparkasse zustehen. Schäden sind der Sparkasse unverzüglich zu melden.

6. Der Darlehensnehmer verpflichtet sich der Sparkasse gegenüber, die Sachen sorgfältig zu behandeln und instand zu halten und sich jeder Verfügung darüber zu enthalten. Außerdem verpflichtet er sich, einen etwaigen Wohnungswechsel oder die Änderung des Aufstellungsorts der übereigneten Sachen sowie eine etwaige Pfändung von dritter Seite unverzüglich der Sparkasse anzuzeigen und dem pfändenden Dritten mitzuteilen, dass die Sachen Eigentum der Sparkasse sind. Der Darlehensnehmer wird die Sachen in seinen Geschäftsbüchern und Bestandsverzeichnissen ausdrücklich als Eigentum der Sparkasse bezeichnen.

7. Der Darlehensnehmer verpflichtet sich, den Organen und Beauftragten der Sparkasse jederzeit Zutritt zu seinen Räumen und Einsicht in seine Bücher und Bestandsverzeichnisse zu gewähren und jede gewünschte Auskunft zu erteilen.

8. Handelt es sich bei dem Sicherungsgut um ein Kraftfahrzeug, übergibt der Darlehensnehmer der Sparkasse

   8.1 den über das Fahrzeug ausgestellten Brief für die Dauer ihres Eigentums an dem Fahrzeug;

   8.2 zum Zwecke der Weiterleitung an die Straßenverkehrsbehörde eine Anzeige über die erfolgte Sicherungsübereignung des Fahrzeuges.

9. Sobald die Sparkasse wegen aller ihrer Ansprüche gegen den Darlehensnehmer befriedigt ist, ist sie verpflichtet, ihre Rechte an dem Sicherungsgut auf den Darlehensnehmer zurückzuübertragen. [...]

Aufgaben:

Analysieren Sie zunächst den Text im Team und beantworten Sie anschließend die Aufgaben.

1. Erläutern Sie den Fall, dass – wie unter Ziffer 1 dargestellt – der Kreditnehmer noch nicht Eigentümer der für die Sicherungsübereignung vorgesehenen Sache ist!

2. Erstellen Sie mithilfe der beteiligten Sparkasse und Eva Süß sowie den Begriffen Kreditvertrag, Sicherungsübereignungsvertrag, Besitzkonstitut ersetzt Übergabe, Sicherungsgeber, Sicherungsnehmer, Eigentümer, Besitzer, Schuldner und Gläubiger eine Situationsskizze!

3. Nehmen Sie dazu Stellung, warum die Sparkasse eine Vollkaskoversicherung des Cabrios verlangt!

4. Erläutern Sie, wann Eva Süß wieder Eigentümerin des Cabrios wird!

78 Kreditsicherung bei Wohnmobilfinanzierung

Franz Höfler, Böblingen, beantragt bei seiner Bank einen Kredit in Höhe von 50 000,00 EUR zur Finanzierung eines neuen Wohnmobils. Die Bank fordert brauchbare Sicherheiten.

Aufgaben:

1. Überprüfen Sie die Risiken, die für die Bank bei dem Wohnmobil als Kreditsicherheit bestehen!

2. Begründen Sie, welche andere Sicherungsart für den Kredit geeignet ist! Erläutern Sie diese Kreditsicherheit!

3. Stellen Sie dar, wer Eigentümer und wer Besitzer des Wohnmobils ist, wenn sich Franz Höfler für die Sicherungsübereignung entscheidet!

Hinweis:

Es ist sinnvoll, die nachfolgenden Fälle in Teamarbeit zu lösen!

79 Möglichkeiten der Kreditsicherung

1. Die MicroTex Technologies GmbH will eine neue Produktionshalle für 800 000,00 EUR erstellen. Davon müssen 500 000,00 EUR langfristig fremdfinanziert werden.

   Aufgaben:

   1.1 Beschreiben Sie die Kreditsicherungsmöglichkeit, die dafür infrage kommt!

   1.2 Stellen Sie dar, wie ein Grundpfandrecht an einem Grundstück entsteht!

   1.3 Erläutern Sie, warum auch nach Rückzahlung des Kredits die grundpfandrechtliche Sicherheit für künftige Kredite erhalten bleibt!

   1.4 Beschreiben Sie, was der Kreditgeber unternehmen kann, wenn die MicroTex Technologies GmbH später diesen Kredit nicht mehr zurückzahlen kann!

   1.5 Die MicroTex Technologies GmbH möchte außerdem noch neue Präzisionsmaschinen für 300 000,00 EUR anschaffen. 80 000,00 EUR müssen durch Kreditaufnahme aufgebracht werden.

      Aufgaben:

      1.5.1 Beschreiben Sie kurz die infrage kommende Möglichkeit der Kreditsicherung!

      1.5.2 Nennen Sie Vorteile und Nachteile für den Schuldner!

      1.5.3 Nennen Sie Gegenstände, die sich für diese Art der Kreditsicherung eignen!

   Beachten Sie:

   Bei den Aufgaben 1.6 und 1.7 gehen wir davon aus, dass die Unternehmen jeweils ein berechtigtes Interesse nachweisen können, die ihnen die Einsicht in das Grundbuch gestattet.

   1.6 Der Prokurist Selz der Lackgroßhandlung Froh & Sinn OHG nimmt Einblick in das Grundbuch, um sich über die Belastungen des Neukunden Max Färber e. K. zu erkundigen. Er stellt fest, dass dort Grundschulden in Höhe von 1,6 Mio. EUR eingetragen sind. Er will deswegen nur noch gegen Sicherheitsleistungen an Färber liefern.

      Aufgabe:

      Erläutern Sie, ob Herr Selz Recht hat!

1.7 Der junge Angestellte Witz muss im Auftrag seines Arbeitgebers Einsicht in das Grundbuch nehmen. Grund: Die Geschäftsleitung möchte sich über die Vermögens- und Schuldverhältnisse eines neuen Kunden ein Bild verschaffen. Witz ist enttäuscht: Im Grundbuch sind bei einem Grundstückswert von rund 2 700 000,00 EUR drei Grundschulden im Gesamtwert von 2 000 000,00 EUR eingetragen, zwei davon (je 750 000,00 EUR) sogar rot unterstrichen. Er berichtet seinem Arbeitgeber, dass der neue Kunde wohl große finanzielle Probleme habe.

Aufgabe:

Nehmen Sie hierzu Stellung!

2. Ein Unternehmen bietet folgende Vermögenswerte als Kreditsicherheiten an: Fuhrpark und Grundstücke.

Aufgaben:

2.1 Erläutern Sie, wie diese Vermögenswerte zur Kreditsicherung herangezogen werden könnten!

2.2 Stellen Sie zwei Risiken dar, die auf die Bank zukommen, wenn sie den Fuhrpark als Kreditsicherheit akzeptiert!

3. Die Lebensmittelfabrik Gut OHG besitzt ein Warenlager im Durchschnittswert von 400 000,00 EUR. Zur Erweiterung ihres Lagers benötigt sie einen Bankkredit in Höhe von 250 000,00 EUR. Als Kreditsicherheit will sie einen Teil ihres Warenlagers sicherungsübereignen. Die Bank lehnt ab.

Erläutern Sie den Grund für die Ablehnung!

4. Nennen Sie zwei Kreditsicherungen, die für ein kurzfristiges Darlehen von 6 Monaten infrage kommen können!

3.5 Leasing als spezielle Finanzierungsform im Vergleich zur Kreditfinanzierung untersuchen

KB 4	Lernsituation 6: Finanzierung eines Kleintransporters durch Leasing oder Bankkredit vergleichen

Die CLEAN-TEC OHG benötigt für die Grünlandpflege einen Kleintransporter. Die Anschaffungskosten des Kleintransporters betragen 36 000,00 EUR. Die geplante Nutzungsdauer wird mit 6 Jahren angegeben. Die Gesellschafter möchten 6 000,00 EUR Eigenmittel einsetzen und den Rest fremdfinanzieren.

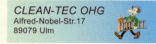

CLEAN-TEC OHG
Alfred-Nobel-Str.17
89079 Ulm

Der CLEAN-TEC OHG liegen zwei Finanzierungsangebote vor.

Angebot eines Autohauses	Angebot der Bank
Grundmietzeit 4 Jahre, Mietverlängerungsoption 2 Jahre, Leasingrate während der Grundmietzeit 7 900,00 EUR, nach der Grundmietzeit 1 000,00 EUR jeweils am Jahresende.	Darlehenssumme 30 000,00 EUR, Auszahlung 100 %, Laufzeit 6 Jahre, Zinssatz 6 %, Tilgung in sechs gleichen Jahresraten, jeweils zum Jahresende.

KOMPETENZORIENTIERTE ARBEITSAUFTRÄGE:

Arbeiten Sie die folgenden Kapitel des Schulbuches durch und verwenden Sie die Aufzeichnungen aus dem Unterricht zur Bearbeitung der Arbeitsaufträge!

TIPP
Stecken Sie Ihr Kapital ins Geschäft und nicht in den Geschäftswagen!!!

1. Vergleichen Sie das Leasingangebot mit der Kreditfinanzierung im Hinblick auf die Liquiditätsbelastung (Abfluss der Zahlungsmittel)!

2. Erläutern Sie, aus welchen Gründen die CLEAN-TEC OHG das Leasingangebot der Kreditfinanzierung vorziehen könnte!

3. Erklären Sie, wie nebenstehende Werbeanzeige zu verstehen ist!

3.5.1 Begriff Leasing[1]

Leasing ist eine weitere Möglichkeit, Anlagegüter zu finanzieren. Beim Leasing mietet[2] bzw. pachtet[3] das Unternehmen Anlagegüter (z. B. Gebäude, Lkw, Computer, Maschinen, Telefonanlagen), anstatt sie zu kaufen. Das Unternehmen **(Leasingnehmer)** wird **Besitzer,** der **Leasinggeber** (z. B. der Hersteller von Telefonanlagen oder eine Leasinggesellschaft) bleibt **Eigentümer.**

---

1 **To lease** (engl.): mieten. Da die „geleasten" Wirtschaftsgüter nicht nur genutzt, sondern auch zur Gewinnerzielung („Fruchtziehung") eingesetzt werden, enthält der Leasingvertrag Elemente des Miet- wie auch des Pachtvertrags.

2 Bei der **Miete** verpflichtet sich der Vermieter, dem Mieter gegen Entgelt (Mietzins) die Sache während der Mietzeit zum **Gebrauch** zu überlassen [§ 535 BGB].

3 Bei der **Pacht** verpflichtet sich der Verpächter, dem Pächter gegen Entgelt (Pachtzins) die Sache während der Pachtzeit zum **Gebrauch und** zum **Genuss der Früchte (den Ertrag)** zu überlassen [§§ 581–597 BGB].

Nach **Beendigung der Vertragszeit** hat das Unternehmen das Anlagegut **zurückzugeben**. Das Unternehmen hat dadurch die Möglichkeit, Anlagegüter zu leasen, die auf dem neuesten technischen Stand sind. Es ist auch möglich, im Leasingvertrag zu vereinbaren, dass das Unternehmen das geleaste Anlagegut zum **Restwert kaufen** bzw. die **Leasingzeit verlängern** (prolongieren) kann.

> **Leasing** ist das Mieten bzw. Pachten von Anlagegütern gegen Zahlung eines Miet- bzw. Pachtzinses (Leasingrate).

Die Finanzierung der Anschaffung des Anlagegutes erfolgt durch den Leasinggeber. Insofern ist Leasing eine **Fremdfinanzierung**.

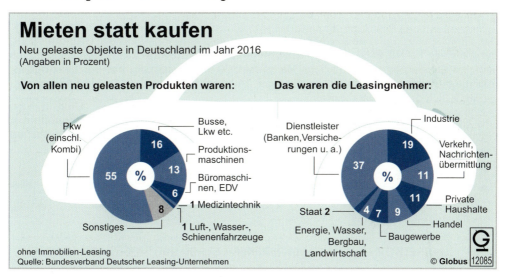

Mieten statt kaufen

Neu geleaste Objekte in Deutschland im Jahr 2016 (Angaben in Prozent)

Von allen neu geleasten Produkten waren:

- Pkw (einschl. Kombi) 55
- Busse, Lkw etc. 16
- Produktionsmaschinen 13
- Büromaschinen, EDV 6
- Medizintechnik 1
- Luft-, Wasser-, Schienenfahrzeuge 1
- Sonstiges 8

Das waren die Leasingnehmer:

- Dienstleister (Banken, Versicherungen u. a.) 37
- Industrie 19
- Verkehr, Nachrichtenübermittlung 11
- Private Haushalte 11
- Handel 9
- Baugewerbe 7
- Energie, Wasser, Bergbau, Landwirtschaft 4
- Staat 2

ohne Immobilien-Leasing
Quelle: Bundesverband Deutscher Leasing-Unternehmen

© Globus 12085

3.5.2 Möglichkeiten der Vertragsgestaltung

Leasingverträge lassen sich unter sehr unterschiedlichen Merkmalen gestalten. Zwei Gestaltungsmöglichkeiten werden im Folgenden angeführt.

(1) Unter dem Gesichtspunkt des Inhalts der Leasingverträge

Leasingverträge ohne Kauf- oder Mietverlängerungsoption[1]	Leasingverträge mit Kauf- oder Mietverlängerungsoption
Bei diesen Verträgen hat der Leasingnehmer kein Recht auf Verlängerung der Leasingzeit bzw. keinen Anspruch darauf, das Leasinggut nach Ablauf der Grundmiet- bzw. -pachtzeit kaufen zu können.	Bei diesen Leasingverträgen wird dem Leasingnehmer das Recht eingeräumt, nach Ablauf der Grundmiet- bzw. -pachtzeit das Leasinggut weiter zu leasen oder kaufen zu können.

---

1 **Option** (lat.): hier Vorrecht, Wahlrecht.

351

(2) Unter dem Gesichtspunkt der Dauer der Leasingzeit

■ Operate-Leasing

Beim Operate-Leasing ist die **Grundmietzeit relativ kurz,** sodass die Leasingraten nicht für die Amortisation der Anschaffungskosten ausreichen. Die Restamortisation, die angefallenen Kosten und ein angemessener Gewinn können im Allgemeinen erst durch Folgeverträge bzw. durch den Verkaufserlös des Leasingobjekts gedeckt werden. Bei dieser Art des Leasingvertrags hat der **Leasinggeber** für die **uneingeschränkte Nutzungsfähigkeit** des Leasingobjekts zu sorgen. Wartungskosten, Reparaturkosten und Versicherungskosten gehen zu seinen Lasten. Auch für den Fall eines Totalausfalls hat die Leasinggesellschaft für ein Ersatzobjekt zu sorgen.

■ Finance-Leasing

Das Finance-Leasing ist **überwiegend langfristig** angelegt. Innerhalb der **Grundmietzeit,** die meistens bei **40–90 % der betriebsgewöhnlichen Nutzungsdauer** des Leasinggutes liegt, ist der Vertrag nicht kündbar. Bei dieser Vertragsgestaltung hat der **Leasingnehmer** die **laufenden Betriebskosten** zu tragen. Auch das **Risiko eines Totalschadens** trägt grundsätzlich der **Leasingnehmer.**

Finance-Leasing-Verträge enthalten üblicherweise ein **Optionsrecht des Leasingnehmers,** das nach Ablauf der Grundmietzeit wahrgenommen werden kann. Es kann sich beziehen auf eine

- **Kaufoption** (Recht zum Kauf des Leasingobjekts zu einem vorher vereinbarten Restwert) oder
- eine **Miet- bzw. Pachtverlängerungsoption** (Recht auf Verlängerung der Miet- bzw. Pachtzeit mit geringeren Leasingraten).

3.5.3 Rechnerischer Vergleich von Finance-Leasing und Kreditfinanzierung

Der Vergleich zwischen Leasing und Kreditkauf konzentriert sich im rechnerischen Vergleich auf die Liquiditäts- und Aufwandswirkung der beiden Finanzierungsarten.

Beispiel:

Die MicroTex Technologies GmbH beabsichtigt, ihren Maschinenpark um einen Werkzeugautomaten zu erweitern. Nach den Angaben des Herstellers betragen die Anschaffungskosten 480 000,00 EUR. Die betriebsgewöhnliche Nutzungsdauer wird mit 6 Jahren angegeben. Es wird linear abgeschrieben.

Da die MicroTex Technologies GmbH gerade erst die Produktionshalle erweitert hat, ist eine Finanzierung mit eigenen Finanzmitteln nicht möglich. Das Unternehmen hat zwei Finanzierungsalternativen:

1. Angebot: Leasingangebot des Herstellers	2. Angebot: Kreditangebot der Hausbank
Bei einer Grundmietzeit von 4 Jahren betragen die Leasingraten 115 000,00 EUR pro Jahr, fällig jeweils am 31. Dezember eines Jahres. Im Falle einer Vertragsverlängerung sinkt die Rate auf 54 000,00 EUR.	Ratentilgungsdarlehen mit 5 Jahren Laufzeit über 500 000,00 EUR, Auszahlung 96 %, Nominalzinssatz 4 %, Fälligkeit der Tilgungsrate jeweils am 31. Dezember.

Aufgabe:

Vergleichen Sie das Leasingangebot mit dem Ratentilgungsdarlehen unter den Gesichtspunkten von Liquiditätsbelastung[1] und Aufwandsbelastung!

Lösung:

1. Angebot: Aufwands- und Liquiditätsbelastung bei Leasing

Jahr	Geldmittelabflüsse (Leasingraten)[2]	Aufwendungen
1	115 000,00 EUR	115 000,00 EUR
2	115 000,00 EUR	115 000,00 EUR
3	115 000,00 EUR	115 000,00 EUR
4	115 000,00 EUR	115 000,00 EUR
5	54 000,00 EUR	54 000,00 EUR
6	54 000,00 EUR	54 000,00 EUR
Summe	568 000,00 EUR	568 000,00 EUR

2. Angebot: Aufwands- und Liquiditätsbelastung bei Darlehensfinanzierung

Jahr	Rest-darlehen EUR	Tilgung EUR	Zinsen EUR	Abschreibung Werkzeug-automat EUR	Abschreibung Disagio EUR	Mittel-abflüsse EUR	Aufwen-dungen EUR
1	500 000,00	100 000,00	20 000,00	80 000,00	4 000,00	120 000,00	104 000,00
2	400 000,00	100 000,00	16 000,00	80 000,00	4 000,00	116 000,00	100 000,00
3	300 000,00	100 000,00	12 000,00	80 000,00	4 000,00	112 000,00	96 000,00
4	200 000,00	100 000,00	8 000,00	80 000,00	4 000,00	108 000,00	92 000,00
5	100 000,00	100 000,00	4 000,00	80 000,00	4 000,00	104 000,00	88 000,00
6	0,00	0,00	0,00	80 000,00	0,00	0,00	80 000,00
						560 000,00	560 000,00

Ergebnis:

Die Finanzierung durch ein Ratentilgungsdarlehen ist rechnerisch sowohl hinsichtlich der Aufwands- als auch hinsichtlich der Liquiditätsbelastung günstiger.

Für die endgültige Entscheidung sollten jedoch vor allem die Besonderheiten des Einzelfalls Beachtung finden. So können beispielsweise bei einer Entscheidung für das Finanzierungsleasing die eingesparten Anschaffungskosten in andere Projekte investiert werden.

---

1 **Liquiditätsbelastung:** Darunter versteht man den **Abfluss an Geldmitteln.**

2 Die Leasingrate („Mietpreis") enthält folgende Finanzierungskosten:
   1. den **Abschreibungsbetrag** (die Ausgaben bzw. Aufwendungen des Leasinggebers für die Beschaffung oder Herstellung des Leasinggutes werden auf die Dauer der Grundleasingzeit verteilt);
   2. die **Verzinsung** (das vom Leasinggeber investierte Kapital muss sich verzinsen);
   3. eine **Risikoprämie** (z. B. für schnelles Veralten);
   4. die **sonstigen Verwaltungs- und Vertriebskosten** (einschließlich der laufenden Servicekosten);
   5. den **Gewinnzuschlag.**

23 Speth u.a. - ISBN 978-3-8120-0594-4

3.5.4 Beurteilung des Leasings

Vorteile	Nachteile
■ Aufbau, Erweiterung bzw. Rationalisierung eines Betriebs können ohne großen Geldkapitalbedarf durchgeführt werden.	■ Die Leasingkosten sind hoch, denn die Gesamtkosten des Leasinggebers müssen in relativ kurzer Zeit aufgebracht werden.
■ Das eingesparte Geldkapital kann anderweitig rentabler eingesetzt werden.	■ Die Kosten fallen regelmäßig an, sodass es unter Umständen zu Liquiditätsschwierigkeiten kommen kann, wenn die Zahlungen aus Verkäufen nicht rechtzeitig eingehen.
■ Da mit der Nutzung Erträge anfallen, können die Kosten aus dem laufenden Ertrag bezahlt werden.	■ Ausschluss der Kündigung des Leasingnehmers während der Grundmietzeit.
■ Rasche Anpassung an den technischen Fortschritt ist beim kurzfristigen Leasing möglich.	■ Eigentum an dem Investitionsgut wird nicht erworben. Deshalb darf der Leasinggegenstand vom Leasingnehmer ohne Zustimmung des Leasinggebers auch nicht verändert werden.
■ Leasing schafft klare Kalkulationsgrundlagen (Planungssicherheit).	■ Das Fehlen von Anlagevermögen mindert die Möglichkeit einer eventuell später notwendig werdenden Kreditsicherung.
■ Nutzungskonforme Finanzierungsdauer, d. h., die Laufzeit des Leasingvertrags richtet sich in der Regel an der betriebsgewöhnlichen Nutzungsdauer des Leasingobjekts aus.	

3.5.5 Beurteilung der Fremdfinanzierung

Vorteile	Nachteile
■ Die Finanzierung von Betriebserweiterungen ist auch dann möglich, wenn die Finanzkraft des Unternehmens (Selbstfinanzierung) oder der Teilhaber (Beteiligungsfinanzierung) erschöpft ist.	■ Die Mittel stehen dem Unternehmen zeitlich nicht unbegrenzt zur Verfügung.
■ Risikoreiche Investitionen werden vermieden oder eingeschränkt, weil die Zins- und Liquiditätsbelastung des Fremdkapitals zu sorgfältiger Kalkulation und Finanzplanung zwingt.	■ Die Fremdmittel müssen i. d. R. verzinst und getilgt werden. Damit werden Kalkulation und Liquidität belastet.
	■ Insbesondere bei hoher Verschuldung eines Unternehmens nehmen die Gläubiger Einfluss auf die Geschäftsleitung, um die Verwendung ihrer Mittel zu kontrollieren.
	■ Mit zunehmender Kreditfinanzierung sinkt die Kreditfähigkeit des Unternehmens.

Zusammenfassung

■ **Leasingverträge** sind miet- oder pachtähnliche Verträge, die die Nutzung eines Leasingobjekts ermöglichen, ohne die Anschaffungskosten finanzieren zu müssen. Als Gegenleistung zahlt der Leasingnehmer die vereinbarten Leasingraten.

■ Bei den Möglichkeiten der **Vertragsgestaltung** unterscheidet man:

Nach dem Inhalt der Leasingverträge	■ Leasingverträge ohne Kauf- und Mietverlängerungsoption ■ Leasingverträge mit Kauf- und Mietverlängerungsoption
Nach der Dauer der Leasingverträge	■ Operate-Leasing ■ Finance-Leasing

■ Zu den Vor- und Nachteilen des Leasings siehe obige Tabelle.

Kompetenztraining

80 Grundlagen des Leasings

1. Eine Möglichkeit, die Anschaffung eines Geschäftswagens zu finanzieren, bietet das Leasing.

   Aufgaben:

   1.1 Beschreiben Sie den Grundgedanken des Leasings!

   1.2 Definieren Sie den Begriff Leasing!

   1.3 Überprüfen Sie den Satz: *„Durch Leasing wird Ihr Kreditspielraum nicht belastet"!*

2. „Leasing hilft Kosten sparen" – so lautet häufig die Werbung der Leasinggesellschaften. Prüfen Sie diese Aussage!

3. *„Leasing schont Ihre Liquidität"* – ein anderer Werbespruch. Prüfen Sie, ob diese Aussage zutreffend ist!

81 Liquiditätsvergleich Darlehen – Leasing

Bei der Lars Biller KG ist letzte Woche eine alte Maschine endgültig ausgefallen. Eine moderne Ersatzmaschine kostet 96 000,00 EUR und hat eine Nutzungsdauer von 8 Jahren. Die Maschine soll linear abgeschrieben werden.

Das Unternehmen hat infolge hoher sonstiger Investitionen mit Liquiditätsengpässen zu kämpfen. Für Lars Biller kommt daher nur die Finanzierungsalternative mit der geringeren Liquiditätsbelastung infrage.

Es gibt folgende Finanzierungsalternativen:

- **Bankkredit:** Laufzeit 8 Jahre; Auszahlung 100 %, Zinssatz 4,5 %, Tilgung in gleichen Raten am Jahresende.
- **Leasing:** Grundmietzeit 5 Jahre, Leasingrate 20 000,00 EUR/Jahr, Anschlussleasing mit einer jährlichen Leasingrate von 10 000,00 EUR möglich.

Aufgaben:

1. Stellen Sie die beiden Finanzierungsalternativen hinsichtlich ihrer Liquiditätsbelastung tabellarisch gegenüber!

   Begründen Sie, zu welcher Finanzierungsart Sie der Lars Biller KG raten würden!

2. Führen Sie den rechnerischen Nachweis, ob die Lars Biller KG eventuell mit ihrer Bank wegen eines Fälligkeitsdarlehens verhandeln sollte!

3. Die Leasinggesellschaft wirbt mit *„Leasen steigert Ihre Rentabilität und schont Ihre Liquidität".* Nehmen Sie dazu Stellung!

82 Analyse von Finanzierungsalternativen

Die Möhrle Design AG benötigt Textilmaschinen für die Produktion von Kleidern. Die Anschaffungskosten der Maschinen betragen 1,2 Mio. EUR. Zwei Finanzierungsmöglichkeiten sind gegeben:

- Kauf der Textilmaschinen mithilfe eines Bankkredits zu 4 %. Ratentilgung in 4 Jahren am Ende des Jahres.
- Leasing zu einem Monatsbetrag von 2,5 % des Anschaffungswerts. Die Grundmietzeit beträgt 4 Jahre. Nach deren Ablauf wird die Monatsmiete auf 10 % des bisherigen Betrags gesenkt, falls der Leasingvertrag verlängert wird. Die Wartungskosten trägt der Leasingnehmer.

Die Nutzungsdauer der Textilmaschinengruppe beträgt 8 Jahre.

Aufgaben:

1. Nennen Sie die Art des Leasingvertrags!
2. Berechnen Sie den Zinsaufwand für den Bankkredit!
3. Ermitteln Sie, wie viel Prozent der Zinsaufwand vom Kaufpreis der Textilmaschinen ausmacht!
4. Ermitteln Sie, wie viel Prozent vom Kaufpreis der jährliche Mietaufwand im Jahr der Kündigung beträgt!
5. Angenommen, die Möhrle Design AG mietet die Textilmaschinen für 8 Jahre. Ermitteln Sie, wie viel Prozent vom Kaufpreis der durchschnittliche jährliche Mietaufwand beträgt!
6. Angenommen, eine Kostenvergleichungsrechnung ergibt, dass die Finanzierung durch Leasing teurer als der Kauf ist. Formulieren Sie Gründe, die dennoch für das Leasen sprechen könnten!
7. Nennen Sie Gründe, die für den Kauf der Textilmaschinen sprechen!

83 Aufwandsvergleich Kredit – Leasing

Die Anton Thomalla Motorenbau e. Kfm. hat einen neuen Hochleistungsmotor für den Betrieb von Blockheizkraftwerken entwickelt. Damit sie diesen Motor auch in einer größeren Serie produzieren kann, benötigt sie eine neue Fertigungsmaschine zum Anschaffungspreis von 90 000,00 EUR. Die Maschine hat eine betriebsgewöhnliche Nutzungsdauer von 6 Jahren und soll linear abgeschrieben werden.

Die Anton Thomalla Motorenbau e. Kfm. hat zwei Finanzierungsmöglichkeiten:

Alternative 1: Kreditangebot der Commerzbank
- Darlehen in Höhe von 90 000,00 EUR
- Sollzinssatz 3 %
- Laufzeit 48 Monate
- Tilgung jeweils am Jahresende in gleichen Raten

Alternative 2: Angebot der Deutschen Leasing AG
- Grundmietzeit 48 Monate
- jährliche Leasingrate während der Grundmietzeit (zahlbar jeweils am Jahresende): 20 % der Anschaffungskosten
- jährliche Leasingrate nach Ablauf der Grundmietzeit (zahlbar jeweils am Jahresende): 17 % der Anschaffungskosten

Aufgaben:

1. Prüfen und begründen Sie, welche Art des Leasingvertrags hinsichtlich der Dauer der Leasingzeit vorliegt!
2. Ermitteln Sie den Mittelabfluss und den Gesamtaufwand für beide Finanzierungsalternativen während der gesamten Nutzungsdauer. Begründen Sie anschließend, für welche Alternative sich die Anton Thomalla Motorenbau e. Kfm. entscheiden sollte!

   Verwenden Sie zur Lösung folgende Schemata:

   Alternative 1:

Jahr	Darlehen Jahresanfang	Zinsen	Tilgung	Abschreibung	Mittelabfluss	Gesamtaufwand

   Alternative 2:

Jahr	Mittelabfluss	Gesamtaufwand

Anhang: Währungsrechnen

1 Kurzinformation zur Einführung des Euro

Am 1. Januar 1999 wurde in elf europäischen Ländern der **Euro** als gemeinsame Währung eingeführt. Dadurch bilden diese elf Länder in währungspolitischer Hinsicht ein einheitliches Gebiet, die sogenannte **Europäische Währungsunion (EWU)** oder auch als **Europäische Wirtschafts- und Währungsunion (EWWU) bezeichnet.** Sofern die Konvergenzkritierien (Aufnahmebedingungen) erfüllt werden, können auch weitere europäische Länder dieser Währungsunion beitreten. Diesen Schritt haben inzwischen Griechenland und Slowenien vollzogen sowie Malta, Zypern (griechischer Landesteil), die Slowakei, Estland, Lettland und Litauen, sodass sich die ursprüngliche Zahl von elf auf neunzehn Mitgliedstaaten erhöht.[1] Mit der Schaffung einer einheitlichen gemeinsamen Währung in diesen Staaten ist ein großer Schritt in Richtung einer europäischen Vereinigung getan. Dieser Schritt bedeutet für die Mitgliedstaaten die Übertragung der geld- und währungspolitischen Maßnahmen an eine unabhängige supranationale Institution, die **Europäische Zentralbank (EZB).**

Das Gebiet der neunzehn Länder stellt in währungspolitischer Hinsicht „Inland" dar. Dem Euro als Inlandswährung (Binnenwährung) dieser neunzehn Länder stehen die Währungen der übrigen Länder, die nicht diesem Währungsverbund angehören, als Fremdwährungen gegenüber.

EWU	Andere Länder (Nicht-EWU-Länder)
Binnenwährung (Euro)	Fremdwährung (z. B. US-Dollar, Schweizer Franken)

2 Grundbegriffe zum Währungsrechnen

(1) Währung

Die **Währung** ist das gesetzliche Zahlungsmittel eines Staates bzw. einer Staatengemeinschaft.

Beispiele:

Staat/Staatengemeinschaft	Währung
Dänemark	Kronen
Großbritannien	Pfund
USA	Dollar
Europäische Wirtschafts- und Währungsunion	Euro

(2) Wechselkurs

Der **Wechselkurs** ist das Austauschverhältnis zwischen verschiedenen Währungen.

---

1 Die neunzehn Länder der Europäischen Währungsunion sind: Belgien, Deutschland, Estland, Finnland, Frankreich, Irland, Italien, Lettland, Litauen, Luxemburg, Malta, Niederlande, Österreich, Portugal, Griechenland, Slowakei, Slowenien, Spanien und Zypern (griechischer Landesteil).

(3) Kursnotierung

Die **Mengennotierung** ist die heute übliche Notierungsform in der Praxis der Kursnotierungen. Bei der Mengennotierung gibt der Kurs an, welchen Betrag an **Fremdwährung** man für einen bestimmten Betrag **inländischer Währung** erhält bzw. bezahlen muss. Bezogen auf die EWU (Inland) geht man bei der Mengennotierung jeweils von einem Euro aus. Die Frage lautet daher, welchem Wert ein Euro in der Fremdwährung entspricht.

Beispiel:					
Einheit	**EWU-Länder**	**Währung**	**Nicht-EWU-Länder**	**Währung**	**Kurs**
1		EUR	USA	USD	1,0845
1		EUR	Dänemark	DKK	7,7754

Die Beispiele sagen aus, dass z. B. am Devisenmarkt ein Euro dem Wert von 1,0845 USD entspricht.

Oder kurz: Kurs für 1 EUR   1,0845 USD
                     Kurs für 1 EUR   7,7754 DKK

(4) Ankaufskurs (Geldkurs), Verkaufskurs (Briefkurs)[1]

Die Bezeichnungen verstehen sich aus der Sicht einer im eigenen Währungsgebiet ansässigen Bank. Da die Bank genauso wie ein Warenhändler an dem Handel mit Fremdwährungen verdienen möchte, ist der **Verkaufskurs höher als der Ankaufskurs**. Der Betrag, der sich aus der Differenz beider Kurse ergibt (Kursspanne), ist der **Gewinn (Rohgewinn)** der Bank aus dem Handel mit Fremdwährungen.

Will z. B. eine Unternehmung in Deutschland bei ihrer Bank eine bestimmte Menge einer **Fremdwährung gegen Euro kaufen,** so berechnet ihr die Bank den **niedrigeren Ankaufskurs (Geldkurs),** denn die Bank kauft Euro an. Will die Unternehmung einen bestimmten Betrag einer **Fremdwährung gegen Inlandswährung eintauschen,** dann legt die Bank den **höheren Verkaufskurs (Briefkurs)** zugrunde, denn die Bank verkauft Euro.

Beispiel:						
Einheit	**EWU-Länder**	**Währung**	**Nicht-EWU-Länder**	**Währung**	**Ankauf**	**Verkauf**
1		EUR	USA	USD	1,0845	1,0855

Das Beispiel besagt, dass der Ankauf von einem Euro 1,0845 USD und der Verkauf von einem Euro 1,0855 USD kostet. Wenn die Bank USD verkauft, kauft sie Euro an. Daher gilt der Ankaufskurs.

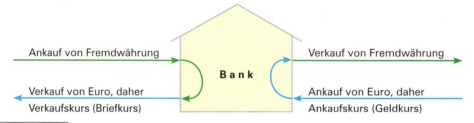

Ankauf von Fremdwährung   Verkauf von Fremdwährung

Bank

Verkauf von Euro, daher   Ankauf von Euro, daher
Verkaufskurs (Briefkurs)   Ankaufskurs (Geldkurs)

---

1 Im Sortenhandel werden in der Regel die Begriffe Ankauf und Verkauf verwendet, im Devisenhandel die Begriffe Geld und Brief.

(5) Sorten und Devisen

■ **Sorten**

> **Sorten** sind **Banknoten und Münzen einer Fremdwährung.**

Sorten werden von den Banken für den privaten und geschäftlichen Reiseverkehr in Fremdwährungsgebiete bereitgestellt.

■ **Devisen**

> **Devisen** sind **fremde Zahlungsmittel in Form von Buchgeld** (z. B. Schecks, Wechsel, Zahlungsanweisungen).

Sie spielen insbesondere im Import- und Exportgeschäft mit Fremdwährungsländern eine Rolle. Die Kursbildung auf den Devisenmärkten vollzieht sich nach den gleichen Grundsätzen, wie die Preisbildung auf den Gütermärkten. Die täglich in den Wirtschaftsteilen der Zeitungen veröffentlichten Wechselkurse sind **Referenzkurse.** Sie werden von der EZB ermittelt. Die von den privaten Banken aufgrund des Devisenangebots und der Devisennachfrage ermittelten „Orientierungspreise" weichen nicht wesentlich von den Referenzkursen ab.

3 Sortenhandel und Sortenkurse

Die Mengennotierung führt zu der folgenden Sortenkursnotierung, wie sie auszugsweise aus einer Sortenkurstabelle einer Bank dargestellt wird.

Ausschnitt aus einer Sortenkurstabelle			
Land	**Währung**	**1 EUR**	
		Ankauf	**Verkauf**
USA	USD	1,0006	1,1330
Kanada	CAD	1,3860	1,4360
Großbritannien	GBP	0,7728	0,8429
Schweiz	CHF	1,0283	1,1088
Dänemark	DKK	7,1200	7,7700
Norwegen	NOK	8,4952	9,5097
Australien	AUD	1,2720	1,4320
Japan	JPY	114,230	128,220

Beispiel:

Josef Reiter, Geschäftsführer der Reiter GmbH, tauscht bei seiner deutschen Bank für eine Geschäftsreise in die Schweiz zu einer Verkaufsmesse 1 250,00 EUR um.

Aufgabe:

Berechnen Sie, wie viel Schweizer Franken Josef Reiter lt. obiger Sortenkurstabelle ausbezahlt bekommt!

Lösung:

$$1,00 \text{ EUR} \cong 1,0283 \text{ CHF} \qquad x = 1,0283 \cdot 1250,00$$
$$1\,250,00 \text{ EUR} \cong x \text{ CHF} \qquad x = \underline{1\,285,38 \text{ CHF}}$$

Ergebnis: Für seine 1 250,00 EUR erhält Herr Reiter 1 285,38 CHF.

Kompetenztraining

84 Währungsrechnen

1. Ein kanadischer Geschäftsmann befindet sich auf seiner Europareise in Deutschland. Sein nächstes Reiseziel ist die Schweiz. Vor Antritt seiner Reise in die Schweiz tauscht er bei einer deutschen Bank 1 000,00 kanadische Dollar in Schweizer Franken um. Die Notierungen lauten wie folgt:

Land	Währung	1 EUR	
		Ankauf	Verkauf
Kanada	CAD	1,2980	1,4010
Schweiz	CHF	1,0384	1,1176

Berechnen Sie, wie viel CHF der kanadische Geschäftsmann ausbezahlt erhält!

2. Kevin Krause tauscht vor seiner Geschäftsreise nach Norwegen bei seiner Bank 3 250,00 EUR in norwegische Kronen um.

Es gilt folgender Kurs: NOK, Ankauf: 7,9562, Verkauf: 8,6721

2.1 Ermitteln Sie, wie viel NOK Kevin Krause erhält!

2.2 Bei seiner Rückkehr nach Deutschland hat Kevin Krause noch 875,00 NOK, die er bei seiner Bank bei folgenden Kursen zurücktauscht:

NOK, Ankauf: 7,9134, Verkauf: 8,6140

Ermitteln Sie, wie viel Euro Kevin Krause erhält!

3. Julian Fröhlich, Geschäftsführer der Fröhlich GmbH, beabsichtigt eine Geschäftsreise nach Skandinavien zu unternehmen. Vor seiner Abreise deckt er sich über seine Bank mit den entsprechenden Währungen dieser Länder ein.

Er kauft: 3 500,00 NOK und 5 500,00 SEK.

Es liegen die folgenden Kursnotierungen vor:

Land	Kurs	1 EUR	
		Ankauf	Verkauf
Norwegen	NOK	7,8165	8,8165
Schweden	SEK	9,4907	10,3907

Erstellen Sie für Julian Fröhlich die Abrechnung der Bank!

4. Nach ihrer Rückkehr aus den USA tauscht Lena Becker bei ihrer Bank 2 150,00 USD in Euro um. Es gilt folgender Kurs: USD, Ankauf 1,0480 Verkauf 1,1380.

Ermitteln Sie, wie viel Euro Lena Becker von ihrer Bank erhält!

4 Devisenhandel und Devisenkurse

(1) Allgemeines

Im geschäftlichen Verkehr mit dem Ausland werden keine Sorten, sondern Devisen gehandelt. Dementsprechend werden auch bei der Zahlungsabwicklung von Export- und Importgeschäften die entsprechenden Devisenkurse zugrundegelegt.

Ausschnitt aus einer Devisenkursnotierung		
Währung	**1 EUR**	
	Geld	**Brief**
USD	1,0767	1,0774

Erläuterung:

Die Kursnotierung bedeutet, dass beim Ankauf von **einem** Euro der niedrige Geldkurs von 1,0767 USD und beim Verkauf von **einem** Euro der höhere Briefkurs von 1,0774 USD zugrunde gelegt wird.

(2) Umrechnung von ausländischen Währungen in Euro auf der Grundlage der Devisenkurse

Ausschnitt aus einer Notierung von Devisenkursen			
Land	**Währung**	**1 EUR**	
		Geld	**Brief**
USA	USD	1,0767	1,0774
Japan	JPY	119,0910	119,1220
England	GBP	0,8107	0,8109
Schweiz	CHF	1,0642	1,0646
Kanada	CAD	1,4298	1,4304
Schweden	SEK	8,9605	9,0150
Norwegen	NOK	8,0318	8,0614
Dänemark	DKK	7,4232	7,4632

Beispiel: Export nach USA

Ein deutscher Maschinengroßhändler liefert eine Maschine in die USA. Vereinbarungsgemäß erfolgt die Fakturierung in USD. Der Preis für die Maschine beträgt 45 000,00 USD.

Aufgabe:

Berechnen Sie den Betrag, den die Bank ihrem Kunden gutschreibt!

Lösung:

In diesem Beispiel verkauft die Bank EUR, da sie USD ankauft. Daher legt sie den höheren Briefkurs zugrunde.

$$1,0774 \text{ USD} \;\hat{=}\; 1,00 \text{ EUR}$$
$$45\,000,00 \text{ USD} \;\hat{=}\; x \quad \text{EUR}$$

$$x = 45\,000 : 1,0774 = \underline{41\,767,22 \text{ EUR}}$$

Ergebnis: Die Bank schreibt dem Kunden 41 767,22 EUR gut.

Beispiel: Import aus USA

Ein deutscher Importeur bezieht aus USA einen Spezialbagger. Der vereinbarte Preis beträgt 45000,00 USD.

Aufgabe:

Berechnen Sie den Betrag, mit dem die Bank ihren Kunden belastet!

Lösung:

In diesem Fall kauft die Bank EUR an, da sie USD verkauft. Daher legt sie den niedrigeren Geldkurs zugrunde.

$$1{,}0767 \text{ USD} \;\hat{=}\; 1{,}00 \text{ EUR}$$
$$45000{,}00 \text{ USD} \;\hat{=}\; \text{x} \quad \text{EUR}$$

$$x = 45000 : 1{,}0767 = \underline{41\,794{,}37 \text{ EUR}}$$

Ergebnis: Die Bank belastet den Kunden mit 41794,37 EUR.

Zusammenfassende Erkenntnis aus beiden Beispielen:

- Beim Ankauf von 45000,00 USD (Verkauf von EUR) schreibt die Bank dem Kunden aufgrund des geltenden Briefkurses 41767,22 EUR gut.

- Beim Verkauf des gleichen Betrages belastet die Bank den Kunden aufgrund des notierten Geldkurses mit 41794,37 EUR.

- Da die Bank dem Kunden einen höheren Betrag belastet als sie ihm gutschreibt, hat die Bank aus dem An- und Verkauf von EUR einen Ertrag (Rohgewinn) in Höhe der Differenz beider Beträge erzielt. Das sind 27,15 EUR.

- Beim **Ankauf von Fremdwährung** verkauft die Bank EUR. Daher erfolgt die Gutschrift auf dem Kundenkonto zum Briefkurs.

- Beim **Verkauf von Fremdwährung** kauft die Bank EUR. Daher erfolgt die Lastschrift auf dem Kundenkonto zum Geldkurs.

- Die **Lastschrift** aufgrund des Geldkurses ist **immer höher als die Gutschrift** aufgrund des Briefkurses.

Kompetenztraining

85 Währungsrechnen

1. Berechnen Sie aufgrund der vorliegenden Devisenkurse von S. 361 für einen deutschen Exporteur die Bankgutschriften für die folgenden in der jeweiligen Auslandswährung ausgestellten Rechnungsbeträge:

   1.1   1 875,00 USD

   1.2   74 980,00 CHF

2. Berechnen Sie aufgrund der Devisenkurse von S. 361 für einen deutschen Importeur die einzelnen Banklastschriften für die folgenden in der jeweiligen Auslandswährung vorliegenden Rechnungsbeträge:

   2.1   34 000,00 CAD

   2.2   7 850,00 GBP

   2.3   46 850,00 DKK

3. Eine deutsche Möbelgroßhandlung bezieht aus der Schweiz 150 Bürostühle zu je 420,00 CHF. Vereinbarungsgemäß wird die Rechnung in CHF ausgestellt.

   Berechnen Sie, mit welchem Betrag die Möbelgroßhandlung aufgrund der vorliegenden Devisenkursnotierungen von S. 361 auf ihrem Bankkonto belastet wird!

4. Wir haben an einen kanadischen Kunden eine Spezialmaschine verkauft und erhalten vereinbarungsgemäß einen Scheck über 16 580,00 CAD.

   Ermitteln Sie, welchen Betrag uns die Bank aufgrund der vorliegenden Devisenkurse von S. 361 gutschreibt!

5. Auf der Messe wurden Waren an einen Messebesucher aus der Schweiz und an einen aus England verkauft. Die Preise wurden jeweils in der ausländischen Währung vereinbart. Der Schweizer hat 9 800,00 CHF und der Engländer 26 500,00 GBP zu zahlen.

   Berechnen Sie, welcher Betrag unserem Bankkonto aufgrund der vorliegenden Kursnotierungen von S. 361 gutgeschrieben wird!

6. Ein deutscher Textilgroßhändler bezieht Seide aus Japan. Als Rechnungspreis wurde ein Betrag von 1 350 000,00 JPY vereinbart.

   Errechnen Sie, mit welchem Betrag unter Zugrundelegung der Devisenkurse von S. 361 der Großhändler von seiner Bank belastet wird!

7. Für einen gleichwertigen Artikel liegen einem Großhandelskaufmann zwei Angebote vor: Der Artikel kann bezogen werden aus Großbritannien für 392,00 GBP je Stück und aus Norwegen für 3 385,40 NOK je Stück.

   Ermitteln Sie, welches Angebot unter Berücksichtigung der vorliegenden Devisenkurse von S. 361 günstiger ist!

8.

ZAHNRÄDER UND GETRIEBE

Kern GmbH
Elektromotoren
Gutenbergstrasse 1
D–88046 FRIEDRICHSHAFEN 1

RECHNUNG NR.   5100–04414   CH–4452 Itingen, 28. 03. 20 . .

Kunden-Nr. 20717	Unser Ref.: Fritz Sutter/tf	MWST-Nr.: 115 839
Ihre Bestellung	Nr. 107543 vom 21. 03. 20 . .	I/Ref. A. Bucher
Lieferkonditionen	EXW ab Werk CH–4452 Itingen, unverpackt, unverzollt	
Zahlungskonditionen	30 Tage netto/15 Tage 2 % Skonto	

POS.	BEZEICHNUNG	MENGE	PREIS	%	BETRAG	CHF
10	GYSIN-Planetengetriebe PLC 42-1 Untersetzung 3 . 5:1, einstufig Art. Nr. 300a-906 Standard-Ausführung mit spez. Abgangswelle PLC-Ausführung Sonderflansch passend an Motor Typ BLSM 40 Lieferfrist 14.00	1 Stk.	493,00	15,00	419,05	
	TOTALBETRAG BESTÄTIGUNG			CHF	419,05	

GYSIN AG CH-4452 ITINGEN
ZELGLIWEG

TEL. 061 976 55 55   FAX 061 976 55
WWW.GYSIN.COM E-MAIL: INFO@GYSIN.COM

Berechnen Sie, mit welchem Betrag die Kern GmbH von der Bank belastet wird, wenn sie den Rechnungsbetrag unter Abzug von 2 % Skonto begleicht und die Bank 4,80 EUR Gebühren berechnet!

Legen Sie bei der Berechnung den Devisenkurs von S. 361 zugrunde!

Stichwortverzeichnis

Bilderverzeichnis

S. 26: PetraD – www.colourbox.de • **S. 35:** Picture-Factory – Fotolia.com • **S. 36:** www.colourbox.de • **S. 74:** © 2015 Ernst & Young GmbH Wirtschaftsprüfungsgesellschaft All Rights Reserved. • **S. 75:** Christian Buck – Fotolia.com • **S. 82:** Africa Studio – Fotolia.com • **S. 241:** ©2015 by Bundesministerium für Umwelt, Naturschutz, Bau und Reaktorsicherheit (BMUB) • **S. 241:** ©2015 by Bundesministerium für Umwelt, Naturschutz, Bau und Reaktorsicherheit (BMUB)